沉 管 隧 道 工 程

IMMERSED TUBE TUNNEL ENGINEERING

中国建筑工程（香港）有限公司　著

中国建筑工业出版社

图书在版编目（CIP）数据

沉管隧道工程 ＝ IMMERSED TUBE TUNNEL
ENGINEERING / 中国建筑工程（香港）有限公司著. —
北京：中国建筑工业出版社，2021.2
　ISBN 978-7-112-26273-1

　Ⅰ.①沉…　Ⅱ.①中…　Ⅲ.①沉管隧道-隧道工程
Ⅳ.①U459.9

中国版本图书馆 CIP 数据核字（2021）第 126626 号

　　本书系统阐述了在滨海城市从事水下沉管隧道建造的技术与管理实践。针对抗震、耐久性沉管隧道，从 120 年使用寿命的三维结构稳定性分析、抗震设计分析、管节耐久性设计、管节 4 小时防火设计、水下全浸式自动摊铺机设计及应用、管节的沉放对接、近海钢板桩灌浆复合型围堰以及非典型性终端接头施工技术等方面进行了系统研究，并做了全面介绍。主要内容包括：过海沉管隧道设计；固定干坞法预制大型沉管管节；沉管管节浮运；基槽开挖及碎石垫层基础摊铺；管节沉放与对接技术；限制条件下避风塘内沉管管节安装；闭合接头终端接头施工；沉管管节隧道内部施工；沉管隧道全自动位移监测设计及应用。

　　本书是一部从事水下沉管隧道工程建设的专业性技术著作，具有良好的技术应用前景，对我国即将兴起的滨海城市水下隧道工程建设具有重要参考意义。本书供建设工程施工、管理人员使用。

责任编辑：郭　栋
责任校对：张惠雯

沉管隧道工程
IMMERSED TUBE TUNNEL ENGINEERING
中国建筑工程（香港）有限公司　著

*

中国建筑工业出版社出版、发行（北京海淀三里河路 9 号）
各地新华书店、建筑书店经销
北京科地亚盟排版公司制版
北京建筑工业印刷厂印刷

*

开本：787 毫米×1092 毫米　1/16　印张：22　字数：530 千字
2021 年 8 月第一版　　2021 年 8 月第一次印刷
定价：**87.00** 元
ISBN 978-7-112-26273-1
（37148）

编写委员会

主　编：潘树杰

副主编：何　军　陈长卿　佟安岐

序　言

　　沉管隧道作为水下隧道工程建设的重要方式之一，广受工程业界高度重视。20 世纪 50 年代至今，随着沉管管节水下连接技术取得突破性进展，全球已建有约 150 座沉管隧道。与盾构法、矿山法等其他水下隧道建造方法相比较，沉管隧道具有埋深浅、通行能力大、横断面形状选择灵活、管节预制质量易控制、防水效果好和施工安全、周期短等优点；与跨江、跨海大桥相比较，则具有环境影响小、不受恶劣天气影响和运维成本低等特点。

　　为避免跨海大桥对香港地区维多利亚港的环境影响，香港岛往返九龙过海铁路和公路均采用海底沉管隧道建造方式，目前已有 7 座海底隧道。其中，公路用 3 座，铁路用 4 座。中国建筑工程（香港）有限公司建造了其中最新一座香港铁路沙中线南北线过海隧道工程，隧道全长 1758m，其中 1663m 以沉管隧道方式兴建，95m 以明挖回填方式兴建，隧道分为 11 个管节，由北往南依次编号为 E1～E11，其中 E1～E10 长度为 156m 左右，E11 长度约为 100m，标准管节的节质量为 23000t，长 156m，宽 18m，高 8m。与既有技术相比较，本沉管隧道采用 120 年设计使用寿命、4h 管节防火技术要求、抗震设防烈度 7 级和隧道基础垫层水平误差不超过±500mm，竖直误差不超过±25mm，沉管管节安装需要克服超过 2m/s 的海水流速条件下水平方向安装允许误差±50mm、竖直方向安装允许误差±20mm；管节结构外表面裂缝宽度不得大于 0.1mm 等难题，都为施工技术团队带来了巨大的挑战。

　　工程团队有针对性地开展了深入而系统的研究与实践，取得了大量的研究成果：采用 2D 及 3D 有限元设计模型，进行预应力沉管混凝土主体结构研究，确定了预应力沉管混凝土隧道抗震结构设计；采用防腐蚀综合技术，配制自防水耐腐蚀高性能混凝土、安装 9mm 钢板、喷刷聚脲树脂防水涂层、预埋钢筋锈蚀监控系统与阴极保护系统，并配以 GINA 和 OMEGA 止水带，实现了海底沉管隧道设计寿命达 120 年；采用聚丙烯纤维混凝土和安装专用管节接头防火结构，保证隧道内 4h 防火要求；采用固定干坞法预制混凝土管节，确保管节结构外表面裂缝宽度不得大于 0.1mm；开发了全浸式海底碎石自动摊铺机，具有可折叠、可自悬浮、可自动整平、不受水深及水流影响、对航道影响小的特点。采用 GPS-RTK 接收器、倾斜仪、高精度水压探测仪和高程仪综合测控系统，确保自动碎石摊铺机在最大水深 30m 处，碎石垫层整平精度误差小于±15mm；采用柔性终端接头和近海复合围堰非典型终端接头施工技术，解决了因基槽不均匀沉降造成的结构开裂风险，降低了结构维护成本，有效提升管节使用的安全性能。

　　此书着眼于形成一套系统的高耐久性抗震沉管隧道建造技术整体解决方案，全面阐述具有高标准技术要求的海底沉管隧道设计、生产、基槽开挖、碎石垫层自动摊铺、管节浮运、沉放与对接和信息化监测技术。为未来采用长寿命、高抗震、长周期防火标准和高精度安装控制要求的沉管隧道设计、施工和信息化监测，提供合理的理论与实践支持。

可以预见，滨海和沿江城市立体化交通建设和市政工程对水下隧道工程建造有着迫切的需求。沉管隧道具有高安全性、建设周期短和低成本维护等优点，基于目前新技术、新材料、新工艺和新设备的新型沉管隧道建造技术必将得到大规模的推广与应用。著者期望此书能够成为广大隧道工程科技工作者和施工技术人员手中的一本非常有价值的工具书和参考书，对指导工程实践能有所裨益。

本书研究成果得到了中国建筑股份有限公司的大力支持，组织专项科技攻关课题（CSCEC-Z-2017-21），鞭策工程团队专注于沉管隧道核心技术研发，在此谨以衷心感谢！

目　　录

第1章　概述

1.1　工程背景

香港地区铁路沙田至中环线（简称"沙中线"）为香港地区政府于《铁路发展策略2000》中的策略性铁路，全长17km，是香港铁路有限公司（简称"港铁"）正在兴建的铁路扩展项目，港铁宣传称其为"铁路2.0"。沙中线落成后，将会形成东西和南北两条铁路走廊。其中，东西走廊大围至红磡段连接香港地区西铁线；南北走廊红磡至金钟段由现有东铁线向南伸延，经过海铁路隧道穿过维多利亚港和铜锣湾避风塘，到达香港地区会展站，最终以金钟为终点站。

本沉管隧道工程为南北走廊段红磡至会展站过海部分。

1.2　工程简介

1.2.1　工程位置

沙中线过海铁路隧道是香港地区第四条过海铁路沉管隧道，隧道位于九龙的红磡站与铜锣湾避风塘之间的维多利亚港。

1.2.2　工程内容

沙中线过海段隧道全长1758m，其中1663m以沉管隧道方式兴建，95m以明挖回填方式兴建。分别在里程U99+780处与红磡明挖隧道相连及里程U98+096.600处与铜锣湾避风塘内ME4隧道相连接。此过海隧道分为11个管节，由北往南依次编号为E1～E11，其中E1～E10长度为156m左右，E11长度约为100m，这是考虑铜锣湾避风塘内施工空间以及预留足够空间给部分防波堤的复原工作。除主体结构外，还需疏浚近700000m³的海泥、回填近500000m³并建设北侧通风楼及相关设施。

1.3　工程设计概况

1.3.1　设计标准

耐久性要求：设计使用年限为120年。

防火要求：4h 防火。

遵守规范：

1）合约技术规范（Particular Specification）

2）新工程设计标准手册（New Works Design Standards Manual）

3）现行中国香港地区及英国相关规范

1.3.2　平面设计

隧道横穿维多利亚港，在红磡穿过红磡立交天桥，过海段直接以直线形式穿越维港、铜锣湾避风塘及防波堤，而后以曲线形式连接已建隧道。如图 1-1 和图 1-2 所示。

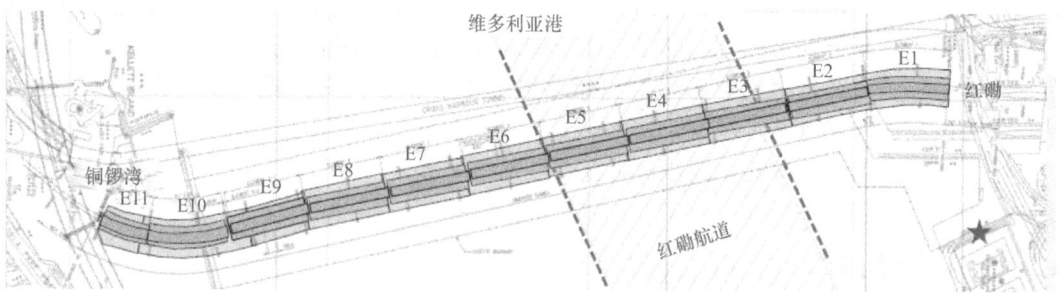

图 1-1　沙中线沉管隧道平面图

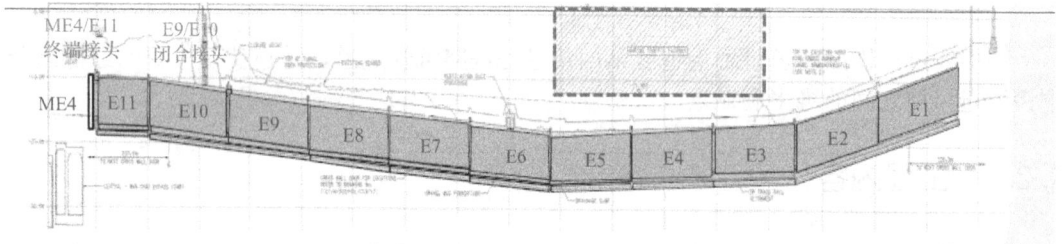

图 1-2　沙中线沉管隧道剖面图

1.3.3　隧道纵断面设计

隧道于红磡侧敞口段连接北通风楼，过海段采用 V 形，最大作业水深 30m。E10 穿越铜锣湾防波堤与 E11 相连，E11 与已建隧道相连接。纵剖图如图 1-2 所示。

1.3.4　隧道主线横断面设计

管节总宽度为 17.91m，高 8.06m，内含三通道，北向上行通道，南向下行通道及一个通风管道，隧道内净高 6.49m。如图 1-3 所示。

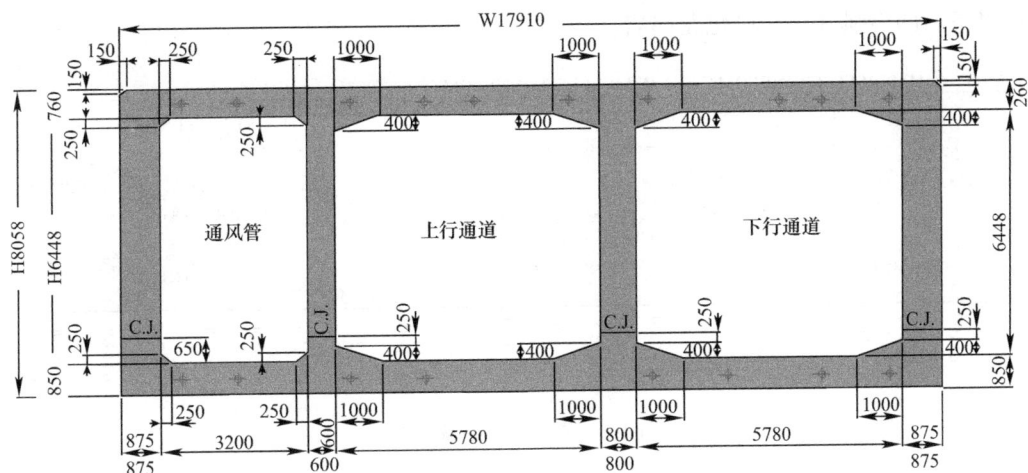

图 1-3 隧道主线横断面设计图

1.3.5 结构设计

1. 混凝土

沉管主体结构：C45/20D 自防水混凝土；

管节压舱混凝土：C20/20D 混凝土；

管节内行人路：C20/20D 混凝土；

岸上段主体结构：C45/20D 自防水混凝土。

2. 钢筋和钢绞线

混凝土结构中钢筋：钢筋强度为 $f_y=500MPa$；

钢绞线：23 只拉力孔，每条拉力孔包含 19 条直径为 15.7mm 的钢绞线。

3. 碎石基础

沉管管节下采用碎石基础，为 Grade40。

1.4 工程地质及水文地质条件

1.4.1 工程地质

如图 1-4 所示，香港地区位于珠江口东南侧，是典型的岛海环境，岩石多为火成岩、沉积岩及变质岩。根据探土结果显示，隧址勘探深度内主要为 Alluvium、HDG、CDG 及 SDG/MDG。本工程根据已有的地质资料得出结论，土层分布基本均匀，局部变化较大。具体为：在隧道纵向范围内，现有海床标高在 $-3 \sim -21m$ 之间变化，最上层包括人工沉积层（AD）和海相沉积层（MD），主要土质为淤泥质黏土和淤泥质黏土混合沙，为软弱土层；在此土层下是冲积土层，土层厚度变化为 $6 \sim 40m$，超固结且主要为粉质砂土；此土层以下，即为强（全）风化花岗岩。

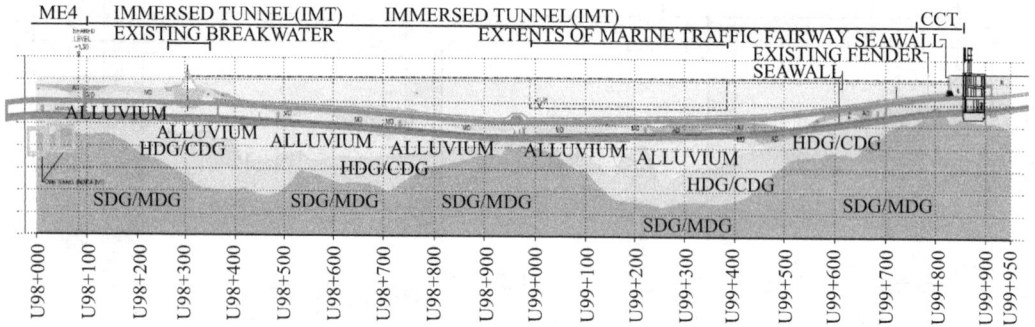

图 1-4　隧道地质纵断面图

1.4.2　水文地质

香港地区地处亚热带季风气候，炎热多雨。香港地区因夏季受强烈季风天气影响，在 5～11 月热带气旋移近，风力加强，会有持续多日的大雨并导致山泥倾泻和水淹。

香港地区海岸线弯曲、漫长，维多利亚港在中间分隔了香港地区，包括九龙区。由于四周岛屿及狮子山、太平山等的包围，使得维多利亚港不被强风侵袭。

1.5　项目重点与难点

1.5.1　项目工程特点

沙中线沉管隧道地盘为香港地区第四条过海铁路隧道，地处繁忙的维多利亚港之间，全年通航，海运繁忙；两侧高楼林立，北侧为红磡行车天桥，沙中线沉管隧道另外与红磡海底隧道平行相邻，距离最小处只有 50m；南侧为铜锣湾避风塘，毗邻中环-铜锣湾绕道，避风塘内私家船只众多，这对项目施工提出了严格要求。

工程具有以下特点：

- 前期疏浚工程量巨大，需对维多利亚港内疏浚约 700000m³ 海泥。对航道改动要求较高，同时因《净化海港计划》和《保护海港条例》的要求，对疏浚工作的限制较多。
- 围堰工程规模大、深度大，对防水及周围沉降要求严格。红磡侧近行车天桥，对基坑开挖过程中围护结构变形及围堰稳定性要求严格。同时，围堰底部与外侧水平面高程差近 20m，对围堰的止水性要求严格。
- 香港地区地形狭小，需选择合适的能够满足工程需要的预制场地及舾装场地。
- 沉管管节预制混凝土土方量大，对沉管隧道施工场地及施工质量的要求严格；同时，防水材料众多，对相关质量及安装精度要求较高。
- 社会环境复杂，周围居民较多，沉管施工需尽量减小对周边环境的影响。

- 防汛要求高，香港地区 5～10 月为风季，热带气旋侵袭香港地区，风速较大、降雨多，对工程影响较大，需要对周边海域天气情况提前进行预判。
- 最终接头位于铜锣湾避风塘内，地理条件复杂，需要在水下完成最终接头的接驳且横穿避风塘的防波堤，形成专项施工方案。

1.5.2 项目重点和难点

1. 沉管管节需满足 120 年使用年限要求

本工程海底隧道的设计使用寿命为 120 年。由于结构埋于平均水深超过 20m 的海底，长期受海水压力和腐蚀，对隧道结构的耐久性相当重视。根据合约要求，混凝土的配比必须严格控制，包括原材料的选用，例如水泥、粗细骨料、添加剂等，都必须在抗腐蚀性方面达到标准。并且，在正式施工前进行一系列测试和改良，直至混凝土在强度等级、入模温度、坍落度等参数达到设计和施工要求。

防水技术是沉管隧道耐久性的一个重要标志，隧道结构钢地板防水层技术、施工缝双层防水技术、管段接缝防水技术及相关的结构钢筋锈蚀监测技术、外加电流阴极保护技术等充分运用，以此来保证沉管管节的防水性能。

2. 抗震要求（抗震设防烈度 7 度）

为了达到抗液化的效果，沙中线沉管隧道采用碎石基础进行摊铺。为满足工期需要，采用先铺法进行沉管隧道沉放前的铺设。运用全浸式摊铺机于海底挖槽范围进行碎石摊铺作业。摊铺机骨架主要由钢管结构组成，平面面积小于 30m×30m，方便移位，石料由海面驳船运用喷射泵经输送管输送。对海上交通繁忙的海港来说，影响范围大大减少。而且在台风来袭时，摊铺机的测量塔能够收起，完全沉浸于海底挖槽。

摊铺机海底定位由一系列精确测量仪器配合完成，包括全球定位系统（GPS）、测斜仪（Inclinometer）、水压传感器（Water Pressure Sensor）。碎石基座的水平误差不超过 ±500mm，竖直误差不超过 ±25mm。通过遥控操作摊铺碎石基座，最后利用高度测量仪（Altimeter）检测摊铺完成的碎石方格。

3. 4h 防火要求

工程技术规范要求，隧道需满足 4h 的防火要求，而一般的隧道的防火要求为 2h，因此需要对沉管的结构和管节间接头进行特别的设计。隧道顶部结构采用的混凝土需添加聚丙烯纤维（Polypropylene Fiber），目的是确保隧道内温度上升时，尤其是遭遇火灾时最大限度地防止结构表面混凝土的脱落。针对聚丙烯纤维材料的选择，按照标准要求，包括材料的级别、长度、直径、密度等都必须严格把控。

4. 大体积沉管管节预制并需满足施工精度控制要求

沙中线隧道采用香港地区最大的独立固定干坞进行预制，预制场地位于靠近南中国海的石澳盆地，是一个临海的巨大人工盆地。长宽 293m×256m，深 16m，占地面积超过 100000m²。沙中线沉管隧道共 11 节沉管管节，标准管节的节质量为 23000t、长 156m、宽 18m、高 8m。

混凝土裂缝的控制直接影响海底隧道结构的耐久性。本工程对于结构外表面的裂缝大小尤其严格，裂缝宽度不得大于 0.1mm。为满足要求，针对混凝土的入模温度，混凝土内外表面温差控制，钢筋的配置及管段分节浇筑的顺序都进行了研究和控制。

5. 避风塘内的专项施工方案

铜锣湾避风塘内有众多的私人船只，需提前协调安排进行船只搬运工作；同时，由于沉管隧道路线穿过铜锣湾防波堤，需对防波堤进行疏浚开挖后再进行沉管安装与沉放，但疏浚开挖的同时既要保证不影响避风塘内船只的正常出入，又要满足避风塘避台风的功能要求。项目需要在狭窄受限制的塘内进行沉管安装前的其他工作。

因工地环境制约，采用专项施工方案。第一节水底合拢在铜锣湾避风塘内与 ME4 同 E11 之间。管节 E10 下沉之后，管节 E11 需要临时摆放在 E10 之上，直到波堤复原工程结束（部分防波堤建于 E10 之上），才能开始移走临时防波堤及疏浚，并下沉 E11 及第一节水底合拢的建造。首先，采用导向钢管桩辅助 E11 由 E10 拉起、下沉至设计位置，同 E10 完成对接并放置回填土。此时，ME4 同 E11 距离仅为 3.6m。然后，于 ME4 及 E11 之间安装侧面钢模板及在沉管底部及侧面浇筑水下混凝土；在安装顶板钢模板和竖井通道后抽走其内海水，安装临时支撑于 ME4 及 E11 之间；通过竖井通道进入合拢节点，将其内已建挡土墙打至隧道底板底标高，浇筑合拢节点底板至临时支撑高度；再拆除临时支撑。

6. 附近构筑物沉降与位移监控措施

工程靠近红磡绕道高架桥及红磡海底隧道。红磡海底隧道是连接港岛与九龙的主要干道，红磡绕道高架桥为连接红磡及尖沙咀主要车行道，均交通繁忙，必须确保两者在施工期间的安全使用。因此，本工程采用了全套高精度、全方位、自动化的监测系统。主要包括四套自动变形监测系统（ADMS）、4 组应变监测系统及 33 个地面沉降观测系统。在靠近施工范围的 4 个红磡绕道高架桥桥墩、基础以及红磡海底隧道南行沿线顶面安装 ADMS。ADMS 由全自全站仪、棱镜、数据传输和处理系统组成。全自动全站仪每 0.5h 自动读数，同步传送至计算机进行分析，并同预先设置的"Alert，Alarm，Action"的预警值进行比较。如果持续 2h 依然超出预警值，该系统即时通过电子邮件及短信方式通知项目人员，以便相关人员立即进行分析及采取措施。应变监测系统安装于开挖支撑结构上，由应变计（Strain Gauges）与数据传输系统组成，自动收集开挖结构应力—应变参数。地面沉降观测点按照设计要求，放置于施工范围，监测地面沉降，避免对其下的管道产生危害。

7. 管桩闸板复合型海上围堰

隧道红磡段采用明挖回填的方法建造隧道，管桩闸板复合型结构被用作深基开挖的围堰，其中 60m 长范围为海上围堰。管桩主要用于围堰结构支撑，利用潜孔冲击锤（Down-the-Hole）将管桩镶入土层设计深度；然后，在其后方安装闸板，起到初步止水作用。最后，闸板和管桩之间进行注浆止水。围堰闸板主要采用可行走油压静力压桩机进行安装。事先以传统方式安装若干块闸板，然后将机器安置于闸板顶端，利用以装闸板提供的反作用力将剩余的闸板压下。

管桩闸板复合型围堰的防水性能主要依赖渗透浆的灌注。另外，海上围堰的平均抽水深度达到 16m，加上部分闸板底部存在石夹层，注浆的强度和密实度必须保证。针对不同位置渗透浆的成分有所不同。闸板底部采用英泥膨胀土浆，管桩闸板之间采用英泥膨胀土浆混合硅溶胶，另外石夹层采用英泥膨胀土浆混合硅酸钠。

此方法的好处是产生的噪声低，振动小。

8. 闭合接头与非典型终端接头施工

工程采用两次接头的形式，分别是 E9 与 E10 之间的闭合接头及 E11 与现存隧道 ME4 端的最终接头。闭合接头与终端接头是沉管隧道施工最关键的一个环节，技术含量高、施工难度大、风险高，在每道工序施工中都需进行深水作业，工作量大、工期长，同时面临复杂的水下工作环境，导致施工风险进一步加大。

9. 沉管隧道浮运及沉放条件要求严苛

沉管施工的难点在于水文气象条件对施工影响是全方位、全天候的，因而需挑战严苛的自然条件并严格控制施工过程，既需要与台风搏斗，又需要选择合适的潮水窗口期。安装沉管设备需时 3d，然而香港地区天文台只能准确预测最多 3d 的台风动向，因此沉管设计要考虑台风因素，概率为 1 个风季，其设计为 5 年一遇的台风。同时，由石澳拖往将军澳需时 5h 航程，期间航线东南方向是南中国海，没有屏障，此过程中沉管管节的内力对隧道安全至关重要。本工程依据香港地区海港设计手册（Port Work Design Manual）及海洋结构（Marine Structure：BS 6349：1—2000）进行估算，并用有限元软件进行数据模拟。

10. 管节沉放工序复杂

管节由将军澳拖往维多利亚港工地需 5h 航程，将沉管用钢缆系在预先放置的海底地锚，利用全球定位技术（GPS）固定其位置，大约需时 1d。沉管下沉速度为 2.5m/h，在距离基础上 1.5m 时，蛙人检验沉管上方导管是否在预计位置以及能否放入下方的支架；同时，水面上测量员测量拖拉塔位置并微调管节位置，从而保证管节位置的准确。管节沉放需多个工序，才能完成一条标准管节的沉放。

第 2 章 过海沉管隧道设计

2.1 设计规范及标准

目前，国内和国际上存在着很多结构设计规范及标准，但极少有能明确针对沉管隧道的设计规范。这其中的原因一方面或与沉管隧道本身结构的多样性有关，例如单壳钢结构、双壳钢结构、钢筋混凝土结构及钢壳钢筋混凝土复合结构。另一方面，沉管隧道项目具备独特性。国家、地区、水域等方面的差异都能影响沉管隧道的设计，而且不同的承建商或具备不同的施工设备和擅长不同的施工技术，较开放的设计规范及标准或可以促进沉管隧道建造技术的创新。

香港地区沙中线沉管隧道的设计标准主要以过往相关经验为依据并结合项目本身特征，针对隧道结构形式、设计荷载、地震分析以及结构耐久性等方面在合约中提出具体的要求。另外，以下相关标准、规范和技术参考资料等也被运用在此次项目的沉管隧道设计之中：

- Code of Practice for the Structural Use of Concrete，2013. Hong Kong Government，Buildings Department.
- Code of Practice for the Structural Use of Steel，2011. Hong Kong Government，Buildings Department.
- Structures Design Manual for Highway and Railways，2013. Hong Kong Government，Highways Department.
- Code of Practice for Foundations，2004. Hong Kong Government，Buildings Department.
- Hong Kong Port Works Design Manual，2002. Hong Kong Government，Civil Engineering Department.
- Code of Practice for Fire Safety in Buildings 2011. Hong Kong Government，Buildings Department.
- BS 6349. Maritime structure-Design of inshore moorings and floating structures.
- The Rock Manual -The Use of Rock in Hydraulic Engineering，C683. CIRIA Publication.
- Materials and Workmanship Specification for Civil Engineering Works.
- O. Kiyomiya (1995). Earthquake-resistant Design Features of Immersed Tunnels in Japan. Tunneling and Underground Space Technology Vol 10，No. 4 pp-463-475 (1995).
- Y. M. AHashash et al. Seismic design and analysis of underground structures (2001) tunneling and underground space technology.

- BS EN 1992-1-1. Design of Concrete Structures. Part 1-1 General Rules and Rules for Buildings.

2.2 结构形式及特征

根据项目合约要求，香港地区沙中线沉管隧道须以纵向预应力钢筋混凝土结构整体式管节的方式建造并须提供外层防水层。在此基础上，沉管隧道结构还有如下主要特征：

1) 过海段隧道由 11 节沉管管节组合而成；

2) 横向分析，隧道结构可视作钢筋混凝土结构单向板和墙的组合，具体分析可参考 2.4.1 的 2；

3) 纵向分析，隧道结构可视作预应力混凝土 3 孔箱形梁，其底板和顶板为箱形梁的翼缘，墙身为腹板，具体分析可参考 2.4.1 的 3；

4) GINA 止水带用于沉管管节下沉对接过程中的接头水密措施；

5) 沉管管节接头能够满足因温度变化、混凝土收缩及徐变引起的纵向位移以及地震引起的管节伸缩；

6) 沉管管节接头能够允许因管节基槽不均匀沉降而导致的管节纵截面旋转位移，但通过竖向和水平剪力键约束管节之间的相对位移。

2.3 设计荷载

表 2-1～表 2-3 分别列明应用沉管管节在起浮浮运、下沉过程中的荷载情况以及沉管隧道在永久条件下的荷载情况。

沉管起浮浮运荷载情况		表 2-1
永久荷载	外加荷载	偶然荷载
结构混凝土	波浪	超载
初始压载混凝土	水流	
防水钢底板		
混凝土保护层		
静水压力		
沉管下沉设备		
压载水（微调）		

沉管下沉荷载情况		表 2-2
永久荷载	外加荷载	偶然荷载
结构混凝土	波浪	超载
初始压载混凝土	水流	
防水钢底板		

续表

永久荷载	外加荷载	偶然荷载
混凝土保护层 静水压力 沉管下沉设备 压载水		

沉管隧道永久条件荷载情况　　　　　　　　　　表 2-3

永久荷载	外加荷载	偶然荷载
结构混凝土 压载混凝土 防水钢底板 混凝土保护层 静水压力 铁路路枕 机电设备 回填 防锚保护层 回淤 侧向土压力 堆载土压力 不均匀沉降	车载 温度作用	列车碰撞 沉船 锚击 洪水 地震 支撑失效

2.3.1 永久荷载

1. 静荷载

在沉管隧道设计初期，静荷载材料密度参考值见表 2-4。

静荷载材料密度　　　　　　　　　　表 2-4

材料	密度（kN/m³）
结构混凝土	23.9～25.5
压载混凝土	22.1～22.80
海水	10.02～10.07
填砂	19.00～21.00
碎石、过滤层、堆石和回淤	19.00～22.00

　　所有静荷载材料密度宜在施工阶段进行复核。其中，关乎结构自重的材料尤其重要，如结构混凝土和压载混凝土，对沉管隧道的可浮性具有相当大的影响。管节过重，沉管管节不易起浮；管节过轻，或无法提供足够的压载而致使抗浮安全系数不达标。因此，在设计阶段宜考虑一定范围的浮动并进行敏感度分析，确保建成的沉管管节预制件能够顺利起浮和下沉。

2. 静水压力

　　静水压力根据沉管隧道埋深和设计水位值计算所得。设计水位值因应不同海域、江域、河道的实际情况，根据相关历史数据和设计规范来进行拟定。沙中线沉管隧道隧址所处的海域——维多利亚港平均水位值为＋1.3mPD，最大和最小设计水位值如表 2-5 所示。

设计水位值 表 2-5

极限状态	设计水位值	
	正常 (SLS)	终极 (ULS)
最大值	+3.0mPD	+5.0mPD
最小值	+0.5mPD	-0.5mPD

3. 铁路路枕 (Tackform)

根据现有的地铁铁道设计标准，隧道铁路路枕的荷载值限定为 19.9kN/m，额外 1.3kN/m 为路轨及固定装置的限定荷载值。

4. 机电设备

隧道结构顶板底部的应用荷载，主要考虑后期安装的架空电缆和其他相关机电设备，保守取值为 2kN/m²。

5. 土压力

土压力荷载包括覆盖于沉管隧道顶面 1.5m 厚的保护层和 2m 厚预留回淤层，以及因两侧回填而产生的侧向压力。部分管节回填覆盖的厚度或更深，取决于是否要求还原原本较高海床高程或其他隧道上方原有的构筑物。

6. 不均匀沉降

沉管隧道永久状态下纵向和横向结构分析时，±5mm 不均匀沉降值被运用于结构模型不同位置的支撑形变，从而模拟隧道基础垫层可能发生的异变。另外，纵向结构分析还需考虑隧道任何 100m 段位发生 ±25mm 不均匀沉降值的情况。

2.3.2 外加荷载

1. 波浪水流

相对于永久状态，波浪和水流对于沉管结构的影响更体现在浮运、系泊和沉放的过程中，针对波浪和水流的设计参数一方面参考香港地区海事署相关规范指引，另一方面因应沉管管节在不同海域路线和不同逗留时长而可能遇到的极端天气变化进行研究分析。由于受近些年全球暖化影响，海洋气候变化极端，为确保沉管管节安全，环境设计参数宜取相对保守值。以下列出沙中线沉管管节从出坞到沉放安装过程中相应波浪、风速和水流于不同海域和浮运路线的设计参数，见表 2-6。

波浪、风速和水流设计参数 表 2-6

状态	波浪		风速 (m/s)	水流 (Knots)	天气状况
	浪高 H_s(m)	周期 T_s(s)			
1. 浮运 (石澳-将军澳湾)	1.63	6.3	10.0	3.0	台风戒备信号
2. 临时系泊 (将军澳湾)	3.50	6.6	28.0	2.0	台风
3. 浮运 (将军澳湾-维港)	0.5	3.0	10.0	3.0	正常
4. 沉放系泊 (维港)	0.5	3.0	10.0	2.0	正常

其中，状态 1 和 2 设计波浪参数是由"风推浪"方法推算所得，即根据相对应的风速、风区长度、风时等风场要素可进行预测港外波浪。图 2-1 可供参考。

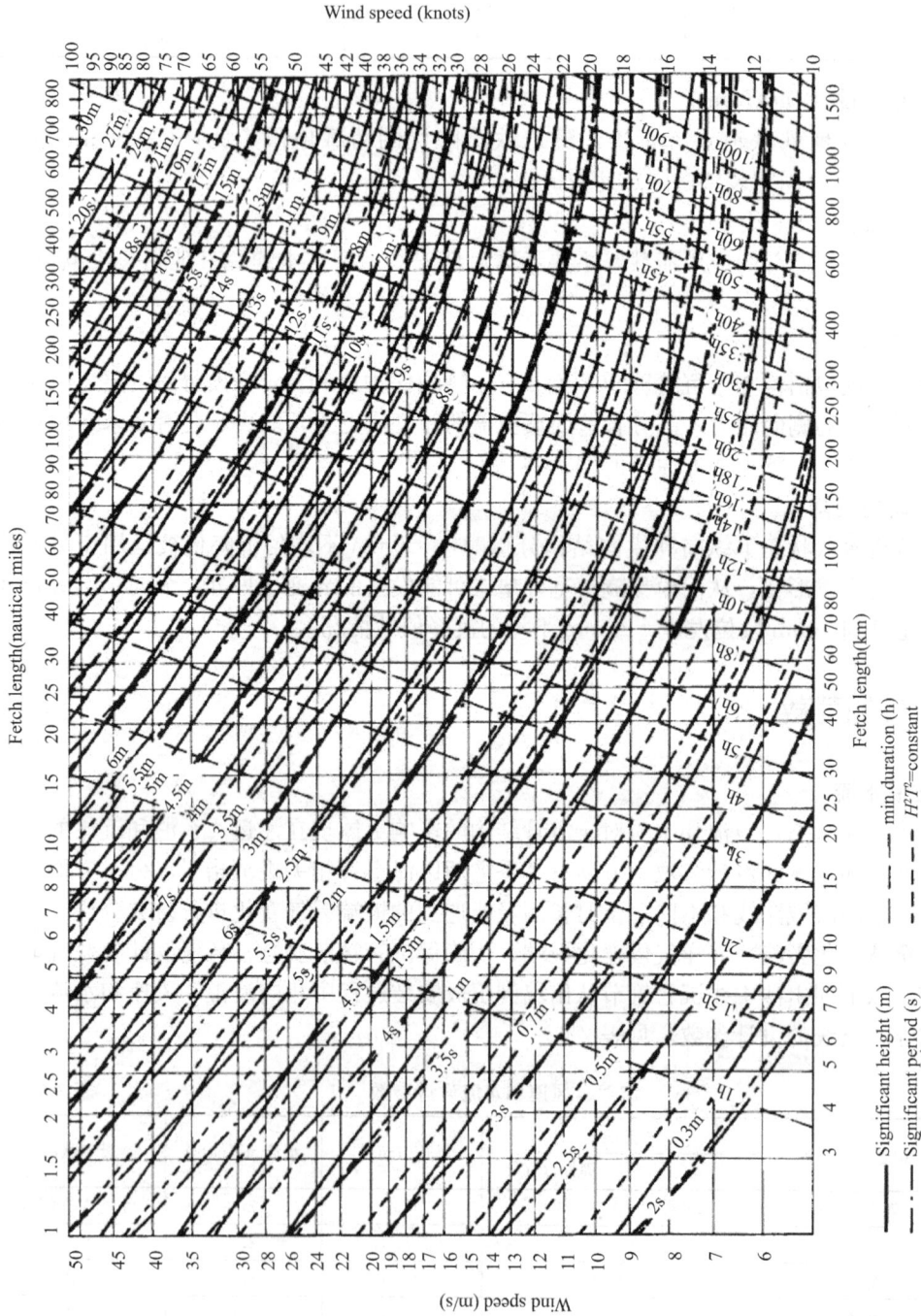

图2-1　风场浪高表

（截取自 BS 6349 Maritime structures-Part 1:Code of practice for general criteria ）

利用下列公式分别计算平均波浪漂移力、水流拖拽力、风阻力。也可根据实际情况和设计环境参数，利用数据模型或物理模型进行分析沉管管节在上述 4 种不同状态下的受力情况。

1）平均波浪漂移力 F_{WD}(kN)

$$F_{WD} = \frac{-\rho g L H_s^2}{16}$$

式中　　ρ——水密度（t/m³）；

　　　　g——重力加速度（9.81m/s²）；

　　　　L——沉管纵向/横向迎波浪长度（m）；

　　　　H_s——有效波波高（m）。

2）水流拖拽力 F_D(kN)

$$F_D = 1/2(C_D \rho v^2 A_n)$$

式中　　ρ——水的密度（t/m³）；

　　　　C_D——拖拽力系数；

　　　　v——沉管纵向/横向与水流相对速度（m/s）；

　　　　A_n——沉管纵向/横向迎流面积（m²）。

3）风阻力 F_W(kN)

$$F_W = 1/2 \rho v^2 C_f A_Z$$

式中　　ρ——空气密度（t/m³）；

　　　　C_f——风阻力系数；

　　　　v——风速（m/s）；

　　　　A_Z——沉管纵向/横向迎风面积（m²）。

2. 车载

按照港铁相关隧道铁路设计标准手册，除了考虑一般载人列车、运货列车和工程车辆等作用于隧道结构地板荷载，还应考虑因列车经过而产生的正反方向风压，设计值不小于 8.3kN/m²。

3. 温度作用

周遭环境的温度变化会导致沉管隧道结构的温度变化而伸缩，在处理接头设计时应考虑此变量。根据历史数据和实地测量，维多利亚港的海水温差大约在 16~27℃。因沉管各管节沉放安装的时间跨度大，沙中线沉管隧道接头设计时所考虑的温差为±15℃。

另一方面，沉管隧道内外亦存在环境温差。管内接触空气、管外接触海水的结构，即结构顶板、底板和外墙，这一温差也影响结构设计。此类结构内外侧环境温度的差值一般取±10℃，沙中线合约要求为±16℃。

2.3.3 偶然荷载

1. 超载

沉管管节沉放安装的过程中，以管面吊耳的最大承载力乘以相关安全系数作为超载力检验管节结构的终极极限状态。

2. 列车碰撞

根据香港地区地铁相关设计规范，列车碰撞产生的冲击力可假设为 1250kN 集中荷载，以任何方向水平作用于高于路轨 1.2m 位置的结构墙上。

3. 沉船

位于航道范围内的沉管隧道，其结构设计需考虑沉船荷载。根据现有及预测未来行经此航道的船舶进行评估，设计沙中线沉管隧道结构时须考虑 $50kN/m^2$ 的均匀分布荷载和 $1000kN$ 的集中荷载。

4. 锚击

锚击的设计荷载应符合沉管隧道沿线附近行驶船舶使用的最大锚的重量。根据对维多利亚港内行驶船舶的资料分析，锚击的偶然荷载值为 17t。另外，为防止沉管隧道外防水层因锚击而被破坏，隧道顶部和侧翼的保护层应具备足够的厚度应付锚击穿刺。

5. 洪水

洪水同时涌入隧道所有管孔及仅涌入单孔的情况均须考虑在结构设计中，其静水压的最大值为内管净高度水压。

6. 地震

沙中线沉管隧道的抗震设计中，最大水平地面加速度值为 $0.15g$，最大竖向地面加速度为 $0.075g$。

7. 支撑失效

沉管隧道纵向结构分析应考虑基座支撑失效的情况，其跨度为 10m。

2.3.4　荷载组合

沉管隧道结构终极极限状态和正常极限状态的荷载组合以及荷载系数总结见表 2-7 和表 2-8。

终极极限状态荷载组合

表 2-7

荷载	组合			
	1	2	3	4
永久荷载：				
静荷载-结构混凝土	1.4/0.9	1.2/0.9	1.05	1.2/0.9
静荷载-压载混凝土	1.4/0.9	1.2/0.9	1.05	1.2/0.9
静荷载-防水底钢板	1.4/0	1.2/0	1.05	1.2/0
叠加静荷载-铁路路枕	1.4/0	1.2/0	1.05	1.2/0
叠加静荷载-机电设备	1.4/0	1.2/0	1.05	1.2/0
静水压力	1.4/0.9	1.2/0.9	1.05	1.2/1.0
竖向土压力-回填	1.4/0.9	1.2/0.9	1.05	1.2/1.0
竖向土压力-回淤	1.4/0	1.2/0	1.05	1.2/0
侧向土压力-回填	1.6/0.9	1.4/0.9	1.05	1.2/1.0
侧向土压力-回淤	1.6/0	1.4/0	1.05	1.2/0
不均匀沉降	1.2/0	1.2/0	1.05	—
外加荷载：				
车载	1.4/0	1.2/0	—	—
温度作用	1.3/0	1.2/0	1.05	1.2/0
偶然荷载：				
列车碰撞	—	1.2/0	1.05	—
沉船	—	1.2/0	1.05	—
锚击	—	1.2/0	1.05	—
洪水	—	1.05/0	1.05	—
地震	—	1.2/0	1.05	—

正常极限状态荷载组合 表 2-8

荷载	组合
	1
永久荷载:	
静荷载-结构混凝土	1.0/0.9
静荷载-压载混凝土	1.0/0.9
静荷载-防水底钢板	1.0/0.9
叠加静荷载-铁路路枕	1.0/0
叠加静荷载-机电设备	1.0/0
静水压力	1.0/0.9
竖向土压力-回填	1.0/0.9
竖向土压力-回淤	1.0/0
侧向土压力-回填	1.0/0.9
侧向土压力-回淤	1.0/0
不均匀沉降	1.0/0.9
外加荷载:	
车载	1.0/0
温度作用	1.0/0
偶然荷载:	
列车碰撞	—
沉船	—
锚击	—
洪水	—
地震	—

2.4 竖向平衡

2.4.1 设计准则

根据施工阶段不同，分别考虑临时状态及永久状态时的隧道结构竖向稳定验算。其中，临时状态包括：①管节浮运；②管节下沉；③下沉后，回填完成前。永久状态则为回填完成后，隧道的正常使用状态。各阶段设计准则如下：

管节浮运阶段，管节的总质量包括 454t 沉管安装所需设备，同时考虑 0.25% 施工误差。最小干舷高度要求为 200mm，最小安全系数为 1.02。为了保证浮运过程中管节稳定，不同侧倾角下稳心高度和恢复弯矩需要满足设计要求，其中最小正稳心高度为 200mm。

管节下沉阶段，需要满足最小下沉力要求，具体为最小负浮力绝对值不小于 30kN/m。此阶段会采用临时压载配重水，使沉管下沉；最小安全系数为 1.02。

管节下沉后，回填土完成前，压载混凝土将替换压载配重水以及替换工作完成后轨道安装前，最小抗浮安全系数为 1.04；在计算安全系数时，采用最小结构混凝土及压载混凝土表观密度和最大水表观密度。

在永久状态下，由结构混凝土、压载配重混凝土和允许回填土重量产生的最小向下平衡力必须大于沉管隧道的静止水浮力。在考虑 1.5m 厚回填土重的前提下，最小安全系数不小于 1.2。

按照以上各阶段的不同要求，相应使用如表 2-4 最大及最小结构混凝土、压载配重混凝土、水表观密度和回填材料密度检验现有横截面条件下，核算安全系数是否满足要求。

2.4.2　分析模型

在 3D 参数模型中，隧道各个管节几何形状被定义为一系列几何参数，包括管节长度、横截面尺寸以及门洞、集水井等的典型特征。管节根据几何形状不同，分别考虑以下五个模型：

1）标准管节（E2-E4、E7 和 E8）；

2）弯曲管节（E1、E10 和 E11）；

3）E5（包含排水井）；

4）E6（包含通风设备室）；

5）E9（放置架空线设备平衡装置的壁龛）。

2.4.3　管节竖向平衡设计

每个隧道管节都会进行竖向平衡设计，从而满足临时状态及永久状态的平衡要求。在临时状态下，因为需要达到 200mm 的干舷高度要求，约 20％压载配重混凝土需要在浮起前放置于沉管火车通道；对于弯曲管节，在临时状态下压载配重混凝土的放置点需要按照管节不同的平面形状进行更为详细的分析。但是，因为在海面平面内具有更大的截面惯性矩，弯曲管节在理论上比直段管节稳定性能更为良好。在永久状态下，控制临界状态为考虑 1.5m 覆土高度、安全系数 1.2 的情况。此时，弯曲管节竖向平衡性能和平直管节类似。经计算，沉管倾斜角扶正力矩远大于倾覆力矩。

2.5　结构分析

2.5.1　横向结构分析

在竖向平衡分析的同时，采用一系列二元有限元结构模型进行隧道结构分析，以保证在 120 年设计使用年限内，在临时荷载和永久荷载作用下，隧道满足承载力极限及正常使用极限设计要求。

横向分析模型中，纵向为 1m 的横向截面模型用于 LUSAS 有限元分析软件中，进行截面内力分析，进而用于横向弯曲钢筋和抗剪钢筋的设计。

1. 分析模型—永久条件

在永久条件下，隧道底板放置于碎石基础之上。因此在结构模型中，底板由一系列弹性支座支撑，从而考虑碎石基础及下卧土层的变形（图 2-2）。弹性支座的刚度基于基础地基反应系数，此系数的上下限值被平均用于所有弹性支撑。同时，为了模拟碎石基础不规律表面，首先假设所有弹性支座只能承受压力，然后设置数值为±5mm的不均匀支座沉降。经过非线性分析后，即可得到不同荷载组合下的结构内力。

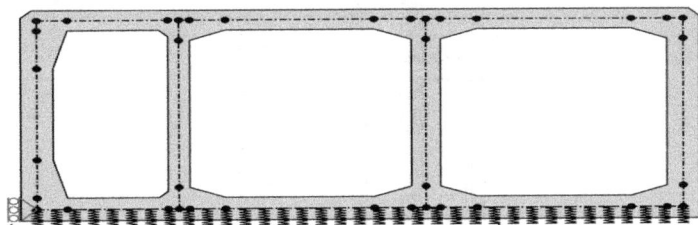

图 2-2　横向计算模型（永久条件）

2. 分析模型—临时条件

临时条件分为临时浮运和下沉阶段。在浮运阶段，因为沉管管节处于正浮力状态，所以作用在隧道上的不同荷载处于平衡，如自重和静止水压力处于平衡状态。因此在分析模型中，两个名义支座（即支座反力为零）设置于如图2-3所示位置，以确保模型分析中的竖直平衡。线性分析用于此模型来进行分析。

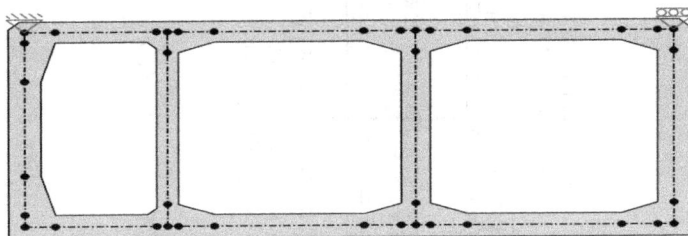

图 2-3　横向计算模型（临时条件）

在下沉阶段，考虑管节受到下沉力，设置真实支座于外墙，从而模拟管节被浮趸悬挂的真实情况。同样，线性分析用于确定各个荷载下隧道管节的内力。

2.5.2　纵向结构分析

在结构纵向分析中，可利用弹性基础梁理论进行结构分析。将整个隧道管节模拟为一系列由铰接连接的线性梁，按照永久条件和临时条件设置不同支座进行截面内力分析，从而用于纵向预应力钢筋、普通抗弯钢筋、抗剪钢筋和剪力键等设计。

1. 分析模型—永久条件

在纵向分析中，管节模拟为由铰接节点连接的线性梁，铰节点可以传递截面剪力。对于混凝土结构和预应力结构的设计，可采用不同的旋转刚度。

弹性梁的支座为动力弹性弹簧支撑，间距5m。通过移走不同位置的弹性支座，模拟支座失效的情况。通过分析，临界截面及该截面相应的荷载组合得以确定。对于特殊位置，如排水沟（E9）和通风管（E6），采用单独的分析模型，以保证完全确定其结构性能。

不同于横向分析，沿着隧道纵向板墙的温差会产生局部纵向弯矩。使用有限元板模型分析此局部弯矩。根据分析，纵向抗弯钢筋可以满足设计要求。

对于弯曲管节上述模型分析同样适用，采用3D模型进行结果对比评估。

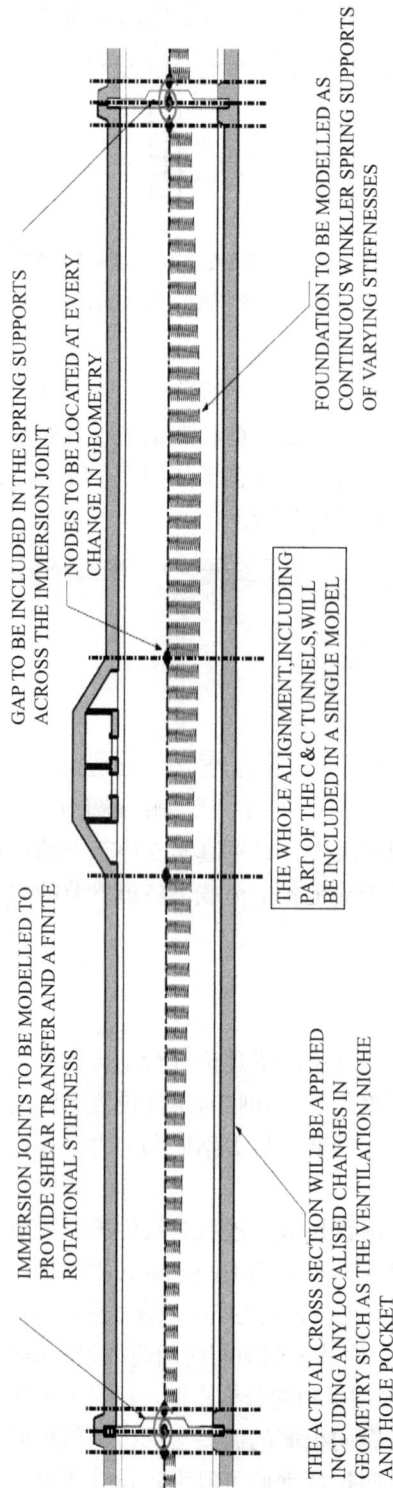

GAP TO BE INCLUDED IN THE SPRING SUPPORTS ACROSS THE IMMERSION JOINT

NODES TO BE LOCATED AT EVERY CHANGE IN GEOMETRY

FOUNDATION TO BE MODELLED AS CONTINUOUS WINKLER SPRING SUPPORTS OF VARYING STIFFNESSES

IMMERSION JOINTS TO BE MODELLED TO PROVIDE SHEAR TRANSFER AND A FINITE ROTATIONAL STIFFNESS

THE WHOLE ALIGNMENT,INCLUDING PART OF THE C & C TUNNELS,WILL BE INCLUDED IN A SINGLE MODEL

THE ACTUAL CROSS SECTION WILL BE APPLIED INCLUDING ANY LOCALISED CHANGES IN GEOMETRY SUCH AS THE VENTILATION NICHE AND HOLE POCKET

图2-4　纵向计算模型（永久条件）

2. 分析模型—临时条件

类似于横向分析，临时条件分为临时浮运和下沉阶段。在浮运阶段，两个名义支座（即支座反力为零）设置于如图 2-5 所示位置，以确保模型分析中的数字平衡、线性分析用于此模型。

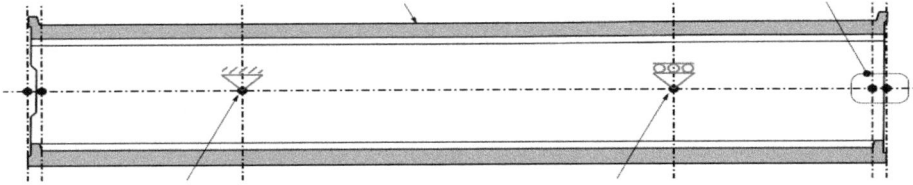

图 2-5　纵向计算模型（临时条件）

在下沉阶段，真实支座设置于悬挂设备的位置，从而模拟管节被浮运悬挂的真实情况。在此条件下，需要保证隧道管节不会在悬挂设备失效前受到破坏。相应亦须考虑超载荷载，即用悬挂设备的承载力极限值作为设计值，运用合适的荷载系数，实现"强管节，弱悬挂"体系。

2.6　地震分析

因为处于中低地震区域，到目前为止，香港地区没有任何一个已建沉管隧道有抗震设防要求，但是潜在地震灾害不能忽视。沙中线项目的抗震设计及分析遵循日本工程师协会地震工程委员会出版的论文 "Earthquake-resistant Design Features of Submerged Tunnels in Japan"。隧道结构分析分为纵横两个方向，运用弹性地基梁理论分别考虑。纵向分析时，主要采用自由场变形方法考虑地震波横波分量产生的内力、沉管节点扭转变形及地震纵波分量产生的沉管节点水平压缩和拉伸变形。同时，考虑土体-结构相互作用，横向分析时采用等效静力法分析由横向地震波引起的内力。

2.6.1　地震设防要求

根据香港地区纪录，烈度最强的地震发生于 1918 年，震中为距离香港地区 300km 的汕头，香港地区的抗震设防烈度大约为 7 度。参考《建筑抗震设计规范》GB 50011—2010，在该沉管隧道抗震设计中，最大水平地面加速度值为 0.15g，最高竖向地面加速度值为 0.075g，此地震为千年一遇。

2.6.2　隧道结构纵向分析

自由场变形法是运用弹性封闭函数公式计算自由场中的土体应力应变方法。此处自由场变形为在不考虑开挖等情况下由地震横波引起的地面应变。同时，考虑土体-结构相互作用采用相应内力折减系数。

　　在具体结构设计中，隧道设计模型如 2.5.2 所述，此时忽略土体-结构相互作用。在计算由横向地震波产生的内力（轴力、弯矩及剪力）时，设计横波的弹性反应谱根据英国标准 BS EN 1998-1 Eurocode 8：Design of structures of earthquake 确定，自由场中的场地轴向应变和弯曲应变根据 St. John 和 Zahrah 提出的解析公式得出，如下：

　　公式 1

$$\varepsilon^{a} = \frac{v_{s}\sin\phi\cos\phi}{C_{s}}$$

　　公式 2

$$\varepsilon^{b} = \frac{ra_{s}\cos^{3}\phi}{C_{s}^{2}}$$

式中　ε^{a}——轴向应变；

　　　　ε^{b}——弯曲应变；

　　　　r——中性轴到最外层纤维距离（m）；

　　　　a_{s}——S 波最大质点加速度，$0.15g$（m/s²）；

　　　　v_{s}——S 波最大质点速度（m/s）；

　　　　C_{s}——S 波传播表观速度（m/s）；

　　　　ϕ——相对隧道轴地震波入射角。

　　然后，依据弹性梁理论，根据隧道截面模量和短期弹性模量得到作用于结构的纵向轴力及弯矩。

　　公式 3

$$N = EA_{c}\varepsilon^{a}$$

　　公式 4

$$M = \frac{EI_{c}\varepsilon^{b}}{r}$$

式中　N——纵向轴力；

　　　　M——弯矩；

　　　　A_{c}——结构混凝土面积（m²）；

　　　　E——短期弹性模量（kN/m²）；

　　　　I——截面模量（m⁴）。

　　由于考虑土体-结构相互作用机制，上述内力值需要修正。John 和 Zahrah 建议引入土体动力弹性常量，从而考虑以下两点：

　　（1）隧道和周围土体的压力比；

　　（2）隧道使土体变形的减少。轴力和弯矩的折减系数可由土体弹性常量和所考虑的地震波长得出。修正后的内力值，用于计算承载力极限状态下结构承载力。由纵向弯矩产生的水平剪力用于确定计算隧道底板剪力键的剪力设计值。

　　地震波对隧道周围土体产生的动态应变会使隧道产生位移，而位移发生在管节接头。相对于弯曲应变（ε^{b}），轴向应变（ε^{a}）更具主导性，因此用来计算接头位置位移。根据 Hamada et al. 的数据模型，沉管管节接头相对位移（δ_{s}）可通过以下公式计算：

公式 5

$$\frac{\delta_s}{l} = \frac{\varepsilon^a \dfrac{2}{\beta l} \tanh \dfrac{\beta l}{2}}{1 + \left[\dfrac{k_j l}{EA} \times \dfrac{2\tanh \dfrac{\beta l}{2}}{\beta l} \right]}$$

其中：

$$\beta = \sqrt{\frac{k_x}{EA}}$$

    EA——推拉变形硬度；

     l——管节长度；

    k_j——柔性接头弹性常数；

    k_x——降级反应系数。

2.6.3 隧道结构横向分析

    横向分析时采用简化的等效静力法，同时考虑动力土体-结构相互作用。其中，有几个因素影响这种相互作用，包括土体结构相对刚度、结构的几何形状和隧道埋置深度等，尤以柔度比最为重要，即土体的剪切刚度和所支撑的隧道结构水平刚度的比值。在本设计中，单位集中水平荷载作用于横向结构设计有限元模型中的顶板处，由顶板位移得到结构水平刚度。

    简化的框架计算模型如图 2-6 所示。计算所得的结构在横向地震作用下水平侧移于正负两个方向作用于结构顶板。原因是，矩形截面的沉管隧道具有一定的埋置深度，大部分的水平位移都是由顶板面的剪力所导致。具体横向地震分析遵循如下步骤进行：

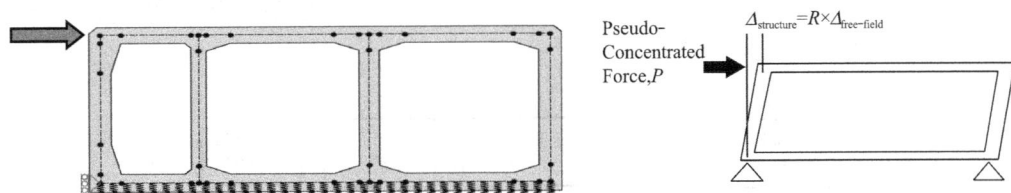

图 2-6 横向结构计算模型（地震作用）

1）计算自由场中地震横波引起的场地剪切应变（$\Delta_{\text{free-field}}$）；
2）用前述方法计算隧道结构水平刚度，然后计算柔度比；
3）根据柔度比及泊松比可以得到横向变形系数（R）；
4）得出结构水平侧移 $\Delta_{\text{structure}} = R\Delta_{\text{free-field}}$，将此位移作用于结构设计模型中。

2.6.4 沉管管节连接点位移

    隧道周围场地土由于地震波产生的应变会引起隧道结构的变形，这些变形相应产生沉管节点的变形。对于管节节点设计，分别考虑纵向轴向变形和竖直旋转位移。

如 2.6.2 所述，在纵向截面设计中，地震作用会使沉管结构会产生轴向应变和弯曲应变，然而弯曲应变相对小于轴向应变，因此在沉管管节连接点处相对轴向变形计算，只考虑由于隧道推拉变形产生的轴向应变。此相对位移同时组合由温度、收缩和徐变产生的纵向运动，最后得到节点计算所需要的纵向开合位移。

在纵向结构设计中，地震纵波会引起隧道纵向弯曲，从而产生竖直向的位移。如图 2-7 所示，因为假设地震横波为正弦波，所以最大转角发生在 1/4 波长处。图中，H 为弯曲隧道弯曲半径，O 为 1/4 的地震波长。按照几何关系，可以得出在地震作用下的旋转竖向位移 x。

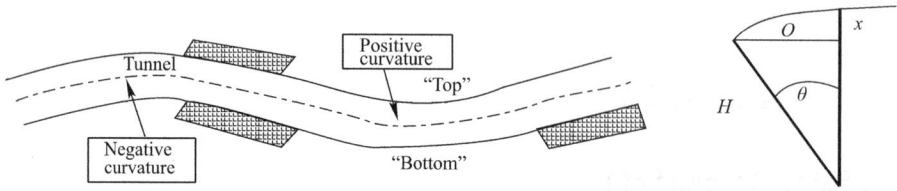

图 2-7 隧道竖向位移

2.6.5 基础液化势分析

地震引起的土体晃动可能导致隧道基槽液化沉降从而影响结构，因此需针对现有管节基槽和基础垫层填充料进行液化势分析。分析根据 National Center for Earthquake Engineering Research（NCEER）of University of California Berkeley 提出的以标准贯入测试为基础的经验法则和 Eurocode EN 1998-5：2004（E）所建议的参数。

在指定的地震作用影响下，土体抗液化安全系数为反复抗阻比（Cyclic Resistance Ratio，CRR）与反复应力比（Cyclic Stress Ratio，CSR）的比值，其推导流程（参考 Orense and Pender，2012）如下：

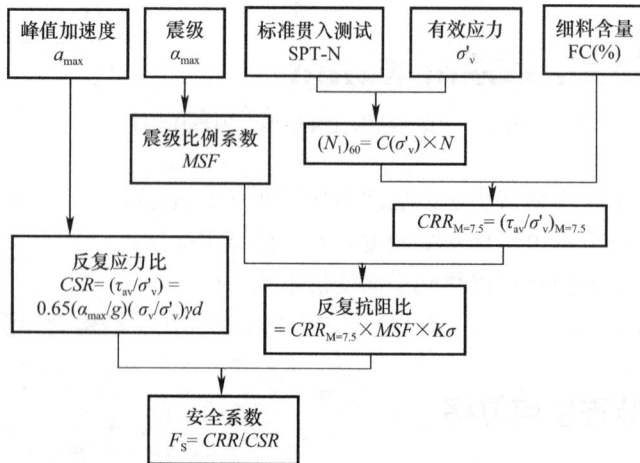

计算反复抗阻比时，先校正测得的标准贯入测试 SPT-N 值，公式如下：

$$(N_1)_{60} = C_N \cdot C_E \cdot C_B \cdot C_R \cdot C_S \cdot N_m$$

式中　$(N_1)_{60}$——校正后 SPT-N 值；

C_N——覆土校正系数$= \sqrt{\dfrac{Pa}{\sigma_{v0}'}} \leqslant 2.0$（=1）；

σ_{v0}'——覆土有效压，Pa 是大气压强（101.325kPa），通常覆土厚度不超过 1.5m 时，C_N 的最大值为 2.0；

C_E——SPT 锤能量比校正系数（=1，香港地区标准自动锤）；

C_B——钻孔直径校正系数（=1）；

C_R——杆长校正系数（=1，杆长>10m）；

C_S——取样方法（=1）；

N_m——测得的 SPT-N 值。

假设 N_m=10（砂流法沙基础垫层），$(N_1)_{60}$=10

$$100 \cdot CRR_{M=7.5} = \frac{95}{34 - (N_1)_{60}} + \frac{(N_1)_{60}}{1.3} - \frac{1}{2}$$

$$CRR_{M=7.5} = 0.111$$

若 $M_w < 7.0$，$MSF = 10^{3.00} \times M_w^{-3.46}$

$MSF = 2.03047$

$CRR = CRR_{M=7.5} \times MSF = 0.226$

$$CSR = 0.65 \frac{a_{max}}{g} \frac{\sigma_{v0}}{\sigma_{v0}'} r_d$$

$$r_d = 1.0 + 1.6 \times 10^{-6}(z^4 - 42z^3 + 105z^2 - 4200z)$$

式中　a_{max}——峰值加速度；

g——重力加速度；

σ_{v0}——初始覆土总压应力；

σ_{v0}'——初始覆土有效压应力；

r_d——深度折减系数；

MSF——震级比例系数。

假设 z=12m，r_d=0.86，那么

$$\frac{\sigma_{v0}}{\sigma_{v0}'} = 3.6$$

$$CSR = 0.302$$

$$FoS = CRR/CSR = 0.226/0.302 = 0.748$$

假设地震水平峰值加速度为 0.15g 和地震矩为 6 的情况下，SPT-N 为 10 的砂流法沙基础垫层的抗液化安全系数为 0.748，低于要求的 1.5。因此，针对沙中线沉管隧道不采用细砂材料作为基础，而是选择碎石材料作为基础垫层。碎石基础垫层的好处还可以避免因地震产生的过度孔隙水压和减少有效压的折减。

2.7　结构设计

2.7.1　钢筋混凝土设计

根据设计荷载组合以及地震作用的分析，利用有限元模型模拟并导出横向结构设计弯矩和剪力值。考虑隧道覆土静土压力对结构横截面轴向作用有利于增加其抗矩能力，荷载系数应取 0.9。隧道钢筋混凝土结构的配筋应能同时满足结构正常使用和终极极限状态的容量要求。以管节 E1 顶板结构设计为例，图 2-8（a）、（b）、（c）分别针对设计抗弯钢筋（正常使用极限状态和终极极限状态）和设计抗剪钢筋（终极极限状态）进行检验：

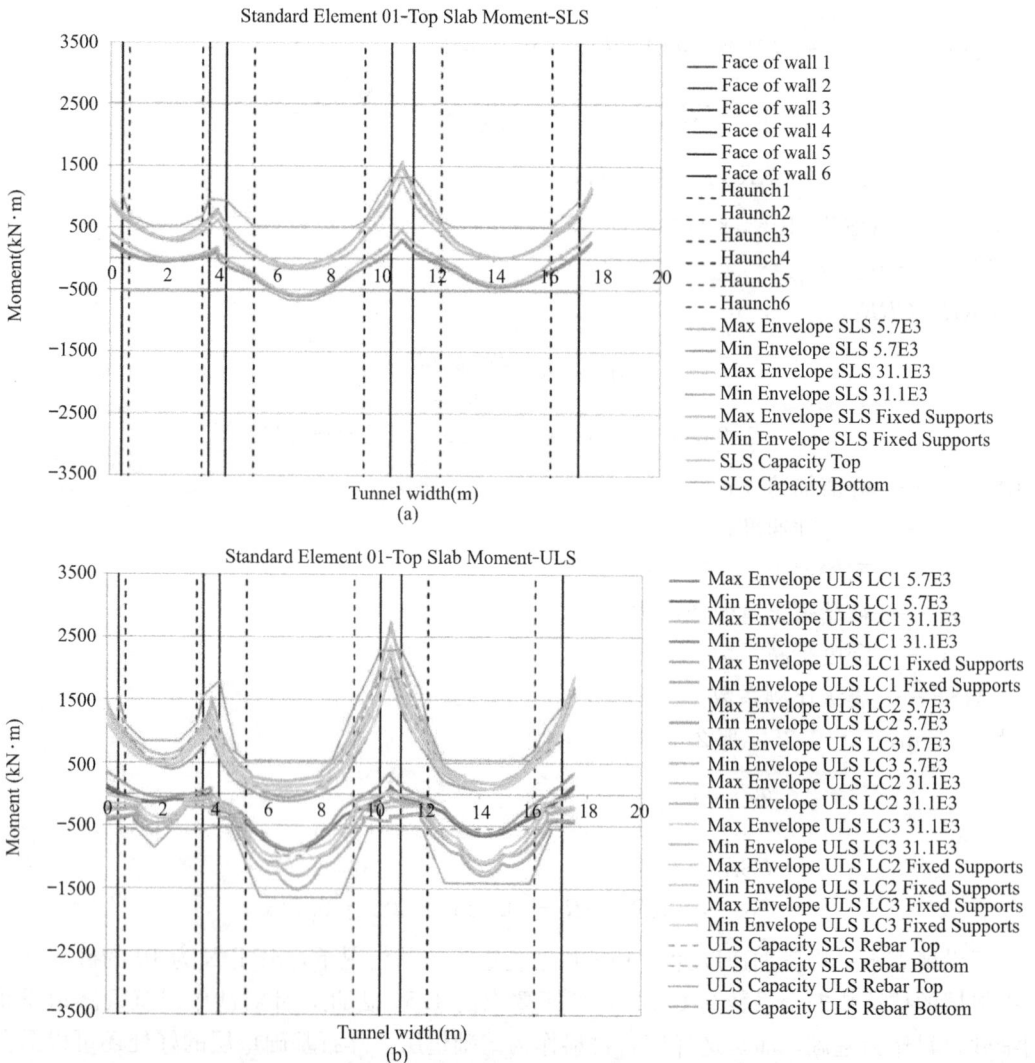

(a)

(b)

图 2-8　管节 E1 顶板抗弯设计（一）

（a）管节 E1 顶板抗弯设计（正常使用极限状态）；（b）管节 E1 顶板抗弯设计（终极极限状态）

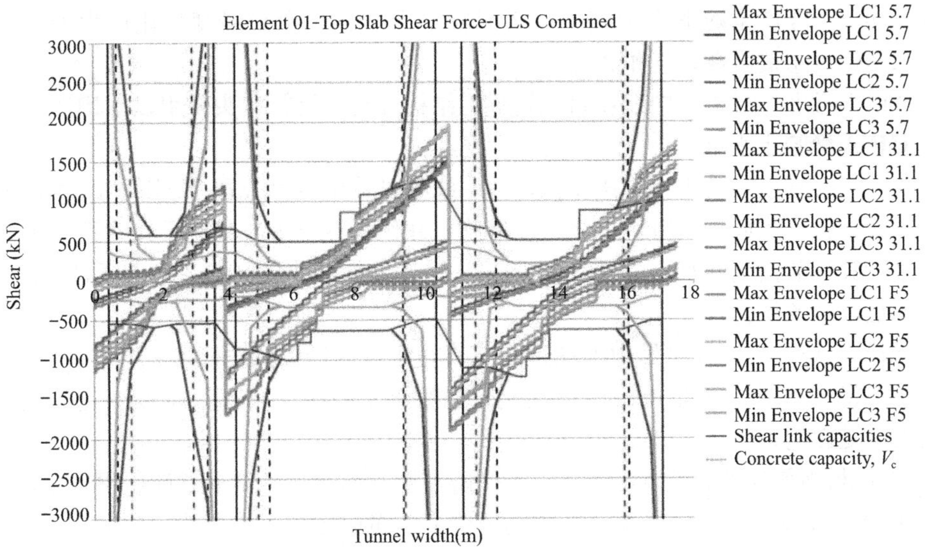

图 2-8　管节 E1 顶板抗弯设计（二）

(c) 管节 E1 顶板抗剪设计（终极极限状态）

结构钢筋混凝土保护层厚度和裂缝宽度标准如表 2-9 所示。根据相关规范，裂缝宽度计算采用混凝土保护层厚度参数最大值为 40mm。

结构钢筋混凝土保护层厚度和裂缝宽度（mm）　　　　　　表 2-9

结构	混凝土保护层厚度	裂缝宽度
顶板、底板和外墙—外表面	60	0.15
顶板、底板和外墙—内表面	60	0.15
内墙表面	40	0.30

2.7.2　预应力设计

沉管管节纵向设计采用永久性预应力结构，根据纵向分析得出的最大弯矩并计算最佳预应力及其分布以满足由浮运、沉放等临时状态到最终设计使用寿命的要求。

按照香港地铁公司相关设计要求，沉管管节须设计为 1 级别结构构件，即正常使用情况下结构不存在内张力。这意味着隧道在设计使用寿命中，按照纵向分析，因正常使用状态下弯矩所产生的最大结构拉应力不得超过预应力所提供的压应力。

但一般而言，结构在终极极限状态下，一定程度的裂缝是允许的；相较正常使用极限状态，此额外结构抗矩能力可由纵向钢筋提供。因此，隧道管节的纵向结构抗矩能力应综合考虑结构钢筋和预应力。

预应力的分布应避开位于管节端头的剪力键、排水管、端封门固定装置等，以及管节中段的集水坑和通风槽等设施。

2.7.3　接头设计

沉管接头是沉管管节之间的连接构件，其结构设计主要考虑以下几个因素：①沉管管节之间不均匀沉降产生的形变和应力；②混凝土干缩、徐变和温度变化产生的形变和应力；③水密性；④抗震性；⑤耐久性。

综合以上考虑，对于沙中线项目沉管隧道结构分析，沉管接头采用以下构件。

1. GINA 橡胶止水带

与传统沉管隧道接头止水方法相似，沙中线项目采用荷兰公司 Trelleborg 生产的天然橡胶止水带为管节沉放对接时提供水密性措施，并作为隧道永久状态下接头第一道防水屏障。通过计算管节接头静水压力和止水带压应力-压缩变形曲线（图 2-9），所选用的 GINA 型号须满足以下条件：

1）由高水位产生的静水压力不超过 GINA 止水带的最大抗压能力；

2）GINA 止水带压缩量或因水位变化，混凝土干缩徐变和环境温度变化而变化，但止水效果不受影响；

3）考虑松弛效应的影响，GINA 止水带防水性能仍能满足隧道设计使用寿命；

4）GINA 止水带能够吸收所预期的隧道管节伸缩形变；

5）120 年设计使用寿命。

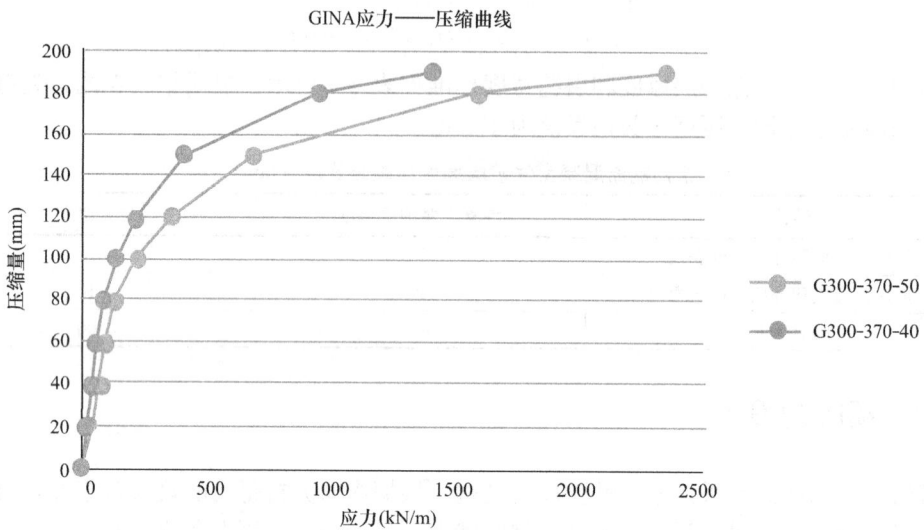

图 2-9　GINA 应力-压缩曲线

2. OMEGA 橡胶止水带

OMEGA 止水带同样选自 Trelleborg，由丁苯橡胶材料制作而成。作为管节接头第二道防水屏障，OMEGA 止水带所选的型号则须满足以下条件：

1）能够承受埋深最深管节接头最大水压；

2）能够吸收所预期的隧道管节伸缩形变，并不影响其止水效果；

3）120 年设计使用寿命。

沙中线沉管隧道选用的 GINA 止水带和 OMEGA 止水带的型号分别为 G300-370SB、OS400-100（图 2-10），标准安装如图 2-11 所示。值得注意的是，同一型号的 GINA 止水带有不同硬度的区分，当产生同等受压压缩时所需的受压强度也不同，如表 2-10 所示。

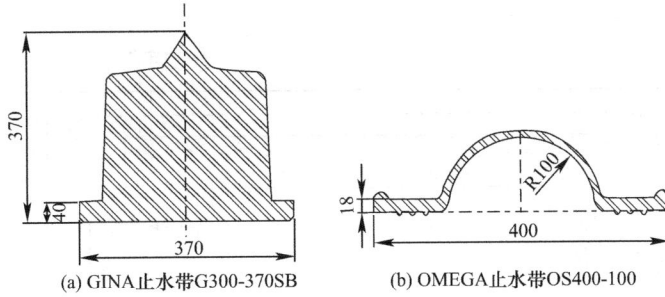

(a) GINA止水带G300-370SB   (b) OMEGA止水带OS400-100

图 2-10   GINA 和 OMEGA 止水带

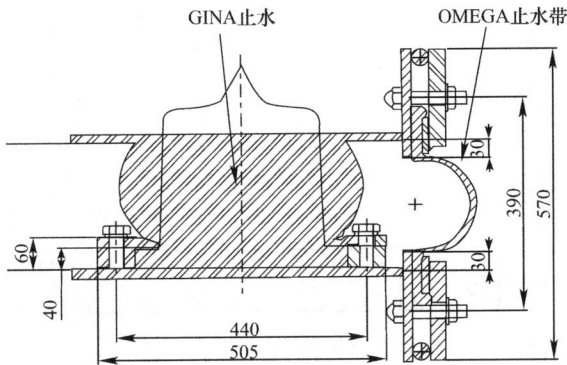

图 2-11   GINA 和 OMEGA 标准安装

GINA 止水带压缩压强对比表   表 2-10

压缩量（mm）	压缩强度（kN/m）	
	G300-370-50	G300-370-40
0	0	0
20	30	18
40	60	36
60	90	54
80	135	81
100	225	135
120	360	216
150	690	414
180	1590	954
190	2340	1404

3. 剪力键

沉管接头剪力键采用钢筋混凝土插槽式构造，分别布置于墙身和底板，用来阻止竖直方向和水平方向不均匀沉降。一般而言，剪力键浇筑的时机宜为管节内压载混凝土和回填覆盖完成后，目的是为了减少接头剪力键设计应力。

剪力键的设计类似枕梁，采用拉压杆模型（Strut-and-Tie Model）计算。插槽采用梯形构造，倾角承载接触面能更有效地发挥剪力键结构的承载能力。

接头墙身和底板剪力键以外部分同样采用钢筋混凝土现场浇筑，主要目的是为了发生火灾时有效地隔离各管道和保护接头 OMEGA 及 GINA 止水带。管节接头设计如图 2-12 和图 2-13 所示。

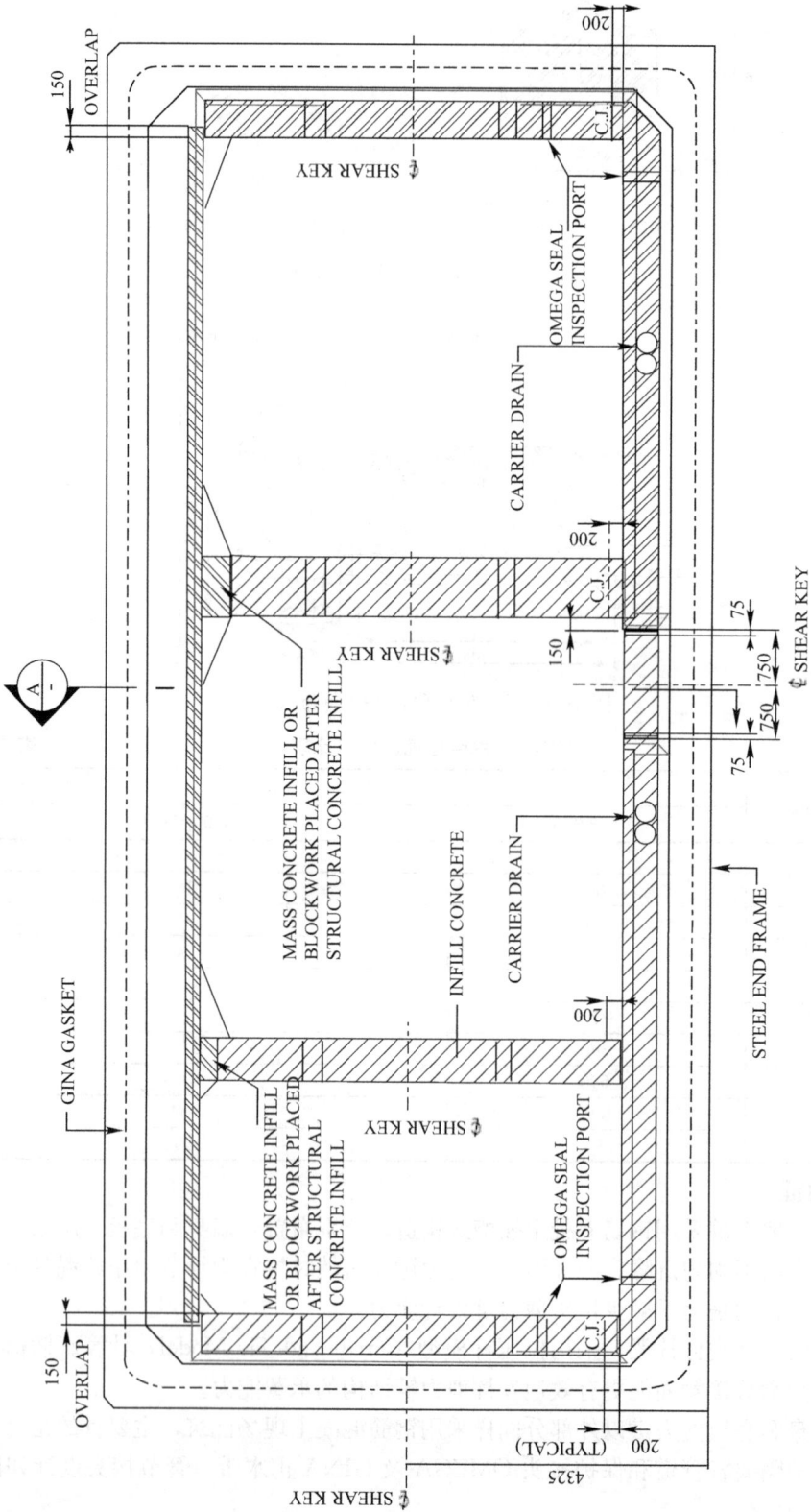

图2-12 管节截面整体布置图

OVERLAP
150

OVERLAP
150

200

C.J.

SHEAR KEY $\mathbb{C}$

OMEGA SEAL
INSPECTION PORT

CARRIER DRAIN

200

C.J.

SHEAR KEY $\mathbb{C}$

75

SHEAR KEY $\mathbb{C}$

750

750

75

A

GINA GASKET

MASS CONCRETE INFILL OR
BLOCKWORK PLACED AFTER
STRUCTURAL CONCRETE INFILL

INFILL CONCRETE

CARRIER DRAIN

MASS CONCRETE INFILL
OR BLOCKWORK PLACED
AFTER STRUCTURAL
CONCRETE INFILL

SHEAR KEY $\mathbb{C}$

OMEGA SEAL
INSPECTION PORT

C.J.

STEEL END FRAME

OVERLAP
150

200
(TYPICAL)

4325

SHEAR KEY $\mathbb{C}$

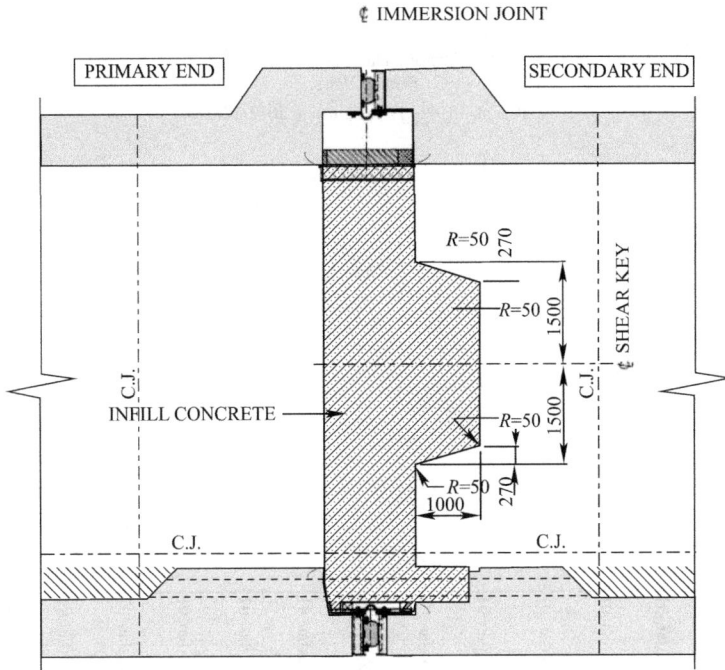

图 2-13　接头剪力键

2.8　结构耐久性

沉管隧道深埋于海底，长期受高水压和海水的侵蚀，环境非常恶劣。为保证隧道的使用寿命能够达到 120 年，需要从各方面把控管节质量。图 2-14 和图 2-15 分别列举隧道工程附近海水监测站关于维多利亚港海水盐分和酸碱度多年的参数作为参考。

维多利亚港底部海水内盐含量约为 22～35psu，但大部分年份超过 30psu，所以此类海水被分类为咸水。而其平均酸碱度值为 8.0，偏碱性。

2.8.1　混凝土配比设计

沉管隧道结构的防水性能要求为级别 1，即隧道内不能有任何可见的漏水和水印。综合结构强度和防水要求，混凝土的配比需符合以下条件：

1）隧道结构混凝土强度级别：45N/mm^2

2）混凝土类别 A（港铁规范）

3）最小胶结物含量（min. cementitious content）：375kg/m^3

4）最大胶结物含量（max. cementitious content）：450kg/m^3

5）最大水灰比（w/c ratio）：0.4

6）粉煤灰含量（PFA）：25%≤PFA≤35%，按胶结物质量计算

7）矿粉含量（GGBS）：36%≤GGBS≤75%，按胶结物质量计算

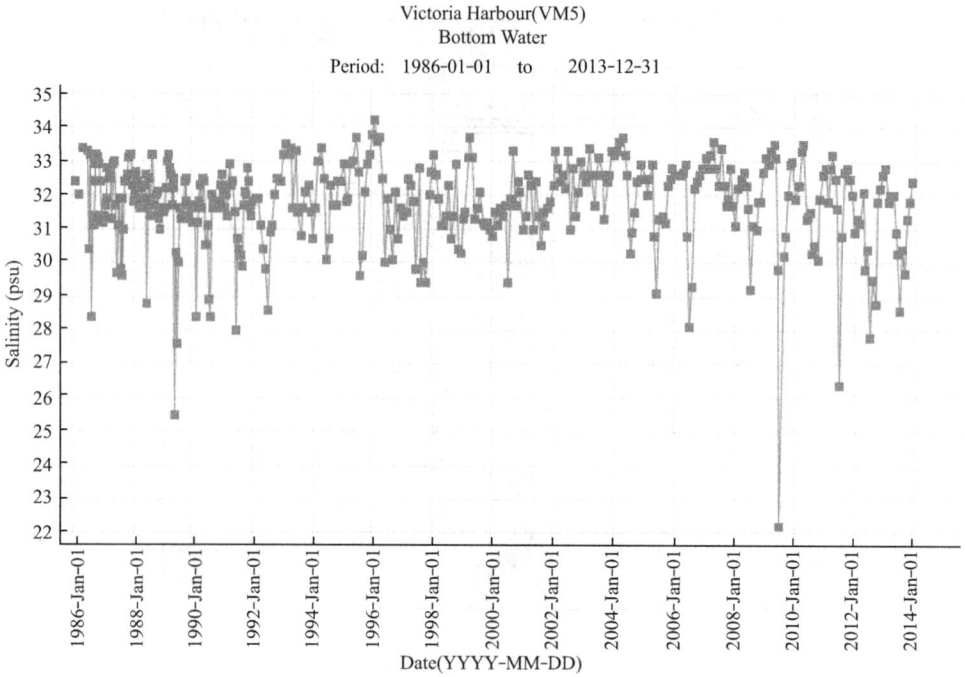

图 2-14　监测站 VM5 海水盐含量（1986~2013）

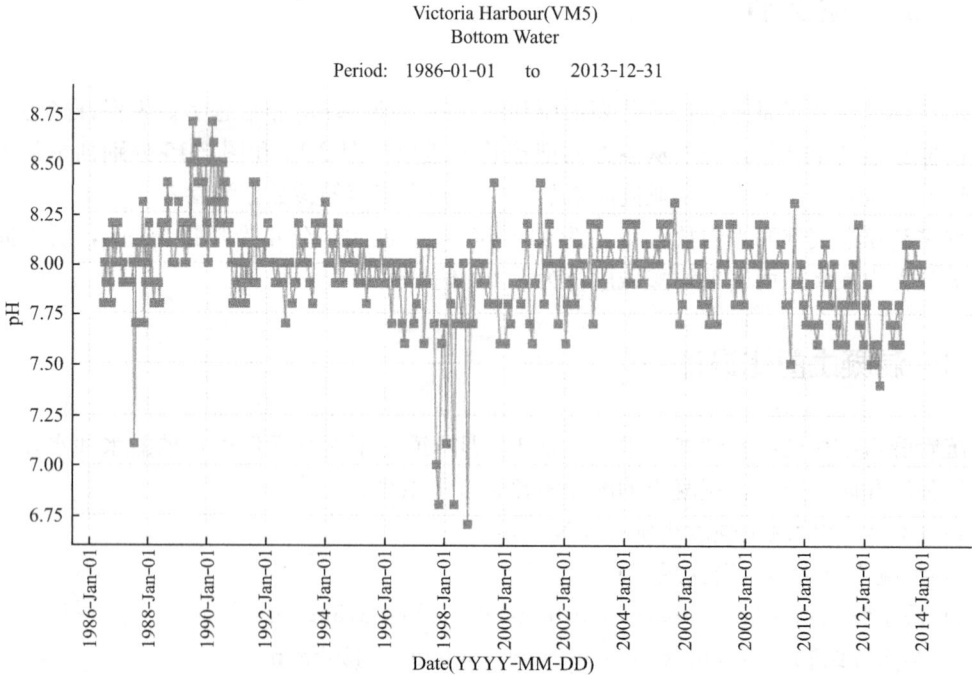

图 2-15　监测站 VM5 海水酸碱度（1986~2013）

按照混凝土类别 A 要求，沙中线沉管隧道结构混凝土的配比设计见表 2-11。

混凝土配比（每 m³）　　　　　　　　　　　　　表 2-11

水泥（kg）	PFA（kg）	20mm 碎石（kg）	10mm 碎石（kg）	细石（kg）	水（kg）	高效能减水剂（kg）	水灰比，W/（C+PFA）	石灰比，A/（C+PFA）
293	152	460	400	880	157	8.40+PFA	0.37	3.91

测试样本分 3d 抽取，每日 3 个，一共 9 个样本。相关测试结果如表 2-12 所示。

混凝土样本测试结果　　　　　　　　　　　　　表 2-12

取样	第1天			第2天			第3天			测试标准	测试结果
流动性（流动台测试，mm）	600	590	600	550	570	550	570	580	570	550±50mm	达标
7d 强度（MPa）	43.0	43.9	42.2	45.2	45.3	56.4	48.4	46.3	48.4		
每组平均 7d 强度（MPa）	43.0			45.6			47.7				
7d 差异百分比（%）	0.1	2.0	1.9	0.9	0.7	1.7	1.5	2.9	1.5		
7d 最大差异百分比（%）	4.0			2.6			4.4			≤15%	达标
7d 组差异百分比（%）	5.3			0.4			4.9			≤20%	达标
28d 强度（MPa）	60.8	58.2	63.0	62.5	59.5	63.3	61.0	62.9	63.6		
每组平均 28d 强度（MPa）	60.7			61.8			62.5				
差异百分比（%）	0.2	4.1	3.8	1.2	3.7	2.5	2.4	0.6	1.8		
平均 28d 强度（MPa）	61.6									≥（12+45）	达标
28d 最大差异百分比（%）	7.9			6.2			4.2			≤15%	达标
28d 组差异百分比（%）	1.6			0.2			1.4			≤20%	达标
温度（℃）	18.5			20			17.5			≤25℃	达标
氯化物含量（%）	0.02									≤0.2%	达标
泌水（%）	0.0									≤0.2%	达标
氯离子快速穿透试验（RCPT），Coulombs				223	244	244				≤1500	达标
吸水率试验（%）				1.1	1.0	1.1				≤1.5%	达标
温差-中心到表面，（℃/m）			4.3							≤20℃/m	达标
温升试验（℃）			66.9							≤70℃	达标

2.8.2 裂缝控制

沉管隧道结构的裂缝控制是保障其使用寿命的关键。一般结构裂缝的产生可分为弯曲裂缝（Flexural Crack）和早期裂缝（Early Age Crack）。结构弯曲裂缝可以采用后张预应力的方式来控制。考虑结构纵向分析在正常使用极限状态下，预应力的使用可以使得沉管管节结构的压应力大于因荷载而产生的张应力，从而避免结构裂缝的产生。横向分析时，若不采用预应力的情况下，也可利用合适的钢筋分布来控制裂缝在允许的范围之内。一般来说，水下构筑物的外层结构裂缝大小限制在 0.15mm 以内。

　　结构的早期裂缝主要包括温度裂缝和收缩裂缝。在施工阶段，浇筑的混凝土因水合作用温度升高并且膨胀，一方面或因外部环境低温影响，使得内外温差过大，从而产生裂缝；另一方面，或因早前分阶段浇筑完成的混凝土衔接施工缝的限制收缩而产生裂缝，如图 2-16 所示。

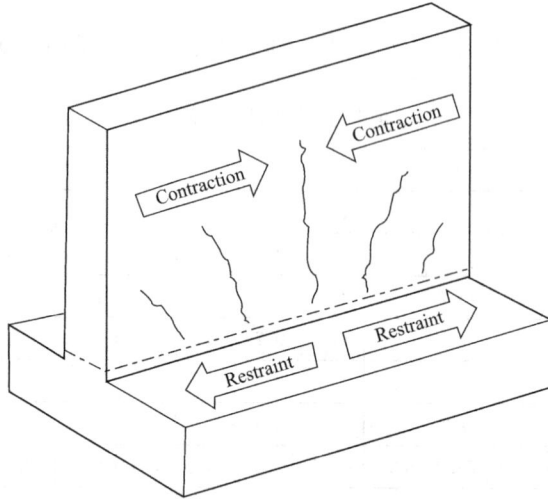

图 2-16　混凝土收缩裂缝示意图

　　为有效控制施工阶段结构因温度变化和收缩引起的裂缝，在混凝土浇筑完毕后硬化过程中应提供良好的表层养护来减小其内外部温差，也可针对施工缝部位提供冷却系统，如图 2-17 所示。

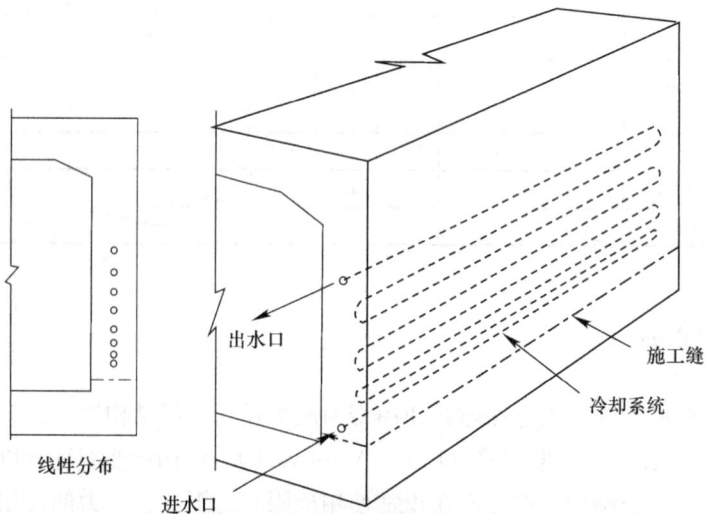

图 2-17　施工缝部分混凝土冷却系统

2.8.3 隧道防水设计

沉管隧道防水设计包括结构外层防水和施工缝防水。一般整体式管节需要提供外层防水，而节段式管节则可以省略。沙中线沉管隧道采用的是整体式管节，因此除了施工缝做了防水处理，结构外层也采取了相应的防水措施。

1. 结构外层防水

结构外层防水是隧道渗漏风险控制的第一道防线，主要分为底部外包钢板防水层（Base Steel Plate Waterproofing membrane）及顶部和外墙表层喷涂式防水膜（Spray Applied Waterproofing membrane）。两种防水层位于结构外墙横切面施工缝以上 200mm 处进行搭接，其宽度不小于 100mm，如图 2-18 所示。

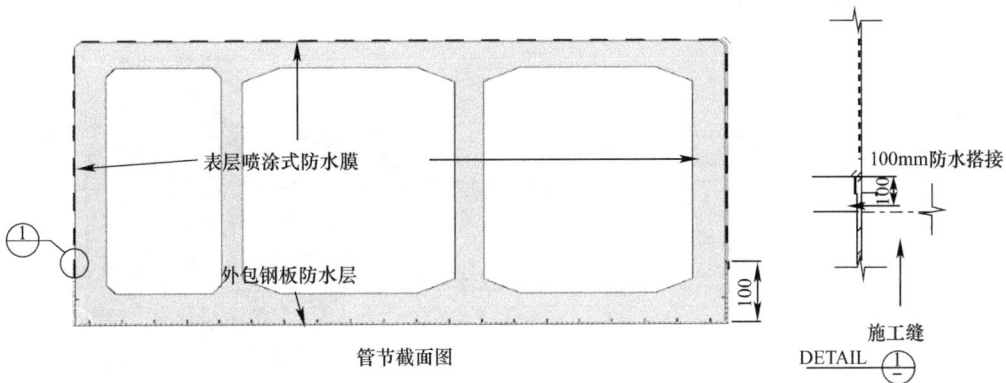

图 2-18　结构外层防水

1）底部外包钢板防水层

结构地层 9mm 厚钢板采用英式标准 BS EN 10025-2 等级 275JR，钢板与钢板之间以全熔透对接焊缝（Full Penetration Butt Weld），确保完全密封连接，从而保证防水。表面镶装锚钉（Stud Anchor），间距 900mm，令钢板与底部结构混凝土牢固镶接，如图 2-19 所示。

防水层钢板厚度的选择一方面取决于港铁合约要求，不得小于 9mm；另一方面，则考虑设计使用寿命及评估其预期腐蚀的速度。根据港铁新型建筑设计标准（NWDSM）及相关资料（DIN 50929-3：1985），金属物质位于海底环境的腐蚀速度一般为 0.05mm/y。因此理论上来说，9mm 厚钢板防水层足以将隧道的使用寿命延长至 180 年。

2）顶部和外墙表层喷涂式防水膜

选择结构顶部和外墙的表层防水材料，除

图 2-19　底部外包钢板防水层

考虑其防水性、抗腐蚀性及合约要求的保证有效年限（不少于 15 年）外，为确保隧道管节在浮运、沉放及回填过程中不被轻易损坏，对于防水涂层的强度和韧性也有所要求。

沙中线项目所采用是双层高性能无缝隙喷涂式防水膜系统（Two Coat High Quality，Spray Applied，Elastometric Jointless System Waterproofing Membrane），涂层厚度要求不小于 2mm。此类喷涂式防水涂膜采用聚脲树脂材料，其主要特性是能够快速防水和硬化，一般 2min 后就能达到防水效果和 15min 后可以提供足够强度让人行走。此外，其抗拉强度和撕裂强度分别一般超过 $10N/mm^2$ 和 $50N/mm$，足以对抗施工期间一般碰撞带来的磨损。

另一方面，为减少结构顶部防水涂层在管节浮运/沉放的过程中被钢缆磨损和海底安装对接后被回填物击穿的风险，管节顶部表面会浇筑一层不小于 75mm 厚的混凝土保护层。

2. 施工缝防水

隧道管节预制过程中，其中 10 条 156m 长标准管节由横向面划分为 9 段，另外 1 条 103m 长管节则划分为 7 段浇筑完成。管节竖向面施工缝设于结构墙身离地 1.5m 高位置。施工缝的防水处理是整体结构防渗质量的关键点。因此，在每个施工缝面都做了双重防水措施，如图 2-20 和图 2-21 所示。

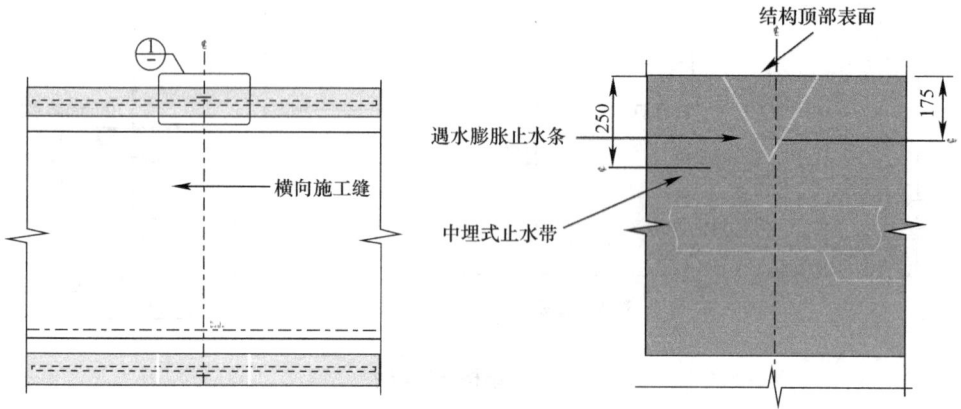

图 2-20　横向施工缝防水

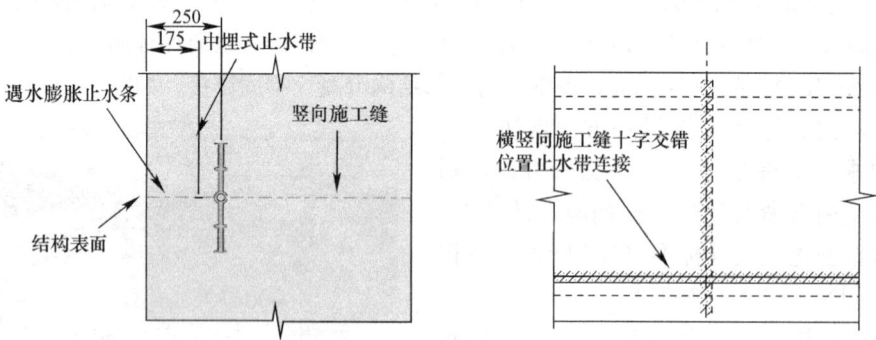

图 2-21　竖向施工缝防水

1）中埋式止水带（Cast-In Waterstop）

中埋式止水带设置于结构施工缝距离外表面 250mm 处。要确保止水带充分发挥防水作用，在安置过程和浇筑混凝土阶段必须留意以下几点：

总体来说，止水带的安置必须做到平直并且准确地镶嵌于施工缝两侧结构的正中位置。安装横向施工缝止水带，可利用两片式模板（Spilt Formwork）夹牢固定并且利用合理的模板排布来准确地设定止水带的轮廓位置。止水带的1/2宽度被固定于即将浇筑混凝土的模板内,另外1/2则由模板间隙伸出。值得注意的是,两片式模板的间隙必须控制好,太宽不能牢固止水带,太紧则有可能破坏止水带。对于外墙竖向施工缝,止水带的安装可以借助预留搭接钢筋来悬挂稳固。在止水带外侧凸缘打一排小孔,利用钢线穿引并准确控制高度牢固于竖直钢筋上。具体安装工序可参考第9章的沉管管节隧道内部施工。

止水带选用的材料属于热塑性聚氯乙烯(Thermoplastic PVC),以方便现场熔接安装。利用热熔刀片加热止水带接驳位置,到达适当熔点后立即加以施压连接,并待其冷却后仔细检查接驳面是否熔接完好、密实。熔接前,首先检查两端止水带接口是否裁剪齐整和热熔刀片上是否粘有残留物;其次,控制好热熔刀片的温度,太高会烧焦止水带,太低则无法良好熔接。因此,参与此熔接工序的施工人员必须事先受过专业训练和现场测试,以确保预埋止水带连续及完整安装;另一方面,安装横向施工缝的一些垂直转角位置和横竖施工缝的交错位置止水带,可直接向供应商购买L形和十字形预制件,以减少现场熔接。

浇筑混凝土时,应注意止水带两侧受压的同时性和平衡性,以避免其受压不均而导致扭曲、弯折。另外,应注意止水带附近混凝土的振捣,避免振捣不足而引起的蜂窝现象,确保止水带能够被混凝土完全密实包裹。

拆除模板时,应注意避免刮损止水带外露部分。模板拆除后,沿止水带仔细检查边缘的混凝土结构质量,如有蜂窝现象应立即修补,并且清除止水带裸露部分上残留的混凝土浆。

2)遇水膨胀止水条(Hydrophilic Strip)

遇水膨胀止水条用于施工缝结构外层钢筋和止水带中间,利用胶粘剂直接将其粘合于混凝土表面距离止水带约75mm的位置。止水条具有亲水性的特质,考虑香港地区气候潮湿的特性,空气中的水分足以影响其发挥膨胀的作用,止水条暴露在空气中的时间一般不得超过3d,因此粘结止水条的最佳时间为浇筑混凝土前24h。另外,此类止水条的保质期一般不超过12个月。在采购的时间点上应合理安排,并且在储存时注意保持干爽,以免影响其发挥防水功效。

2.8.4 结构钢筋防锈蚀措施

由于隧道处于海底环境,结构受到侵蚀的风险较高,一旦结构的表层防水涂层因老化而失效,海水渗入结构会开始腐蚀钢筋,从而影响隧道使用寿命。为了能够减缓结构钢筋的腐蚀速度,海底隧道工程设计采用阴极保护系统。

常见的阴极保护系统有两种:一种是牺牲阳极阴极保护(Sacrificial Anode Cathodic Protection);另外一种是外加电流阴极保护(Impressed Current Cathodic Protection)。沙中线项目采用的阴极保护系统属于第二种。

外加电流阴极保护的基本原理是施加的直流电流流通结构周围分布的阳极网络,电流再经附近土壤/回填物返回原本供电点形成回路。这样一来,结构就相当于变成一个电化学电池的阴极,结构钢筋本身就不再作为阴极不断提供电子而持续腐蚀,从而保护隧道结构和延长其寿命。

阳极系统装置并不会在隧道施工和安装的时候一并安装,这是因为考虑到早期无法对结构实际的腐蚀状况和速度进行判断,从而无法提供精确的阳极系统的设计。但针对阴极保护系统的预备配置和钢筋腐蚀情况，监测系统会安装于结构内部，用以监测及将来启动防锈系统。

　　每个管节会安装两套监测设备，这考虑到一方面当其中一套设备出现问题时可以用作互补；另一方面，可以交叉参考观测结果，一旦发现该结构钢筋的腐蚀状况和速度已达某个预定的启动临界值，会在该管节附近的海床安装阳极系统并启动外加电流阴极保护系统。

2.8.5　管节接头防火设计

　　管节接头两道重要的防水屏障 GINA 止水带和 OMEGA 止水带由橡胶材料制成，其物理性质受环境温度影响颇为敏感。为确保隧道发生火灾的情况下，接头构件依然能够提供有效、可靠的防水性能并保证预留足够的时间逃生和救援，防火设计至关重要。

　　沙中线沉管隧道接头底板与外墙防水分别由现浇填充混凝土来起到保护和隔离作用，顶板部分采用防火板和隔热棉组件，如图 2-22 所示。防火要求为火灾发生后 4h 内，防火构件后未暴露面环境（即止水带区域）最高温度不得超过 180℃。另外，考虑管节接头在营运期间可能会发生的张合变形，防火构件须预留可变形的空间。根据设计，预测管节接头的纵向张合值分别为 +70mm 和 -40mm 之内。

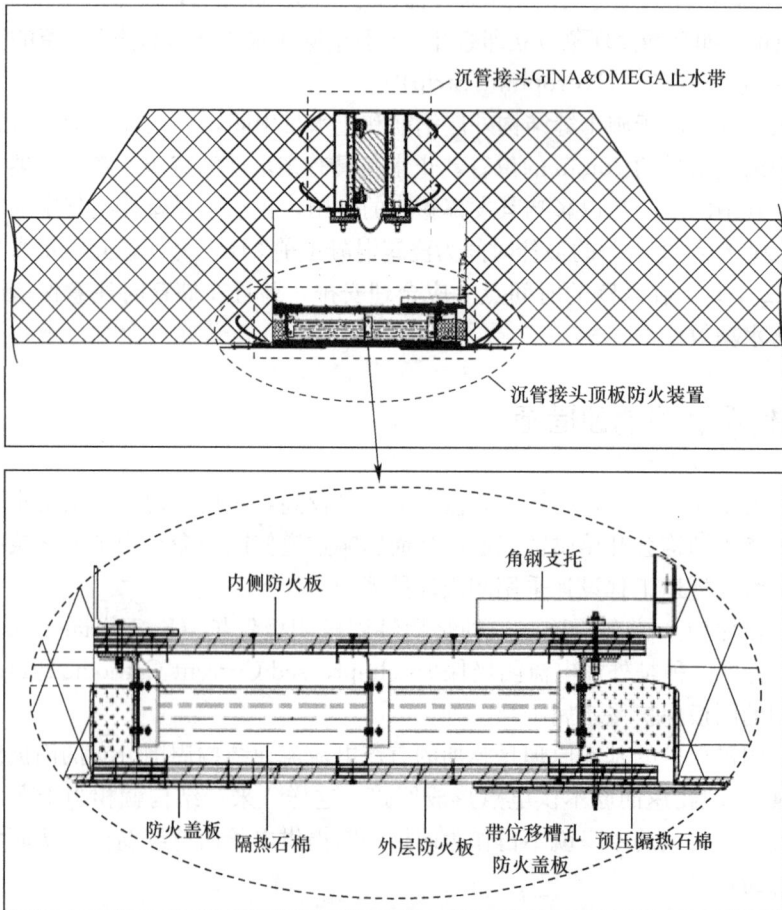

图 2-22　沉管接头顶板防火装置

第 3 章　固定干坞法预制大型沉管管节

3.1　干坞概况

3.1.1　干坞形式

干坞是用来预制混凝土管节的场所。混凝土管节在干坞内完成预制、存放、部分舾装几个步骤之后将会被浮运至临时寄泊点，然后辗转浮运至隧址，完成最后的沉放和对接。

固定干坞法是较为常见的预制沉管管节的施工方法，而固定干坞又分轴线干坞、旁建干坞和异地干坞三类。其中，异地干坞是在远离隧址选择合适的岸域独立建造干坞的一种方式。异地干坞最大的优点在于岸上段结构、管节制作及基槽开挖等关键工序可以平行作业，从而最大限度地节省工期。沙中线项目所采用的干坞形式即为异地干坞。

3.1.2　干坞选址

综合考量沙中线沉管项目管节的预制规模、工程费用、工期、隧址位置、干坞场地状况和干坞与隧址间的通航条件等因素，项目部最终选择在香港岛石澳石矿场盆地采用固定干坞法来预制混凝土管节。

1. 管节预制规模的确定

为满足工期需要，同时尽量利用干坞面积并节省工程投资，沙中线项目 11 节管节采用同批次预制。

2. 干坞深度及围堰高程的确定

干坞的底高程取决于浮运时候的海水水位高程、管节的高度、管节浮起的干舷高度、管节浮起时底部至坞底的最小距离、干坞底部基础厚度等因素。

围堰附近海水水位自 2.5～3.6mPD。围堰顶高程取决于海水水位及浪高，取＋5.0mPD。管节起浮后所需干舷值为 200～400mm。

坞内水深至少需满足以下几个条件，其中管节高约 8m，同时考虑后续管节顶部的防锚层保护性混凝土以及预留充裕的安全高度。

除上述客观条件及设计要求外，亦考虑围堰内坞底的现有标高，综合考虑得出干坞底层约−11.00mPD 是一个较为合适的高程，既可满足管节的设计施工要求，同时亦最小化干坞的地面平整工作量。

3. 干坞的结构形式

本干坞为利用天然海域环境进行围海抽水建造盆地，西侧有两个出入口为坞闸，围封后抽水，靠岸侧放坡开挖，坞底进行平整后可作为管节预制场地。

管节预制干坞位于香港岛鹤嘴山的西侧，背靠山，坞口面对大潭湾。干坞通过凿山填海围堰而成，坞长约 340m，宽约 340m。干坞坞底长约 293m，宽 256m，坞底设计高程大体为 −11mPD，围堰高程 +5.00mPD。坞口航道宽约 40m。

选择该位置作为管节预制的优点有：

（1）干坞离隧址约 10186m（相当于 5.5 海里），浮运距离相对较短，浮运交通条件方便。

（2）可通过海运解决沉管管节建造材料的运输问题，降低预制成本。

（3）利用天然环境，围堰抽水形成干地施工环境，不占用岸上土地，减少了在香港这种土地资源紧张的地区中的环境限制。

（4）远离市区和居民区，已有构筑物较少，对周边居民影响较小。

（5）工程结束后无须大量回填，对海洋环境影响小。

（6）不占用航道，施工难度小。

由于面朝南海，因此直接受南太平洋的季风影响，在风季施工时受影响严重，安排海事工作时需特别留意。石澳干坞见图 3-1。

图 3-1　石澳干坞

4. 干坞水文条件

石澳干坞位于香港岛南海岸，干坞的设计以附近横澜岛水文气象站历年水位及相关坞闸和物料运输码头设计岸高为主要依据，见表 3-1～表 3-4。

石澳干坞海水平均水位（横澜岛站）　　　　表 3-1

平均水位（mPD）	平均最高水位（mPD）	平均最低水位（mPD）
1.3	2.0	0.6

石澳干坞海水极限水位（横澜岛站）　　　　表 3-2

回归期（年）	海水水位（mPD）
2	2.5
5	2.7
10	2.9
20	3.1
50	3.3
100	3.4
200	3.6

石澳干坞风速情况（横澜岛站）　　　　表 3-3

风向	回归期（年）及风速（m/s）					
	5	10	20	50	100	200
横澜岛西	18	22	25	29	33	37
横澜岛西北	14	17	19	23	25	27
横澜岛西南	22	27	32	40	45	49

			风 浪 评 估		表 3-4
风向	风速（m/s）	风间距离（km）	有效海浪高度 $H_{1/3}$(m)	有效海浪周期 $T_{1/3}$(s)	最高浪高（m）
西	17	2.181	0.65	3.05	1.17
西北	17	1.673	0.6	2.50	0.90
西南	17	2.436	0.70	3.00	1.26

干坞及项目施工所涉及的其他相关海域的详细水文情况将在第 4 章中再行分析。此部分仅介绍干坞内及坞闸附近的情况。

3.1.3 干坞设计及施工

为确保顺利进行沉管管节的建造，干坞的设计和建造主要包括以下几个方面的配套临时设施：①坞闸；②货运码头；③场地平整（包括干坞抽水及坞底建造等）；④临时道路；⑤临时排污系统。

另外，在干坞整体设计的过程中，对现场环境有以下两方面的额外考量：

地质情况。因干坞原为矿场，所以现时的坞底及四周普遍为裸露的大石块。坞底地质硬度高，可承受管节自身的重量及建造时的临时荷载。

现场限制。现时的干坞位置为内海湾。需要将其抽水变为干地环境并降至 -10mPD 标高，以进行沉管管节的建造。彼时干坞坞底将低于坞外海平面，保持干坞运转时的干地作业环境及施工安全是设计的主要挑战。

3.1.4 干坞内平面布置

根据工程需要，在干坞内合理布置现场写字楼、钢筋绑扎区、混凝土搅拌站、管节预制场地等设施。另外，需于海边建造可供货运船只停靠落货的码头。鉴于干坞内场地布置复杂，需建设两条道路分别连接现场写字楼至码头，途经钢筋绑扎区和混凝土搅拌站；另一条则从办公区域直通干坞底管节建造区域，为后续混凝土搅拌车浇筑混凝土提供方便。

干坞内的整体布置效果图如图 3-2 所示，可同时建造 11 条管节，其中 9 条平行摆放（东西向），两条垂直摆放（南北向）。11 条管节的建造位置根据将来管节沉放次序来制订，最先出坞沉放的管节 E10 和 E11 安排在最靠近坞口的位置；与此同时，最后沉放的管节 E9，则位于距离坞口最远的位置。以此类推，依据现有干坞地理情况充分规划，在坞顶北部进行土地平整，在平整后土地上建造现场写字楼（图 3-4）及混凝土搅拌站（图 3-3）。钢筋捆扎区位于北坞闸旁的平地上，而码头（图 3-5）则在工地范围的最西侧海边。

3.1.5 坞闸

干坞为旧有沉管隧道的大潭湾海域，采用坞闸将干坞坞口封闭后抽走干坞内海水并构筑坚固的堤坝及坞闸进行防水，以避免坞口涌水进入干坞内。

坞闸主要起到挡水作用，可满足多批次管节预制或出坞作业。本项目为在坞内浇筑完全部沉管管节，因此对坞闸的水密性有严格要求。

图 3-2　石澳干坞预制场实景布置图

图 3-3　混凝土搅拌站

图 3-4　工地现场临时写字楼

图 3-5　货运码头（建造中）

坞闸有钢筋混凝土坞闸、钢结构坞闸、临时围堰等多种形式，本项目采用重力式混凝土砖加单层钢板桩围堰的形式进行坞口封闭，并配合临时储水池/沉淀缸及水泵出水，具有施工简单、迅速且密闭性较好的特点。

坞闸的施工顺序为：疏浚平整坞口海床→安装重力式混凝土砖墙→加单层钢板桩加固→防水施工（填石灌浆）。

石澳坞闸分为南侧坞闸及北侧坞闸，采用重力式混凝土砖及单层钢板桩组合而成，能够承受最大海水静水压及极端条件下的波浪压力。钢板桩安装在坞闸靠海侧，在混凝土砖块及板桩间注浆防水，以确保充分的水密性。建造坞闸考虑两个月的施工阶段的临时荷载及抽水后的永久荷载，坞闸设计寿命约两年，期间沉管隧道在干坞内进行预制建造。

坞闸高度约为+5.0m，干坞坞闸位置如图3-6所示。

除坞闸外，在抽水后亦将在干坞内设置临时储水池及泵坑，24h持续抽水，保持坞内干地施工环境。临时储水池亦作为沉淀缸使用。经污水渠及管道收集场地内产生的污水和雨水，先经沉淀缸进行初步沉淀处理，再经环保缸排放。

坞闸自身采用混凝土大砖为主体结构，前方用钢板桩阻挡海浪。在钢板桩及大砖间的缝隙填充碎石并灌浆，以确保水密性。坞闸设计截面图如图3-7所示。坞闸俯视图见图3-8。

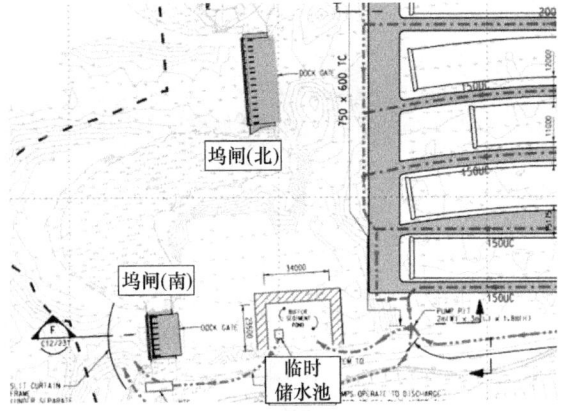

图3-6　石澳干坞坞闸布置图

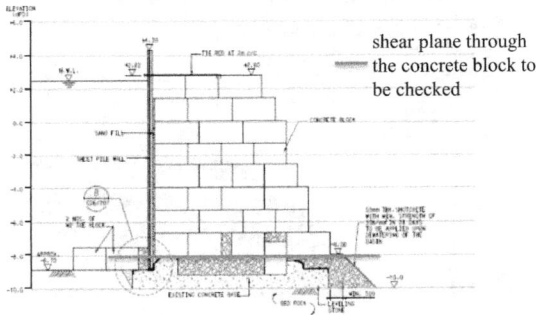

图3-7　坞闸截面细节图

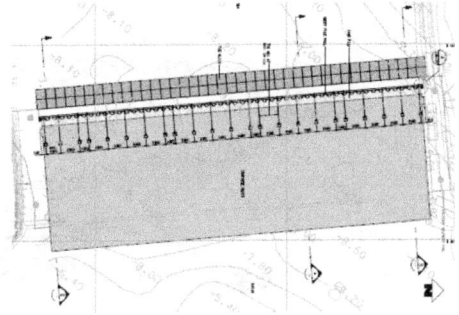

图3-8　坞闸俯视图

坞闸的建造采用香港地区土木工程拓展署规定的制式海砖样式，辅以两种特别尺寸的混凝土海砖，用以校准断面碰口的位置，如图3-9～图3-11所示。具体海砖类型及尺寸见表3-5。

海砖类型及尺寸　　　　　　　　　　　　　　　表3-5

混凝土海砖类型	混凝土设计强度	尺寸	海砖密度（kN/m³）	海砖自重（kN）
M1	C20D/20	2.025×2.7×1.35	23.6	174
M2		2.7×2.025×1.35		174
NS1		2.7×0.525×1.35		45.2
NS2		2.025×1.2×1.35		77.4
NS3		2.35×2.4×0.87		115.8
SS1		2.7×1.775×1.35		152.7
SS2		2.025×1.1×1.35		71

坞闸在抽水阶段需进行相应的监测。坞闸的监测包括预装至坞闸上的位移监测点，分为a、b、c、d四层，南闸因尺寸较小，每层仅一个监测点，北闸较大，每层三个，两闸一共16个监测点。随抽水的进行，坞闸所承受的水压力越来越大，进而会对坞闸产生巨大的压力。依据设计的结构稳定性要求，对坞闸的水平位移和沉降数据监测系统的评级（AAA），分别为警告（Alert）、警报（Alarm）和紧急反应（Action），如图3-12所示。

图 3-9　南（远端）北（近端）坞闸实景图

图 3-10　钢板桩后填石灌浆止水

图 3-11　海闸建造完毕

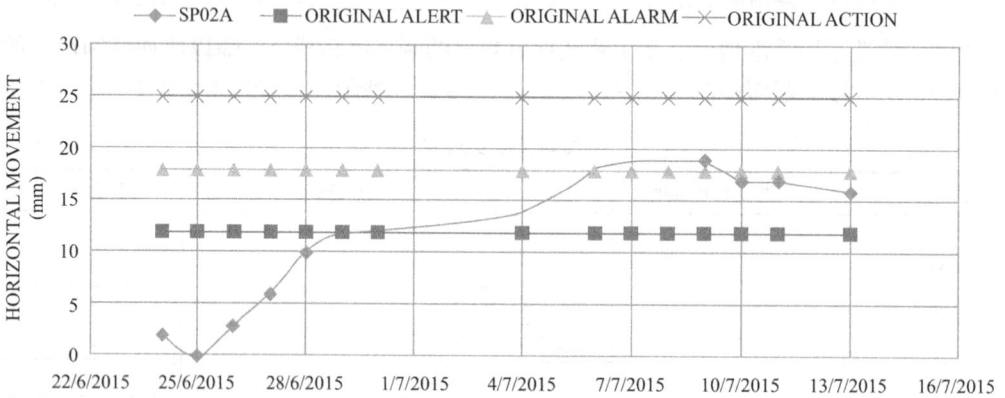

图 3-12　海砖抽水期间水平移动监测记录（2015.6.23～2015.7.13）

　　监测过程中，发现预装的顶层监测点位于坞闸海砖的最前端（最近海方向），可能会监测到因外侧海水压力推动坞闸进而压缩坞闸海砖之间的缝隙所引致的超额水平位移。为更好地监测坞闸整体的潜在位移情况，而不被海砖之间的缝隙所干扰，另外在坞闸顶层海砖的最后一块（最内侧的一块）各加装了一个监测点，使总监测点数目达到 20 个。并且，重新评估了坞闸的监测报警系统数值，在原有基础上额外考虑坞闸本身的建造误差和情况，对各项数值进行了适当放大，如图 3-13 所示。

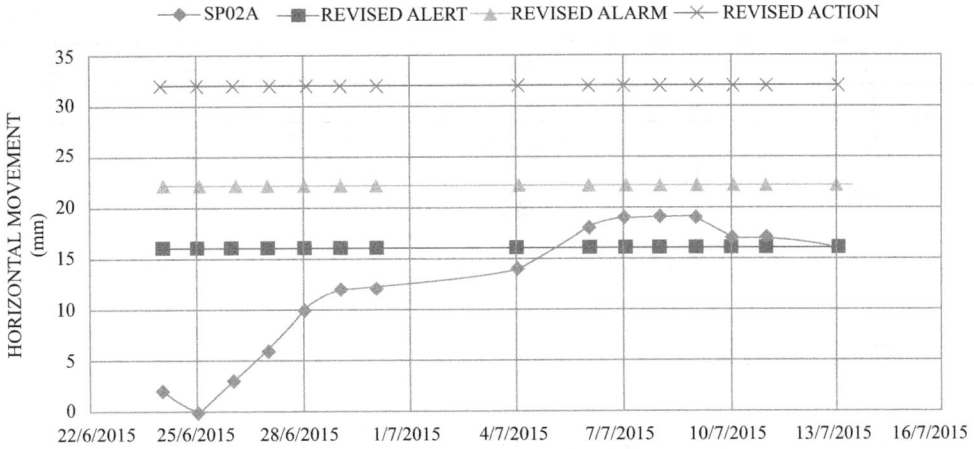

图 3-13 海砖抽水期间数值沉降监测记录（2015.6.23～2015.7.13）

3.1.6 临时道路建造

根据以上所描述的干坞布置，需要在干坞内修建道路连通预制场与码头，预制场与工地出入口如图 3-14 所示。道路设计的关键系数如表 3-6 所示。

图 3-14 临时通行道路

道路设计参数   表 3-6

设计系数	数值	交通规划与设计手册—引用章节
时速	10km/h	—
道路宽度	3.5m	3.11.7.1
视距	绝对最小：30m 一般最小：50m	3.11.5.1
横向坡度	2.5%	3.11.4.5
超高	最大 2.5%	3.11.4.5
半径	绝对最小：30m	3.11.4.2
横向坡度变化	1%～2%	3.11.4.6

设计系数	数值	交通规划与设计手册—引用章节
缓和段	N/A	3.11.4.4
坡度	最大 12.5%	3.11.6.1
K 值	绝对最小：1 一般最小：3	3.11.6.3
设计行驶车辆	30t 货运卡车	—

3.1.7　运输货运码头

为保证管节建造时材料的及时输运，特别是来自大陆及海外的海上运输畅顺，在干坞西北方向修建货运码头。设计要求码头可以承载两艘船只同时停泊并卸货，并提供有两个临时圆筒形储物仓，储存水泥和碎石等施工所需材料。同时，提供一个大型的平台区域，为卸货时提供足够的操作空间。

码头的设计荷载共考虑两种不同的情况，分别是一般使用情况及台风的极端情况。因为此码头为临时性建筑，预计使用寿命不超过 5 年，所以计算荷载及核定安全系数时，相对于一般永久性结构有一定的削减。具体设计要求见表 3-7。

石澳干坞货运码头设计使用寿命及设计等级　　　　　　表 3-7

设计荷载	设计寿命	设计工况	设计等级
使用（正常/意外）	5 年	正常使用情况	2 年一遇
台风（极端）		极端情况	20 年一遇

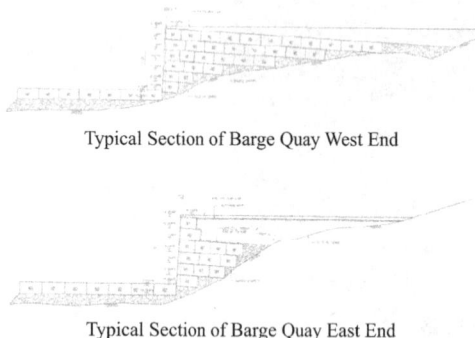

Typical Section of Barge Quay West End

Typical Section of Barge Quay East End

图 3-15　码头设计截面图

码头的设计采用原有的海底岩石、碎石填料与混凝土大砖相结合的方式，如图 3-15 所示。

码头设计时所考虑的荷载包括船只停泊时所造成的碰撞以及海浪所引致的吸取力。在一般情况及极端情况下，均采用 1.6 倍的设计荷载系数。混凝土海砖码头的稳定性已经通过了在一般情况及极端情况下多种不同荷载组合的检验。相关设计情景及采用系数已经在表 3-8 中列出。

货运码头设计的水位及浪高　　　　　　表 3-8

荷载组合		海浪回归期	水位回归期	水位 * （mPD）	极端浪高 H_{max}（m）
极端情景	平均高于高水位	20 年一遇	20 年一遇	3.1	2.52
	平均低于低水位			0.6	
一般情景	平均高于高水位	一般情况采用风速 17m/s	2 年一遇	3.1	1.26
	平均低于低水位			0.6	

* 水位资料来自于《港口工程设计守则》表格 2。

其中，码头设计的自重为 23.6kN/m³，活动荷载采用 20kPa 及 60kPa 的在圆筒形储存仓位置的表面荷载。

根据香港地区土木工程拓展署所颁布的《港口工程设计守则》章节 6.3.2 中所订明，具体的结构安全系数要求如表 3-9 所示。

		设计要求最低安全系数	表 3-9
荷载情况	倾覆	滑动	深层滑移面
一般	2.0	1.75	1.3
极端/意外	1.5	1.5	1.3

通过使用香港地区房屋署核准的岩土工程模拟软件"Slope/W"而得出的结果显示，现有设计的相应实际安全系数见表 3-10。

		实际设计的相应安全系数	表 3-10
荷载情况	倾覆	滑动	深层滑移面
一般	14.56	4.27	—
极端/意外	2.94	2.31	1.459

现有设计的安全系数满足设计的要求，安全、稳定。同时，设计亦最大化地回收再利用现有的混凝土海砖，避免浪费，节约成本。设计更进一步考虑了现有的自然环境情况，利用了现有的水下石层，减少设计负担的同时增加了结构的稳定性。

3.1.8　干坞排水系统

干坞内排水应保证干坞内的正常运作以及管节能够正常浮起及浮运，同时干坞内的放注水速度、排水速度及水位差应按照设计要求实施，注排水设施能力应满足施工要求。坞内排水系统主要对坡面及坞底进行相应排水，坡面排水系统包括坡面排水孔、排水沟等，坞底排水系统包括坞底排水沟及盲沟管等。

临时排水系统的设计需足够应对十年回归期的降雨等级。同时，在设计时亦需要尽可能减少树木的砍伐、减少潜在的修复重建工程、减少材料消耗、增加现有材料的重复利用，以及多采用可回收的环保材料等因素。临时排水系统的组成主要包括明渠和排水管。

通过研究干坞周边边坡的地理情况，将整个项目范围内边坡分为 8 个主集水区。其中，5 个为边坡集水区，另外 3 处分别为混凝土搅拌厂、地盘写字楼及钢筋加工厂。这些主集水区的排水将通过直径 750～1650mm 的排水管收集排放。集水区分布和水流方向如图 3-16 所示。

与此同时，干坞另有明渠用以收集排放其他集水区的排水，渠筒尺寸直径为 300～675mm。

干坞抽水完成后，将另外对干坞坞底及四周进行排水系统的设计和建造。干坞建造完成后的集水区布置如图 3-17 所示。

与此同时，如上述章节提出，所有坞底内的排水系统最终将汇集到位于南坞闸附近的泵池当中，并初步将其泵入沉淀缸进行临时存储及初步处理。所有污水将在沉淀缸中进行初步的沉淀处理，再排放入海中。具体流程和布置如图 3-18 所示。

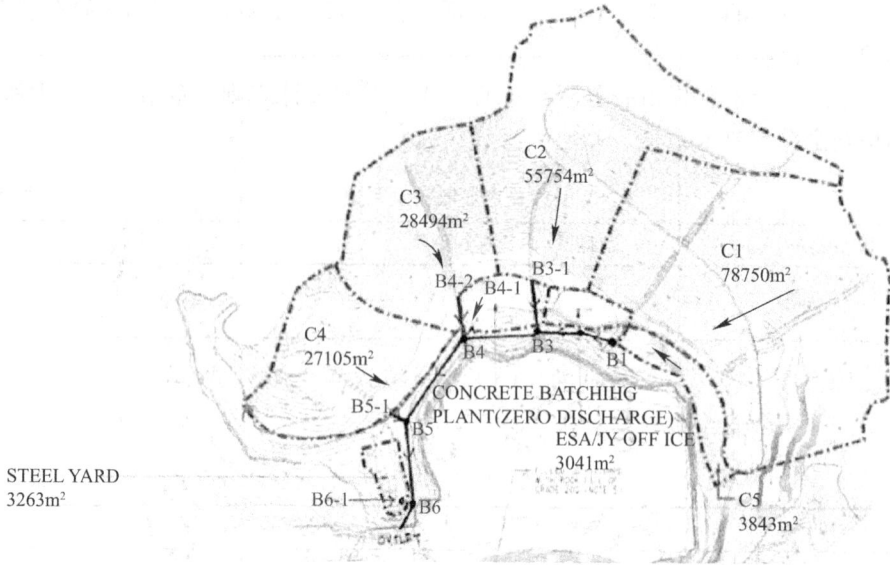

图 3-16　拟议主集水区布置图

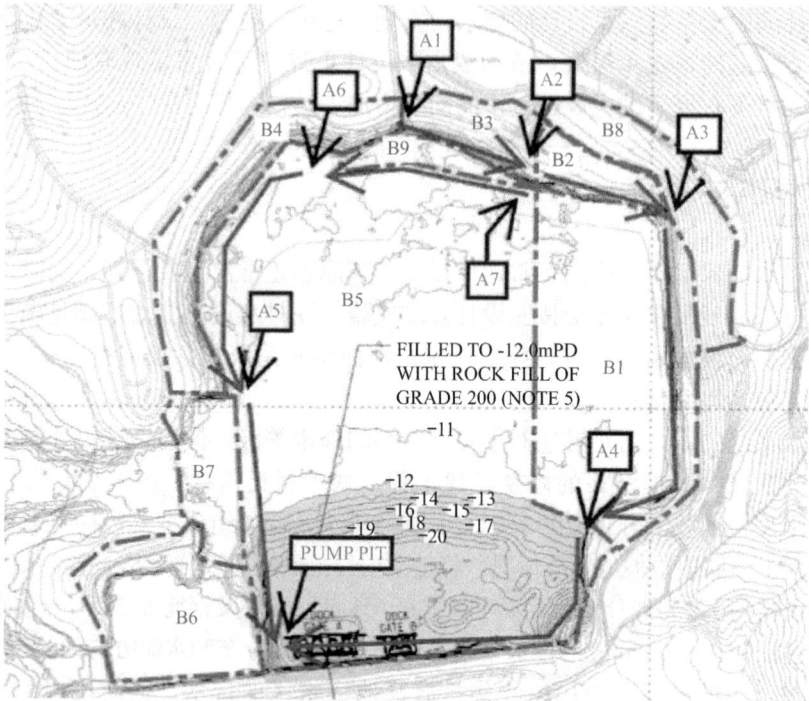

图 3-17　在干坞建成后拟议的主集水区

　　收集的降雨和其他污水将最初被收集在泵坑之中，因其均来自于边坡或其他施工区域，预期这些水资源有被污染的可能。泵坑中的水泵会自动将污水泵至旁边的沉淀缸中进行沉淀处理。经过处理后，将会自动由缸内的预埋水泵将处理后的水排放至海中。

　　沉淀缸的容积达 1500m³。坞底排水系统水处理和排放设施布置截面图见图 3-19。

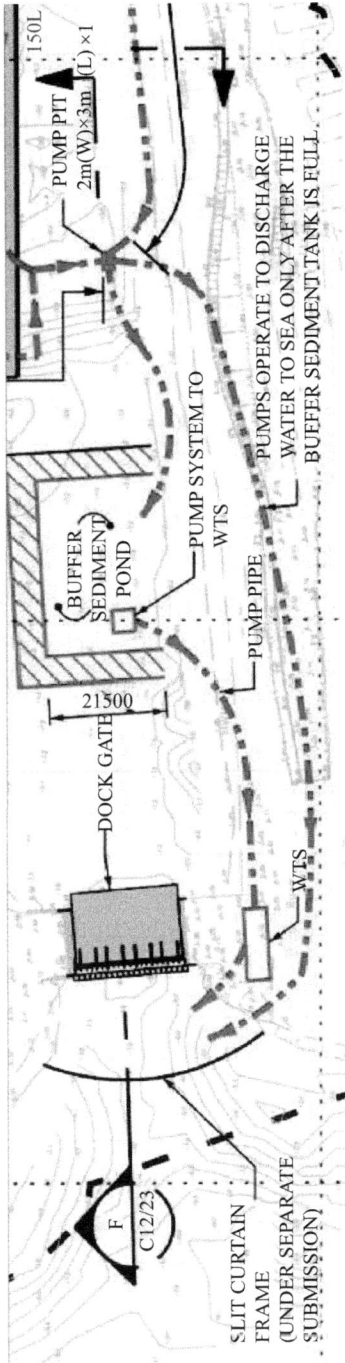

图3-18 坞底排水收集和处理流程示意图

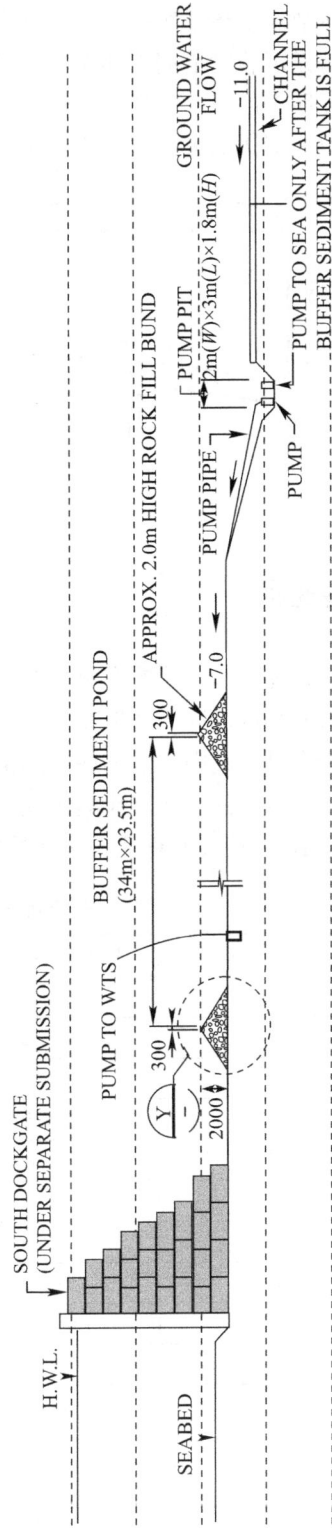

图3-19 坞底排水系统水处理和排放设施布置截面图

干坞坞底位于－11.0mPD 的标高。整个干坞预制场亦有明渠及梯形污水渠环绕收集雨水，并集中排放至上述泵坑中进一步处理。

同时，在每条沉管管节周围亦有明渠排水系统收集管节和模具上的降雨。限于坞底的平整地面要求，明渠的尺寸一般为 150～200mm 的半圆渠或者 U 形渠。这些排水渠将收集雨水排放至坞底周边的大尺寸排水渠中，见图 3-20。

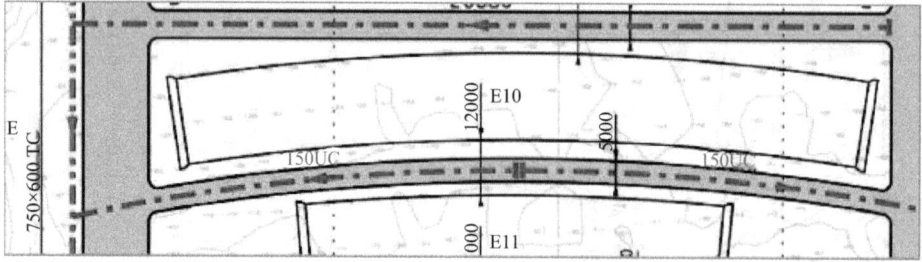

图 3-20 沉管管节周围临时排水系统

3.1.9 干坞抽水

干坞位置初始为海湾，需要在坞闸等水密设施建造完成后进行抽水工作。待抽水工作完成后，再进行干坞内坞底的建造及管节建造。整个抽水工作预计共抽取 1213000m³ 的海水，共耗时 1.5 个月。其中，因坞底地理情况共分三个阶段进行抽水，需要分次移动水泵至相对低位。90％以上的抽水工作集中在第一阶段，共 1164000m³。第一阶段的预计抽水速度为 3600m³/h，保持 24h 作业，预计持续 14d。具体安排如表 3-11 和表 3-12 所示。

干坞第一阶段抽水安排 　　　　　　　　　　　　　　　表 3-11

序号	抽出水（m³）	累计抽出水（m³）	剩余水（m³）	预计水位（mPD）
开始前 0	—	—	1164000	＋2.80
1	83520	83520	1080480	＋1.85
2	83520	167040	996960	＋0.90
3	83520	250560	913440	－0.05
4	83520	334080	829920	－1.00
5	83520	417600	746400	－1.95
6	83520	501120	662880	－2.90
7	83520	584640	579360	－3.85
8	83520	668160	495840	－4.80
9	83520	751680	412320	－5.75
10	83520	835200	328800	－6.70
11	83520	918720	245280	－7.65
12	83520	1002240	161760	－8.60
13	83520	1085760	78240	－9.55
14	78240	1164000	0	－10.50

第一阶段抽水所使用的机具 表3-12

序号	器具名称	规格	数量
1	8寸沉浸式水泵	37kW	6个
2	6寸沉浸式水泵	11kW	12个
3	浮板	2.7m×2.1m×0.6m	6块
4	8寸软管	8寸内径，一端有凸缘接头	40m×6条
5	6寸软管	6寸内径，一端有凸缘接头	40m×12条
6	发电机	400kV·A	2台
7	发电机（备用）	400kV·A	2台
8	开关盒		2个
9	水泵控制器		12个
10	吊机车	25t吊运能力	1部
11	水上照片灯	400W	3组

图3-21为实际抽水记录与预设抽水安排的比较。实际效果接近预期效果。抽水工程顺利。

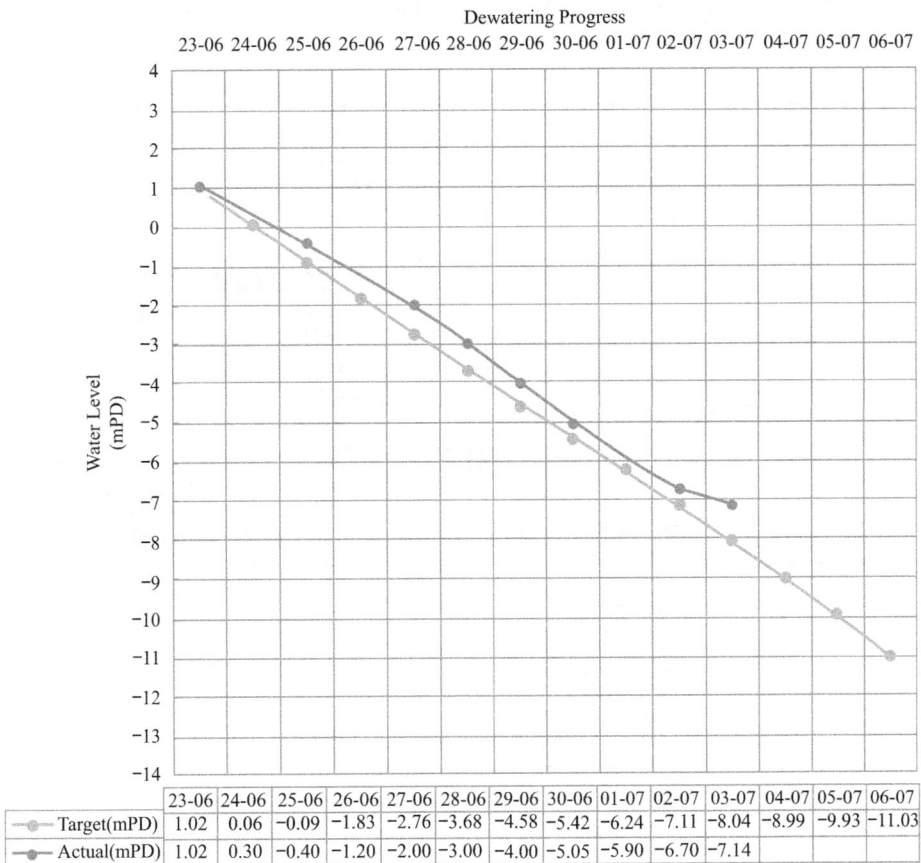

Dewatering Progress

	23-06	24-06	25-06	26-06	27-06	28-06	29-06	30-06	01-07	02-07	03-07	04-07	05-07	06-07
Target(mPD)	1.02	0.06	-0.09	-1.83	-2.76	-3.68	-4.58	-5.42	-6.24	-7.11	-8.04	-8.99	-9.93	-11.03
Actual(mPD)	1.02	0.30	-0.40	-1.20	-2.00	-3.00	-4.00	-5.05	-5.90	-6.70	-7.14			

图3-21 干坞抽水期间坞内水位监测记录表（2015.6.23～2015.7.13）

抽水的主体施工（第一阶段）共分为五个步骤：

（1）将水泵连接供电线和抽水喉管系泊在小型浮泡上，拉导绳与沉锤和相连的锤链装备及水泵安置在浮筏上。水泵浮板组装设置示意图见图 3-22。

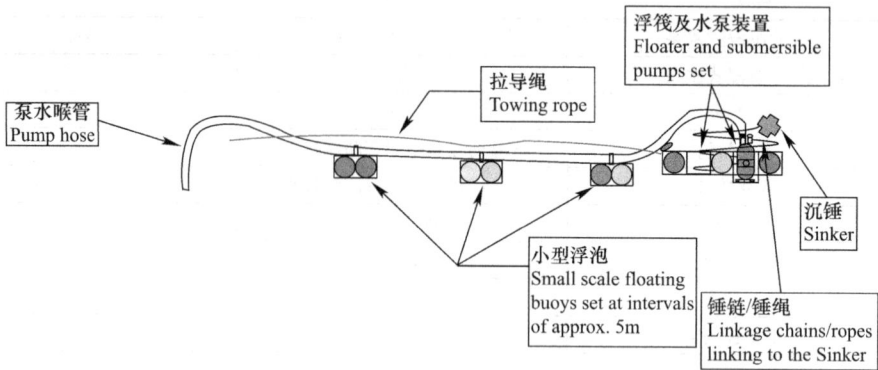

图 3-22　水泵浮板组装设置示意图

（2）使用质量为 55t 的吊机车（安全吊运质量为 25t 或以上），稳定放置于北坞闸附近的硬地上，利用其吊臂将浮板、水泵及相连接的软管、供电线、小型浮泡、沉锤等配置装备吊起并置放于石澳内塘中的适当位置。浮板与塘边的距离应保持至少 20m，防止碰撞，如图 3-23 所示。

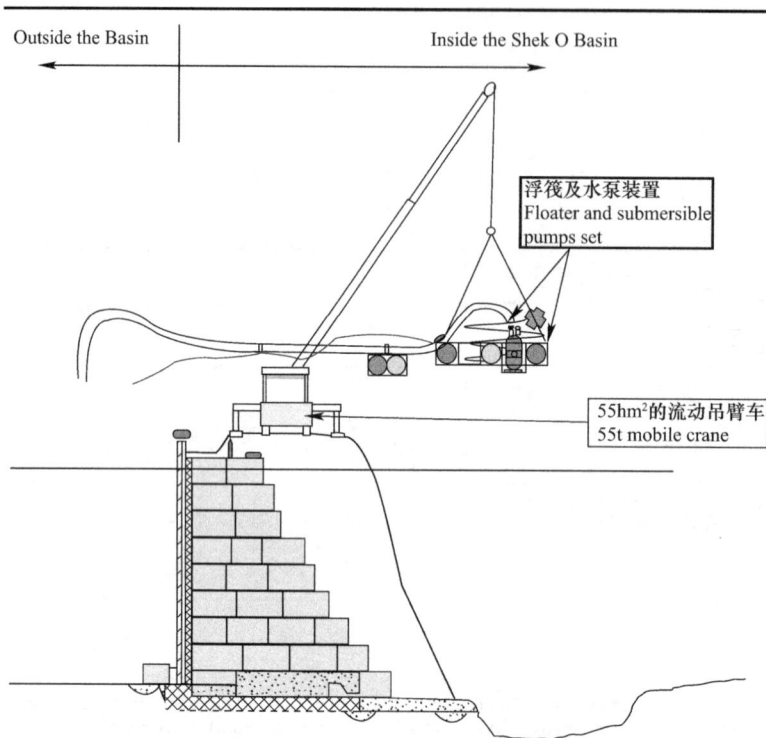

图 3-23　吊运安放水泵至塘面

（3）利用小型浮艇载工作人员将系在浮筏上的沉锤和链绳沉入水中。

（4）接驳好供电系统，将泵喉排放尾端导入北侧水闸外海中，尾端深度与水面维持至少 1m 深，见图 3-24。

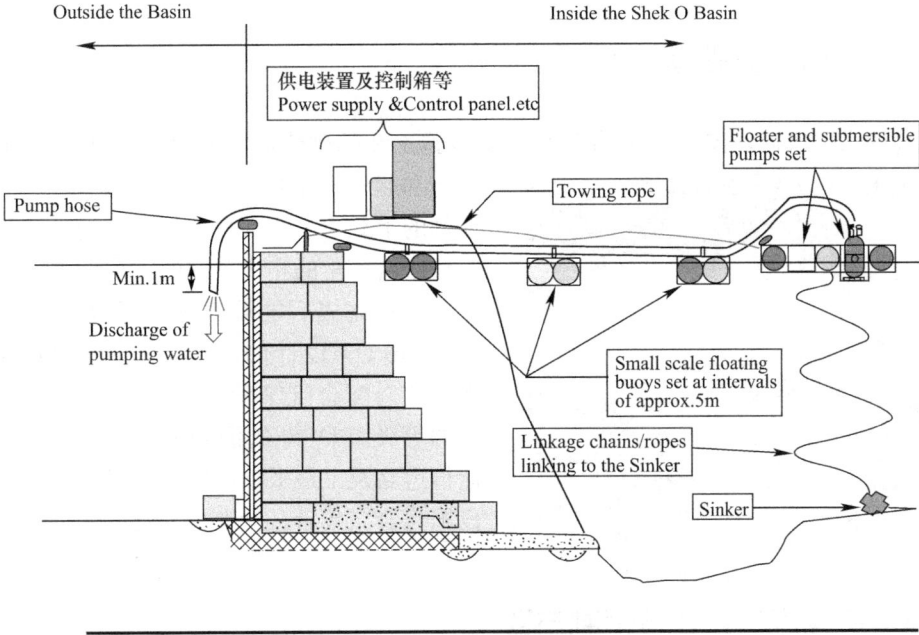

图 3-24　抽水作业截面布置图

（5）将连接于浮筏之上的拉导绳的另一端，牢固地接驳于岸上的稳固点，见图 3-25～图 3-28。

图 3-25　浮板水泵实景

图 3-26　抽水软管

图 3-27　抽水前

图 3-28　抽水后

3.1.10　干坞坞底建造

干坞抽水完成后，需进行干坞坞底的平整施工和基础建造，如图 3-29 所示。沉管的

制造和起浮对干坞坞底有特殊的要求。其中，地基的承载力需要满足沉管管节的自重及建造过程中所产生的相应荷载的需求。

抽水完成后的坞底现有标高为－12.5～－9.7mPD。设计的坞底标高为－11.0mPD，需平整以配合沉管管节的建造。采用 150mm 厚的等级 40D/20 的混凝土铺设在坞底，作为通行道路及工地平整的基础。坞底及其余干坞设施建造完成后，就准备开始沉管管节建造。

图 3-29　干坞坞底建造实景

3.1.11　干坞底沉管管节预制布置

干坞内沉管管节的预制布置位置应提前规划，并依照管节沉放顺序布置干坞内管节预制的平面布置，见图 3-30。

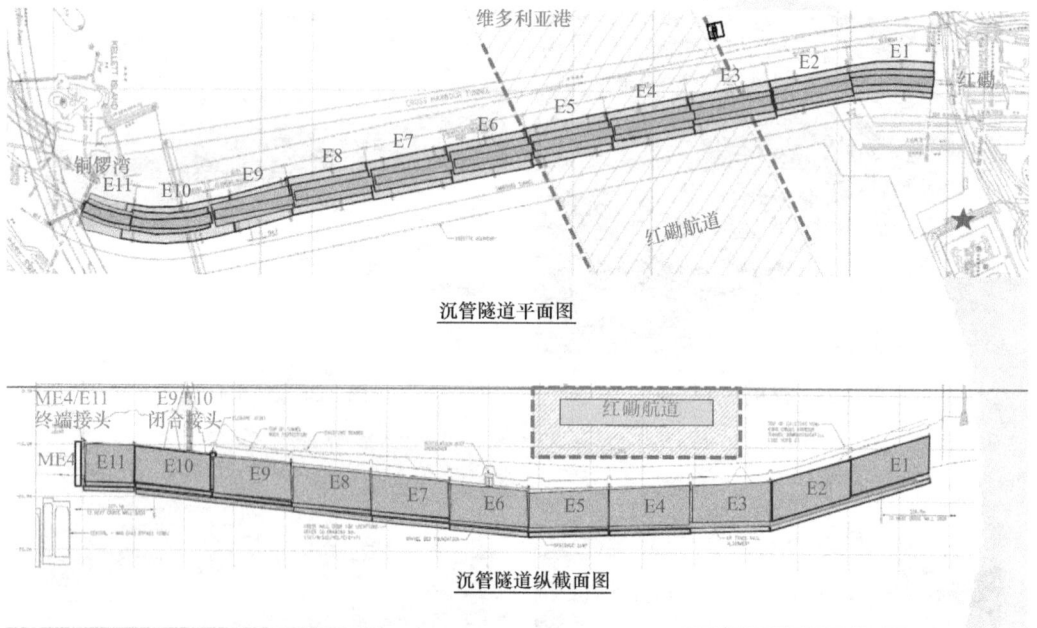

图 3-30　沙中线过海隧道项目沉管管节整体示意图

根据工程需要，沙中线沉管隧道管节沉放顺序为 E10→E11→E1→E2→E3→E4→E5→E6→E7→E8→E9。考虑到管节沉放顺序，须对干坞内的管节排列进行特殊布置，即出坞顺序应按照沉放的顺序进行。

沉管管节预制场的安排将依据后续管节出坞的顺序进行编排。首先，沉放的管节 E10、E11、E1 及 E2 集中安置在坞口，其余管节依次序排放，如图 3-31 所示。本项目共计建造沉管管节 11 条，干坞容量足够承载全部 11 条管节的预制工作，所以一次性全部铸造完成，再进行舾装、浮运及沉放。

图 3-31 管节预制完成干坞注水俯视图

3.2 混凝土结构沉管管节施工技术

3.2.1 施工工艺及浇筑顺序

采用非全断面节段式管节预制工艺，分底板混凝土、墙身与顶板混凝土两次浇筑。预制效果见图 3-32。

1. 底板混凝土施工流程

防水底钢板施工→绑扎底板钢筋及各预埋件→安装底板混凝土模板→测量校模→安装止水带→安装端模→浇筑前报检→浇筑混凝土→拆除端头模→拆除模板→混凝土养护→移至下一个施工段。

2. 墙身与顶板混凝土施工流程

浇筑底板混凝土→搭临时施工台→绑扎测量、中隔墙钢筋及预埋件→安装外侧模→内模台车就位→绑扎顶层钢筋及预埋件→测量校模→安装止水带→安装端模→浇筑前报检→浇筑混凝土→拆除端头模、凿毛→拆模→混凝土养护→移至下一个施工段。

3. 管节纵向分段

图 3-32 干坞内管节建造效果图

本项目沉管隧道的建造包含纵向分段浇筑：纵向分段施工，标准管节共 9 小节底板，9 小节墙身与顶板。底板与墙身均不设置后浇带。施工现场布置示意图如图 3-33 所示。

图 3-33　管节纵向分段图

4. 管节分层浇筑

沉管管节分为双向通行通道及通风管，通风管也做应急通道，见图 3-34。

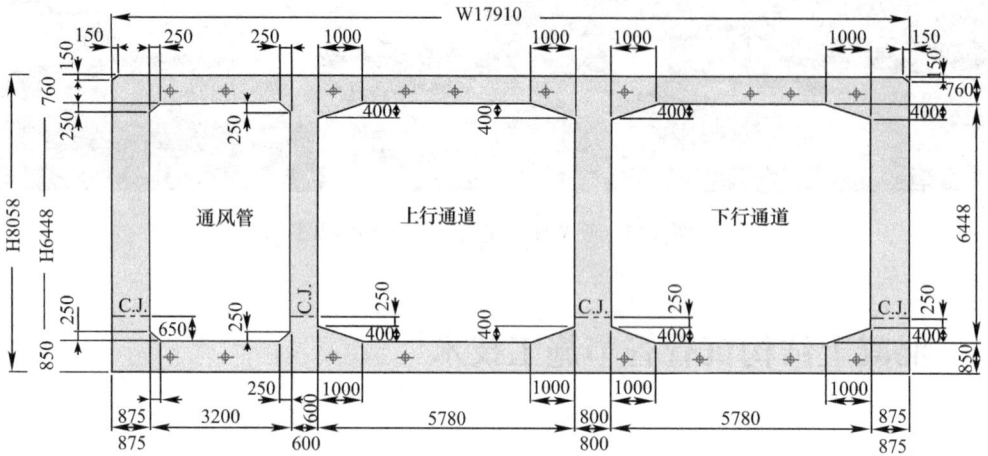

图 3-34　管节横截面示意

管节沿横断面方向分为两个施工段，分别为首次浇筑区及二次浇筑区，依据外模板的浇筑施工工序分为：浇筑底板的外模板和浇筑外侧墙的外模板。

由于沉管管节体积较大，每一次浇筑均需要数百立方米且横截面积巨大，如按台阶法进行浇筑，则混凝土所需的摊铺时间长；同时，机械及工人周转亦有不便，会容易导致混凝土浇筑时间超过初凝时间，因此采用递进法浇筑。

对第一施工段浇筑顺序为先中间后两侧。①底板中间→②底板两侧。第二施工段浇筑顺序：①中间墙身→②两侧墙身→③顶板→④倒角→⑤顶板，逐层升高，如图 3-35 和图 3-36 所示。

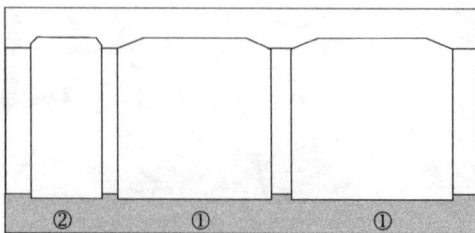

图 3-35　底板混凝土浇筑顺序示意图（②底板两侧）

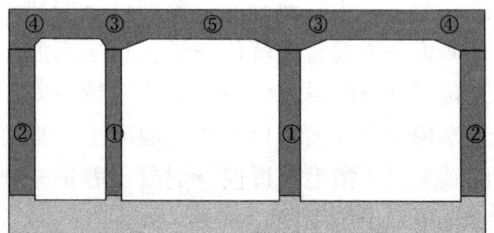

图 3-36　墙身、顶板混凝土浇筑顺序示意图

3.2.2　推模法

1. 防水底板

根据设计需求，设置防水底板作为浇筑底板的底部模板。防水底板作为浇筑底板的外侧模板，在防水钢板的外侧设置支撑。支撑系统应牢固、可靠，如图 3-37 所示。

图 3-37　防水钢板安装（左）近景（右）俯视图

2. 浇筑管节底板、墙身和顶板的组合模板

浇筑底板、墙身、顶板混凝土时需要设置底外模板，并设置支撑体系。均采用组合模板进行安装，能大大加快施工效率。其中，底板、墙身与顶板分两次浇筑，效果如图 3-38 和图 3-39 所示。

图 3-38　底板混凝土浇筑外模板的组合模板实景和效果图

图 3-39　外侧墙身及顶板的组合模板实景和效果图

3. 组合模板操作要点

1）组合模板主要通过吊机进行运输，在移动过程中需严格遵守吊运规范。

2）外模板主要通过外侧支撑体系进行固定，需进行混凝土浇筑荷载的验算才可施工。

4. 内模板

内模板为钢结构模板台车，与设计中隔墙侧模板、墙外模板、顶板底模板连为一体，共同作为浇筑混凝土墙身及顶板的模板系统，效果如图 3-40 所示。

图 3-40　内模板及台车实景和效果图

5. 内模板操作要点

1）钢结构模板台车的轨道铺设在已经浇筑的底板面，沿管节方向纵向移动，见图 3-41。

2）模板台车的移动采用卷扬机牵引，一般行走速度小于 1m/s。

3）模板台车的调整顶升就位和下降脱模机构，主要是通过千斤顶、法兰螺栓和转动铰组成的空间体系。千斤顶位于台车的柱脚，具有适当行程，以便调节台车水平位置。千斤顶下方需平整、清洁，绝对不可用方木等易变形的物体承载，见图 3-42 和图 3-43。

图 3-41　模板台车承重车架部分　　　　图 3-42　模板台车调整模块及轨道

4）内模板的台车承重部分，因受到混凝土浇筑时的荷载，且承受台车自身荷载及其他荷载，因此必须经过设计验算后施工。

5）管节混凝土浇筑完毕后，台车依次退出管节或移至下一个浇筑位置。拆除时需首先将钢模与台车分开，调走内模后再将台车逐渐拆开吊走。

6. 模板安装施工要点

1）模板连接处的接缝垫橡胶条必须保证紧密性，不能漏浆。

2）模板与混凝土之间必须涂抹隔离剂。必须保证在浇筑混凝土前有一层隔离剂。

3）模板在安装完成后，需进行校模正位。因此，模板的构件各部分形状尺寸和相互位置的精度必须达到施工所需方可验收。而在混凝土浇筑后需对模板检查，以免对模板造成不可逆的损伤，见图3-44。

图 3-43　现场调试轨道

图 3-44　组合模板和内模现场图

7. 模板拆除要点

1）拆除前，混凝土强度应满足设计标准（45MPa），混凝土试验结果应以最后浇筑的尾车试验品为准。

2）管节预制的支架及模板应遵循"先支后拆、后支先拆"的原则。

3）承重底模拆除时，应根据混凝土的强度和结构受力指定拆除顺序。

4）模板拆除后应及时清理、维修，涂刷隔离剂并分类保管。

3.2.3　混凝土的拌制与输送

由于沉管管节体积较大，所需要的混凝土数量较多，因此可考虑集中拌制，在干坞内就近建立混凝土搅拌站，直接为沉管管节预制提供混凝土，如图3-45和图3-46所示。

图 3-45　混凝土现场搅拌

图 3-46　混凝土原料输送

进行混凝土配合比设计，尽可能选择低水化热水泥并进行工作性能测试，优先选取流动性大的混凝土配合比。

沉管管节预制时必须保证有足够的干舷及对称性，这是为了给沉管浮运及沉放提供必要条件；否则，容易在浮起后沉管管节失衡，导致侧翻。同时，需对混凝土的重度进行严格控制。混凝土搅拌时应严格控制混凝土的重度，混凝土原材料配比误差应不超过配合比设计的±2%。

3.2.4　混凝土的浇筑与捣固

根据具体情况和温度应力，合理安排分段浇筑的长度，根据已有施工方案确定混凝土运输工具、浇筑设备、捣实混凝土的机械和劳动力数量。干坞法的常用方法为台式或汽车式混凝土泵浇筑，布料管输送，可直接浇筑至仓面。待混凝土运至浇筑地点后，需检验混凝土的流动度；混凝土从搅拌机中运出到浇筑完毕的延续时间不能超过规范值。

1. 管节浇筑方式

1）底板

如图 3-47 和图 3-48 所示，底板浇筑可分多级台阶浇筑，浇筑方向应从一段向另外一端浇筑。混凝土初凝前需用振动器振捣后，再进行抹面。底板浇筑也可按浇筑方向分段浇筑后，再统一振捣表面，最后抹面。允许偏差为高程±5mm，表面平整度±5mm。

图 3-47　底板浇筑

图 3-48　底板浇筑前进行清理

2）墙身及顶板浇筑

如图 3-49 和图 3-50 所示，应采用左右对称、水平分层连续浇筑的方式，需保证下层混凝土初凝前浇筑上层混凝土。在墙身与顶板连接处，可以适当留出用于振捣的预留孔，再进行加筋补铁处理。顶板混凝土在高程初凝完成前，需做抹面处理。允许偏差为高程±5mm，表面平整度±5mm。

图 3-49　内模就位

图 3-50　顶板混凝土浇筑

浇筑时需保证对称浇筑,保持模板及支架受力平衡和稳定,并可以采用多个浇筑点浇筑,加快浇筑速度,保证浇筑质量。

在混凝土平仓时,严禁采用振动器插入堆料内,借助振捣作用自动摊平,这样会导致分层、离析等质量问题。

在此过程中需严格控制混凝土浇筑的时间,避免超过初凝时间,减少施工缝,控制浇筑温度。

2. 混凝土振捣

混凝土浇筑后需振捣处理,目的是排除混凝土中所含的空气,使混凝土获得最大的密实性。

混凝土浇筑捣固采用以下施工技术:

1) 采用插入式振动器振捣。

2) 振动器要垂直插入混凝土内,其深度到下层尚未初凝的混凝土中 5～10cm,以促使上下层相互结合。振捣方法为快插慢抽,到混凝土振捣密实为止。

3) 振动点采用梅花形布置,间距 300mm,振动时间约为 40～60s。混凝土振捣密实的标志为混凝土停止下沉、不冒气泡、表面平坦。

4) 混凝土振捣不能漏振、过振。

5) 振捣过程中应尽量不碰模板、预埋件和钢筋。

6) 在钢筋过密处应多次细密振捣,保证混凝土能够进入空隙位,避免产生空洞等质量问题。在预埋件位置,需小心振捣。

3.2.5 混凝土表面处理与养护

混凝土在浇筑过程中应及时清除表面泌水,保证混凝土质量。在混凝土初凝后、终凝前,进行二次振捣和表面抹擦,用木板反复抹压密实,消除最先出现的表面裂缝。在振捣后经 2～3h 后,用刮尺刮平并用铁抹子碾压数遍,以闭合缩水裂缝,见图 3-51。

管节不同部分需采用不同的养护方法。

底板及顶板的上表面,宜在混凝土浇筑完毕收水后覆盖土工布浇水,保持表面潮湿。等到终凝完毕后,在表面蓄水养护,见图 3-52。

中隔墙可在拆模后覆盖土工布并喷水,进行保湿养护,见图 3-53 和图 3-54。

图 3-51 清除表面泌水

图 3-52 底板覆盖塑料薄膜养护

图 3-53　表面处理人工收面

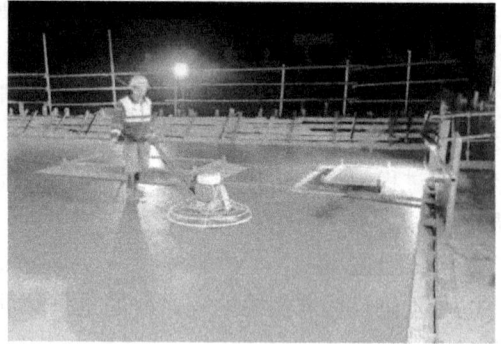

图 3-54　表面处理机械收面

外侧墙在工期允许条件下，适当推迟混凝土拆模时间，带模养护。在拆模后继续保湿保温养护，养护时间不小于 14d。内模拆除后，在隧道孔两端挂土工布封口，减少隧道孔内的水分散失，并及时在隧道内及外侧墙表面浇水，保证孔内相对湿度，见图 3-55 和图 3-56。

图 3-55　海绵保温养护

图 3-56　覆盖土工布喷淋养护

3.2.6　管节外防水工程

如图 3-57 所示，管节的防水层包括管节的底部钢板及侧墙和墙身的涂料。底板钢板也是沉管管节防水的一部分，而侧墙及墙身需要在混凝土完成养护后喷涂防水涂料。

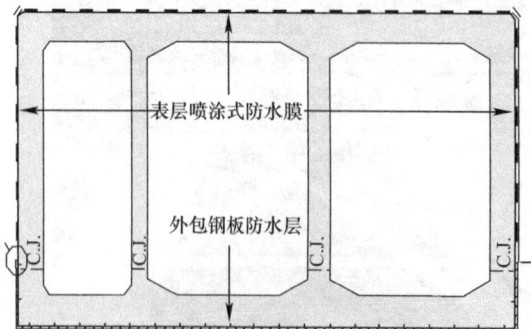

图 3-57　沉管管节防水外防水系统

1. 防水钢板施工要点

1）防水钢板的厚度及焊缝要遵循设计要求，对海底沉管隧道需要做特殊要求；

2）防水钢板应采取防止钢板变形的措施，使变形量小于 20mm。

2. 防水涂料施工要点

1）管节外表面处理：修补裂缝，去除突出部分的混凝土，用高压水枪清洗干净。

2）防水涂料可使用喷涂方式施工，应分 2～3 层喷涂，待上一层涂料干燥成膜后，再进行下一层涂料的喷涂。

3）顶板喷涂防水涂料后，在上方铺设 75mm 厚的 C20/20D 混凝土，作为保护层。

4）管节结构、防水底钢板、端封门、人孔等交界位置均需要进行防水处理，如图 3-58 和图 3-59 所示。

图 3-58　顶板防水涂料处理

图 3-59　侧墙防水涂料处理

3. 施工缝及止水带施工要点

1）中埋式止水带、密封胶、遇水膨胀条等安装施工，应符合设计要求。

2）水平及竖向施工缝浇筑混凝土前，应先将表面处理干净凿花，检查止水带是否完好，均匀涂刷混凝土界面剂，然后浇筑混凝土。对于水平施工缝，为保证新旧混凝土结合面的质量，可先喷淋缓凝剂，待本体混凝土凝固后用水冲洗，清除表面浮浆，如图 3-60 和图 3-61 所示。

图 3-60　水平施工缝处理

图 3-61　涂刷混凝土缓凝剂

3）止水带的安置必须做到平直且准确地镶嵌于施工缝两侧结构的正中位置。安装横向施工缝止水带，可利用两片式模板（Spilt Formwork）夹牢固定且利用合理的模板排布，准确地设定止水带的轮廓位置。止水带的 1/2 宽度被固定于即将浇筑混凝土的模板内，另外 1/2 则由模板间隙伸出。两片式模板的间隙必须控制好，太宽不能牢固止水带，太紧则有可能破坏止水带。对于外墙竖向施工缝，止水带的安装可以借助预留搭接钢筋来悬挂稳固。在止水带外侧凸缘打一排小孔，利用钢线穿引并准确控制高度，固定于竖直钢筋上。

4）止水带选用的材料属于热塑性聚氯乙烯（Thermoplastic PVC），以方便现场熔接安装。利用热熔刀片加热止水带接驳位置，在熔接前首先检查两端止水带接口是否裁剪齐整和热熔刀片上是否粘有残留物；其次，控制好热熔刀片的温度，太高会烧焦止水带，太低则无法良好熔接。参与此熔接工序的施工人员必须事先受过专业训练和现场测试，到达适当熔点后立即施压连接，待其冷却后仔细检查接驳面是否熔接完好、密实，以确保预埋止水带连续及完整地安装。另一方面，安装横向施工缝的一些垂直转角位置和横竖施工缝交错位置的止水带，可直接向供应商购置 L 形和十字形预制件，以减少现场熔接。

5）遇水膨胀止水条用于施工缝结构外层钢筋和止水带中间，利用胶粘剂直接将其粘合于混凝土表面距离止水带约 75mm 的位置。由于止水条亲水性的特质，空气中的水分足以影响其发挥膨胀的作用，止水条暴露在空气中的时间不得超过 3d，因此黏着止水条的时间必须安排在浇筑混凝土前 2h 完成。另外，此类止水条的保质期一般不超过 12 个月，在采购的时间点上应合理安排且在储存时注意保持干爽，以免影响其发挥防水功效。

6）浇筑混凝土时应注意止水带两侧受压的协调性和平衡性，以避免其受压不均匀而导致扭曲、弯折。另外，应注意止水带附近混凝土的振捣，避免振捣不足而引起的蜂窝现象，确保止水带能够被混凝土完全密实包裹。

拆除模板时，应注意避免刮损止水带外露部分。模板拆除后仔细检查沿止水带边缘的混凝土结构质量，如有蜂窝现象应立即修补，并且清除止水带裸露部分上残留的混凝土浆。

3.3　预埋件施工

3.3.1　预埋件

1）沉管隧道临时施工需要的构件，包括：浮运、沉放、对接等各工序所需定位调整的构件、系缆栓、端封门、压载水箱、临时预应力拉锁等固定预埋件。

2）运作期间各类设备、沉管（管节）接头、各种受力件所需安装固定的预埋件。

3.3.2　预埋件安装

1）各类预埋件的临时固定设施应牢固，避免浇筑混凝土时发生变形。

2）永久构件和具有止水功能的预埋件必须达到高精度的安装要求；对于机电设备的预埋件，可根据设备要求适当放宽。

3）暴露于外侧的预埋件，还需做保护及防锈处理。另外，为使钢筋能够有效防锈，可预埋阴极保护系统及钢筋生锈监察系统。一旦有钢筋生锈发生，可开启阴极保护系统。

4）每个管节需安装两套防锈监测设备，一方面考虑当其中一套设备出现问题时可用作替补；另一方面，可以交叉参考观测结果，一旦发现该结构钢筋的腐蚀状况和速度已达预定的启动临界值，能在该管节附近的海床安装阳极系统并启动外加电流阴极保护系统，如图 3-62～图 3-65 所示。

图 3-62　冷却水管安装

图 3-63　阴极保护系统安装

图 3-64　拉力管安装

图 3-65　防锈系统安装

3.3.3　预留孔

1）临时施工所需预留孔，包括管节顶板预留人孔及沉管管节通道。

2）营运期间的各类设备、设施所需预留孔洞，包括机电设备、中隔墙联络门洞、风阀及风口孔洞。

3）预留孔的模板应处理好与浇筑管节模板的接口关系。

3.4　一次舾装—钢封门专项施工方案

沉管隧道管节的舾装分两次进行。一次舾装的地点为干坞预制场，主要包括管节内舾装，其中主要包括：通风、照明、电力控制设备、压载水箱、端封门、连通压载水箱和端封门的水管和离心水泵系统；以及管节外舾装，其中包括：管面预埋件、系缆桩、人孔和GINA 橡胶止水带。钢封门的施工详细如下。

3.4.1 施工工艺流程

沉管管节分为双向通行通道及通风管，通风管也做应急通道，见图 3-66。钢封门制作安装件主要包括主梁支撑钢支座、工字主梁、钢封门板与次梁组件、水密钢门。每个端头的钢封门由三个小封门组成：通风管、上行通道、下行通道。

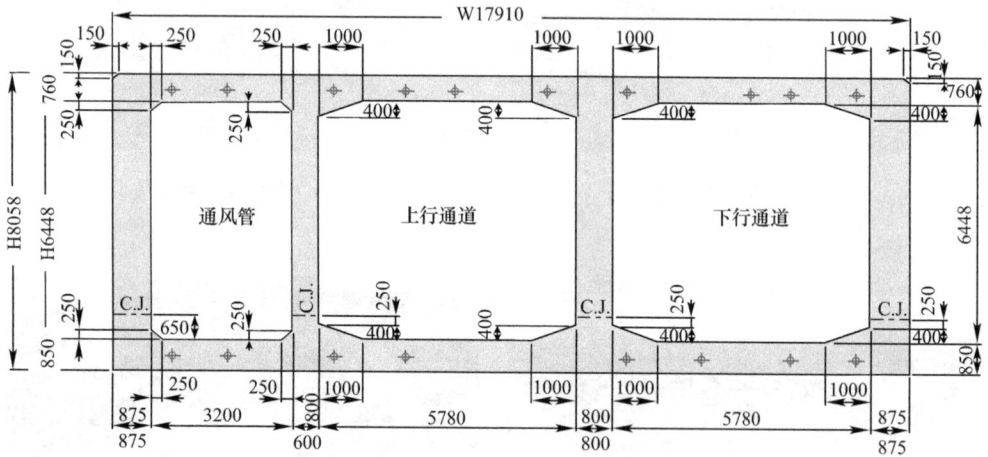

图 3-66 管节横截面示意

管节在预制完成后，管内水箱制作完成及管内所需的大型设备就位完成，可进行管节钢封门安装施工。

钢封门施工顺序为：施工前准备→主梁支座安装→主梁与钢封门运输及吊装→钢封门安装→钢封门组拼及焊接→安装水密钢门及其他→水密检测。

3.4.2 施工准备

1. 技术准备

1）技术人员应熟悉设计图和相关规范，并根据设计图和相关规范设计各分段接头位置，编制加工、安装流程，计算工程数量、编制质量标准。

2）向班组进行书面的技术交底和安全交底。

3）对施工人员进行全面的技术、操作和安全培训，确保施工过程的工程质量和人身安全。

4）特种作业人员必须持证上岗。

5）由班组长负责牵头并与其他部门协调。

2. 材料准备

1）使用的连接材料（焊条）必须按照设计图要求的型号，应具有产品合格证，焊接采用 E43×× 型焊条。

2）半成品及连接材料在运输过程中，应避免锈蚀和污染。

3）半成品及连接材料宜堆置在仓库（棚）内妥善管理，并应采取措施防止腐蚀、受潮变质；露天堆置时，应垫高并加遮盖。

4）所有钢板及连接材料的种类、钢号、板厚和直径，应符合设计图纸的规定。

3. 作业条件准备

1）保持交通顺畅、通畅，加工及安装场地平整、坚硬。支架、通道和操作平台稳定、牢固，安全设施齐全，水、电线路到位。

2）焊接时，施焊场地应有适当的防风、防雨设施。夜间作业时，有良好的照明条件。

3.4.3　主梁支座安装

1. 预埋件与角钢框架施工

在管节预制过程中，对于沉管管节的端头需要安装预埋件之后再浇筑混凝土，预埋件细节及现场施工图如图 3-67 和图 3-68 所示。预埋件的作用是为钢支座提供基座。

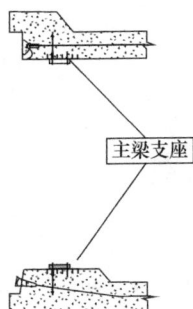

图 3-67　支座位置图

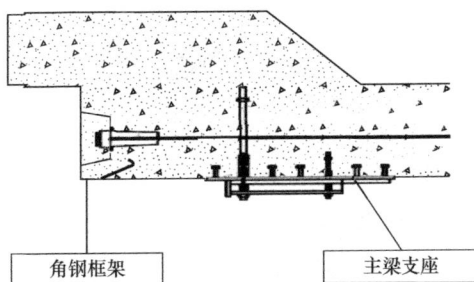

图 3-68　角钢框架与预埋件细节图

预埋件及角铁框架施工要点如下：

1）预埋件位置需严格服从图纸要求。

2）预埋件位置混凝土需振动充分，减小其蜂窝、麻面的可能性。

3）应预先确定预埋件位置，并保证其上下钢筋密度足够。

4）角钢框架应与预埋件一起进行施工，为保证其稳定、不变形，可采用其他固定支撑，如图 3-69～图 3-72 所示。

图 3-69　预先设定预埋件摆定位置

图 3-70　顶部预埋件与角钢框架安装

图 3-71 加固稳定角钢框架，减少其变形

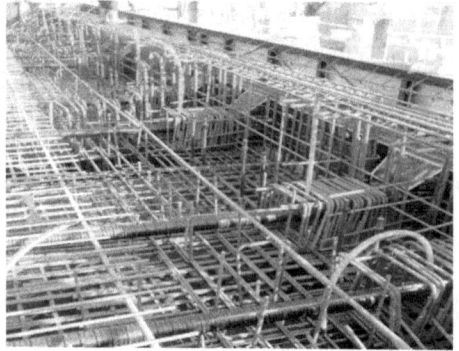

图 3-72 预埋件完成安装

2. 主梁支座安装

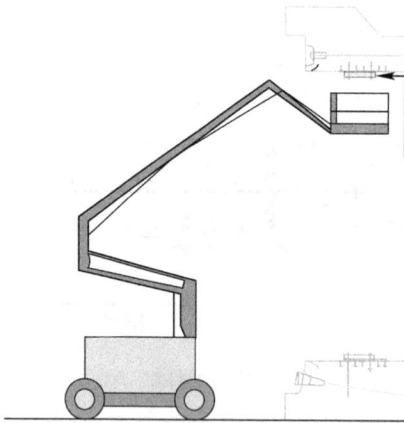

图 3-73 升降机安装钢支座示意图

图 3-74 钢支座完成现场图

3. 安装要点

1）主梁钢支座在工厂生产并检验合格后，通过陆路运输到现场。

2）在相应位置搭设好脚手架，脚手架上下顶住管节水泥板，安装好两个 1t 手拉葫芦，手拉葫芦固定在脚手架上；在脚手架工作平台上设一个提升平台，用于钢支座就位。为操作方便，也可以使用升降机进行安装。

3）清理预埋件表面杂物（水泥、螺孔填充物、焊渣等）。

4）将钢支座放到提升平台，操作 1t 手拉葫芦提升钢支座，使其孔与预埋件螺孔对准，安装螺栓，钢支座临时固定；调整好钢支座的位置，使其尾部紧贴预埋件的限位止退板，然后再安装其余两个螺栓，最后螺栓收紧，完成钢支座的安装。

5）技术要求：

（1）钢支座尾部顶紧预埋件的限位止退板；

（2）板与板紧贴；

（3）螺栓收紧。

安装好顶钢支座，再安装底钢支座。底部钢支座主要通过螺栓固定。

3.4.4 主梁与钢封门运输及吊装

主梁及钢封门的运输，如图 3-75 所示。

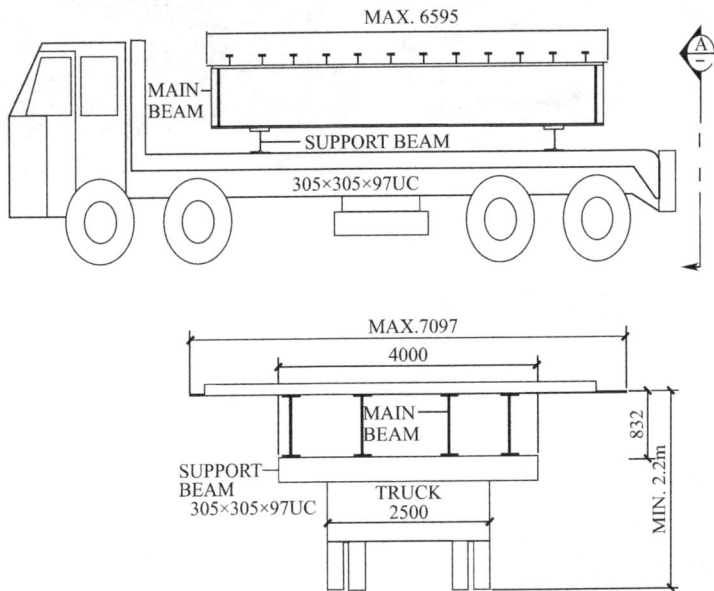

图 3-75 主梁与钢封门的运输

主梁与钢封门在工厂加工后焊接，再运输至钢封门安装现场，钢封门由 6 个手拉葫芦固定，并采用吊机起吊施工，如图 3-76 和图 3-77 所示。

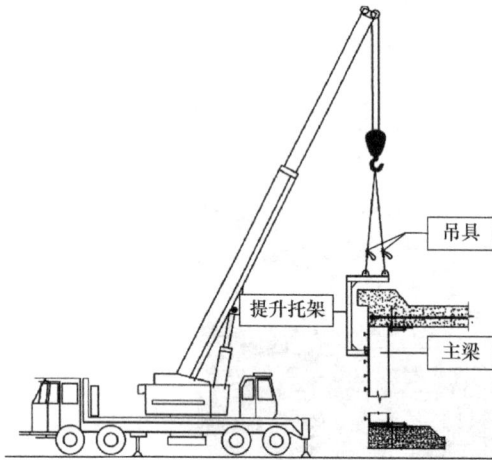

图 3-76　主梁安装示意图

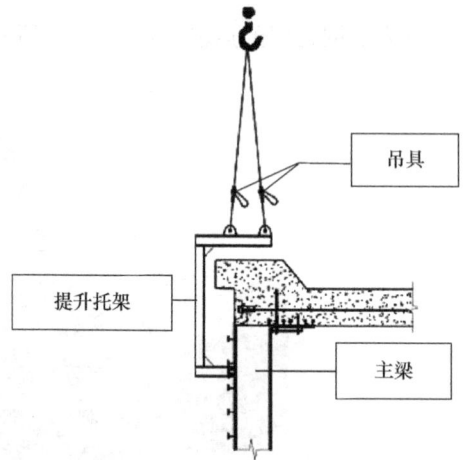

图 3-77　吊装详细示意图

安装钢封门时使用提升托架作为吊运用具，能提高作业效率，如图 3-78 和图 3-79 所示。

图 3-78　主梁及钢封门的吊运

图 3-79　提升托架进行安装钢封门

施工要点如下：

1）用吊机吊起主梁的提升托架，慢慢靠近安装位置，脚手架上的手动葫芦协助主梁就位。

2）主梁的外翼板面与钢封门预埋件角钢面平齐；调整主梁竖直，然后钢支座处用角钢将主梁临时固定。

3）用点焊将钢封门与角铁框架临时固定。

4）在钢封门与角铁框架间位置焊接劲板，准备进行安装固定。

5）预制主梁时，主梁与上下连接面之间各预留 20mm 的安装缝，方便现场调整。

6）技术要求：

（1）主梁的加强劲板双面全焊，焊高 4mm；

（2）主梁外翼板面与角钢面平，内翼板面与钢支座有间隙时，需用钢板垫紧；

（3）主梁竖直；

（4）注意不同封门材料的不同之处。

3.4.5 钢封门与钢封门拼组及焊接

每个通道钢封门板均为整体预制，钢封门间拼装焊缝采用埋弧焊进行焊接。焊接完成后进行水密检测。

钢封门板的次梁为 $254 \times 102 \times 28 \mathrm{UB}$ 工字钢裁剪成 127×102 的 T 型材，间距为 500mm，采用手工电弧焊和 CO_2 气体保护焊进行焊接。焊接时，从两边向中间或中间向两边对称进行，尽可能减少变形。在次梁的两端留 200mm 不焊，等钢封门板安装完成后再补焊。

技术要求如下：

1）板拼接缝须水密；

2）每分段下料余量不小于 50mm；

3）次梁连续双面焊，焊高 4mm。

施工要点如下：

1）钢封门就好位置，装配焊固定后进行尺寸检验。

2）尺寸位置检验合格后，中间隔墙两钢封门间的间隙用 100mm 板条连成整体。

3）焊接钢封门钢封门各板材之间及钢封门与角钢框架之间。钢封门钢板与主梁的焊接，焊接位置为主梁与次梁交接处，上下 50mm，焊高 4mm。钢封门钢板与预埋件角钢焊接，焊接顺序为中间向两边对称进行。连续焊，焊高 4mm，见图 3-80。

4）管节每端设有两个水密钢门，皆位于上行通道。水密时螺栓收紧。水密钢门及其他通风管及通水管预制在钢封门上，运至现场与钢封门一同安装，见图 3-81。

图 3-80　钢封门焊接工作

图 3-81　钢封水密门及通风管

5）通水管及通风管与预制孔对接时需注意相应空隙，必要时需补防水胶条。

6）安装完成后检查有无空隙，主梁与基座间可加入钢板固定，见图 3-82 和图 3-83。

7）焊接技术要求：

（1）施焊前要检查接头装配、坡口加工等的准确性；如不符合工艺要求，需修整后方可施焊；

图 3-82　钢封门安装后沉管内观测

图 3-83　主梁与支座之间加铁板

（2）施焊前对装配间隙过大处进行填补；

（3）认真、仔细清理缝区的油污、水锈等；

（4）定位焊也使用低氢焊条，定位焊长度≥50mm；

（5）要有防潮、防风措施，可采用防风罩或用篷布搭设整体防风墙；

（6）构件端部切角开口处要有良好包角；

（7）拆临时固定板块，接触面打磨。

3.4.6　水密检测

钢封门面板的每道焊缝都必须经过水密检验，检验方法可采用煤油试验法。

煤油试验是在钢封门检查面的焊缝上涂以煤油，利用煤油的渗透作用检查其是否渗漏的试验。

1）在检查面的焊缝上先涂白垩粉水溶液，其宽度小于 40mm，干燥后进行试验。若周围气温在 0℃以下时，可用盐溶液或酒精作溶剂配制。

2）在检查面焊缝的反面涂上足够的煤油，在试验过程中焊缝表面应保持煤油薄层。

3）持续一段时间后检查焊缝面上的白垩粉表面，应无渗出煤油斑迹即为合格。

3.4.7　整体性水密性试验

由于沉管管节动辄百米以上，因此对整体的沉管做水密性试验检测较难执行，可采取抽空沉管进行气压检测，以气压变化来量度其水密性，简单、可行。

如图 3-84 所示，关闭沉管管节的各通风口，用空气泵连接钢封门上的通风管，对沉管管节内部抽气，直至气压表不再变化后停止抽气并关闭抽气阀门，测量钢封门内外气压变化。如气压表迅速降低，则证明钢封门部分气密性没有做好，需要重新检测焊缝及施工缝是否有空隙。

图 3-84　气密性试验

3.4.8　钢封门拆除

管节对接坐底沉降稳定后，可对钢封门进行拆除。从管节安全考虑，管节应留有三道门。施工要点如下：

1）钢封门的拆卸顺序为：拆封板→主梁→钢支座，见图 3-85。

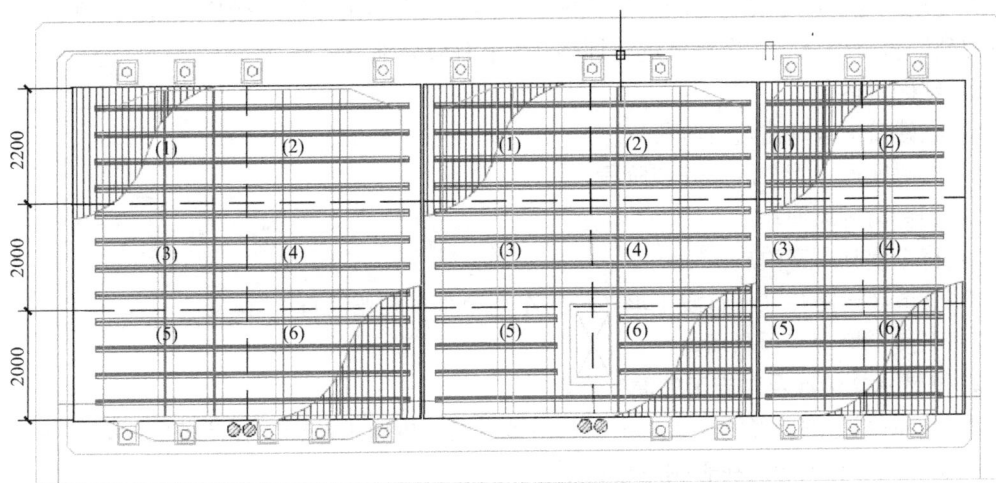

图 3-85　钢封门拆卸顺序图

2）每道孔的钢封门封板分六片进行切割，即竖向对中一道切割缝，横向两道切割缝。

3）拆封板时，先在主梁及封板上焊连接点，用 3t 手动葫芦固定，然后用乙氧气割按规划的顺序切割板块。切下来的板块由 3t 铲车运至堆场，再行吊出隧道外，见图 3-86。

4）主梁拆除，首先用 25t 吊车吊住，然后用乙氧气割切除连接，放平后由 3t 铲车运至堆场堆放。

5）钢支座拆除，按安装时的方式搭好脚手架，用 1t 手动葫芦连接提升平台，平台紧贴支座，然后拆紧固螺栓，将钢支座拆下。

图 3-86　沉管隧道内部拆除钢封门

第 4 章　沉管管节浮运

4.1　管节浮运介绍

4.1.1　项目海上情况

1. 项目范围介绍

香港地区地铁沙中线过海隧道沉管项目所涉及的海事工作区域较广，故在"海上交通影响评估"报告中分为 7 个海域进行评估。7 个海域分别为：

1）红磡货运码头；

2）红磡航道（基槽疏浚阶段）；

3）红磡航道（管节沉放安装阶段）；

4）铜锣湾避风塘；

5）将军澳临时寄泊点；

6）管节浮运路径（自石澳干坞，经将军澳至维多利亚港）；

7）石澳干坞管节预制场。

2. 海域水文情况及对施工的潜在影响

此 7 个海域范围已经涵盖了整个项目所涉及的海事施工范围。在此范围中，其主要水文特点及对施工有关的潜在影响总结如下：

1）风速

因石澳干坞预制场被山脉包围，所以对工程影响较小。但是香港地区秋冬季时，偶有短时间的强烈东风吹袭，可能会对正在浮运中的沉管隧道管节的浮运时间表造成一定影响。如遇台风则不进行海事作业，管节须停留在干坞内或暂时泊于临时寄泊点。

2）可见度

根据过往记录，待评估海域的可见度低于 3km 的概率小于 2.0%。后续施工方案制定时，应与有关部门及相关持份者探讨并对最低允许施工的可见度达成共识，以确保船只在海上航行和工程施工的安全。

3）水深

目前，红磡主航道隧址的水深约为 -11.95mPD，同时潮汐高度为 $0.5 \sim 2.0\text{mPD}$。此水深符合海事工程船只航行及作业的最浅水深要求，所以不会对沉管隧道施工造成负面影响。同时，在沉管隧道管节浮运的路径中（红磡主航道、蓝塘海峡航道）的水深最浅处为 -10mPD，满足沉管管节浮运及舾装作业要求。

4）潮位

根据水文探测记录，潮位最低与最高之间差距约为 1.5m。因潮位高差较小，所以潮位高差对管节浮运及沉放施工的影响微弱。

5）潮流

观测到在退潮时的最快流速约为 2~3 节。此速度的水流会对沉管管节沉放造成潜在影响，所以需要选择适合的管节沉放窗口期，并制定严格的沉放流程，以及制定相应的反应措施。

3. 项目范围内现有海上设施

浮运航道及沉放安排的设计需要充分考虑附近的现有海上设施。所考虑的现有海上设施主要集中在临时寄泊点及沉管隧道隧址附近。临时寄泊点的选择将在 4.1.2 中详细阐述。而同时，在沉管隧道隧址附近，现有的主要海上设施包括：①红磡货运码头；②红磡主航道；③红磡过海隧道（行车）；④海事署所设公共航标；⑤铜锣湾避风塘；⑥香港地区游艇会。

4. 现有海上交通

因沉管隧道隧址处于香港地区维多利亚港内红磡主航道范围，海上交通繁忙。因此现有海上交通亦是影响管节浮运和沉放时间表的主要因素之一。目前的海上交通共包括 6 大类船只：

1）当地交通轮渡，定时来往于九龙与香港岛；

2）大型海上邮轮，每日出入来往于香港地区码头及启德邮轮码头；

3）工程船只，来自临近"中环至湾仔绕道"项目的施工船只，穿越将军澳至维多利亚港进行施工作业；

4）来往于各个避风塘间的小型货运舰船（包括拖船）；

5）快艇、海上巡逻快艇及领航船；

6）小型船只（本项为对沙中线沉管隧道项目影响最大的船只类别，数量繁多，自铜锣湾避风塘内和红磡货运码头出发汇入主航道和近岸航道。主要包括小舢板、渔船及各种游艇）。根据 GPS 船只定位系统的数据和 1d 之内的船只行驶记录，发现主要的船只行驶集中在红磡主航道范围内，另有少数小型船只自维多利亚港西侧来往于铜锣湾避风塘内。

除受到上述正常海事船只活动影响之外，每逢元旦、农历春节、七一香港回归纪念日和十一国庆节，香港特别行政区政府会在维多利亚港会举行大型烟花会演（除因特殊原因取消）；另外，在香港地区游艇会活动日，也不能进行海上施工作业。

4.1.2 管节浮运路径安排

沙中线过海隧道项目共有 11 段预制混凝土沉管管节。沉管管节于石澳干坞预制场完成建造，并运送至维多利亚港区域指定隧址进行沉放安装施工。

自石澳干坞预制场海上浮运至维多利亚港沉放地点共有两条潜在的可选路径，需对比然后选定路径。

1. 管节浮运路径选择 A（沿香港岛东）

第一条路径是沿香港岛东面，自东向西抵达管节沉放地点。首先，从石澳干坞预制场出发，沿香港岛石澳湾最南端调头，转进香港岛东岸沿公海海域，向北行驶。途径蓝塘海峡分航道，进入东主航道，最后抵达维多利亚港红磡主航道的预计沉放位置。此路径全长约 12.2 海里，其中约 4 海里的距离于靠近公海的海域行驶，其余时间均处于香港地区海事处设立的公共航道当中。

2. 管节浮运路径选择 B（沿香港岛西）

第二条路径则是绕行香港岛西侧，自香港岛南部海域，途径东博寮海峡航道，进入维多利亚港内西主航道，最后抵达红磡主航道隧址。此方案相较于上述香港岛东岸路径航行距离较长，途经外海也将面临较大风浪，使得对管节浮运造成的潜在危机也大。故此，选择采用沿香港岛东岸进行浮运。

3. 临时寄泊点的选择

确定浮运方向后，需详细规划浮运细节。首先，需要确定是否安排临时寄泊点。因石澳干坞预制场距离红磡主航道中的隧址较远，在一般浮运航行速度约 2 节（2 海里/h）的情况下，约需 6～7h 的航行时间。在仍须进行绞拖出坞、管节二次舾装、管节锚缆定位等其余工序的情况下，整体航行时间较长、步骤较多、变数较大，对窗口期时间的把控难度较大，不适宜管节沉放。

同时，亦因环境限制，在石澳干坞预制场与红磡主航道隧址均不适宜进行管节二次舾装工作。其中，石澳干坞预制场场地狭小，大型吊船通过水闸困难，且预制场内水深较浅，大型吊船工作时易与其余管节产生碰撞。维多利亚港内红磡主航道中海上交通繁忙，日通行船只数以百计，长时间锚碇舾装对公众交通影响较大。

综上所述，在考虑施工窗口期与施工现场的条件限制之后，确定需在浮运路径中增设临时寄泊点，进行管节的二次舾装及沉放调试等准备工作。

4. 将军澳湾临时寄泊点

通过综合考虑，项目选择于将军澳湾设立临时寄泊点。将军澳湾大致位于石澳干坞预制场与红磡主航道的中点位置。刚刚通过蓝塘海峡航道进入维多利亚港东主航道内，尚未抵达鲤鱼门，浮运距离适中。

作为临时寄泊点，将军澳湾有以下优势：

1）三面环山，形成天然避风港，水流平缓，利于管节停泊；

2）地理位置位于路径中点，每段浮运的距离合适；

3）海湾空间大，适合舾装作业，周边无海上设施阻碍；

4）不阻碍正常海上交通；

5）水深满足管节浮运要求（>10m），不需额外疏浚准备工作；

因将军澳湾具有以上优点，之前亦曾经被选中成为香港地区另外两条沉管过海隧道的临时寄泊点，所以最终确立将军澳湾为管节浮运的临时寄泊点。

5. 浮运路径介绍

香港地区地铁沙中线过海隧道项目的沉管管节浮运路径如图 4-1 所示。首先，自香港岛南端石澳干坞预制场起始，经蓝塘海峡航道然后临时寄泊于将军澳湾进行二次舾装。舾装完成后，再从将军澳湾浮运至维多利亚港红磡主航道中的隧址进行沉放。

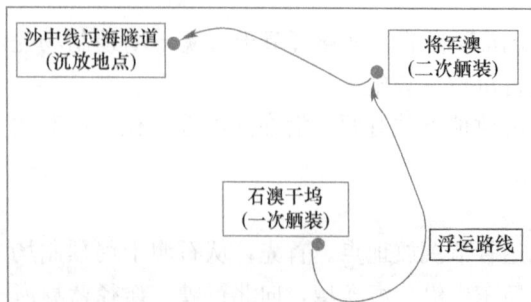

图 4-1　沉管管节浮运路径示意图

第一阶段浮运是自石澳干坞预制场至将军澳湾临时寄泊点。

第二阶段浮运在管节二次舾装完成后，自将军澳湾临时寄泊点浮运至红磡主航道隧址进行沉放。

第一条将要沉放的管节为E10，自东向西南，浮运至铜锣湾避风塘处准备沉放。每段管节的浮运目的地会针对其预期的沉放位置而调整。每条管节的详细浮运示意图将在4.4中详细讨论。

4.2 管节浮运设计要求

4.2.1 舾装构件设计

1. 设计内容

沉管管节的浮运主要通过在管节表面舾装，可拆卸循环使用的构件来达成。此类临时舾装构件亦是管节浮运设计的重点。舾装构件的功能主要是为了在沉放时操纵管节位移，辅助管节定位，并且帮助管节沉放拉合。为简化舾装步骤并强化舾装构件的稳定性，所有的构件分为两部分完成：结构预埋件和预制外挂构件。舾装构件主要包括：

1）系缆桩，管节浮运时捆绑缆绳；

2）测量塔，管节沉放时定位控制；

3）人孔洞，管节沉放时进出管节进行检查操作；

4）一类双导向滑轮组，管节沉放时操纵管节纵横移动；

5）二类双导向滑轮组，管节沉放时操纵管节纵横移动；

6）单导向滑轮，管节沉放时操纵管节纵横移动；

7）锚点，辅助管节沉放；

8）吊驳，辅助管节沉放；

9）导向梁和导向梁架，辅助管节沉放对接；

10）液压千斤顶，辅助管节拉合。

除以上构件外，另有管节内的压载水箱布置和压载混凝土设计，将在以下章节再行介绍。管面布置如图4-2所示。

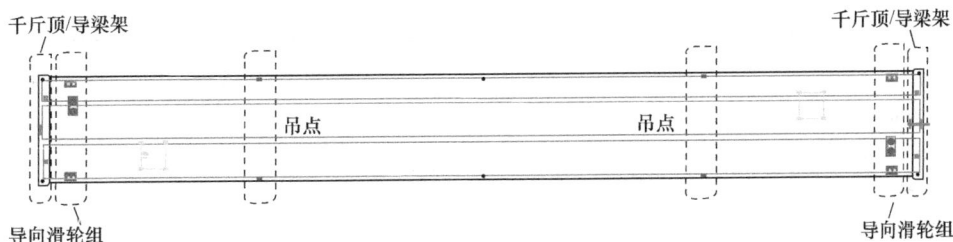

图4-2 沉管管节舾装管面布置图

2. 设计情景分析

设计构件时，受力分析大致分为两种情况考虑，分别是当管节在稳定情况下及管节在浮运移动时。在管节稳定情况下（被锚固），对管节造成影响的是海浪和水流所施加的荷载；在管节移动时（浮运时），则要额外考虑风力所引致的影响。这两种情况的设计用力均为一般使用时荷载，而非极限条件下的荷载，在进行荷载组合时应考虑施加相应的组合参数。

沉管管节在海中大致分为四种运行情况：

情景一：浮运（石澳干坞预制场至将军澳湾临时寄泊点）

所需时长：4h；

因管节起浮和浮运需要预先查看合适的窗口期，以确保海面风浪平和、风平浪静、能见度高。所以，在此情景中仅考虑一般天气情况。

情景二：下锚（于将军澳湾临时寄泊点）

所需时长：3～5d；

因下锚舾装时间较长，所以将参考以抵御五十年回归期的台风等级为标准进行设计。

情景三：浮运（将军澳湾临时寄泊点至维多利亚港红磡主航道）

所需时长：3h；

与情景一类似，仅考虑一般天气情况。

情景四：下锚并沉放（维多利亚港红磡主航道）

所需时长：至多 2d。

工程时间共计下锚定位 1d 和管节沉放 1d。因为香港地区天文台可以获取未来 3d 的天气预报，所以在此情景中遇到台风或其他恶劣天气的风险极低。鉴于此，在此情景中亦只需考虑一般天气情况。

3. 设计规范所建议的环境参数

以上四种管节使用情景中，因施工时间和地点的不同，所考虑的环境因素亦有所不同。在管节舾装构件设计中，确定设计环境参数是极其关键的一步。根据香港地区土木工程拓展处出版的《海事港口工程设计手册》所述，主要的预设环境参数包括：有效海浪高度（$H_{1/3}$），有效海浪周期（$T_{1/3}$），风速及水流速度。这些参数将与预设的沉管管节浮运和沉放操作方案互相对照，以得出最适合、最安全的构件设计参数。通过参考《海事港口工程设计手册》（PWDM）和《海港结构》BS 6349：1—2000 所规范的设计条例，在不同的模拟运行情景中，如表 4-1 和表 4-2 所示，各有关环境参数为：

浮运情景一所采用的环境参数总结　　　　　　　　　　　表 4-1

情景一：石澳浮运至将军澳湾（一般天气情况）			
平均海平面高度[1]	2.0mPD		
风速[2]	17m/s		
水流速度[3]	3 节		
方向	南	西南	西	西北
平均风区长度[4]（km）	17.01	2.31	2.05	1.86
有效海浪高度[5]（m）	1.51*	0.71	0.7	0.7
有效海浪周期[6]（s）	4.8*	3	3	3

[1]表 2-PWDM；

[2]PWDM 章节 5.10.2；

[3]拖船最大行驶速度；

[4]情景一的平均风区长度是通过 BS 6349：1-2000 所介绍的计算方法，根据实际 4 方向的情况而计算得出；

[5,6] BS 6349—1：2000 图片 5；

* 设计所采用的最极端情况。

浮运情景二所采用的环境参数总结　　　　　　　　　表 4-2

情景二：将军澳湾临时寄泊点（台风天气情况－50 年－遇级别）		
海平面高度[1]	3.4mPD	
水流速度[2]	2 节	
方向[3]	南	西南
风速[4]（m/s）	41	40
平均风区长度[5]（km）	9.06	2.42
有效海浪高度[6]（m）	3.5	1.2
有效海浪周期[7]（s）	6.5	3.9

[1] 表 4-PWDM；
[2] PWDM 章节 5.11.1，当无详细资料时，在 15m 水深范围内，水流速可假设为 1m/s，约为 2 节；
[3] 将军澳临时寄泊点因地理位置优势，东北面被包围，故此不考虑东北方向的风力；
[4] 表 14-PWDM；
[5] 情景二的平均风区长度是通过 BS 6349：1-2000 所介绍的计算方法，根据实际 2 方向的情况而计算得出；
[6&7] BS 6349-1：2000 图片 5。

情景三的情况与情景一相似，且因为航行在维多利亚港内，海面风速和浪高有显著下降，所以并不作为极端情况录入环境参数。

情景四的情况与上述三个情景均略有不同。因管节需长时间锚碇于航道中，来往船只较多，所以水流速度和海浪高度收到来往船只的影响。依据 PWDM 中的规定及参照，其参考环境参数如下：

- 有效海浪高度，$H_{1/3}=0.3m$（参考表 4-3）；
- 船只通过周期＝2～5s（章节 2.6）；
- 有效海浪周期，$T_{1/3}=3s$；
- 设计水流速度＝2 节（章节 5.11.1）

综上所述，临时舾装构件设计和管节浮运设计所采用的环境参数总结于表 4-3。

各浮运情景所采用的环境参数总结　　　　　　　　　表 4-3

	海浪		风速（m/s）	水流速度（节）	备注
	$H_{1/3}$（m）	$T_{1/3}$（s）			
情景一	1.63	6.3	10.0	3.0	—
情景二	3.50	6.6	28.0	2.0	台风天气
情景三	0.5	3.0	10.0	3.0	
情景四	0.5	3.0	10.0	2.0	

4. 模型模拟分析实际水文环境对管节的影响

除参照设计手册所建议的有关环境系数之外，项目通过 Maris 数学模型模拟得出海浪与强风对沉管管节在浮运时的作用力。Maris 模型是基于日本设计标准开发，用于模拟预测船只在海中的动作以及所承受的锚固拉力，其准确性已在多个日本大型沉管隧道项目和大型船只挖煤项目中得到实地检验，其中包括"日本那霸港国际机场沉管隧道项目（2000）"和"若户沉管隧道项目（2005）"。此模型的典型输出数据格式如图 4-3 所示。

此模型主要针对船只在海中因海浪和强风所引起的三个方向的移动及旋转自由度进行分析，包括前移、倾斜、波动、摇晃、抛起和偏移，如图 4-4 所示。

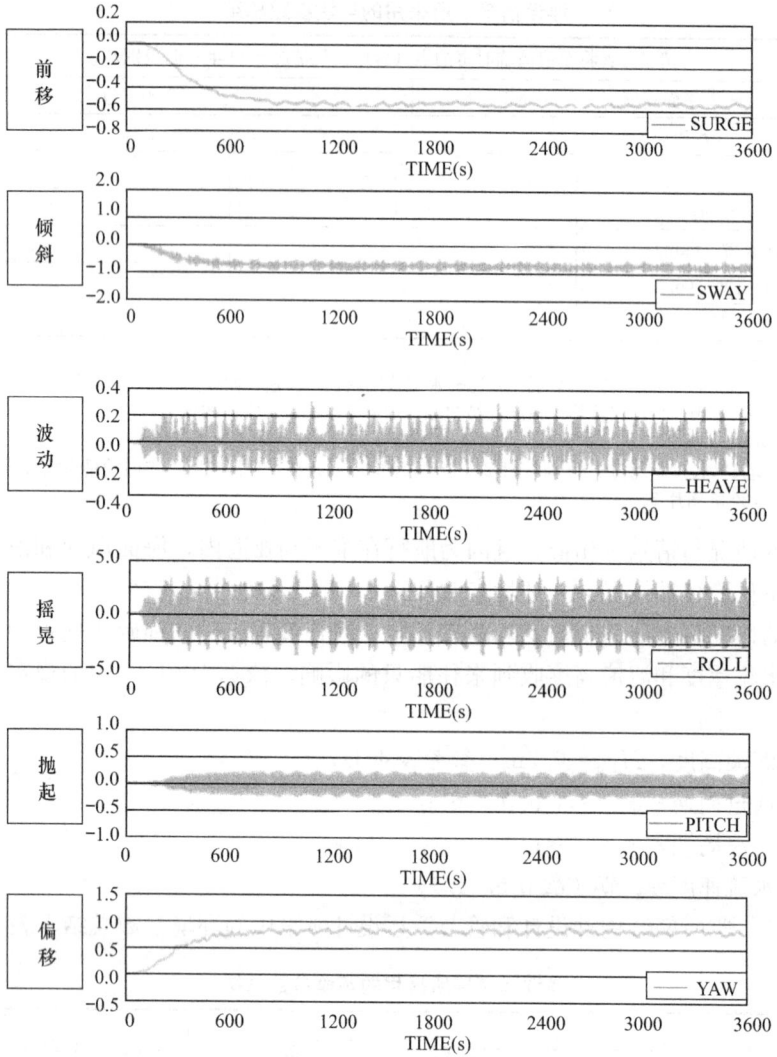

图 4-3 Maris 模型输出数据样例

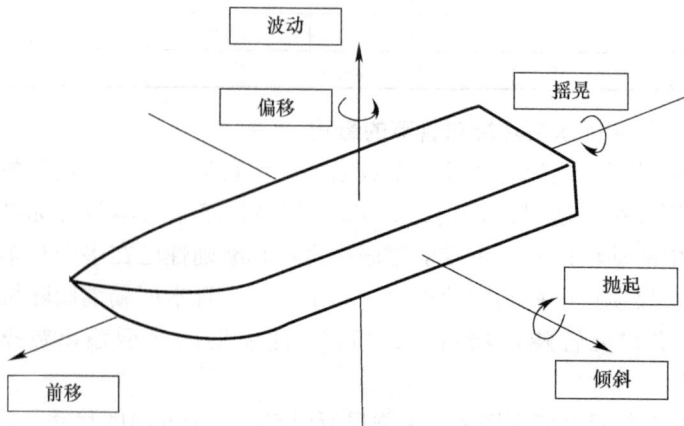

图 4-4 模型分析船只于海上的动作

数字模拟锚固船只的运动包含密集频率的水力分析和短时间周期性的运动分析。起先，确定锚固船只上所受的水动力和海浪的作用力。其次，船只的动作和锚固受力可以通过运动力学的方程得出。运动力学的方程是以时间为跨度，分段运用积分推导而出，考虑非线性的锚固受力和不规则的外部受力。以时间跨度为单位的流体力学分析已普遍运用于解决模拟锚固船只受水动力及海浪作用力而作出的动作反应。

当船只于水中运动时，Floude-Krylov 力、绕射力和辐射力相互作用于船上。Floude-Krylov 力是海浪对锚固的船只所产生的力。绕射力是锚固船只所产生的反射与衍射波所产生的力。辐射力则是船只在静水中移动所产生的。这其中的作用力包括了匀速的以及加速的情况。波浪激震力和水动力的计算是基于船只周边范围内的频率。在此模型中采用 John 的方法（John，1950），假设船只形状保持不变来计算三维作用力。

船只的动作、锚碇拉力和防护栏变形，均可以用有限时间内的动作方程计算。因为锚固船只的动作被认为是遭受不规则的外力和非线性锚碇拉力所致。在此模型中，采用 Cummins 方法（Cummins，1962）表述辐射力为固定的施加重量和推迟作用方程的结合。所以，动作方程与频率不关联。动作方程为：

$$F_i = \sum_{j=1}^{6}\left\{ (M_{ij}+m_{ij}(\infty))\ddot{x}_j + \int_{-\infty}^{t} L(t-\tau)\dot{x}_j(\tau)\mathrm{d}\tau + D_j(t) + (C_{ij}+K_{ij})x_{ij}\right\};$$
$$j = 1\sim 6$$

式中　M——船只重量；
　　　m——固定施加重力；
　　　L——推迟作用方程；
　　　D——锚固线和海基黏性所引致的阻尼力；
　　　C——恢复力系数；
　　　K——锚固拉力系数；
　　　F——受到的外力。

其中，推迟作用方程（L）和固定施加重力（m）根据下方方程计算：

$$L_{ij}(t) = \frac{2}{\pi}\int_0^{\infty} B_{ij}(\sigma)\cos\sigma t\,\mathrm{d}\sigma;$$
$$m_{ij}(\infty) = A_{ij}(\sigma) + \frac{1}{\sigma}\int_0^{\infty} L_{ij}(t)s\sigma t\,\mathrm{d}t$$

式中　A——在角频率 ω 上的施加重力；
　　　B——在角频率 ω 时的阻尼力系数。

阻尼力因锚固和海基黏性的迟滞性，所以不能用潜在定理计算。在此，使用 Kubo 方法（Kubo et al.，1980）计算，如下：

$$D_j(t) = a_j\dot{x}_j(t) + b_j\dot{x}_j(t)|\dot{x}_j(t)|;$$
$$a_j = \frac{4\alpha_j}{T_j}(M_{jj}+m_{jj}(\infty));$$
$$b_j = \frac{3\beta_i}{4}(M_{jj}+m_{jj}(\infty))$$

式中　T——锚固船只动作的自然频率；
　　　α 和 β——参照表 4-4。

阻尼力系数　　　　　　　　　　　　　　　　　　　　表 4-4

行为模式	α	β
前移	0.5	0.0
倾斜	1.0	0.0

风荷载则是另一个模型内计算的作用力。风速的时间连续性通过标准光谱进行计算校准。在此模型中，采用 Davenport 光谱（Davenport，1967）进行水平方向的风荷载计算。

根据以上设计手册内的环境系数以及数字模型结果，舾装构件在不同浮运情景中所采用的不同设计作用力及参数如表 4-5 所示。

管节浮运数字模型模拟结构　　　　　　　　　　　　表 4-5

情况	情景一	情景二	情景三	情景四
	浮运 （石澳至将军澳）	锚固 （临时寄泊点）	浮运 （将军澳至维多利亚港）	锚固 （维多利亚港）
海浪	$H_{1/3}=1.63m$; $T_{1/3}=6.3s$	$H_{1/3}=3.5m$; $T_{1/3}=6.6s$	$H_{1/3}=0.5m$; $T_{1/3}=3.0s$	$H_{1/3}=0.5m$; $T_{1/3}=3.0s$
风速（m/s）	10.0	28.0	10.0	10.0
水流速（节）	3.0	2.0	3.0	2.0
管节尺寸	长 156m×宽 18m×高 8.4m			
质量（t）	23025.6	23601.2	23601.2	23601.2
吃水深（m）	8.0	8.2	8.2	8.2
干舷值（m）	0.4	0.2	0.2	0.2
锚固连接方式	ϕ85mm 尼龙绳	ϕ73mm 有挡锚链	ϕ85mm 尼龙绳	ϕ71mm 和 ϕ67mm 钢索
最大移动	前移：2.9m	前移：10.8m	前移：2.6m	倾斜：1.3m
锚固拉力（kN）	157	1117	141	718
安全系数	5.0	3.0	5.0	3.0

5. 舾装构件设计结果

依据上述确定的环境参数以及模拟的作用力结果，得出各个舾装构件的设计应力如下：

1）系缆桩

在浮运过程中，四艘拖船将会从沉管管节面四个角的系缆桩拖拉管节移动。设计中，每个系缆桩的最大剪力为任意方向 500kN。

2）测量塔基座

测量塔将安装在管节的首尾两端管面上，并用钢索拉紧。在静水情况下，每个塔基的最大设计剪力为沿管节轴心 650kN，以及在管节横切方向上 30kN 剪力。同时，下沉重力为 450kN。在临时或短暂的极端情况下，沿管节轴心的最大设计剪力为 680kN，横切方向上的剪力为 50kN，同时向下的重力为 500kN。

3）人孔洞

人孔洞位于顶部管节面上，临时人孔底部为沉管管节的临时出入口。其设计的最大承受剪力为 50kN，适用于任意方向。

4）一类双导向滑轮组

用于辅助沉放及调整管节位置，配套的钢索需要抵抗环境荷载。在静水情况下，最大的设计钢索拉力为750kN；800kN瞬时状态极限的可承受拉力。同时，在静水情况下，导向滑轮组基座的设计最大剪力为沿管节轴线或垂直于轴线方向上750kN；800kN为瞬时状态的极限值。见图4-5。

　　5）二类双导向滑轮组

　　放置于管节面边缘，用于辅助固定钢索导向，仅允许最大10°的钢索摆动偏移。所以，20%的钢索拉力将被视为水平应力用于设计。在静水情况下，沿管节轴线的最大设计剪力为150kN；在瞬时状态极限情况下，则为160kN。见图4-6。

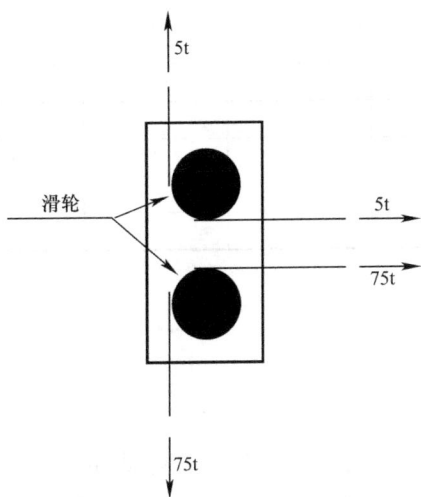

图4-5　一类双导向滑轮组布置图　　　图4-6　二类双导向滑轮组布置图

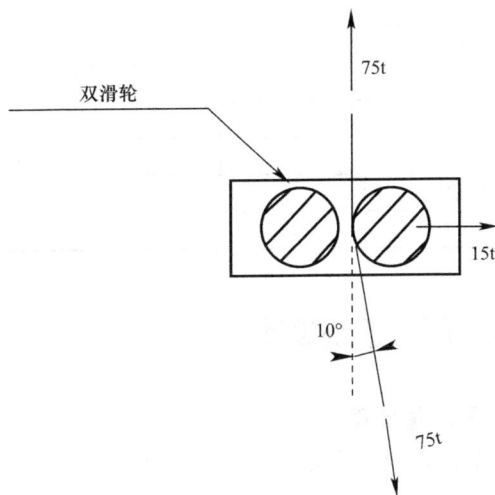

　　6）单导向滑轮

　　与双导向滑轮组相类似，导向轮的配套钢索需要承受并克服环境作用力。在静水情况下，最大的设计钢索拉力为750kN、800kN临时极限的可承受拉力。同时，在静水情况下，导向滑轮组基座的设计最大剪力为750kN，在沿管节轴线或垂直于轴线方向上的极限值则采用800kN。

　　7）锚点

　　与双导向滑轮组相类似，配套钢索需要承受并克服环境作用力。静水情况下，锚点的设计最大剪力为沿管节轴线方向上800kN；在瞬时状态下，则采用850kN为设计极限值。

　　8）吊驳的吊环

　　在沉放阶段，沉管管节需要通过吊驳控制，缓慢沉降至指定海床基槽位置。每个吊驳有2个吊环，共计4个。在静水情况下，管节顶面吊环的最大设计承受拉力为1000kN。在瞬时状态下，则采用2000kN为设计拉力。

　　9）导向梁和导向梁架

　　当管节沉放时，导向梁将帮助管节在水平轴上的移动和定位。导向梁与导向梁架设计的最大剪力为在与管节轴线垂直的方向上500kN。

　　10）液压千斤顶

　　两个液压千斤顶与配套连接套件需临时舾装于管节顶部，帮助管节在沉放至指定标高后拉合两段管节并压缩GINA止水带。其最大设计承受剪力为750kN，沿管节中线。

总结上述结果，所有舾装构件的设计参数如表 4-6 所示。

舾装构件设计参数总结 表 4-6

名称	静水状态（kN）			瞬时状态（kN）		
	F_x	F_y	F_z	F_x	F_y	F_z
测量塔座	±650	±30	−450	±680	±50	−500
人孔洞	任意方向 50kN 水平剪力					
系缆桩	任意方向 50kN 水平剪力					
一类双导向滑轮组	±750	±750		±800	±800	
二类双导向滑轮组	±150			±160		
单导向轮	±750	±750		±800	±800	
锚点	±750			±800		
吊驳吊环			1000			2000
导向梁架		±500				
千斤顶	±750					

4.2.2 压载系统设计

1. 干舷值计算

管节浮运时的干舷值要求为 200～400mm，过低会增加浮运阻力，降低浮运速度，加大沉没风险以及增加第二次舾装时工程人员管面作业的难度和风险；过高则意味着定倾高度的增加，影响管节稳定性，降低安全系数。同时，在沉管下沉时亦需要供给大体积的压载水，相对应所需的水箱体积也会增加。如要解决这一问题，可在干坞预制时事先检验实际混凝土密度，以针对性地控制管节内部压载混凝土数量来调适管节质量。同时，亦需要考虑海水密度的实时变化，一般在 9.96～10.06kN/m³ 浮动；以及潮位、浪高之间的实时变化。这些水文资料可以通过香港地区天文台公布的信息以及项目所收集的定时采样资料分析而得出。

根据香港地区地铁沙中线过海隧道项目的实际情况，管节浮运共分为三部分：石澳干坞预制场至将军澳湾临时寄泊点，将军澳湾临时寄泊点二次舾装，将军澳湾临时寄泊点浮运至维多利亚港隧址。以上三个步骤中，管节自重最重的情况为从将军澳湾至维多利亚港段，因为此时管节已装备上二次舾装构件准备沉放。所以，计算管节干舷值时采用此段进行计算。

以管节 E2 为例，

设计条件如下：

压载水箱高＝4.6m；

压载水位高＝4.0m（考虑管节斜度）；

干舷值要求≥0.2m（将军澳湾至维多利亚港）；

安全系数（沉放后，回填压载前）≥1.04；

安全系数（压载水箱拆除后，短暂状态）≥1.02；

钢筋混凝土密度（要求）23.61～24.39kN/m³（钢筋 160kg/m³）；

立方体抗压强度测试 45MPa；

设计情况 23.61～24.72kN/m³；

无钢筋混凝土密度 22.88～23.34kN/m³；

海水密度 9.96～10.06kN/m³；

于石澳时压载混凝土高度 0.40m；

于维多利亚港时铁轨下方压载混凝土高度 0.07m，如图 4-7 所示。

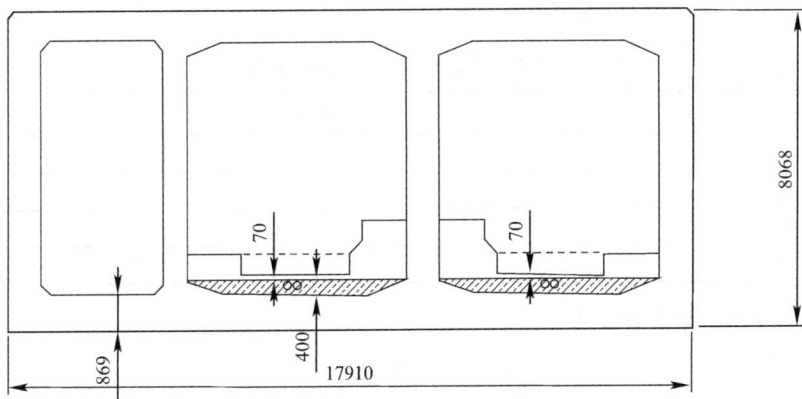

图 4-7　E2 和 E11 管节截面第一阶段（石澳至将军澳）压载混凝土示意图

其竣工图实际测量资料如下。管节实际竣工测量示意图见图 4-8，具体尺寸见表 4-7。

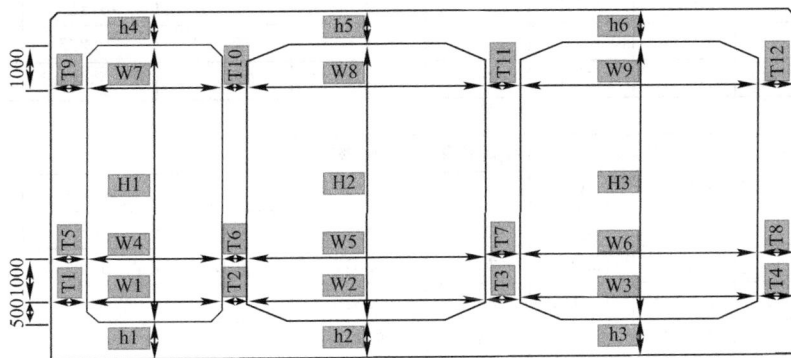

图 4-8　管节实际竣工测量示意图

管节 E2 实际竣工尺寸测量　　　　　　　　　　表 4-7

	设计尺寸	实际平均	差距	备注
底板厚度（h1、h2、h3）	850	846	−4	不包括 9mm 钢板
顶板厚度（h4、h5、h6）	752	762	10	不包括 8mm 壁凹
墙身 1（T1、T5、T9）	884	883	−1	包含 9mm 钢板
墙身 2（T2、T6、T10）	600	610	10	
墙身 3（T3、T7、T11）	800	802	2	
墙身 4（T4、T8、T12）	884	884	0	包含 9mm 钢板
内部空间 1（W1、W4、W7）	3200	3191	−9	
内部空间 2（W2、W5、W8）	5823	5821	−2	

续表

	设计尺寸	实际平均	差距	备注
内部空间3（W3、W6、W9）	5808	5803	-5	
内部空间4（H1、H2、H3）	6585	6597	12	包含8mm壁凹
总宽度	17999	17994	-5	包含9mm钢板
总高度	8187	8204	17	不包括9mm钢板

管节实际体积如表4-8所示。

管节 E2 实际竣工体积测量（m³） 表4-8

	设计体积	实际竣工体积	差距
第1仓	204.0		
第2~8仓	7660.0	7689.1	+29.1
第9仓	206		
总体积	8070	8099.1	+29.1

根据表4-9检查管节干舷值。

管节 E2 浮运干舷值计算 表4-9

永久性结构	X	Y	V	单位重量	W	$W \times X$	$W \times Y$
	m	m	m³	kN/m³	kN	kN·m	kN·m
钢筋混凝土	79.084	10.075	8099.1	24.27	196565.2	15545208	1980454
混凝土	79.280	9.946	269.4	22.54	6072.3	481410	60395
钢筋	79.280	9.946			2601.2	206226	25872
压载混凝土（石澳）	83.852	7.222	372.0	22.54	8384.0	703013	60549

	实际长度	实际体积	实际密度				
压载水	X	Y	V	单位重量	W	$W \times X$	$W \times Y$
	m	m	m³	kN/m³	kN	kN·m	kN·m
通风管（VD05）	19.424	16.018	20.5	9.810	201.2	3908	3223
通风管（VD06）	39.424	16.191	20.5	9.810	201.2	7932	3258
通风管（VD07）	59.423	16.363	18.0	9.810	176.1	10464	2881
通风管（VD08）	98.287	16.701	18.0	9.810	176.1	17307	2941
通风管（VD09）	118.289	16.848	18.0	9.810	176.1	20829	2967
通风管（VD10）	138.289	16.783	15.4	9.810	151.0	20878	2534
下行管（DT01）	28.375	4.425	40.3	9.810	395.5	11222	1750
下行管（DT02）	50.874	4.619	39.0	9.810	382.7	19471	1768
下行管（DT03）	107.498	5.061	40.7	9.810	398.8	42875	2019
下行管（DT04）	130.011	4.974	39.3	9.810	386.0	50182	1920

舾装构件	X	Y	W	$W \times X$	$W \times Y$
	m	m	kN	kN·m	kN·m
端封门（铜锣湾）	1.581	9.384	250	395	2346
端封门（红磡）	156.397	9.672	250	39099	2418

续表

舾装构件	X	Y	W	W×X	W×Y
	m	m	kN	kN·m	kN·m
人孔管（铜锣湾）	21.056	10.257	50	1053	513
人孔管（红磡）	136.870	7.795		0	0
吊驳（铜锣湾）	40.100	9.716		0	0
吊驳（红磡）	117.976	10.302		0	0
构件	79.280	9.946	17	1386	174
压载水箱1、2、3	79.280	9.946	200	15856	1989
压载水箱4、5、6	79.280	9.946	200	15856	1989
压载水箱7、8	79.280	9.946	200	15856	1989
压载水箱9、10	79.280	9.946	200	15856	1989
预埋构件	79.280	9.946	229	18167	2279

总计	217864	17264451	2168216
COG（X，Y）		79.244	9.952
COB（X，Y）		79.280	9.946
差		−0.036	0.006

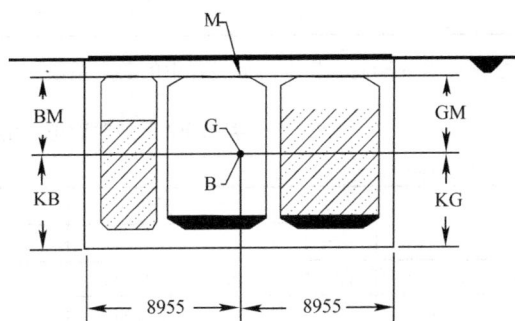

		单位	
沉管管节	L	m	156.00
	B	m	17.810
	H	m	8.237
	W	kN	217863.99
海水	ρ	kN/m³	9.987
干舷值	H	m	0.42
吃水	d	m	7.82
水面面积	A	m²	2789.80
吃水体积	∇	m³	21815.68
浮力		kN	217863.99
X-轴	I_x	m⁴	86506
	BM	m	3.97
	KB	m	3.91
	KG	m	4.12
	GM	m	3.76
Y-轴	I_y	m⁴	5633395
	BM	m	258.23
	KB	m	2.06
	KG	m	4.12
	GM	m	256.17

续表

P	h	M
217864	0.006153	1340.59227
217864	−0.036	−7806.1786

干舷值计算（m）

$\tan\theta$	首仓	中仓	尾仓	
0.00164	0.74		0.41	西
$\tan\theta$	0.77		0.44	东
−0.000140	平均		0.59	

干舷值测量（m）

	首仓	中仓	尾仓	
	0.74		0.41	西
	0.78		0.44	东
	平均		0.59	

$$BM = I/\nabla$$
$$M = P \times h$$
$$\tan\theta = M/(W \times GM)$$

干舷值验算完毕后，检查沉放过程中的安全系数。

管节 E2 沉放时对浮力的安全系数验算　　　　　表 4-10

Permanent Structure

	X	Y	V	UNIT WEIGHT	W	$W \times X$	$W \times Y$
	m	m	m³	kN/m³	kN	kN·m	kN·m
Reinforced Concrete	79.041	10.063	8070.0	23.61	1905318	15059820	1917265
Screed concrete	79.280	9.946	209.2	22.88	47873	379539	47614
Steel	79.280	9.946	0.0		15157	120168	15075

Ballast concrete（Up Truck）

	X	Y	V	UNIT WEIGHT	W	$W \times X$	$W \times Y$
	m	m	m³	kN/m³	kN	kN·m	kN·m
Bay2（$t=400$mm）	15.160	10.891	0.000	22.88	0.0	0	0
Bay3（$t=400$mm）	36.445	11.074	0.000	22.88	0.0	0	0
Bay4（$t=400$mm）	57.730	11.258	40.699	22.88	931.2	53758	10483
Bay5（$t=400$mm）	79.016	11.441	40.699	22.88	931.2	73579	10654
Bay6s（$t=400$mm）	94.979	11.579	20.349	22.88	465.6	44222	5391
Bay6n（$t=400$mm）	105.639	11.661	20.483	22.88	468.6	49507	5465
Bay7s（$t=400$mm）	116.288	11.714	20.741	22.88	474.5	55184	5559
Bay7n（$t=400$mm）	126.931	11.709	20.974	22.88	479.9	60912	5619
Bay8s（$t=400$mm）	137.572	11.617	2.000	22.88	45.8	6295	532
Bay8n（$t=400$mm）	148.212	11.405	0.000	22.88	0.0	0	0

Ballast concrete（Down Truck）

	X	Y	V	UNIT WEIGHT	W	$W \times X$	$W \times Y$
	m	m	m³	kN/m³	kN	kN·m	kN·m
Bay2（$t=400$mm）	15.217	4.311	30.000	22.88	686.4	10445	2959
Bay3（$t=400$mm）	36.502	4.495	40.699	22.88	931.2	33991	4185

	X	Y	V	UNIT WEIGHT	W	W×X	W×Y
	m	m	m³	kN/m³	kN	kN·m	kN·m
Bay4 (t=400mm)	57.787	4.678	40.699	22.88	931.2	53810	4356
Bay5 (t=400mm)	79.073	4.862	0.000	22.88	0.0	0	0
Bay6s (t=400mm)	95.035	4.999	20.349	22.88	465.6	44248	2328
Bay6n (t=400mm)	105.701	5.062	20.384	22.88	466.4	49298	2361
Bay7s (t=400mm)	116.325	5.071	20.741	22.88	474.5	55201	2406
Bay7n (t=400mm)	126.923	5.018	20.974	22.88	479.9	60908	2408
Bay8s (t=400mm)	137.498	4.876	21.242	22.88	486.0	66827	2370
Bay8n (t=400mm)	148.051	4.638	10.000	22.88	228.8	33874	1061

Ballast Water

	X	Y	V	UNIT WEIGHT	W	W×X	W×Y
	m	m	m³	kN/m³	kN	kN·m	kN·m
Vent (CBTS)	39.424	16.191	572.250	9.96	5699.6	224701	92282
Vent (HUH)	118.223	16.781	572.250	9.96	5699.6	673825	95645
Down Track (CBTS)	39.624	4.552	838.100	9.96	8347.5	330760	37998
Down Track (HUH)	118.819	5.009	845.133	9.96	8417.5	1000161	42163

	X	Y	V	UNIT WEIGHT	W	W×X	W×Y
	m	m	m³	kN/m³	kN	kN·m	kN·m
Bulkhead (CBTS)	1.581	9.384			250	395	2346
Bulkhead (HUH)	156.397	9.672			250	39099	2418
Tower (CBTS)	21.056	10.257			600	12634	6154
Tower (HUH)	136.870	7.795			600	82122	4677
Pontoon (CBTS)	40.100	9.716				0	0
Pontoon (HUH)	117.976	10.302				0	0
Fittings	79.280	9.946			300	23784	2984
Others	79.280	9.946			1000	79280	9946

合计	236946	18778347	2344705
COG (X, Y)		79.252	9.896
COB (X, Y)		79.280	9.946
差		−0.029	−0.050

FOS Check

		Unit	
IMMUSED TUBE	L	m	156.00
	B	m	17.91
	H	m	8.26
	W	kN	236.946
SEA WATER	ρ	kN/m³	10.06
DISPLACEMENT	∇	m²	23.253
BOUYANCY	U	kN	233.924
FOS	W/U		1.013
Weight			3.022

Battast Votume

	B	H	A	L	V
	m	m	m²	m	m³
Vent(CBTS)	3.200	3.000	9.6	60	576.00
	0.250	0.250	−0.0625	60	−3.75
Vent(HUH)	3.200	3.000	9.6	60	576.00
	0.250	0.250	−0.0625	60	−3.75
Down Track(CBTS)	5.780	2.900	16.762	50	838.10
Down Track(HUH)	5.829	2.900	16.90265	50	845.13

总计	2827.73m³

管节沉放后，因上方回填土方尚未回填，所以需要增加压舱水，压载安全系数需达到或超过 1.04。具体验算过程如表 4-11 所示。

管节 E2 沉放后对浮力的安全系数　　　　　　　　　　表 4-11

Permanent Structure

	X	Y	V	UNIT WEIGHT	W	$W \times X$	$W \times Y$
	m	m	m³	kN/m³	kN	kN·m	kN·m
Reinforced Concrete	79.041	10.063	8070.0	23.61	190531.8	15059820	1917.265
Screed concrete	79.280	9.946	209.2	22.88	4787.3	379539	47614
Steel	79.280	9.946	0.0		1515.7	120168	15075

Ballast concrete (Up Truck)

	X	Y	V	UNIT WEIGHT	W	$W \times X$	$W \times Y$
	m	m	m³	kN/m³	kN	kN·m	kN·m
Bay2 ($t=400$mm)	15.160	10.891	0.000	22.88	0.0	0	0
Bay3 ($t=400$mm)	36.445	11.074	0.000	22.88	0.0	0	0
Bay4 ($t=400$mm)	57.730	11.258	40.699	22.88	931.2	53758	10483
Bay5 ($t=400$mm)	79.016	11.441	40.699	22.88	931.2	73579	10654
Bay6s ($t=400$mm)	94.979	11.579	20.349	22.88	465.6	44222	5391
Bay6n ($t=400$mm)	105.639	11.661	20.483	22.88	468.6	49507	5465
Bay7s ($t=400$mm)	116.288	11.714	20.741	22.88	474.5	55184	5559
Bay7n ($t=400$mm)	126.931	11.709	20.974	22.88	479.9	60912	5619
Bay8s ($t=400$mm)	137.572	11.617	2.000	22.88	45.8	6295	532
Bay8n ($t=400$mm)	148.212	11.405	0.000	22.88	0.0	0	0

Ballast concrete (Down Truck)

	X	Y	V	UNIT WEIGHT	W	$W \times X$	$W \times Y$
	m	m	m³	kN/m³	kN	kN·m	kN·m
Bay2 ($t=400$mm)	15.217	4.311	30.000	22.88	686.4	10445	2959
Bay3 ($t=400$mm)	36.502	4.495	40.699	22.88	931.2	33991	4185
Bay4 ($t=400$mm)	57.787	4.678	40.699	22.88	931.2	53810	4356
Bay5 ($t=400$mm)	79.073	4.862	0.000	22.88	0.0	0	0
Bay6s ($t=400$mm)	95.035	4.999	20.349	22.88	465.6	44248	2328
Bay6n ($t=400$mm)	105.701	5.062	20.384	22.88	466.4	49298	2361
Bay7s ($t=400$mm)	116.325	5.071	20.741	22.88	474.5	55201	2406
Bay7n ($t=400$mm)	126.923	5.018	20.974	22.88	479.9	60908	2408
Bay8s ($t=400$mm)	137.498	4.876	21.242	22.88	486.0	66827	2370
Bay8n ($t=400$mm)	148.051	4.638	10.000	22.88	228.8	33874	1061

Ballast Water

	X	Y	V	UNIT WEIGHT	W	$W \times X$	$W \times Y$
	m	m	m³	kN/m³	kN	kN·m	kN·m
Vent (CBTS)	39.424	16.191	764.3	9.96	7611.9	300093	123245

续表

Ballast Water

	X	Y	V	UNIT WEIGHT	W	W×X	W×Y
	m	m	m³	kN/m³	kN	kN·m	kN·m
Vent（HUH）	118.223	16.781	764.3	9.96	7611.9	899905	127736
Down Track（CBTS）	39.624	4.552	1156.0	9.96	11513.8	456221	52411
Down Track（HUH）	118.819	5.009	1165.7	9.96	11610.4	1379533	58156
Bulkhead（CBTS）	1.581	9.384			250	395	2346
Bulkhead（HUH）	156.397	9.672			250	39099	2418
Tower（CBTS）	21.056	10.257				0	0
Tower（HUH）	136.870	7.795				0	0
Pontoon（CBTS）	40.100	9.716				0	0
Pontoon（HUH）	117.976	10.302				0	0
Fittings	79.280	9.946				0	0
Others	79.280	9.946			1000	79280	9946

合计		245630	19466111	2424349
COG（X，Y）		79.250	9.870	
COB（X，Y）		79.280	9.946	
差		−0.031	−0.076	

FOS Check

		Unit	
IMMUSED TUBE	L	m	156.00
	B	m	17.91
	H	m	8.26
	W	kN	245.630
SEA WATER	ρ	kN/m³	10.06
DISPLACEMENT	▽	m³	23.231
BOUYANCY	U	kN	233.703
FOS	W/U		1.051

Ballast Volume

	B	H	A	L	V
	m	m	m²	m	m³
Vent（CBTS）	3.200	4.000	12.8	60	768.00
	0.250	0.250	−0.0625	60	−3.75
Vent（HUH）	3.200	4.000	12.8	60	768.00
	0.250	0.250	−0.0625	60	−3.75
Down Track（CBTS）	5.780	4.000	23.12	50	1156.00
Down Track（HUH）	5.829	4.000	23.314	50	1165.70

合计　　　3850.20m³

综上所述，管节 E2 的浮运干舷值，沉放过程中压载水箱水位，以及沉放后对浮力的安全系数均符合设计要求，具体细节如表 4-12 所示。管节 E2 计算干舷值示意图见图 4-9。

管节 E2 浮运设计综述　　　　　　　　　表 4-12

	管节 E2	设计要求		备注
干舷值 （从将军澳湾至维多利亚港）	0.27m	>0.20m	合格	表 4-9
重量（沉放时）	3092kN	>2943kN	合格	表 4-10
安全系数（沉放后）	1.045	>1.04	合格	表 4-11

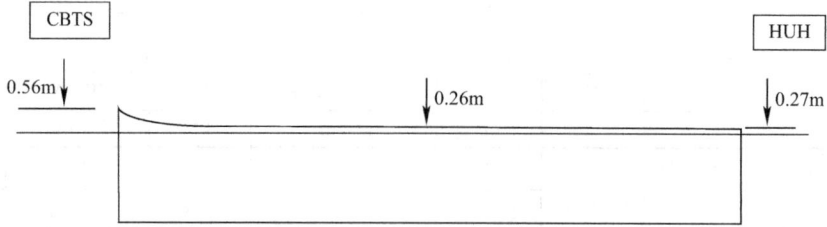

图 4-9　管节 E2 计算干舷值示意图

2. 管节内压载水箱设计及沉放时安全系数验算

沉管管节的起浮和沉放主要依靠管节内的压载系统调节自身重量，以达到沉放和起浮的目的。一般管节内（E1~E10）共有 10 个压载水箱，分别安装于通风管（6 个）和下行通道（4 个）中。管节 E11 因长度较短、质量较轻，故只有 8 个压载水箱，在下行通道和通风管中各 4 个。

压载水箱的尺寸如表 4-13 所示，压载水箱布置图见图 4-10。

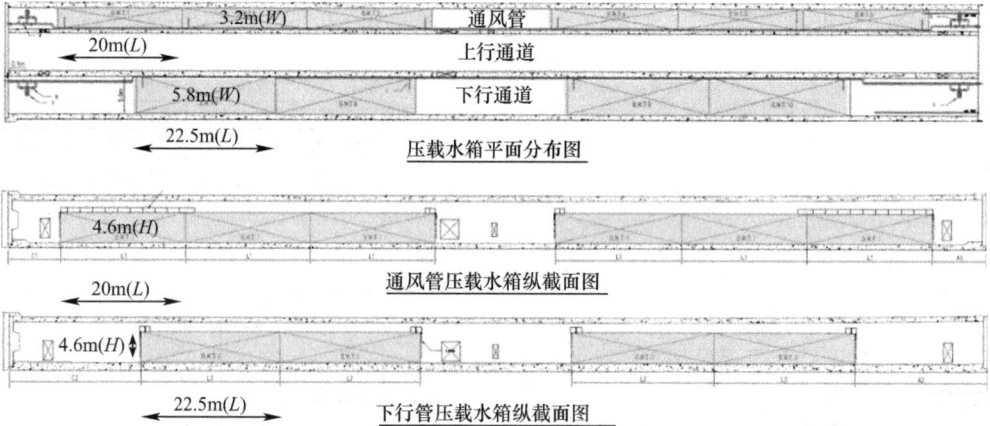

图 4-10　压载水箱布置图

压载水箱尺寸　　　　　　　　　　　　　　　　　　　　　表 4-13

| IMT No. | B. W. T. I | | | | | B. W. T. II | | | | |
	QTY.	L1(m)	B11(m)	B12(m)	A1(m)	C1(m)	QTY.	L2(m)	B21(m)	B22(m)	A2(m)	C2(m)
E1	6	20	3.2	3.2	8.5	8.6	4	22.5	5.98	5.98	11.8	11.3
E2	6	20	3.2	3.2	8.8	8.4	4	22.5	5.928	5.78	15.4	16
E3	6	20	3.2	3.2	8.5	8.4	4	22.5	5.78	5.78	21	21
E4	6	20	3.2	3.2	8.4	8.5	4	22.5	5.78	5.78	16	16
E5	6	20	3.2	3.2	8.4	8.4	4	22.5	5.78	5.78	25.5	25.5
E6	6	20	3.2	3.2	8.4	8.4	4	22.5	5.78	5.78	16	16
E7	6	20	3.2	3.2	8.4	8.4	4	22.5	5.78	5.78	21	21
E8	6	20	3.2	3.2	8.4	8.4	4	22.5	5.78	5.78	21	21

IMT No.	B.W.T. I					B.W.T. II				
	QTY.	L1(m)	B11(m)	B12(m)	A1(m)	C1(m)	QTY.	L2(m)	B21(m)	B22(m)	A2(m)	C2(m)
E9	6	20	3.2	3.2	7.9	12.7	4	22.5	5.78	5.78	19	18.5
E10	6	20	3.2	3.2	8.9	7.2	4	22.5	5.883	6.147	19	16.5
E11	4	20	15	3.2	3.2	8.5	8	4	20	15	6.147	6.147	8.5	8

压载水箱因位于管节内部，需要在管节结构建造完成后方可进行安装，考虑建造方便的原因，设计采用钢结构。所有管材于加工厂完成加工至指定尺寸，并吊入管节口再运输至安装位置，连接均采用焊接或膨胀螺栓的方式。水箱内，需要安装防水隔料布袋储存压载水。隔料布水袋的要求尺寸如表 4-14 所示。

防水隔料布水袋尺寸 表 4-14

管节	一类压载水箱				二类压载水箱			
	数目	长（m）	宽（m）	高（m）	数目	长（m）	宽（m）	高（m）
1	6	20.5	3.3	4.6	4	23	6	4.6
2	6	20.5	3.3	4.6	4	23	6	4.6
3	6	20.5	3.3	4.6	4	23	6	4.6
4	6	20.5	3.3	4.6	4	23	6	4.6
5	6	20.5	3.3	4.6	4	23	6	4.6
6	6	20.5	3.3	4.6	4	23	6	4.6
7	6	20.5	3.3	4.6	4	23	6	4.6
8	6	20.5	3.3	4.6	4	23	6	4.6
9	5	20.5	3.3	4.6	4	23	6	4.6
	1	21	3.3	4.6				
10	6	20.5	3.3	4.6	4	23	6.3	4.6
11	4	20.5	3.3	4.6	4	23	6.3	4.6

防水隔料布水袋的设计厚度为 0.6mm，但是所选材料最终仍需现场试压载效果而确定。如单层隔料布实际效果不如预期，则建议使用双层水袋，并且对管节内墙体进行打磨磨平，防止尖锐凸起穿透水袋。

管节沉放时，亦需要操作压载系统，调整管节自重，以达到管节下沉至指定深度的目的。管节沉放大致分为 7 个步骤，一般管节的各个沉放步骤的示意图及压载系统的相关数据均如图 4-11 所示。

以上浮力安全系数计算已列于下方，以沉管 E2 沉放第三步计算为例。管节截面示意图见图 4-12，计算安全系数过程见表 4-15。

第 3 步（管节下沉，重新验算压载水位）：

管节 E2 沉放第 3 步

管节E2沉放时压载步骤

水箱编号	GINA (V.D.05 V.D.06 V.D.07 / V.D.08 V.D.09 V.D.10 / bay9) · D.T.01 D.T.02 / D.T.03 D.T.04	干舷值 (m)	吊驳A吃水 (m)	吊驳B吃水 (m)	压载水体积 (m³)	水下重量 (kN)	安全系数	备注	步骤示意图
第零步：初始状态	bay1 OPEN OPEN OPEN / OPEN OPEN OPEN bay9 (0.34 0.34 0.30 / 0.30 0.30 0.26); D.T.01 OPEN OPEN / OPEN OPEN (bay1 0.31 0.30 / bay9 0.31 0.30)	0.42	—	—	270	—	—	浮运状态(将军澳湾至维多利亚港)	
第一步：南端压水，北端压水不变	bay1 OPEN OPEN OPEN / OPEN OPEN OPEN bay9 (0.80 0.80 0.80 / 0.80 0.80 0.80); D.T OPEN OPEN / OPEN OPEN (bay1 0.80 0.80 / bay9 0.80 0.80)	0.25	—	—	718	—	—		
第二步：南端下沉，北端压水	bay1 CLOSE CLOSE CLOSE / OPEN OPEN OPEN bay9 (1.70 1.70 1.70 / 0.80 0.80 0.80); D.T CLOSE CLOSE / CLOSE CLOSE (bay1 1.70 / bay9 1.70)	—	—	—	1125	—	—		
第三步：北端下沉，重新计算压载	bay1 CLOSE CLOSE CLOSE / CLOSE CLOSE CLOSE bay9 (1.70 1.70 1.70 / 1.90 1.90 1.60); D.T CLOSE CLOSE / CLOSE CLOSE (bay1 1.70 / bay9 1.60)	—	1.0	1.0	1546	1297	—	检查吊驳干舷值并重新计算所需沉放的压载水体积	
第四步：持续压载至最终水位	bay1 CLOSE CLOSE CLOSE / CLOSE CLOSE CLOSE bay9 (1.90 1.90 1.90 / 2.10 2.10 1.80); D.T CLOSE CLOSE / CLOSE CLOSE (bay1 1.90 / bay9 1.80)	—	1.5	1.5	1727	3102	—	调整最终压载水位	
第五步：管节沉放至指定槽深度	bay1 CLOSE CLOSE CLOSE / CLOSE CLOSE CLOSE bay9 (1.90 1.90 1.90 / 2.10 2.10 1.80); D.T CLOSE CLOSE / CLOSE CLOSE (bay1 1.90 / bay9 1.80)	—	1.5	1.5	1727	3102	1013		
第六步：沉放后计算管节压载	bay1 CLOSE CLOSE CLOSE / CLOSE CLOSE CLOSE bay9 (3.20 3.20 3.20 / 3.20 3.20 3.20); D.T CLOSE CLOSE / CLOSE CLOSE (bay1 3.20 / bay9 3.20)	—	—	—	2893	10157	1043	沉放后	

水密度	
海水(运行中)	1.015
海水(沉放后)	1.025
压载水箱水	1.015

图4-11 沉管E2沉放时压载步骤

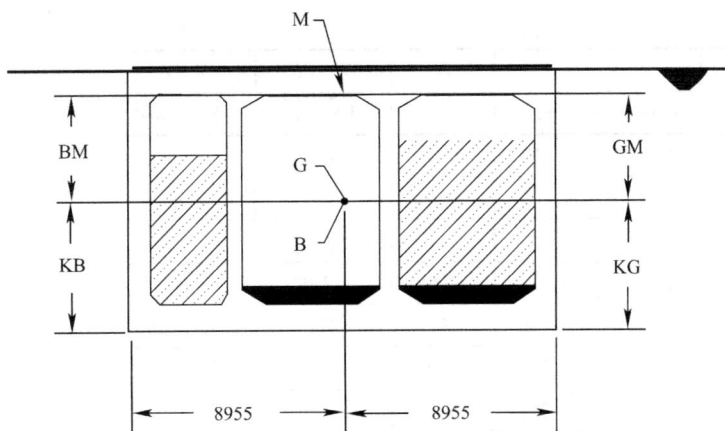

图 4-12 管节截面示意图

浮力安全系数计算表　　　　　　　　　　　　表 4-15

永久性结构	X	Y	V	单位重量	W	$W \times X$	$W \times Y$
	m	m	m³	kN/m³	kN	kN·m	kN·m
钢筋混凝土	79.084	10.075	8099.1	24.27	196565.2	15545208	1980454
混凝土	79.280	9.946	269.4	22.54	6072.3	481410	60395
钢筋混凝土	79.280	9.946			2601.2	206226	25872
压载混凝土（石澳）	83.852	7.222	372.0	22.54	8384.0	703013	60549

压载水箱	实际长度	实际体积	实际密度				
	X	Y	V	单位重量	W	$W \times X$	$W \times Y$
	m	m	m³	kN/m³	kN	kN·m	kN·m
通风管（VD05）	19.424	16.018	107.6	9.957	1070.9	20801	17154
通风管（VD06）	39.424	16.191	107.6	9.957	1070.9	42219	17339
通风管（VD07）	59.423	16.363	107.6	9.957	1070.9	63636	17523
通风管（VD08）	98.287	16.701	120.4	9.957	1198.3	117782	20014
通风管（VD09）	118.289	16.848	120.4	9.957	1198.3	141751	20190
通风管（VD10）	138.289	16.783	120.4	9.957	1198.3	165718	20112
下行管道（DT01）	28.375	4.425	221.1	9.957	2201.4	62464	9741
下行管道（DT02）	50.874	4.619	221.1	9.957	2201.4	111993	10168
下行管道（DT03）	107.498	5.061	209.8	9.957	2089.4	224612	10575
下行管道（DT04）	130.011	4.974	209.8	9.957	2089.4	271651	10393

构件

舾装构件	X	Y	W	$W \times X$	$W \times Y$
	m	m	kN	kN·m	kN·m
端封门（铜锣湾）	1.581	9.384	250	395	2346
端封门（红磡）	156.397	9.672	250	39099	2418

续表

舾装构件	X	Y	W	W×X	W×Y
	m	m	kN	kN·m	kN·m
人孔管（铜锣湾）	21.056	10.257	700	14739	7180
人孔管（红磡）	136.870	7.795	650	88966	5067
吊驳（铜锣湾）	40.100	9.716	1380	55338	13408
吊驳（红磡）	117.976	10.302	1380	162807	14217
构件	79.280	9.946	209	16548	2076
压载水箱1、2、3	79.280	9.946	200	15856	1989
压载水箱4、5、6	79.280	9.946	200	15856	1989
压载水箱7、8	79.280	9.946	200	15856	1989
压载水箱9、10	79.280	9.946	200	15856	1989
预埋构件	79.280	9.946	229	18167	2279

总计	234860	18617964	2337424
COG(X，Y)		79.273	9.952
COB(X，Y)		79.280	9.946
差		−0.007	0.006

压载水位

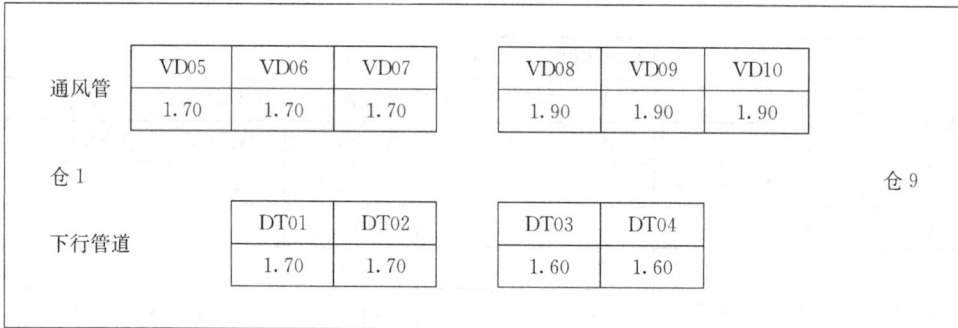

通风管	VD05	VD06	VD07
	1.70	1.70	1.70

VD08	VD09	VD10
1.90	1.90	1.90

仓1

下行管道

	DT01	DT02
	1.70	1.70

DT03	DT04
1.60	1.60

仓9

总计　　1545.6

沉管管节		单位	
	L	m	156.00
	B	m	17.810
	H	m	8.237
	W	kN	234859.86
海水	ρ	kN/m³	9.957
干舷值	H	m	0.00
吃水	d	m	8.24
水面面积	A	m²	2789.80
位移	∇	m³	23179.58
浮力		kN	230802.58

续表

		单位	
X-轴	I_x	m⁴	86506
	BM	m	3.73
	KB	m	4.12
	KG	m	4.12
	GM	m	3.73
Y-轴	I_y	m⁴	5633395
	BM	m	243.03
	KB	m	2.06
	KG	m	4.12
	GM	m	240.97

P	h	M
234860	0.006420	1507.75263
234860	−0.007	−1726.2574

$$BM = I/\nabla$$
$$M = P \times h$$
$$\tan\theta = M/(W \times GM)$$

干舷值计算

tanθ
0.00172

tanθ
−0.000031

仓1	中	仓9	
			西
			东

平均

安全系数

安全系数	W'(kN)
1.018	4057

以上述至此，一般管节在沉放时压载系统的操作已经全部验算符合要求的安全系数。

3. 曲线段管节与直线段管节的对比

除一般直线段管节之外，因项目整体设计原因，另有四条曲线段管节（E1、E2、E10 和 E11）。因管节本身弯曲，所以沉放压载时，需要额外考虑管节本身轴线偏移对自重力分布所带来的影响，进而在压载水位计算时进行调整。取管节 E11 为例，因其弯曲最显著，且管节内压载系统最为特殊，下行通道和通风管内的水箱在沉放时具体步骤如图 4-13 所示，其浮力安全系数计算见表 4-16。

第 0 步：（初始情况，南北两端同时压载。）（同前面一样，大幅修改此类表达方法）

沉放（第 0 步）

管节E11压载步骤(沉放)

压载水箱编号	bay1	V.D.04 D.T.01	V.D.05 D.T.02	V.D.06 D.T.03	V.D.07 D.T.04	GINA bay9	管节干舷值（m）	吊驳A吃水(m)	吊驳B吃水(m)	压载水体积(m³)	水下重量(kN)	安全系数	备注	步骤示意图
第0步	bay1	0.3 OPEN OPEN 0.3	0.3 OPEN OPEN 0.3	0.3 OPEN OPEN 0.3	0.3 OPEN OPEN 0.3	bay9	0.31	—	—	192	—	—		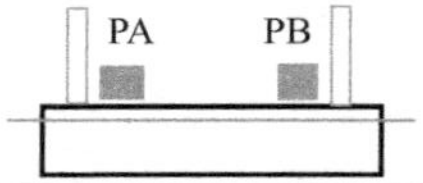
第1步	bay1	1.2 OPEN OPEN 0.7	1.2 OPEN OPEN 0.7	1.2 CLOSE CLOSE 0.7	1.2 CLOSE CLOSE 0.7	bay9	0.09	—	—	566	—	—		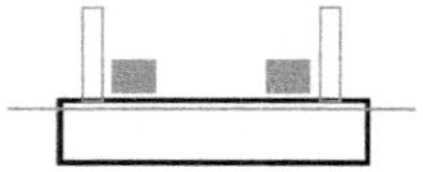
第2步	bay1	2.7 CLOSE CLOSE 1.4	2.7 CLOSE CLOSE 1.4	1.2 OPEN OPEN 0.7	1.2 OPEN OPEN 0.7	bay9	—	—	—	930	—	—		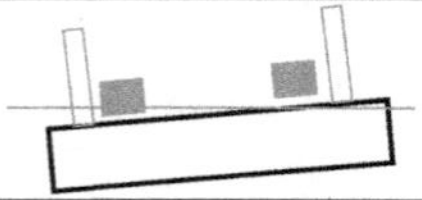
第3步	bay1	2.7 CLOSE CLOSE 1.4	2.7 CLOSE CLOSE 1.4	2.6 CLOSE CLOSE 1.7	2.6 CLOSE CLOSE 1.7	bay9	—	1.1	1.1	1249	1751	—	检查吊驳干舷值并重新计算沉放时所需的压载水体积	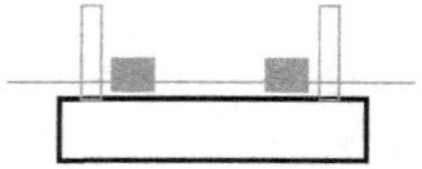
第4步	bay1	2.9 CLOSE CLOSE 1.6	2.9 CLOSE CLOSE 1.6	2.8 CLOSE CLOSE 1.9	2.8 CLOSE CLOSE 1.9	bay9	—	1.5	1.5	1379	3054	—	调整最终压载水箱水位	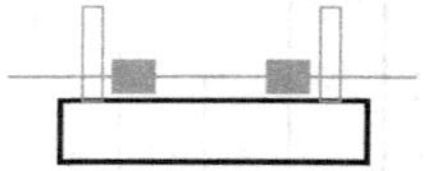
第5步	bay1	2.9 CLOSE CLOSE 1.6	2.9 CLOSE CLOSE 1.6	2.8 CLOSE CLOSE 1.9	2.8 CLOSE CLOSE 1.9	bay9	—	1.5	1.5	1379	3054	1020		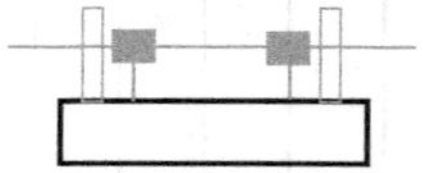
第6步	bay1	3.5 CLOSE CLOSE 3.5	3.5 CLOSE CLOSE 3.5	3.5 CLOSE CLOSE 3.5	3.5 CLOSE CLOSE 3.5	bay9	—	—	—	2286	8989	1058	沉放后	

水密度			
	海水	运行(第1~5步)	1.015
		沉放后(第6步)	1.025
	压载水	运行(第1~5步)	1.015
		沉放后(第6步)	1.015

图4-13 管节E11沉放压载步骤

E11 浮力安全系数计算表　　　　　　　　　　　表 4-16

永久性结构	X	Y	V	单位重量	W	$W \times X$	$W \times Y$
	m	m	m³	kN/m³	kN	kN·m	kN·m
钢筋混凝土	51.070	10.502	5313.80	24.05	127796.9	6526587	1342123
混凝土	51.002	10.329	178.29	22.54	4018.7	204962	41509
钢筋混凝土	51.002	10.329			2611.7	133202	26976
压载混凝土（石澳）	52.950	4.906	181.55	22.54	4092.0	216673	20075

压载水箱	实际长度						
	实际长度		实际体积	实际密度			
	X	Y	V	单位重量	W	$W \times X$	$W \times Y$
	m	m	m³	kN/m³	kN	kN·m	kN·m
通风管（BWT1）	19.285	17.165	18.0	9.957	178.7	3447	3068
通风管（BWT2）	39.262	16.133	18.0	9.957	178.7	7017	2883
通风管（BWT3）	69.439	16.514	13.5	9.957	134.0	9308	2214
通风管（BWT4）	84.386	17.642	13.5	9.957	134.0	11312	2365
下行管（BWT5）	14.440	5.495	36.9	9.957	367.2	5303	2018
下行管（BWT6）	34.345	4.212	36.9	9.957	367.2	12613	1547
下行管（BWT7）	71.125	4.533	27.7	9.957	275.4	19590	1249
下行管（BWT8）	86.111	5.697	27.7	9.957	275.4	23718	1569

舾装构件	X	Y	W	$W \times X$	$W \times Y$
	m	m	kN	kN·m	kN·m
端封门（铜锣湾）	1.377	12.529	250	344	3,132
端封门（红磡）	101.245	12.816	250	25311	3204
测量塔（铜锣湾）	18.587	12.657	700	13011	8860
测量塔（红磡）	88.731	7.439	650	57675	4835
吊驳（铜锣湾）	26.854	10.099	1380	37059	13937
吊驳（红磡）	74.084	9.991	1380	102236	13788
构件	51.002	10.329	237	12082	2447
压载水箱 1、2	51.002	10.329	160	8160	1653
压载水箱 3、4	51.002	10.329	160	8160	1653
压载水箱 5、6	51.002	10.329	200	10200	2066
压载水箱 9、10	51.002	10.329	200	10200	2066
预埋构件	51.002	10.329	361	18409	3728

总计	146358	7476579	1508964
COG(X, Y)		51.084	10.310
COB(X, Y)		51.002	10.329
差		0.082	−0.019

压载水位

通风管	BWT1	BWT2		BWT3	BWT4
	0.30	0.30		0.30	0.30

仓 1   仓 7

下行管	BWT5	BWT6		BWT7	BWT8
	0.30	0.30		0.30	0.30

总计   191.9

		单位	
沉管管节	L	m	100.400
	B	m	18.470
	H	m	8.261
	W	kN	150079.19
海水	ρ	kN/m³	9.957
干舷值	H	m	0.09
吃水	d	m	8.17
水面面积	A	m²	1843.89
位移	∇	m³	15072.50
浮力		kN	150079.19
X-轴	I_x	m⁴	54325
	BM	m	3.60
	KB	m	4.09
	KG	m	4.13
	GM	m	3.56
Y-轴	I_y	m⁴	1525117
	BM	m	101.19
	KB	m	2.07
	KG	m	4.13
	GM	m	99.12

P	h	M
146358	−0.018916	−2768.4582
146358	0.082	12026.0327

$I = LB^8/12$
$BM = I/\nabla$
$M = P \times h$
$\tan\theta = M/(W \times GM)$

干舷值计算

$\tan\theta$
−0.005

仓 1	中	仓 7	
0.39		0.33	西

$\tan\theta$
0.001

0.31		0.22	东
平均：		0.31	

安全系数

安全系数	W'(kN)
1.000	0

4.2.3 浮运防护设计

1. GINA 止水带防撞保护罩安装

GINA 止水带顶端在浮运过程中会暴露于水面之上，为防止海面漂浮物对 GINA 止水带造成碰撞破损，故此于管节面顶部安装防撞保护罩（图 4-14）。防护罩罩面采用 S275 的 10mm 厚钢板，主体结构部位则采用 S355 的钢板作为加强。

2. GINA 止水带防海洋微生物处理设计及使用

为防止 GINA 橡胶止水带及管节表面钢板在水下时被海洋微生物或有机物附着而导致对管节的沉放和拉合造成影响，管节面止水带和钢板须涂抹防微生物涂料（BIOX）。见图 4-15。此涂料环氧树脂为底漆、氟碳树脂为面漆，表面能低，吸水率低，可以有效弹开附着的蛋白质和海洋有机物；同时，因涂料表面的弹性较低，所以海洋有机物会从变形的涂料表面中轻易脱落，有机酸侵蚀质量损失较小，在水下长时间浸泡不会影响其效果。

图 4-14　GINA 止水带顶部防撞保护罩　　图 4-15　涂抹 GINA 止水带防海洋微生物涂料

在正式涂抹至管节面之前亦须进行现场试验，确保涂料效果，以及有无任何副作用，例如导致 GINA 止水带变形或腐蚀。准备两组试验材料，每组包含一块钢板和一块 GINA 橡胶。其中，一组涂抹涂料，另一组保持不变。同时沉放两组材料入海中，持续 3 个月。之后打捞上岸，检查附着其上的海洋微生物，以检验涂料效果。经项目现场试验，涂料效果显著。

3. 管节顶部防护

当管节完成建造后，需要对其采取浮运保护措施。因管节在浮运时顶部会露出水面，干舷值为 200～400mm，为防止浮运途中因海上漂浮物碰撞而对管节造成损伤，故设计并加装防护板和防护混凝土层。防护板为预制钢筋混凝土结构，悬挂安装于管节顶部切角位置，用螺栓与预埋角钢相连接，如图 4-16 所示。管节顶部防护板安装实景图如图 4-17 所示。

在防护板安装完成后，用防护板作为天然模具，在管节顶面浇筑保护混凝土层。此层保护可以有效防止管节沉放后回填时，由上方砸落的碎石对管节顶面防水层造成的损坏。

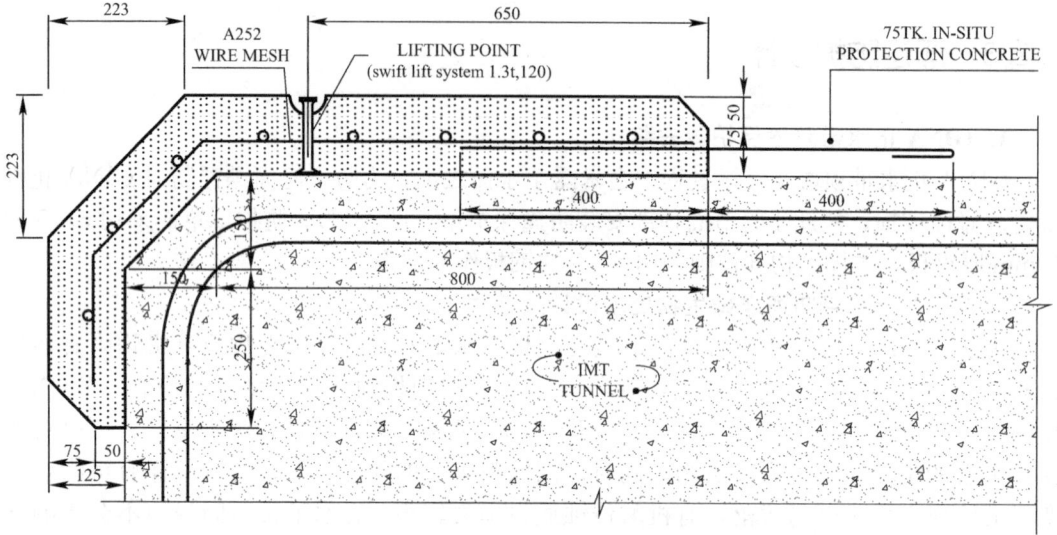

图 4-16　顶部防护板设计图

图 4-17　管节顶部防护板安装实景图

4.3　维多利亚港海上交通安排

4.3.1　维多利亚港内施工介绍

沉管隧道在维多利亚港内的施工项目主要包括管节基槽疏浚和管节沉放，均需要占据红磡主航道进行施工，进而会对来往的海上航行船只造成影响。为保证施工期间海上航道交通的正常行驶，沉管隧道的施工范围和时间表将至关重要。每节管节沉放所需的施工范围一般在 150m×390m～150m×640m 左右。根据施工计划，11 节管节共需在 15 个月内全部沉放完成。

根据 4.1 节关于"海事交通影响评估"的调查，现时红磡主航道内所通航的最大型船只为本地及国际邮轮。根据有关海事航行安全条例，需要保持单向 150m 的航道宽度，以确保航道安全。除邮轮外，另有本地大小船只、快艇、游艇和货船穿越红磡主航道。根据监测结果，海上交通主要集中在红磡主航道、红磡近岸航行区、铜锣湾近岸航行区。

4.3.2　临时海上交通管制办法

为确保海上作业时周围海上交通安全，相关施工必须遵循以下一般安全措施：

1）开工前需要申请《海事处布告》。向海事处及有关部门提供详细的施工作业时间表，以获得适用的《海事处布告》及有关许可证。

2）界定施工范围。根据海事处相关条例，界定施工范围。包括沿施工范围每间隔25m需安装海上浮标及黄色闪光灯。其中，安装的设备需满足《海事处布告23——2009》所订明的要求。

3）邮轮时间表。获取详细的每日邮轮出入港时间表，并且与邮轮公司保持沟通顺畅，确保施工顺利。

4）其余交通。应密切留意并配合所有在维多利亚港内安排的重要活动，例如烟花表演、赛艇会活动。

5）施工船只协调。所有海上施工船只需要安装合适的灯光照明系统，并且只允许停留在《海事处布告》所批准的工作范围内。同时，亦需要与"船只航行监察中心"和"海港巡逻组"保持联络，以及需要装备香港地区无线电设备，确保有效通信。

6）预防措施。两艘护卫船将需要分别布置在施工区域东西侧，以提醒靠近船只。

同时，因管节沉放的特殊工作性质，以下特殊安全措施亦需要施行：

1）为保证现有海上交通于航道上的安全，管节沉放的具体时间表需与全部相关持份者沟通并确认；

2）管节沉放时的水下作业时间表需要提前确认，并避开海上交通高峰期，防止意外；

3）提前并保持与周边施工项目的沟通、协调。

管节沉放时海上交通示意图如图 4-18 所示。

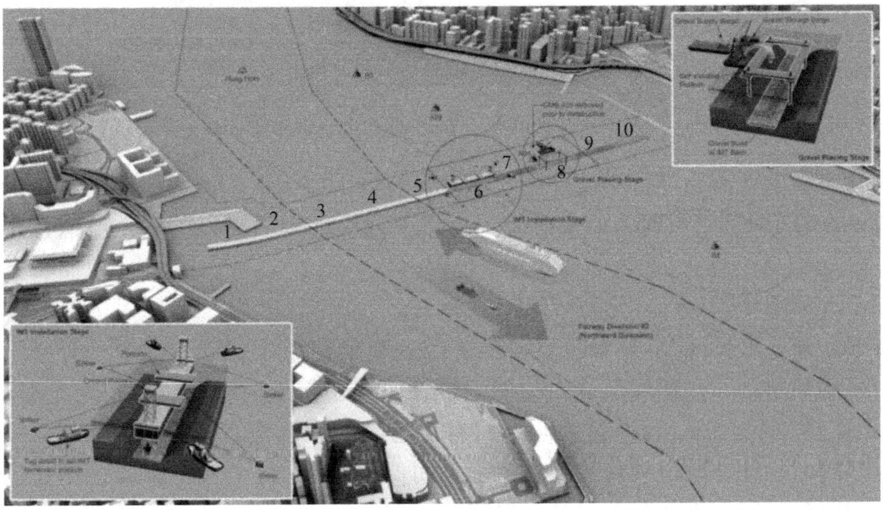

图 4-18　管节沉放时海上交通示意图

4.3.3　管节沉放海上交通航道导流布置图

沉管隧道的沉放顺序为：

1）管节 E10 沉放于铜锣湾避风塘防波堤北侧；

2）管节 E1 和 E2 沉放于红磡近岸交通区；

3）管节 E3 和 E4 沉放于红磡主航道内（向南导流）；

4）管节 E5 和 E6 沉放于红磡主航道内（向北导流）；

5）管节 E7、E8 和 E9 沉放于红磡主航道南边的近岸交通区；

6）管节 E11 沉放于铜锣湾避风塘内。

沉管隧道每节约 156m 长，其沉放工作不可避免地会对红磡主航道造成阻塞和影响。为保持一个安全、合适的航道，需要针对每次管节沉放所需要的施工范围，安排相应的海上交通航道导流计划。计划大致分为 6 个步骤：

第一步：如图 4-19 和图 4-20 所示，沉放管节 E11、E1 和 E2。

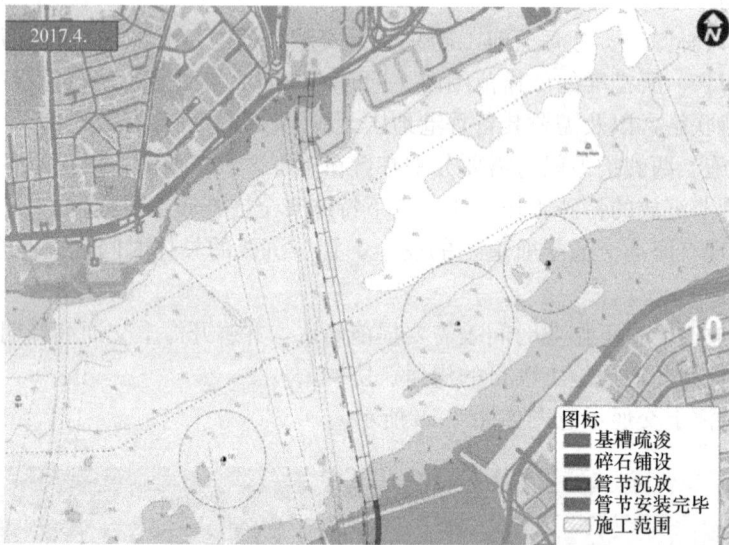

图 4-19　管节 E10 沉放海上交通布置图

上述管节沉放不需要进行交通导流，因为管节分别位于铜锣湾避风塘内和红磡近岸交通区。建议在管节 E2 沉放时，原来航行于近岸交通区的船只可以驶入主航道，避免潜在危险。

第二步：如图 4-21 所示，沉放管节 E3 和 E4。

管节 E3、E4 和 E5 的沉放是最复杂的，因为其横跨整个红磡主航道。有鉴于此，施工布置时采用预留量，在预留区域内的船只器械可以于沉放时快速脱离，恢复航道通行。图 4-21 显示了在管节 E3 和 E4 沉放时，原有航道将向南导流，并保持有至少 285m 宽的双向航道。同时，亦在航道和管节沉放范围之间保留有 140m 的预留距离，作为近岸交通区提供小型船只通行，维持分级行驶，保证航道安全。

第三步：如图 4-22 所示，管节 E5 沉放。

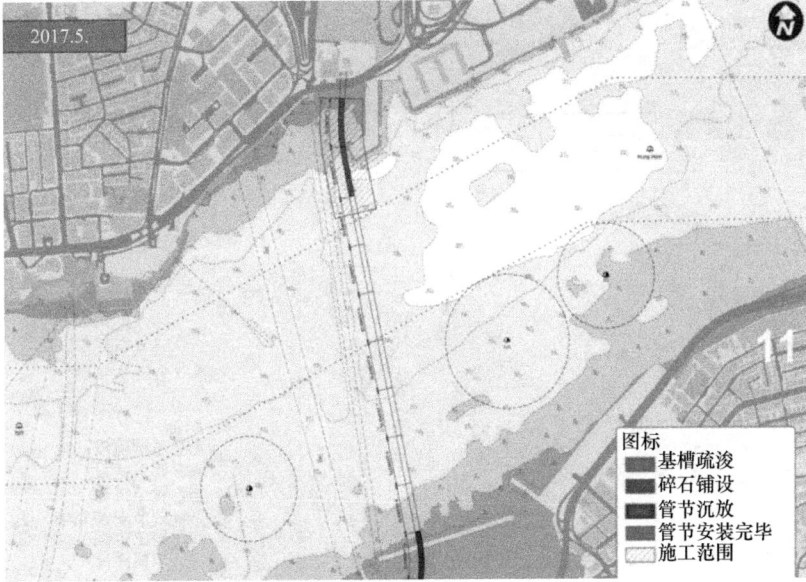

图 4-20　管节 E1 和 E2 沉放海上交通布置图

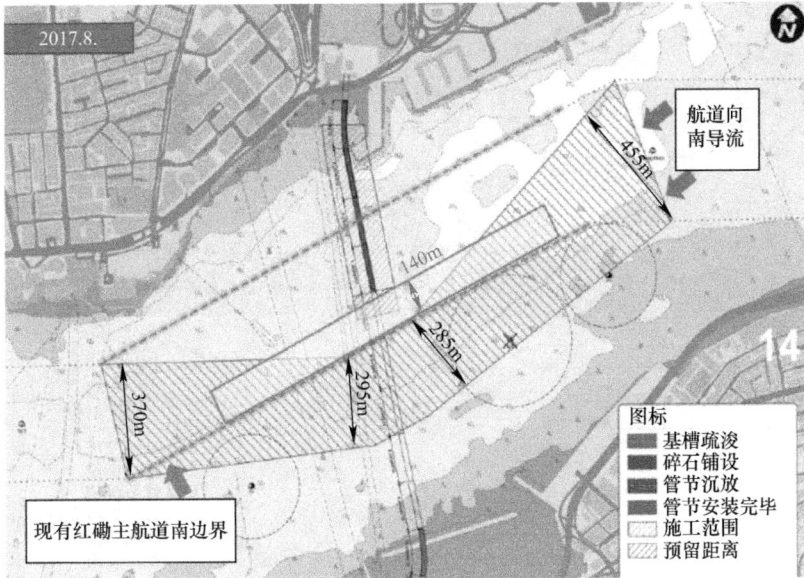

图 4-21　管节 E3 和 E4 沉放海上交通导流图（向南导流）

　　在管节 E5 沉放时，因施工范围进一步向南，所以原本设立的 140m 预留区被取消。为维持分级行驶的海上交通设定，亦因预计此时近岸管节已完成海上施工，所以在靠近红磡货运码头 50m 处，设立宽度为 125m 的近岸交通区提供船只通航。

　　第四步：管节 E6 和 E7 沉放。

　　当管节 E4 回填完成并沉放管节 E6 时，因施工范围进一步向南推进，所以红磡主航道将改变为向北导流。向北导流的红磡主航道依然保持有最窄 285m 宽的双向航道，以足够大型邮轮及其余船只行驶。红磡近岸交通区则略微压缩，见图 4-23。

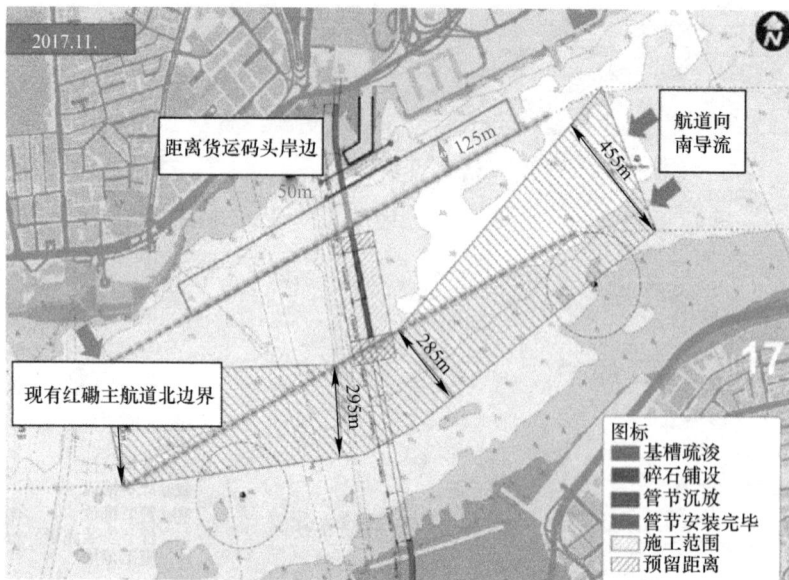

图 4-22　管节 E5 沉放海上交通导流图（向南导流）

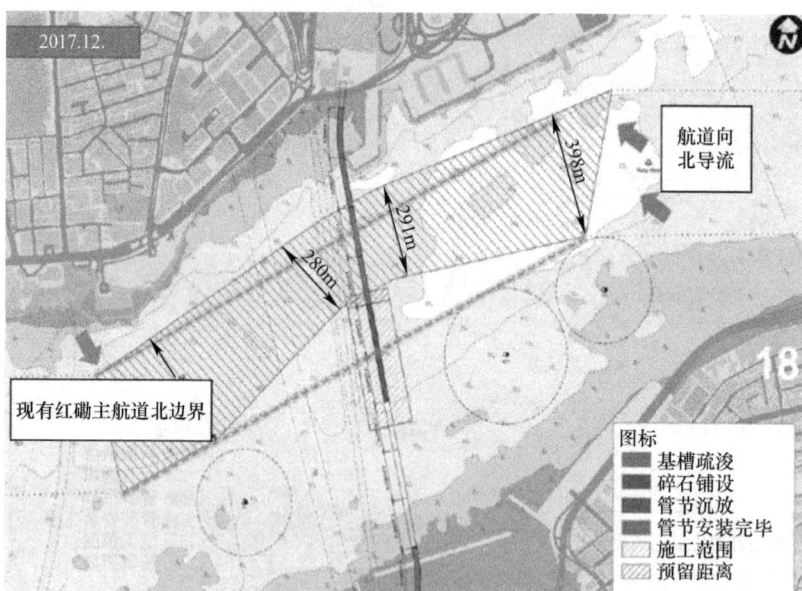

图 4-23　管节 E6 沉放海上交通导流图（向北导流）

当管节 E7 沉放时，依然维持向北导流主航道的海上交通。在南方向则需要压缩铜锣湾海上近岸交通区，以避免与管节沉放位置发生冲突。见图 4-24。

第五步：如图 4-25 所示，恢复航道运行，管节 E5 回填后沉放管节 E8 和 E9。

当管节 E5 回填完成后，则可以恢复原有红磡主航道运行。但同时，需要压缩铜锣湾近岸交通区的范围。

管节 E8 沉放时，因施工范围进一步向南靠近铜锣湾避风塘，所以需要南北分割铜锣湾方向近岸交通区，方便小型船只分级行驶。同时，维持红磡主航道不变，见图 4-26。

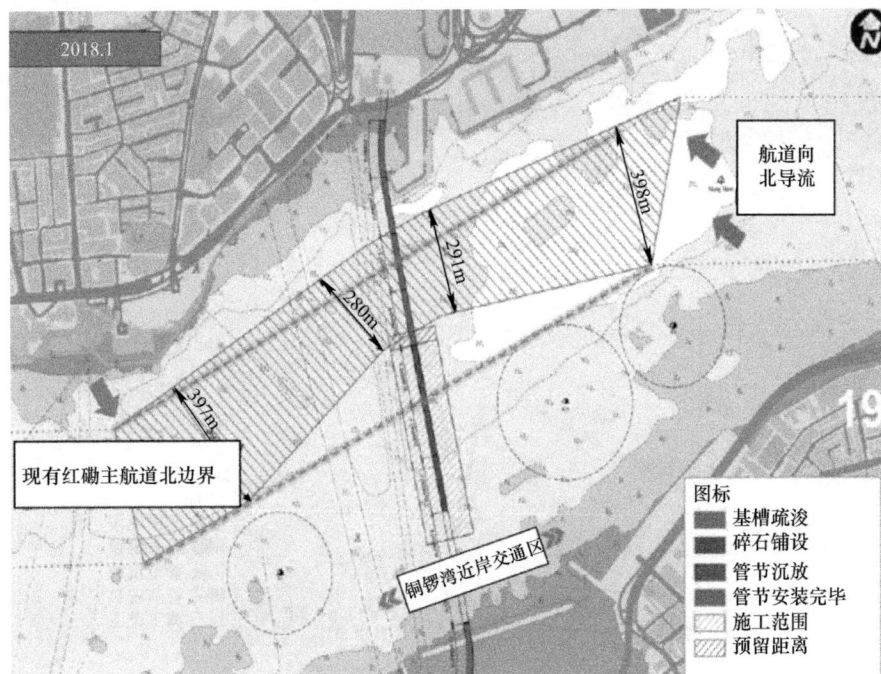

图 4-24 管节 E7 沉放海上交通导流图（向北导流）

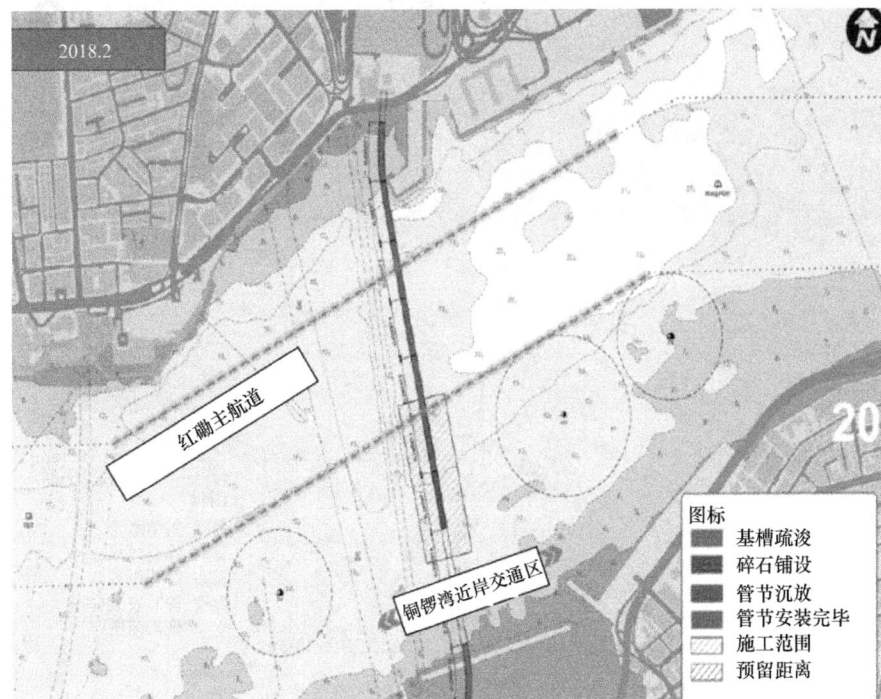

图 4-25 管节 E5 回填完成后海上交通导流图（恢复航道）

　　管节 E9 是最后一节在维多利亚港内沉放的沉管管节，沉放时因南端接壤铜锣湾避风塘防波堤，所以全部近岸交通将导流向北，避免与施工范围冲突。红磡主航道维持不变。见图 4-27。

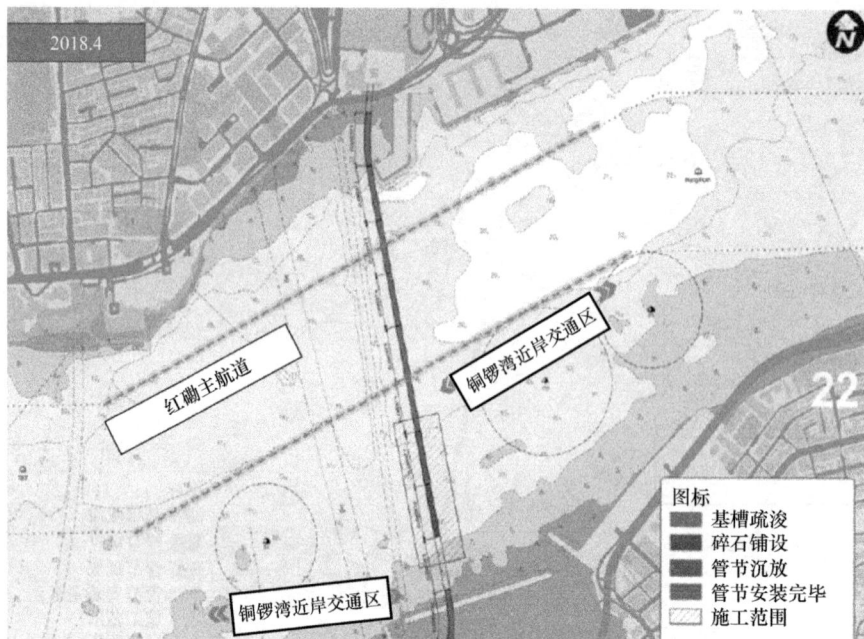

图 4-26　管节 E8 沉放海上交通导流图

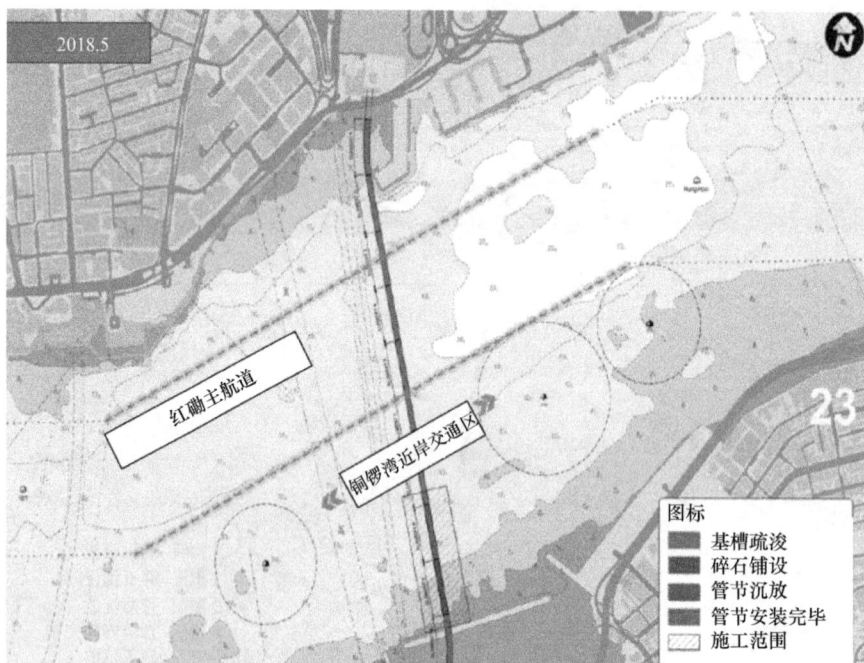

图 4-27　管节 E9 沉放海上交通导流图

第六步：管节 E11 沉放。

同时，因最后一段管节 E11 的预计沉放位置位于铜锣湾避风塘内部，故此并不会对维多利亚港内的海上交通造成影响。所以，此步骤不在此赘述。

4.4 管节起浮及管节绞拖出坞施工

4.4.1 出坞施工介绍

沉管隧道施工包括管节预制、出坞、基槽开挖、浮运、沉放安装、管内施工等工序，而干坞法施工是沉管管节预制的主要施工方法之一，其中管节出坞施工方法主要有拖轮直接拖曳管节出坞法、锚艇定点系泊拖曳管节出坞法等。干坞法预制沉管管节多在滨海近岸地区应用，这些出坞方法都较易受干坞内外的水流流速及潮水影响，施工需要的水文条件窗口期无法得到严格的保证。

4.4.2 出坞施工特点

首先，在沉管管节预制干坞的坞顶制作地锚，并安装相应的绞车、导向滑轮；在干坞的外水域中开挖锚块坑，并在坑底安装水下锚块；在干坞的外水域布置拖轮及工程船；在干坞的外水域布置工程船，带缆至水下锚块，并在工程船上安装绞车；在管节管面上安装绞车，并带缆至坞顶地锚及水下锚块；然后采用工程船绞车、管面绞车、坞顶绞车、拖轮相互配合的方式进行管节出坞及移位。此工法具有出坞速度快、坞口宽度要求低等优势。适合复杂水文条件下的管节出坞工序，安全性好，保证了管节的稳定性，增加了管节出坞的施工窗口期选择；并且成本较低，具有很高的工程实用性。

4.4.3 出坞施工原理

沉管管节在干坞预制完成后，管节压载水箱注水，继而坞内注水，进行管节的检漏作业。当其中任意管节准备出坞进行安装时，就对其进行缆桩舾装、系泊、管节排水起浮，然后出坞浮运拖航。管节出坞采用绞车绞移施工工艺，即在坞顶及坞口水域布置锚点，绞车钢缆将管节绞移出坞，坞外合适水域交给拖轮拖带浮运。

4.4.4 出坞施工工艺流程

沉管出坞流程包括施工准备、管节起浮和管节出坞三个环节，见图4-28。

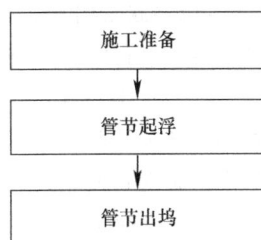

图4-28 管节出坞施工工艺流程图

4.4.5 施工准备

1. 坞顶绞拖系统概述

在干坞坞顶四周布设绞拖系统，布置绞车11台（拉力不小于150kN）、200kN转向单轮滑车及岸上地锚 24 点和海上锚砖 4 点。其中，24 个坞顶地锚的布置如图 4-29 所示，管节将从锚点 PJ1 和 PJ2 之间（北坞口）穿过坞口出坞。另有四个海上锚点位于出坞口外。整个坞内地锚系统围绕干坞而设，确保每一管节均可被覆盖。

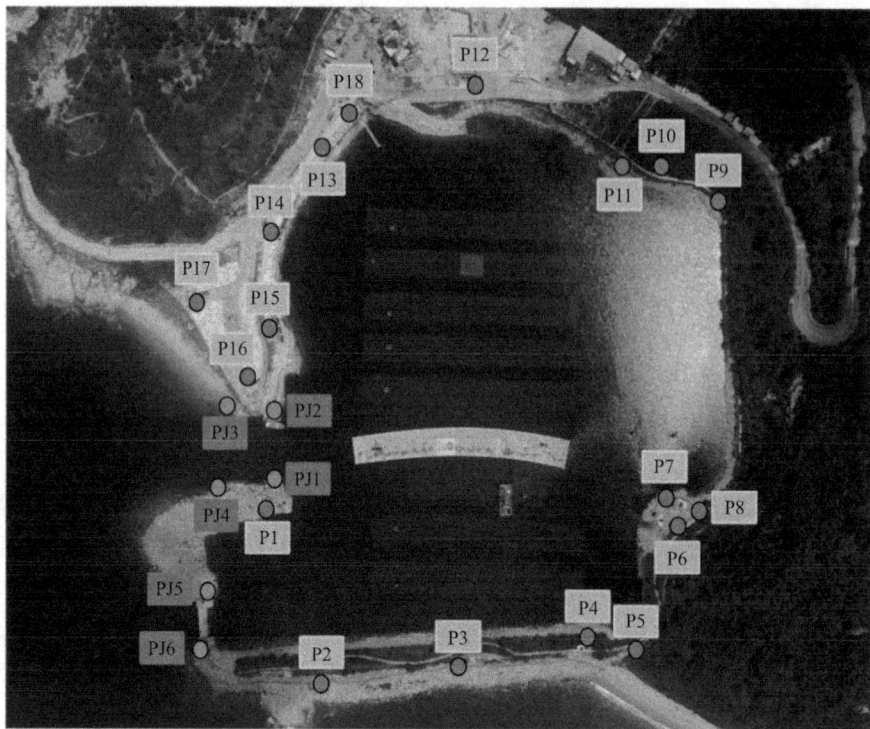

图 4-29　坞顶地锚整体布置示意图

同时，坞内绞车（卷扬机）布置如图 4-30 所示。

另外，绞车与地锚连接方式及实际照片详见图 4-31 和图 4-32。

其中，典型地锚为 C30 混凝土加工字钢和钢管组合的结构形式，总高度 2m，埋深 1.5m 以浇筑混凝土，详见图 4-33。在个别位置有岩层过高现象，不方便整体挖掘，则需要钻出多个孔洞，额外埋入钢筋至指定深度进行加固，再行浇筑混凝土。

绞车工作平台需要进行整平，并打上厚度 100mm 的素混凝土（或碎石层），平台区域为 3m×6m。用绞车将管节临时系泊缆带上坞顶地锚，收紧系泊缆，以防止管节起浮后发生移位而受到损伤。

2. 坞外水域绞拖系统布置

在坞口水域共布置 4 个 5.5m×5.5m×3.5m 的 150t 吸附式重力锚块，其中 PH3、PH4 作为岸上绞车 W10/W11 钢缆的导向锚点，PH1、PH2 作为管面绞车 WL1/WL2 的钢缆的锚固点。锚块预制完成，达到设计强度后，由 230t 起重船配合驳船运输至现场安装。锚块安装主要包括锚块定位吊装、锚块压埋等工序。详细坞口水域锚块布置如图 4-34 所示。

锚块上面设一个浮筒，浮筒有卸扣及单轮滑车，绞车的钢丝绳直接连接浮筒上的卸扣或单轮滑车，这样便于接缆、解缆施工，海上吊船布置锚块，详见图 4-35。

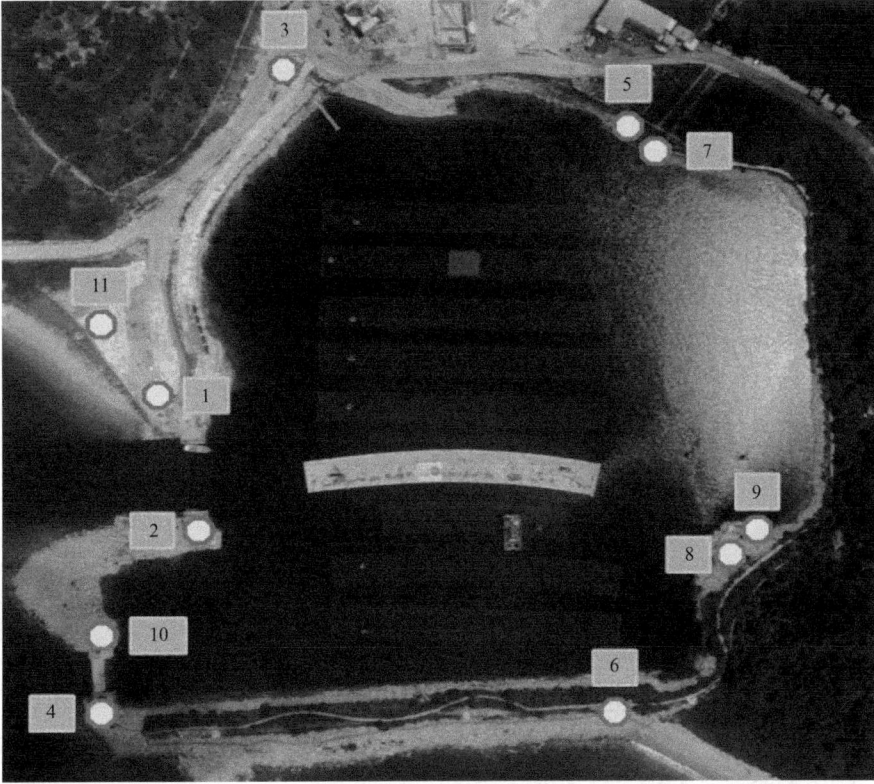

图 4-30 绞车布置图

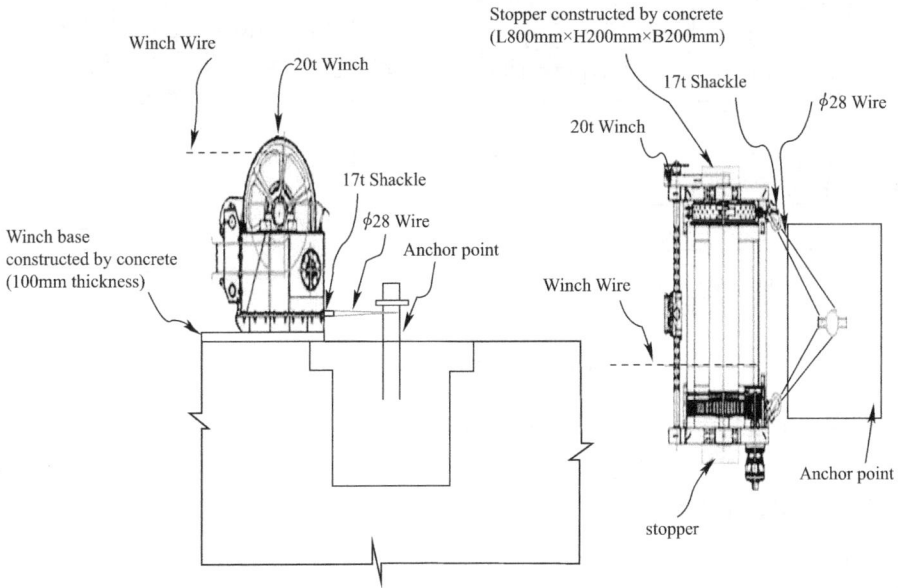

图 4-31 绞车与地锚的典型连接方式

图 4-32　绞车与地锚现场实际照片

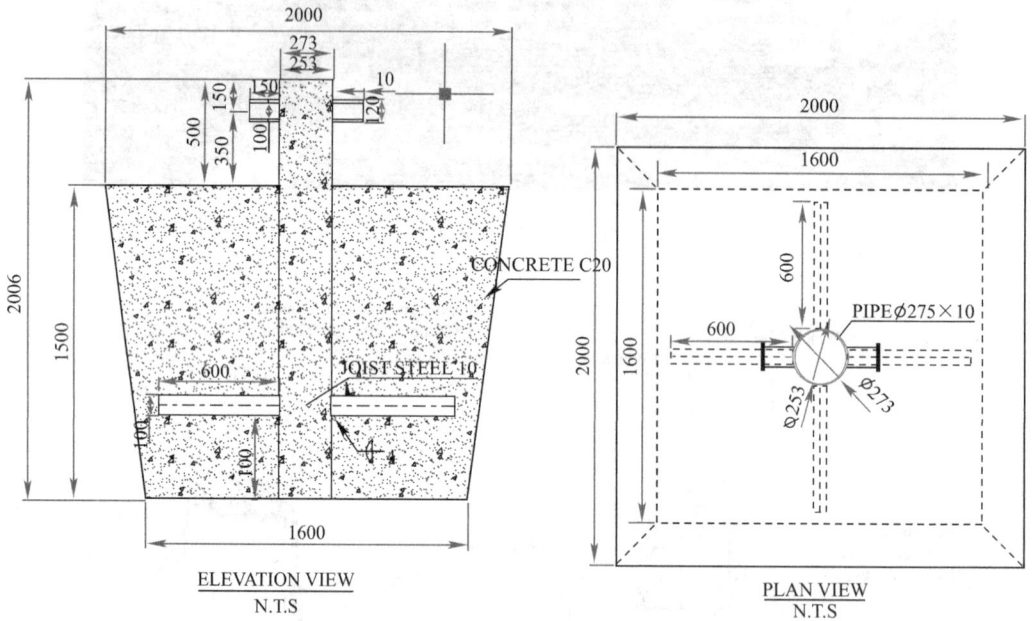

图 4-33　干坞坞顶地锚结构图

施工期间，须安排潜水员定期检查锚块浮筒、钢丝绳与锚块的连接情况、钢丝绳与单轮滑车的连接情况、浮筒磨损情况等等，对松动的卸扣及磨损的钢丝绳及时予以更换，以确保整个绞拖系统处于安全、良好状态。

3. 干坞注水前的准备

清理干坞内的机械设备、材料及杂物，检查端封墙水密门、管顶人孔的密封情况，检查端封墙进气管及进、排水管有无堵塞及阀门是否关闭等。保证管节外部的一次舾装工作安装到位：包括 GINA 橡胶止水带及其保护装置、系缆桩、第一节人孔钢护筒；确保管节内部压载系统、临时照明系统、临时通风系统等的正常运作。

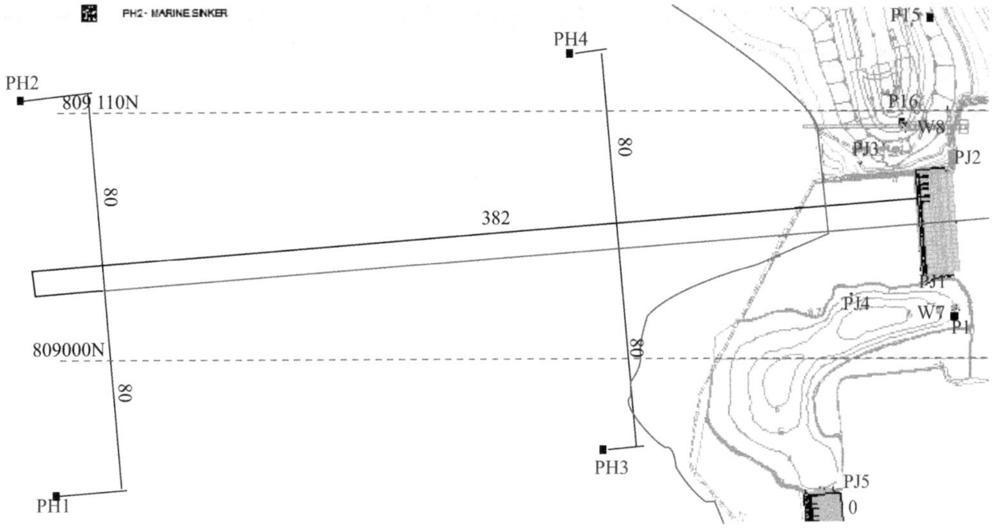

图 4-34 坞口水域锚块布置图

4. 管节检漏及修补

准备工作（干坞内机械、设备等杂物清理→一次舾装件安装就位→管节内压载水箱、进排水系统、通风系统、照明系统完善→管节端头部位清理）→水箱压水检漏（压载水箱注水至 3.0m，检查水箱整体水密性、排水管气密性）→管节整体水密性检查（真空测试）→对漏气位置进行修补处理。

5. 干坞注水

干坞注水应分阶段进行监控。当干坞内

图 4-35 坞口设置锚块

注水至管节浸入水中 1.0m（漫过底板）保持每 3h 间隔的查漏→干坞内注水至管节浸入水中 4m，保持 24h 查漏→继续向干坞内注水至管段浸入水中 7.5m，保持每 3h 间隔的查漏→向干坞内泵水至超过管节顶面 2m 以上，保持 24h 检漏。图 4-36 为石澳干坞注水现场照片。

图 4-36 石澳干坞注水

6. 坞口测量及航道检查

管节浮运航道水深情况的检测，采用多波束回声扫测深度，确认干坞坞口及航道内无凸点，确保管节浮运安全。并通过设置水位标尺，获取坞口详细的水位资料。石澳干坞出坞航道测量结果如图 4-37 所示。

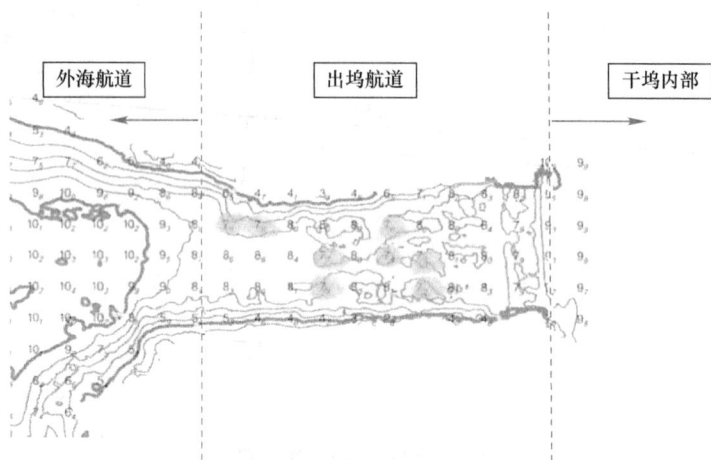

图 4-37　石澳出坞航道海床测量图

7. 管面布置

用 40t 旋转起重船安装管面的两台绞车、一台发电机，以及出坞（拖航）的有关测量定位设备。缆桩安装采用 40t 起重船吊装，潜水员水下定位进行（或锚艇吊装）。两台 15t 绞车在管节起浮后，用 40t 起重船吊装就位并用钢丝绳绑扎系固；150kW 发电机也由 40t 起重船吊装，并做好海水涌上管面保护发电机免受潮的措施。详细管面设备布置如图 4-38 所示。

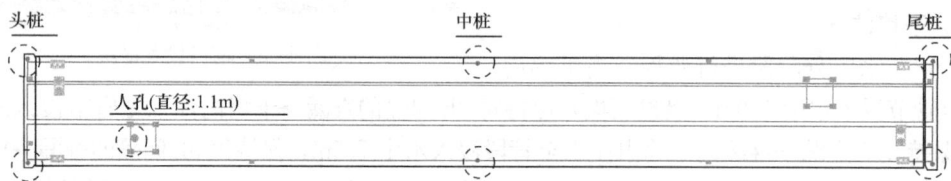

图 4-38　管面设备布置示意图

图 4-39　管面系缆桩

管面六个系缆桩根据前后顺序，分为头桩、中桩及尾桩，方便在施工时协同操作。系缆桩样式见图 4-39。

4.4.6　管节起浮

1. 窗口期的选择

各方面准备完成后，可以选择合适的天气条件，进行管节出坞浮运作业，窗口期天气选择条件如表 4-17 所示。但是，出坞窗口期的选择最主要的并不是依据出坞日期的天气、水文情况，而是选定的预计管节沉放日期的天气、水文情况。出坞当日，需在平潮前1～2h进行管节出坞绞移动作，而在平潮时段将管节移出坞口。此时，管节受横流作用较小且稳定可控，用拖轮接拖比较安全。

<table>
<tr><td colspan="2">管节绞拖出坞窗口期选择条件</td><td>表 4-17</td></tr>
</table>

海面风力	一号台风信号及以上
海面浪高	（在石澳及管节浮运航道上）大于或等于1.5m
海面能见度	小于1.852km（1海里）

* 当以下任意情况发生时，管节出坞应暂时停止并等待下一步通知。

2. 钢丝绳及绞车准备

在管节起浮前应派遣潜水员绑定钢丝绳至管节顶指定系缆桩，与坞顶绞车相链接，并辅以尼龙绳捆绑尾部，固定管节，以限制管节在起浮过程中受水流影响产生位移。具体带缆布置如图 4-40 所示。绞车（卷扬机）布置编号参考图 4-30。

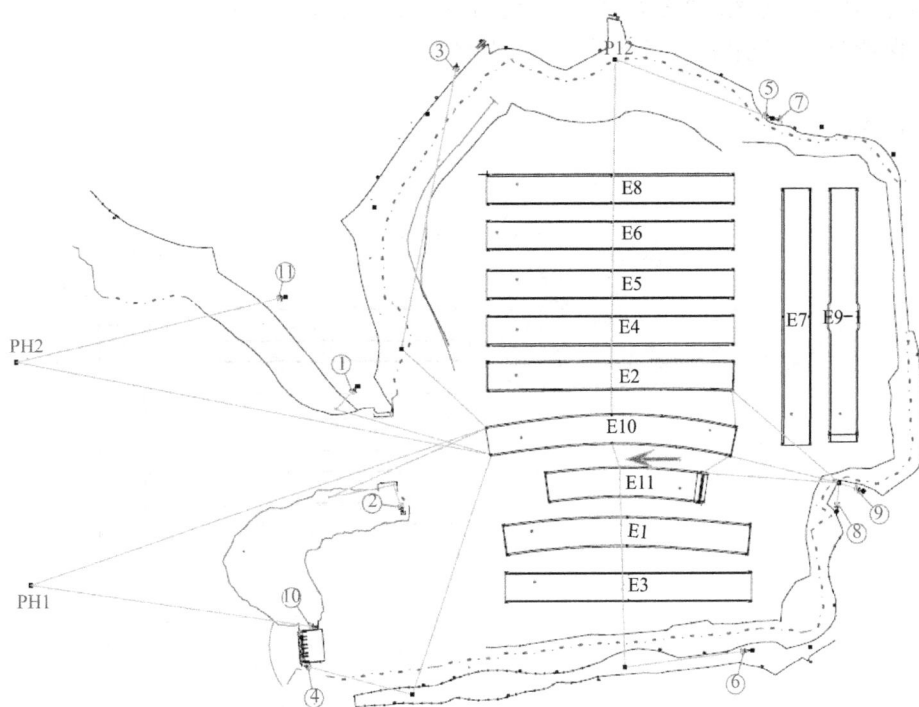

图 4-40　管节起浮带缆布置

3. 管节起浮操作

起浮时，由 GINA 止水带端头水箱率先抽水，后均匀、对称地排出压载水箱水，保证管节平稳起浮→压载水箱水位差不大于 10cm。最终管节的干舷值应处于 200～400mm 之间，最少不应低于 200mm，最高不应超过 400mm。压载水箱抽水时应保持对称，从而使管节在起浮后在管面平衡的情况下尽量保持最大的干舷值。管节起浮实景照片见图 4-41。

图 4-41 管节起浮实景照片

4.4.7 管节出坞

当起浮完毕，钢丝绳准备好之后，管节出坞具体步骤如下所示：

1）保持初始带缆状态，绞前约 50m。如图 4-42 所示。

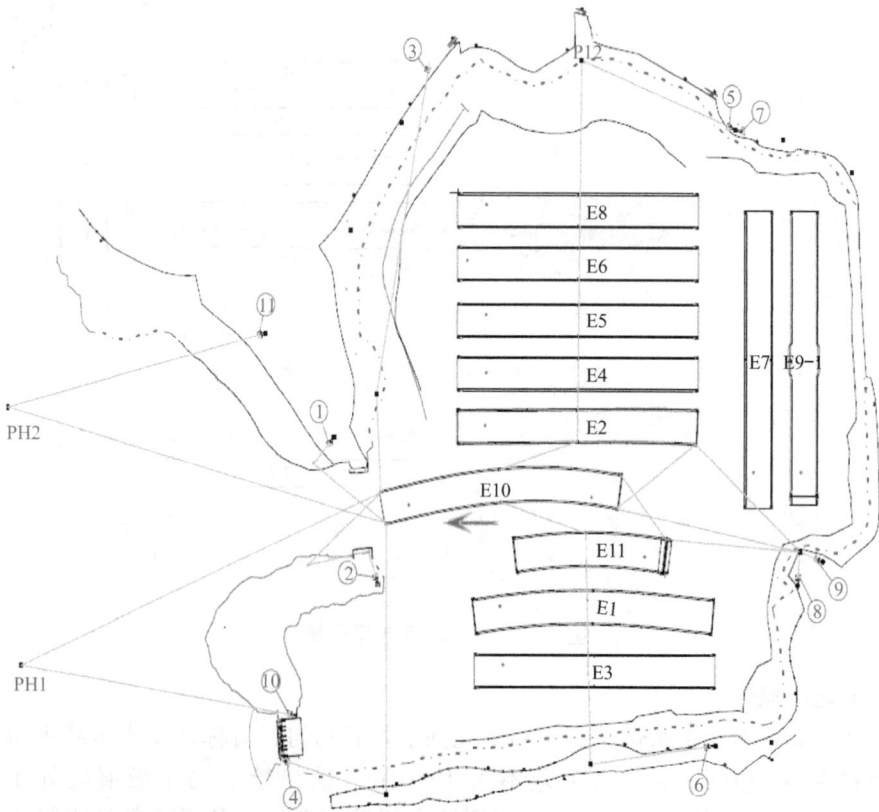

图 4-42 管节出坞示意图（1）（一）

图 4-42　管节出坞示意图（1）（二）

2）将 5、6 号绞车钢丝绳从中桩移到尾桩，3、4 号绞车的钢丝绳从头桩移到中桩，并解除管节尾部的尼龙绳，如图 4-43 所示。

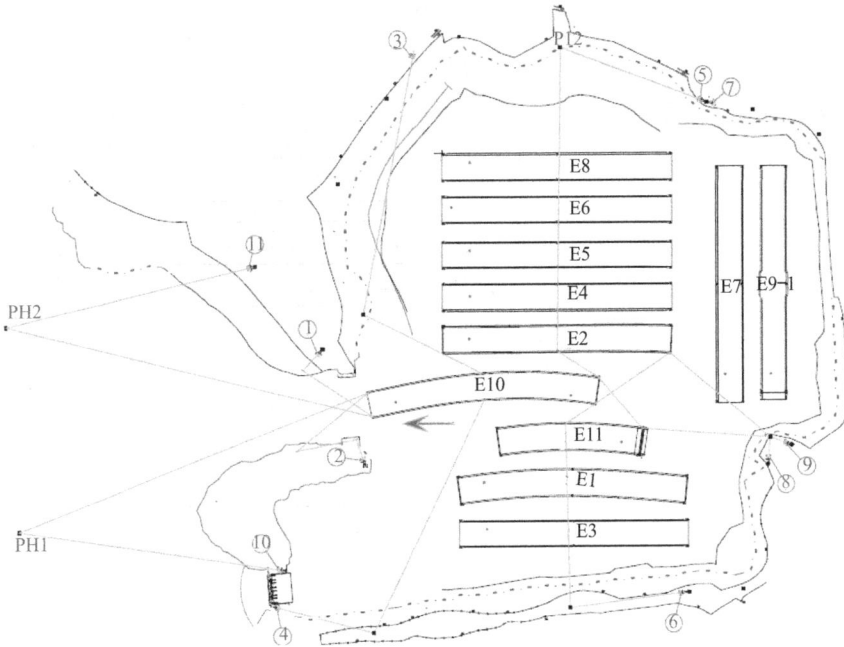

图 4-43　管节出坞示意图（2）

3）保持带缆，并继续绞前约 40m 至坞口内，如图 4-44 所示。注意管节的弧度，需要随时调整管头管尾与相邻管节间的距离。

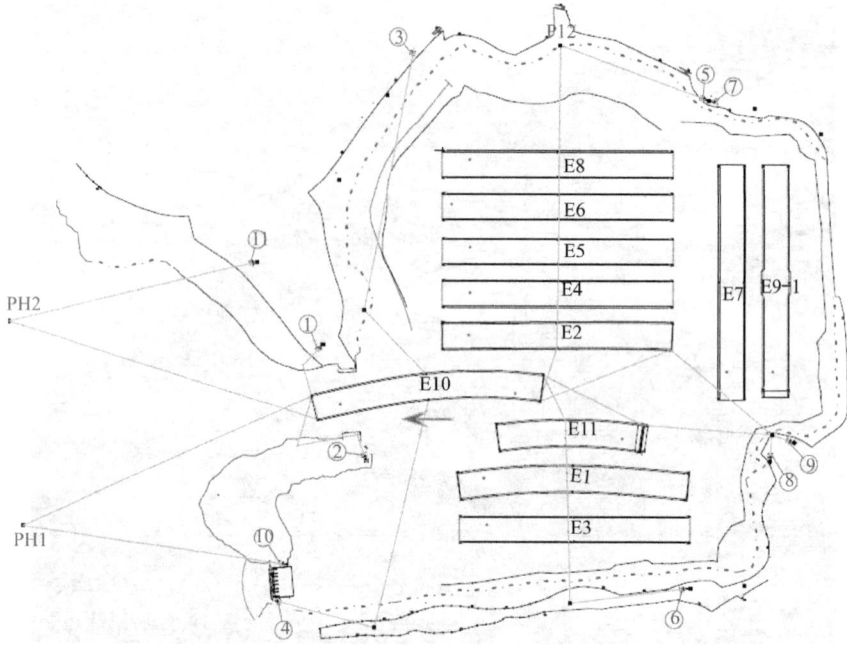

图 4-44　管节出坞示意图（3）

4）将 1、2 号绞车的钢丝绳从头桩移到中桩。如图 4-45 所示。

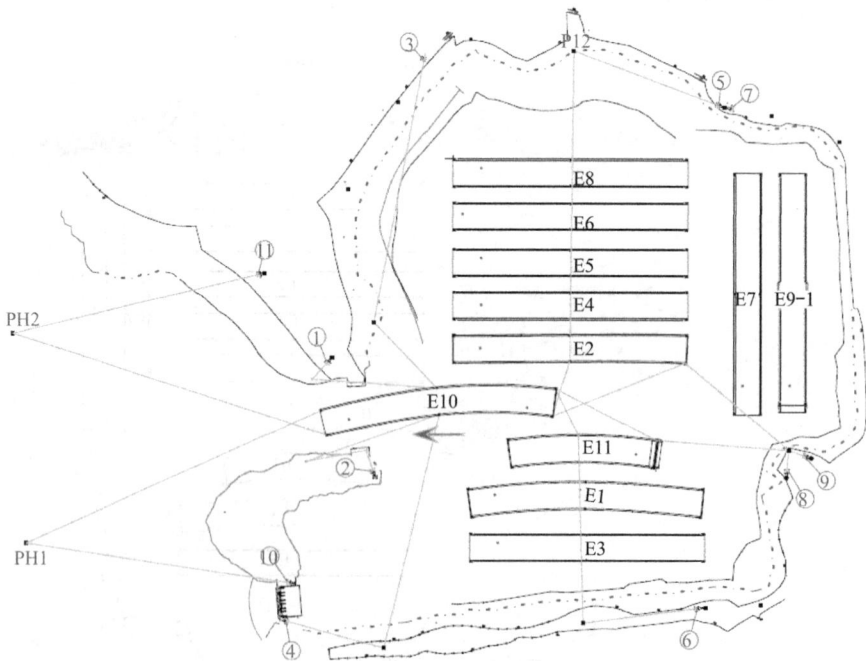

图 4-45　管节出坞示意图（4）

5）保持带缆并继续绞前约 40m，如图 4-46 所示。注意管节的弧度，需要随时调整管头管尾与相邻管节间的距离。

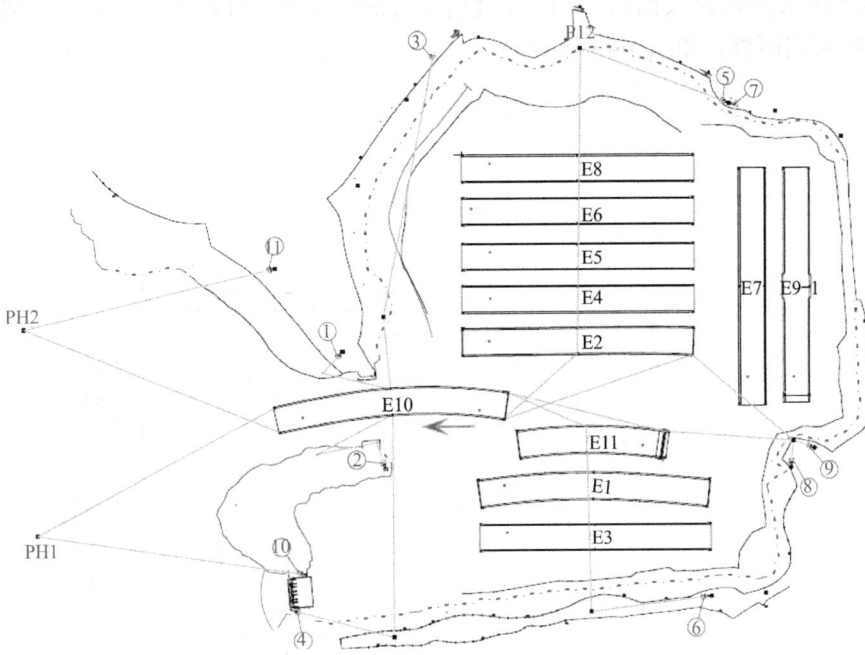

图 4-46　管节出坞示意图（5）

6）将 3、4 号绞车的钢丝绳从中桩移到尾桩，并解除 8、9 号绞车的钢丝绳。如图 4-47 所示。

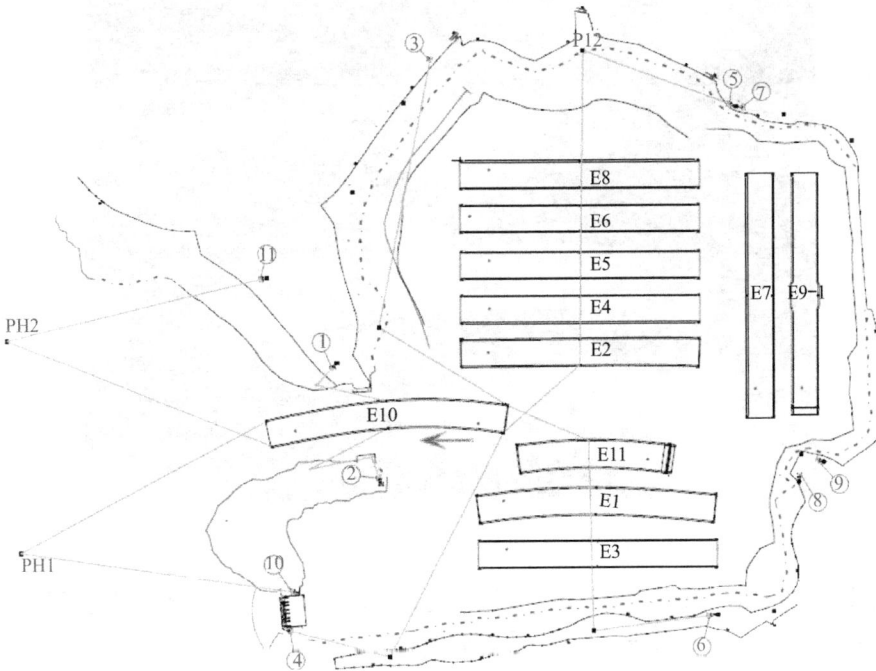

图 4-47　管节出坞示意图（6）

7）保持带缆并继续绞前约 45m，至此管节大部分脱离坞口，准备将 1、2 号绞车的钢丝绳从中桩移到尾桩。如图 4-48 所示。

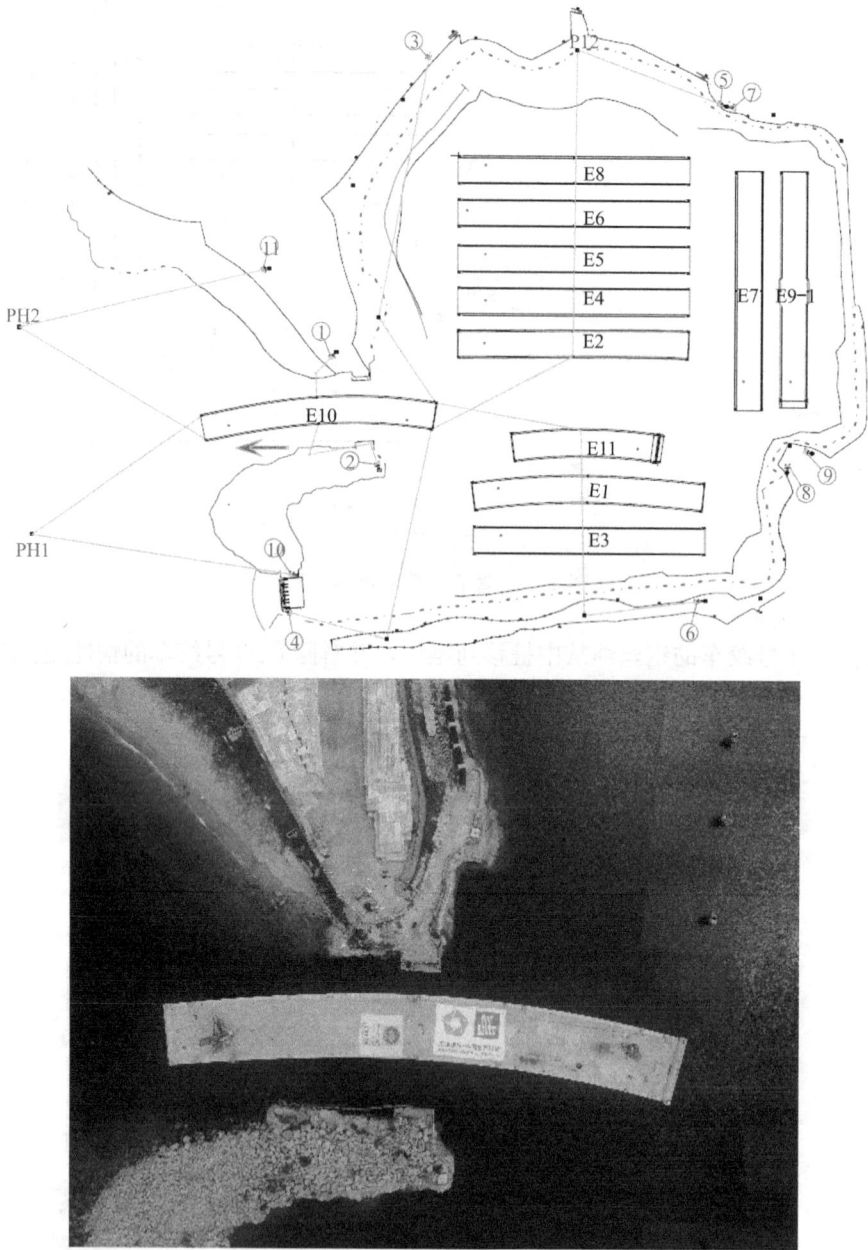

图 4-48 管节出坞示意图（7）

8）继续绞拖向前 60m，直至管身大部分脱离坞口，将 1、2 号绞车钢丝绳从中桩移到尾桩并且准备解除 3、4 号绞车的钢丝绳。如图 4-49 所示。

9）继续绞拖向前 20m，解除 3、4 号绞车的钢丝绳，同时两艘拖轮接拖管节头桩，并准备解除 10、11 号绞车的钢丝绳。如图 4-50 所示。

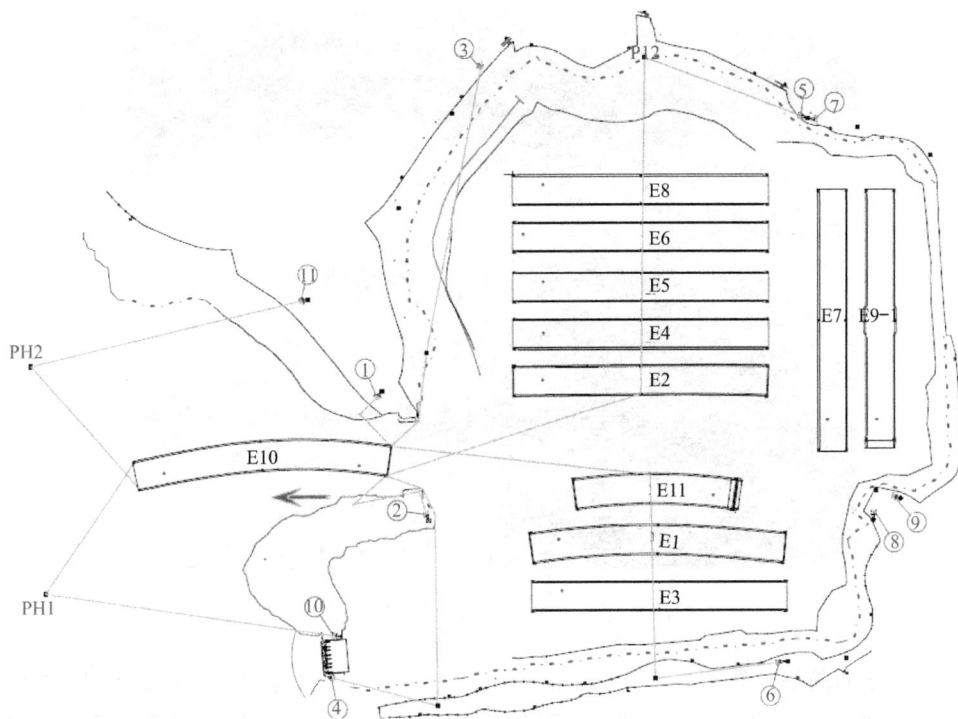

图 4-49 管节出坞示意图 (8)

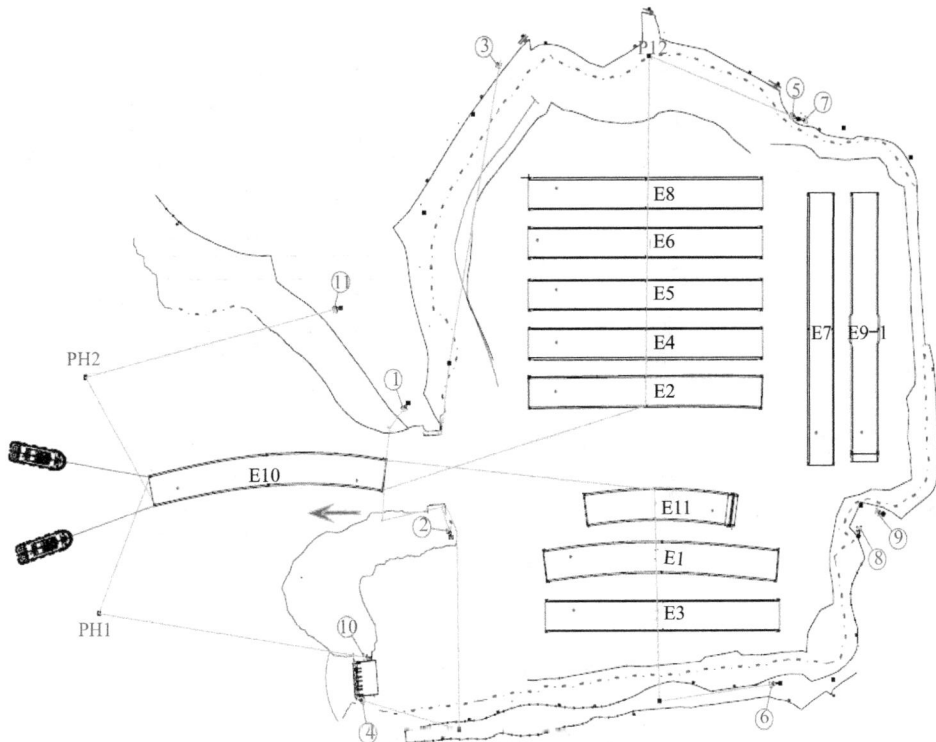

图 4-50 管节出坞示意图 (9) (一)

图 4-50　管节出坞示意图（9）（二）

10）继续向前拖拉约 100m，直至管节尾部完全脱离坞口并留有足够的作业空间。解除 10、11 号绞车的钢丝绳。另两艘拖轮接拖管节尾部的尾桩，同时准备解除 1、2 号绞车的钢丝绳。如图 4-51 所示。

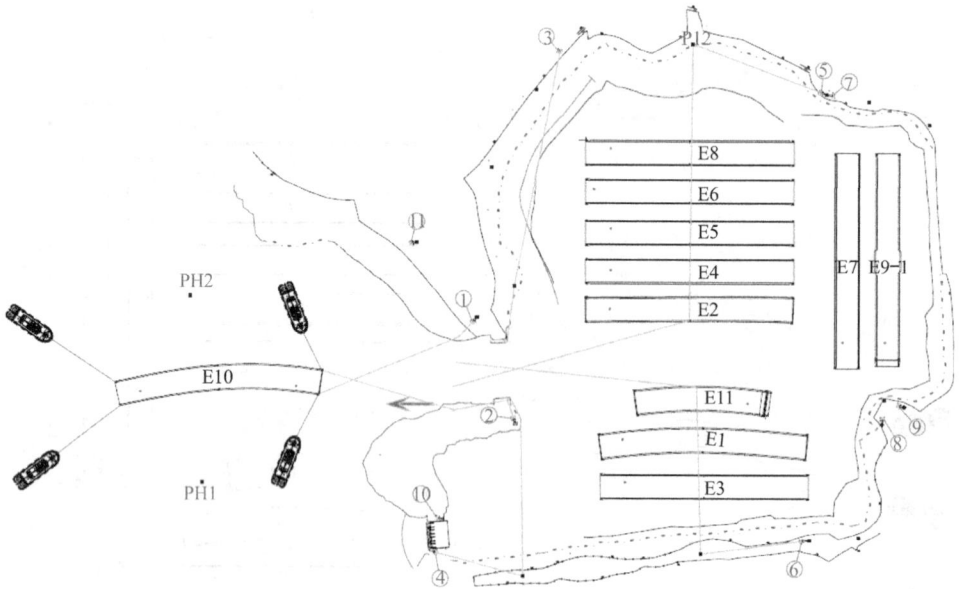

图 4-51　管节出坞示意图（10）

11）继续向前拖行，同时拖轮调整方位接手控制管节，并解除 1、2 号绞车的钢丝绳，管节拖航至临时寄泊位。如图 4-52 所示。

对于竖向排列的管节 E7 及 E9：

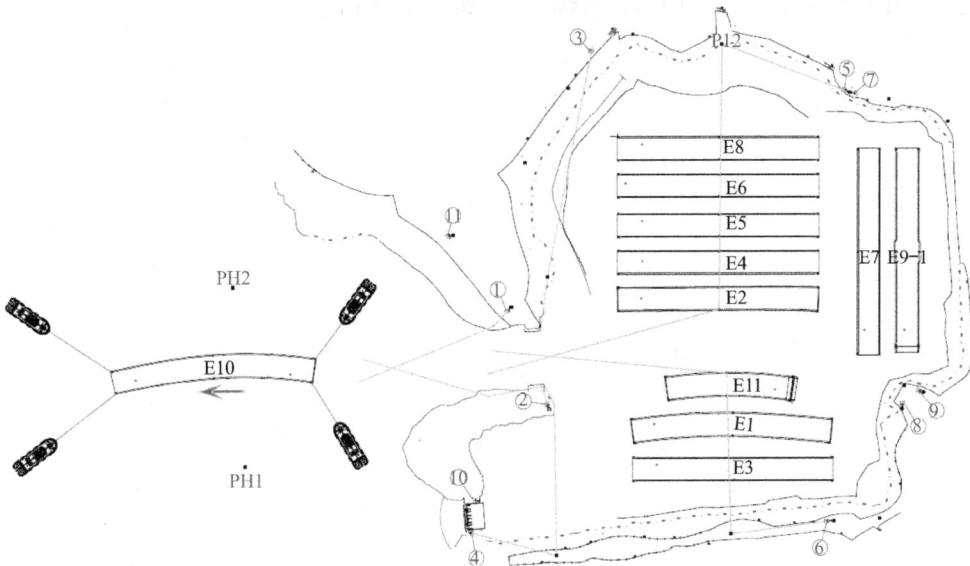

图 4-52 管节出坞示意图（11）

应先用绞拖调整其方位，待其进入预设的出坞通道时，再重复上述步骤出坞。管节 E7 调整方位的大致步骤如下：

1）起浮前按图 4-53 布置带缆，并于尾桩系绑尼龙绳，以固定及控制管节。如图 4-53 所示，其中细线为钢丝绳，管节尾部粗线为尼龙绳。

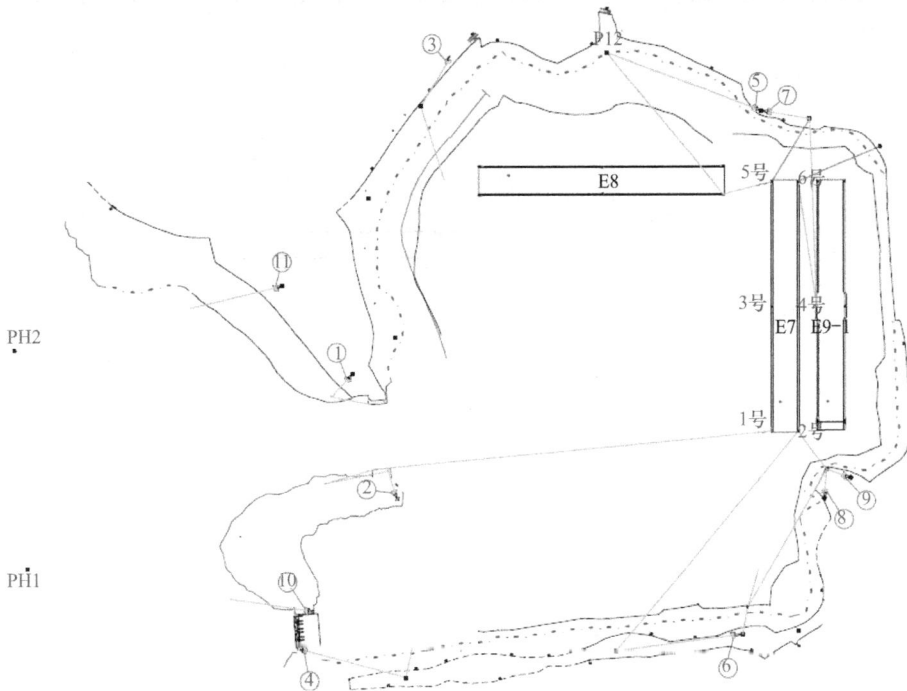

图 4-53 管节 E7 方位调整示意图（1）

2）以尾桩为轴心，绞拖旋转管节约 45°。如图 4-54 所示。

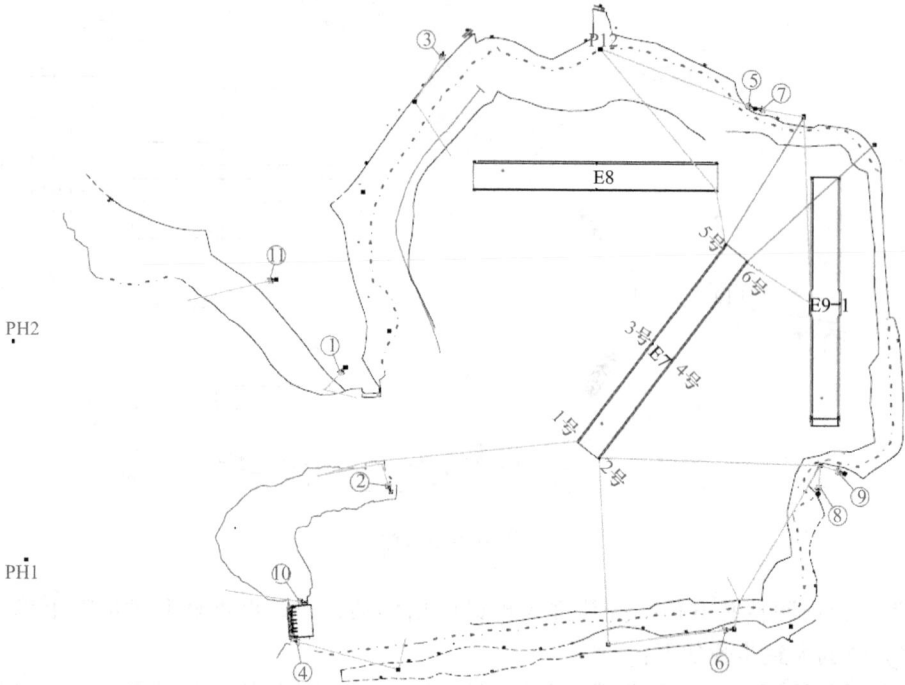

图 4-54　管节 E7 方位调整示意图（2）

3）向前绞拖管节，解绑尾桩尼龙绳。连接 3 号绞车至头桩，8、9 号绞车至尾桩。如图 4-55 所示。

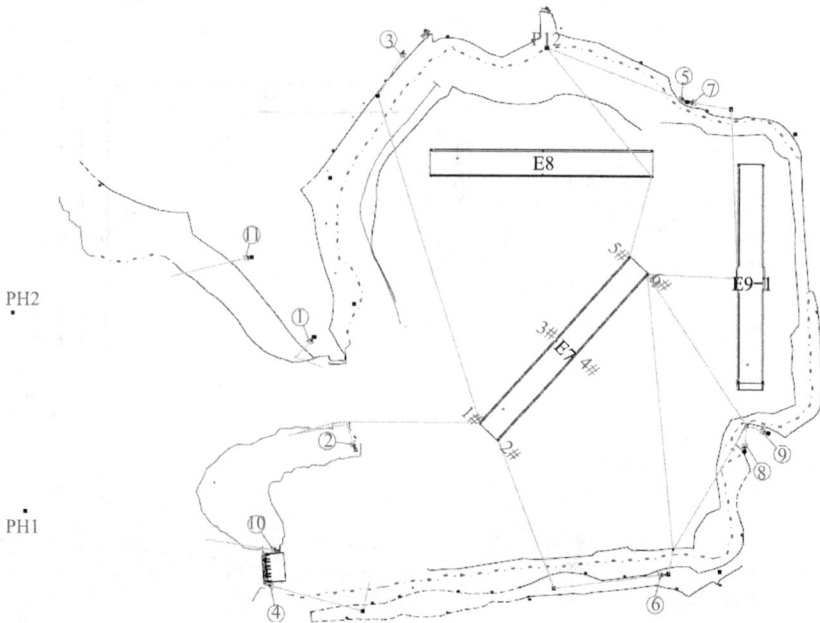

图 4-55　管节 E7 方位调整示意图（3）

4）最后，以系缆桩1（头桩）和6（尾桩）为轴，调整管节至出坞通道准备出坞，重复上述步骤。如图4-56所示。

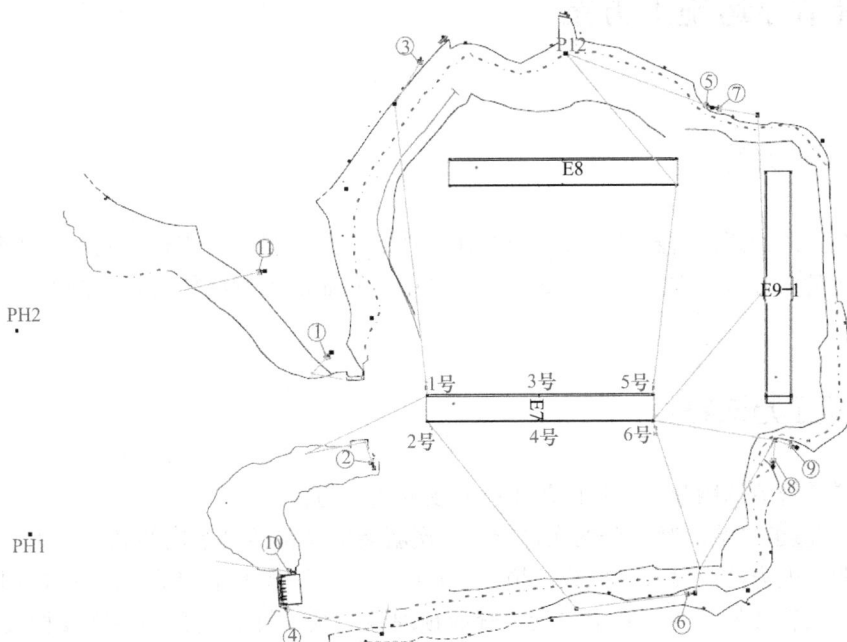

图 4-56 管节 E7 方位调整示意图（4）

1. 出坞质量控制主要执行的规范

1)《一般土木工程规范》，香港地区土木工程拓展署2006版；

2)《特别规范》，香港地区地铁沙中线过海隧道项目；

3)《水运工程测量规范》JTS 131—2012；

4)《全球定位系统（GPS）测量规范》GB/T 18314—2001；

5)《全球定位系统实时动态（RTK）测量技术规范》CH/T 2009—2010；

6)《国家三、四等水准测量规范》GB/T 12898—2009；

7)《铁路桥涵工程施工安全技术规程》TB 10303—2009。

2. 管节建造

管节于干坞内完成制造后，需要对主体结构、端封门、压载水箱等部位及管节整体进行水密性检漏。如发现渗漏，应立刻采取补救措施。

3. 管节起浮前

管节起浮前，要对预定浮运日期前后一个礼拜的天气、水文状况保持关注，并确保适合浮运，符合相关要求。检查干坞内外绞车和地锚的布置情况及工作状态。同时，检查相应材料的准备情况，例如钢丝绳。检查压载水箱的工作情况，确保注水调平及压水高度。

4. 管节起浮

管节起浮时，需要检查一次舾装装备的安装情况。相关管面布置须按图纸进行。

5. 管节出坞

管节出坞时，首先应确保全部绞车工作正常，所有系缆桩位置安装正确，包括管面顶部的系缆桩。浮起过程中保持监测管节干舷值高度，以便做出调整。

4.5 管节浮运施工方案

4.5.1 工程介绍

沙中线过海铁路沉管隧道主要有三个作业地点，在石澳干坞进行预制及一次舾装，而后在将军澳湾内进行二次舾装，完成后浮运至维多利亚港进行沉放安装，海上浮运距离约12.2 海里。

4.5.2 施工方法特点

沉管隧道管节的舾装及浮运的施工技术主要特点为：

1) 沉管隧道管节的舾装分两次进行。一次舾装主要包括管节内舾装，其中主要包括：通风、照明、电力控制设备、压载水箱、端封门、连通压载水箱和端封门的水管和离心水泵系统；以及管节外舾装，其中包括：管面预埋件、系缆桩、人孔和 GINA 橡胶止水带。一次舾装的地点为干坞预制场，需要在预制场注水之前完成管节预制及一次舾装以确保管节水密性，才可开启浮运工序。而二次舾装的地点为海上临时寄泊点，是进行管节外舾装，主要包括：测量控制塔、吊点/吊驳、终端拉合装置/拉合座（千斤顶）、导向梁/导向梁架、导向滑轮组和人孔的安装。

2) 二次舾装的设备和构件可循环使用。完成一节沉管管节的安装后，可回收管节所有的二次舾装设备和构件。为尽可能减少潜水员的水下作业时间和风险，在前期设计过程中，采用易于拆卸的螺栓连接就是其中一个重要的设计举措。

3) 根据已建造的混凝土沉管管节的实际密度，计算并填充第一阶段压载混凝土，初步调整其定倾中心。干坞注水管节起浮后，可利用压载水箱的填充水位进一步调整管节起浮的平稳性和干舷高度。

4) 管节出坞浮运的航线和时机都必须事先规划清晰。透过多波束声呐探测系统掌握沿航线海床深度，确保水深满足浮运要求。每个月有两个窗口期水流相对平稳，适合沉管下沉和对接的操作。同时，需预留一定时间用于沉管二次舾装，由此决定管节出坞浮运的最佳时机。另外，需留意天气状况，尤其是对南海和菲律宾海一带形成的台风，通过密切监视台风发展的强度和趋势来决定管节是否进行海上浮运作业。

4.5.3 施工方法原理

沉管隧道管节采用封闭式浮箱构造，管内安装若干压载水箱并以水管及离心水泵连接端封门。工艺原理类似潜水艇，通过排出或注入一定体积的水来控制管节的起浮或下沉。根据管节浮运、停泊及吊沉等因素预估的受力情况设计相应的舾装构件，如测量控制塔、吊驳和导向滑轮组等。同时，应依据通风、电力和动力控制系统等的要求配置相关设备，如通风机、发电机和绞车等。

4.5.4 工艺流程（图4-57）

1. 浮运前准备

管节预制和第一次舾装完成后，起浮和出坞按照制订的沉管沉放时间表进行。从干坞预制场出坞后，管节先将浮运至中途临时寄泊点进行二次舾装。

因浮运的日期须依据沉放的日期而确定，所以管节沉放的窗口期选择条件同样适用于管节浮运。浮运前需要提前观察和留意天气，包括预测台风、海上能见度、水流速度等是否符合要求；同时，另一主要准备工作是规划浮运的航线，除相关海事部门所划定的公共航路范围之外，亦需要在所有潜在的航路范围内进行全范围多波束测深，确认航道的水深是否足够管节的通行。

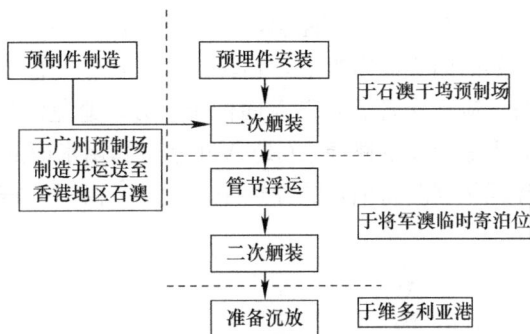

图4-57 管节浮运施工工艺流程图

2. 浮运前检查

管节需要在干坞入水后，进行水密性检漏。其中，包括对主体结构户混凝土、钢封门、压载水缸等部位进行水密性检漏，检漏结果应符合设计要求。如有渗漏，应立即封堵止水并采取补救措施。检漏的最终水位不宜低于管节顶面高度0.5m。检漏完成并通过后，方可准备浮运。浮运前需要对管节舾装设施进行检查，其中包括：

1）岸边绞车，管面的系缆桩、导向滑轮、牵引钢缆布置完成。

2）管节内无渗漏，两端临时封门及进气阀门、泄水孔及开关完好。

3）管内电路照明、通风管完好。

4）GINA橡胶止水带安装端面与端封门检查完好。

5）压载系统配置完成，压载水箱试漏，压载管路及闸阀试压，排气管安装完成，压载离心水泵试运正常。

6）吊驳及测量控制塔、纵横调节系统是否完好（适用于从临时寄泊点出发往隧址准备沉放前）。

3. 管节试浮试验

正式准备浮运前，应在干坞内进行试浮，测量管节干舷高度，并根据管节顶部舾装设备重量及预计的二次舾装后干舷高度来制定沉放后的防锚层或压重层浇筑高度。

4.5.5 浮运技术要点

1. 管节浮运要点

1）沉管起浮后准备浮运前，需检查其水平状态和干舷高度，一般控制在200～

400mm，过低会增加浮运阻力，降低浮运速度，加大沉没风险以及增加第二次舾装时工程人员管面作业的难度和风险；过高则意味着定倾高度的增加，影响管节稳定性，降低安全系数。同时，在沉管下沉时亦需要供给大体积的压载水，相对应所需的水箱体积也会增加。如要解决这一问题，可在干坞预制时事先检验实际的混凝土密度，以针对性完成部分管节内部压载混凝土来调节管节质量。

浮运航道多波束测深见图 4-58。

2）管节浮运时主要依靠拖船拖行，应时刻保持不少于 2 个系缆点在前加以牵引，后方须有 1~2 个系缆点（根据情况而定）加以辅助控制，充当制动作用。确保管节浮运过程中完全被拖船所控制，以防受海流影响。浮运时，如图 4-59 和图 4-60 所示，前方领拖拖船的船头面向管节，翻转倒行，方便对管节的观察，以便做出应急反应措施。同时浮运时，应确保管节 GINA 面位于后方，避免浮运时因海浪冲击对其造成损坏，亦可以避免与海上漂浮物的碰撞。GINA 止水带露出水面的部分需确保已经被防护罩保护。从预制干坞浮运至临时寄泊点的浮运距离约 7.5 海里，需时约 140min。

图 4-58　浮运航道多波束测深（部分）

图 4-59　管节浮运实景图

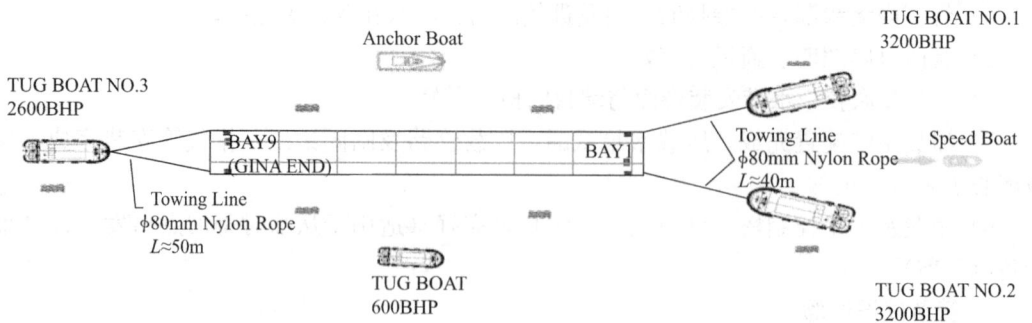

图 4-60　管节浮运布置图

2. 浮运质量控制

（1）浮运前，提前与有关部门和组织保持沟通，确认浮运时间路线并发布公告。

（2）浮运时确保航道水深足够及通航顺畅，护航船只充足且不阻碍公共交通。

（3）浮运后检查管节的水密性，管节内是否有渗漏并采取相应的补救措施。

（4）浮运时周围船只应保持对海面情况的观察，防止有海面漂浮物破撞管节，从而导致任何的管节破损，尤其是 GINA 止水带。同时，GINA 止水带端头需在浮运船队后方，防止因水流或任何碰撞而导致损坏。

4.6 管节二次舾装

4.6.1 将军澳临时寄泊点锚碇设计要求

1. 设计环境参数

当管节寄泊于将军澳湾临时寄泊点时，将暂时存放并进行二次舾装。4.2 节中已经叙述了锚点的设计环境的作用力为拉力 490kN，作用角度 6°，有效平均浪高 $H_{1/3}=3.5\text{m}$，有效海浪周期 $T_{1/3}=6.6\text{m/s}$，风速为 28.0m/s，以及水流速为 2 节。

海泥的假设性质包括：

密度为 $1.84\text{mg/m}^3=18\text{kN/m}^3$；

表观剪切角为 0°；

不排水抗剪强度为 4kPa 或 $1.73D$，D 为海泥深度。两者取大者。

2. 170t 锚点设计要求

假设锚点埋深为 3.5m，170t 的锚点设计包含有：稳定性设计，配筋，系泊拉环及吊环。具体设计方案示意图如图 4-61 所示。

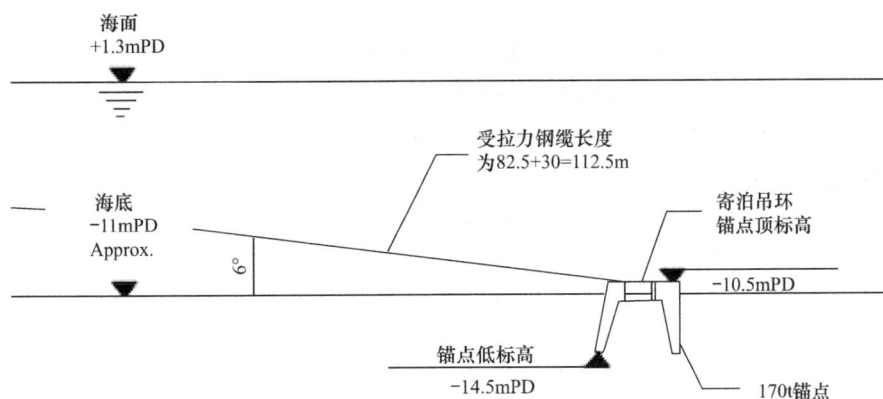

图 4-61　170t 锚点设计方案示意图

要求安全系数为：

F. O. S≥1.3，稳定性设计，依据香港地区土木工程拓展署出版的《港口工程设计守则》第四部分章节 4.3.1；

F. O. S≥3，铁链强度，参考 BS 6349-6 表 4；

F. O. S≥2.0，吊环强度。

此设计所采用的铁链为 $\phi73$ 的柱环节链，极限强度为 2800kN。

4.6.2　稳定性设计

1. 抗滑阻力

抗滑阻力如图 4-62 所示。

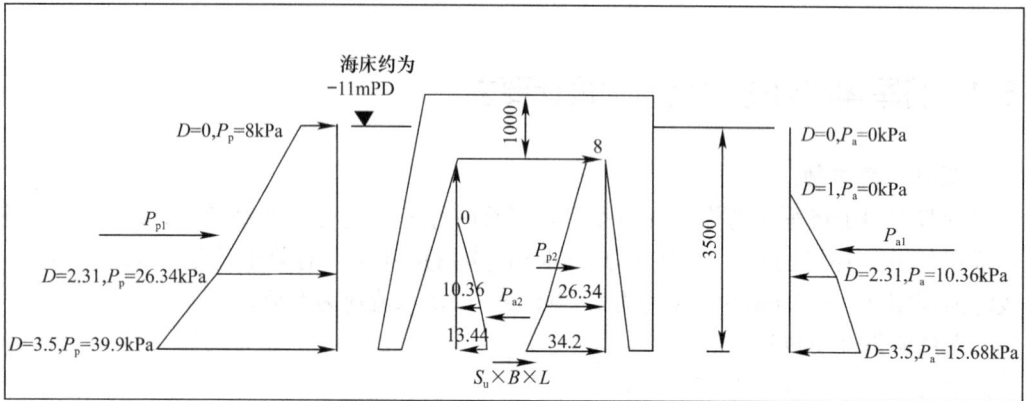

图 4-62　抗滑阻力作用分析图

主动土压力：

$$P_a = \gamma' D K_a - 2 S_u \sqrt{K_a}$$

被动土压力：

$$P_p = \gamma' D K_p + 2 S_u \sqrt{K_p}$$

其中：

$$\gamma' = \gamma - \gamma_w = 18 - 10.06 = 7.94 \text{kN/m}^3$$
$$S_u = 4 \text{kPa 或 } 1.73D \text{ 取大值}$$
$$K_a = K_p = 1, \text{当} \varphi' = 0°$$

代入当下情况，得出，

$$P_a = \begin{cases} 7.94D - 8 (D < 2.31\text{m}) \\ 4.48D (D \geqslant 2.31\text{m}) \end{cases}$$

$$P_p = \begin{cases} 7.94D + 8 (D < 2.31\text{m}) \\ 11.4D (D \geqslant 2.31\text{m}) \end{cases}$$

总和抗力（T_R）

$$T_R = F_o + F_i + F_B + F_S + F_W = (L_{p1} \times P_{p1} - L_{a1} \times P_{a1}) + (L_{p2} \times P_{p2} - L_{a2} \times P_{a2})$$

或$(S_u \times B \times L)$，取小值$+ S_{ub} \times A_b + \bar{S}_u \times A_s + \bar{\varepsilon}_u \times H^2$

式中　F_o——锚点外所受的总土压力；

　　　L_{p1}——在锚点外的平均长度上所受的被动土压力；

　　　L_{a1}——在锚点外的平均长度上所受的主动土压力；

　　　F_i——锚点内受的总土压力，$(L_{p2} \times P_{p2} - L_{a2} \times P_{a2})$ 或 $(S_u \times B \times L)$ 取小值；

　　　L_{p2}——在锚点内的平均长度上所受的被动土压力；

　　　L_{a2}——在锚点内的平均长度上所受的主动土压力；

F_B——底部黏连系数，$S_{ub} \times A_b$，其中 S_{ub} 是底部的不排水抗剪强度，$1.73 \times 3 = 5.19\text{kPa}$；$A_b$ 是底面积，11m^2。

F_S——侧方黏连系数，$\overline{S}_u \times A_s$；其中，$\overline{S}_u$ 是平均不排水抗剪强度，A_s 则是侧方表面积；

F_W——被动及主动楔形黏连系数，$\overline{\varepsilon}_u \times H^2$；

$$\overline{\varepsilon}_u = \frac{1}{H}\int_0^H \varepsilon_u dD = \begin{cases} \dfrac{1}{2.31}\int_0^{2.31} 8dD = 8\text{kN/m}^2, & D < 2.31\text{m} \\[2mm] \dfrac{1}{3.5-2.31}\int_{2.31}^{3.5} 3.46D dD = 10\text{kN/m}^2, & D \geqslant 2.31\text{m} \end{cases}$$

其中，$\varepsilon_u = 2S_u = 8\text{kPa}$ 或 $3.46D$，取大值。

则 $F_W = 8 \times 2.31^2 + 10 \times (3.5-2.31)^2 = 57\text{kN}$

H＝海床下的沉浸深度，设计假设为 3m。

考虑寄泊时因海浪水流而导致的潜在的管节旋转，所以共会有两种极限设计情况纳入考虑，如图 4-63 所示。

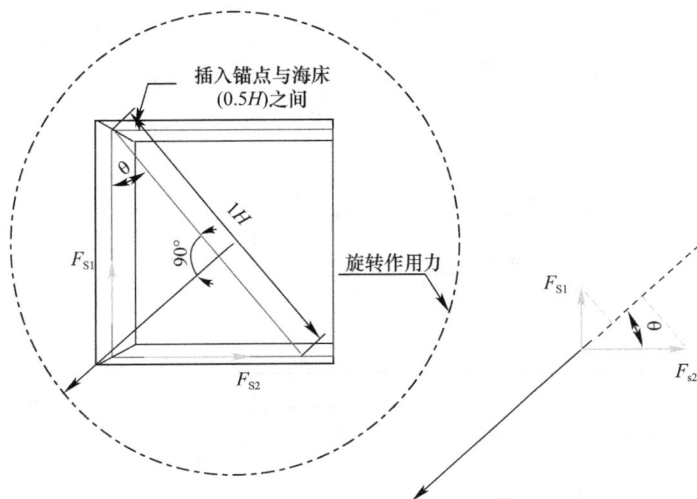

图 4-63 锚点作用力设计示意图

依图 4-63 所示，当 $\theta = 0°$ 时，被动土压力将降至最低，因为此时的寄泊拉力垂直与锚点的距离最短；当 $\theta = 45°$ 时，将会产生最少的侧方黏连系数，因为此时侧方的表面积最小。所以，总和抗力将在 $\theta = 0°$ 和 $\theta = 45°$ 的情况下分别计算。

当 $\theta = 0°$ 时，土压力受力情况分析如图 4-64 所示。

$L_{p1} \times P_{p1} = (8+26.34) \times 0.5 \times 2.31 \times 5.414 + (26.34+39.9) \times 0.5 \times (3.5-2.31)$
$\qquad \times 5.851 = 445\text{kN}$

$L_{a1} \times P_{a1} = (0+10.36) \times 0.5 \times (2.31-1) \times 5.539 + (10.36+15.68)$
$\qquad \times 0.5 \times (3.5-2.31) \times 5.726 = 126\text{kN}$

$L_{p2} \times P_{p2} = (8+26.34) \times 0.5 \times 2.31 \times 3.924 + (26.34+39.9) \times 0.5$
$\qquad \times (3.5-2.31) \times 4.799 = 345\text{kN}$

$L_{a2} \times P_{a2} = (0+10.36) \times 0.5 \times (2.31-1) \times 4.215 + (10.36+13.44) \times 0.5$
$\qquad \times (3-2.31) \times 4.799 = 68\text{kN}$

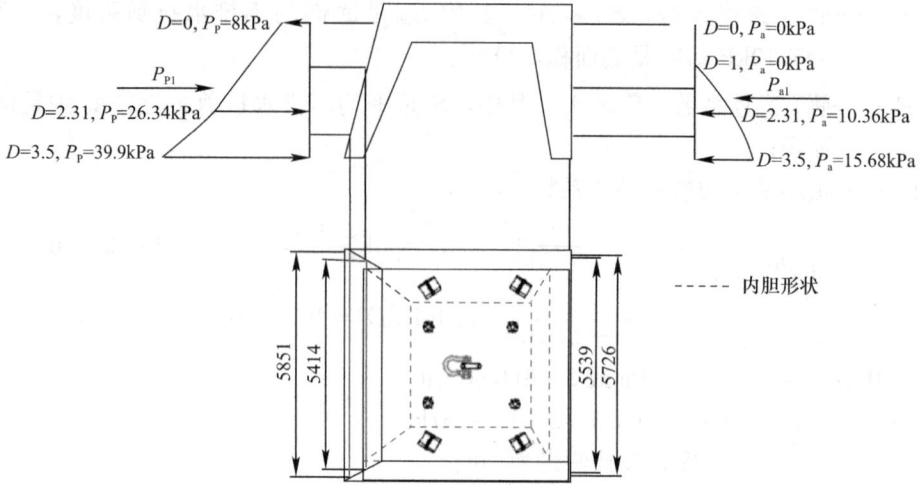

图 4-64　在 $\theta=0°$ 时锚点外的受力情况

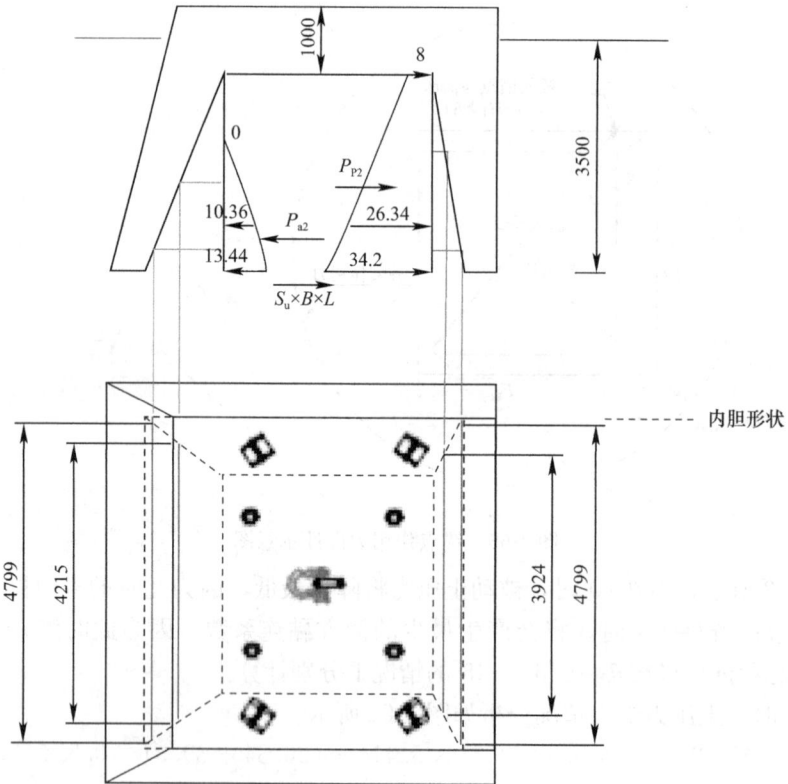

图 4-65　在 $\theta=0°$ 时锚点内的受力情况

综上所述，锚点内的总压力$=345-68=277$kN

同时，$S_u \times B \times L = 1.73 \times 3.5 \times 5 \times 5 = 151$kN，所以选择 $S_u \times B \times L$ 作为计算锚点内部泥土的抗拉力。

侧方黏连系数，如图 4-65 所示。

$$F_S = 4 \times 5.414 \times 2.31 \times 2 + (4+1.73 \times 3.5)/2 \times 5.851 \times (3.5-2.31) \times 2$$

$= 170kN$

则，总抗力$= (445-126) +151+170+57=697kN$

当$\theta=45°$时，则土压力

$$L_{pl} \times P_{pl} = (8+26.34) \times 0.5 \times 2.31 \times 5.414 \times \sqrt{2} + (26.34+39.9) \times 0.5$$
$$\times (3.5-2.31) \times 5.851 \times \sqrt{2} = 629kN$$

$$L_{al} \times P_{al} = (0+10.36) \times 0.5 \times (2.31-1) \times 5.539 \times \sqrt{2} + (10.36+15.68) \times 0.5$$
$$\times (3.5-2.31) \times 5.726 \times \sqrt{2} = 178kN$$

$$L_{p2} \times P_{p2} = (8+26.34) \times 0.5 \times 2.31 \times 3.924 \times \sqrt{2} + (26.34+39.9) \times 0.5$$
$$\times (3.5-2.31) \times 4.799 \times \sqrt{2} = 488kN$$

$$L_{a2} \times P_{a2} = (0+10.36) \times 0.5 \times (2.31-1) \times 4.215 \times \sqrt{2} + (10.36+13.44) \times 0.5$$
$$\times (3-2.31) \times 4.799 \times \sqrt{2} = 96kN$$

所以，锚点内的总压力$=488-96=392kN$

同时，$S_u \times B \times L = 1.73 \times 3.5 \times 5 \times 5 = 151kN$，所以仍然选择$S_u \times B \times L$作为计算锚点内部泥土的抗拉力。

侧方黏连系数

$$F_S = 4 \times 5.414 \times 2.31 \times 2 \times \sqrt{2} + (4+1.73 \times 3.5)/2 \times 5.851 \times (3.5-2.31)$$
$$\times \sqrt{2} = 120kN$$

则，总抗力$= (629-178) +151+120+57=842kN$

所以，安全系数为：（设计的锚点作用拉力为$490kN$）

F. O. S$=697/490=1.4>1.3$ 锚点抗滑系数符合设计要求！

2. 倾覆阻力

倾覆阻力设计如图 4-66 所示。

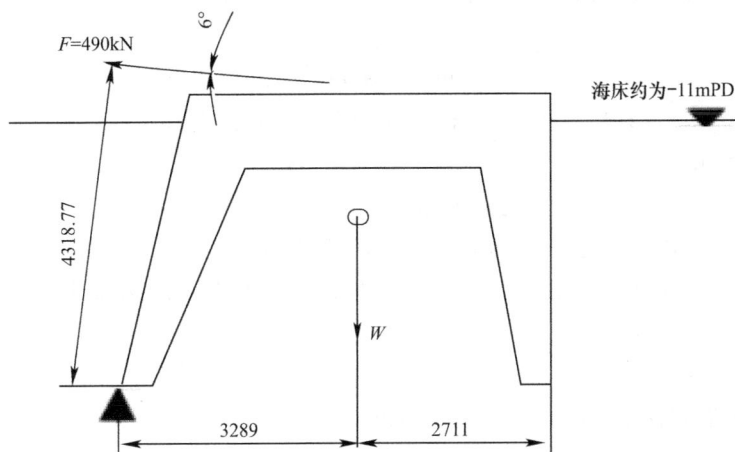

图 4-66 170t 锚点设计图

倾覆力矩$=490 \times 4.3=2107kN \cdot m$

锚点重量$=69.81 \times (24-10.06)=973.15kN$

同时，抵抗力矩为：

$$M_c = M_w + M_p + M_s$$

其中，

$$M_w = 锚点自重提供的抵抗力矩$$

$$M_s = 侧方黏连提供的抵抗力矩$$

（另外，底部和内部泥土抗剪力所提供的抵抗力矩为 0，因选择的分析原点的原因，其力臂为 0。）则，

$$M_c = 973.15 \times 3.289 + 8 \times 2.31 \times 5.625 \times \left(\frac{2.31}{2} + 0.69\right) + \frac{(26.34 - 8)}{2} \times 2.31$$

$$\times 5.625 \times \left(\frac{2.31}{3} + 0.69\right) + 26.34 \times 0.69 \times 5.625 \times \frac{0.69}{2} + \frac{(34.2 - 26.34)}{2}$$

$$\times 0.69 \times 5.625 \times \frac{0.69}{3} + \sqrt{2} \times 5.625 \times 3 \times \frac{24.8}{2} \times \frac{3}{2}$$

$$= 3200.7 + 191.8 + 174.0 + 35.3 + 3.5 + 443.9 = 4049.2 \text{kN} \cdot \text{m}$$

备注：为设计保险考虑，以上计算选用最小土压力和最小侧方黏连系数。

安全系数（F.O.S）$= 4049.2 / 2107 = 1.92 > 1.3$，所以锚点倾覆阻力符合设计要求。

4.6.3　锚点配筋计算

1. 顶板配筋

假设锚点内变为真空吸收泥浆填充，则顶板的作用力效果为：

$$水压力 = 10.06 \times (1.3 + 11.5) = 128.768 \text{kN/m}^2$$

$$自重 = 24 \times 1.0 = 24 \text{kN/m}^2$$

$$总负荷 \ n = 1.4 \times 128.768 + 1.4 \times 24 = 214 \text{kN/m}^2$$

根据香港地区土木工程拓展署出版的《混凝土结构作业守则》2004 版章节 6.1.3.3 所述，每单位长度中最大的设计力矩将依据下列公式进行取值：

$$m_{sx} = \beta_{sx} n l_x^2$$

$$m_{sy} = \beta_{sy} n l_y^2$$

其中，$\beta_{sx} = 0.031$；$\beta_{sy} = 0.024$（根据守则中表 6.6 得出）；

而 $l_x = l_y = 5 \text{m}$。

依据图 4-73 所示，最大设计力矩 $m_{max} = 166 \text{kN} \cdot \text{m/m}$

采用 Y20 高拉力钢筋，200mm 间距，双面捆扎（Y20-200EF）。其中，$A_s = 1571 \text{mm}^2 /\text{m}$，$f_y = 310 \text{MPa}$，钢筋采用英国标准 Hot Mild Steel Grade II

钢筋埋深：$d_c = 50 \text{mm}$；

截面宽度：$b = 1000 \text{mm}$；

钢筋拉力的有效深度：$d = 1000 - d_c - 20 - 20/2 = 920 \text{mm}$；

则，$K = \dfrac{m_{max}}{bd^2 f_{cu}} = 166 \times \dfrac{10^6}{(1000 \times 920^2 \times 30)} = 0.0065 \leqslant K' = 0.156$

所以，不需要压迫性钢筋并且力臂长度：

$$z = d\left(0.5 + \sqrt{0.25 - \frac{K}{0.9}}\right) = 0.99,但不可超过 0.95d。$$

所以，$z = 0.95d = 874$mm

同时，$A_s = \dfrac{m_{max}}{0.87 f_y z} = 166 \times 10^6 / (0.87 \times 310 \times 874) = 704$mm²/m

加入钢筋后，$A_s = 1571$mm²/m $\geqslant 704$mm²/m $\geqslant \min. A_s = 0.13\% bd = 1196$mm²/m
选用配筋符合设计要求。其中，顶板配筋计算所采用的作用力如图 4-67 所示。

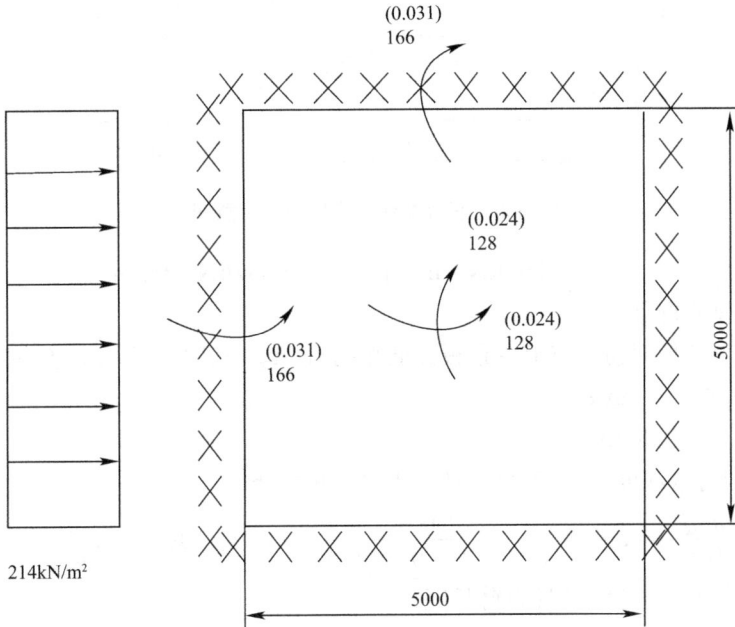

图 4-67 顶板配筋计算所采用的作用力示意图

2. 墙身配筋

墙身配筋所采用的作用力可根据图 4-68 所示进行计算。

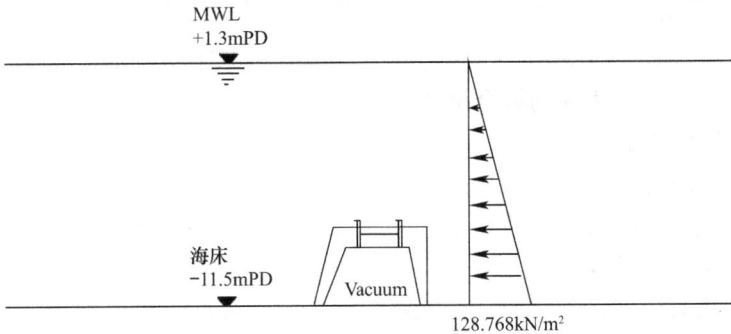

图 4-68 墙身配筋计算作用力示意图

假设锚点内变为真空吸收泥浆填充，则顶板的作用力效果为：

水压力 $= 10.06 \times (1.3 + 11.5) = 128.768$kN/m²

总荷载 $n = 128.768 \times 1.4 = 180.3$kN/m²

每单位长度的最大设计力矩根据下方公式得出：

$$m_{sx} = 0.0538 \times 3 \times 180.3 \times 3^2 = 262 \text{kN} \cdot \text{m/m};$$

$$m_{sy} = 0.0415 \times 5 \times 180.3 \times 3^2 = 337 \text{kN} \cdot \text{m/m};$$

依据图 4-69 所示，两方向最大的设计力矩为：

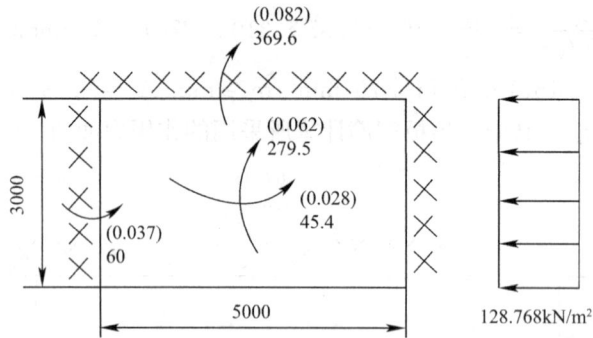

图 4-69　底板配筋计算作用力示意图

$$m_{\mathrm{maxx}} = 262\mathrm{kN} \cdot \mathrm{m/m}; m_{\mathrm{maxy}} = 337\mathrm{kN} \cdot \mathrm{m/m}$$

1）第一层垂直配筋：

采用 Y20-200EF 钢筋（与上方顶板配筋相同），A_{s}=1571mm^2/m，f_{y}=310MPa。

钢筋埋深：d_{c}=50mm；

截面宽度：b=1000mm；

钢筋拉力的有效深度：d=1000−d_{c}−20/2=940mm；

则，$K = \dfrac{m_{\max}}{bd^2 f_{\mathrm{cu}}} = 262 \times \dfrac{10^6}{(1000 \times 940^2 \times 30)} = 0.01 \leqslant K' = 0.156$

所以，不需要压迫性钢筋且力臂长度：

$$z = d\left(0.5 + \sqrt{0.25 - \dfrac{K}{0.9}}\right) = 0.99, 但不可超过 0.95d 。$$

所以 z=0.95d=893mm；

同时，$A_{\mathrm{s}} = \dfrac{m_{\max}}{0.87 f_{\mathrm{y}} z} = 262 \times 10^6 / (0.87 \times 310 \times 893) = 1088\mathrm{mm}^2/\mathrm{m}$

加入钢筋后，$A_{\mathrm{s}} = 1571\mathrm{mm}^2/\mathrm{m} \geqslant 1088\mathrm{mm}^2/\mathrm{m}$，且 $\geqslant \min. A_{\mathrm{s}} = 0.13\%bd = 1196\mathrm{mm}^2/\mathrm{m}$，所以锚点选用配筋符合设计要求。

2）第二层水平配筋：

采用 Y25-150EF 钢筋，A_{s}=3272mm^2/m，f_{y}=310MPa。

钢筋埋深：d_{c}=50mm；

截面宽度：b=1000mm；

钢筋拉力的有效深度：d=500−d_{c}−20−20/2=420mm；

则，$K = \dfrac{m_{\max}}{b d^2 f_{\mathrm{cu}}} = 337 \times \dfrac{10^6}{(1000 \times 420^2 \times 30)} = 0.00637 \leqslant K' = 0.156$

所以，不需要压迫性钢筋并且力臂长度：

$$z = d\left(0.5 + \sqrt{0.25 - \dfrac{K}{0.9}}\right) = 0.92, 但不可超过 0.95d。$$

所以 z=0.92d=388mm；

同时，$A_{\mathrm{s}} = \dfrac{m_{\max}}{0.87 f_{\mathrm{y}} z} = 377 \times 10^6 / (0.87 \times 310 \times 388) = 3222\mathrm{mm}^2/\mathrm{m}$

加入钢筋后，$A_s = 3272\text{mm}^2/\text{m} \geqslant 3222\text{mm}^2/\text{m}$，且 $\geqslant \min. A_s = 0.13\% bd = 1196\text{mm}^2/\text{m}$，所以锚点选用配筋符合设计要求。

4.6.4　二次舾装施工工艺流程

二次舾装是安装测量控制塔、吊驳、导向梁、千斤顶、导向滑轮组和人孔。

1. 临时寄泊

沉管出坞后会随即浮运至临时寄泊点，然后进行第二次舾装，一般需时 2～3d。以下是各步骤的要点和注意事项：

1）临时寄泊点的选择同时参考了多方面的要求，第一因预制干坞与隧址距离较长，为保证工程的顺利进展，规避意外情况的发生，二次舾装的临时寄泊点应选在航程接近一半的位置，方便浮运时间的掌控；其次，管节出坞后将再难返回干坞，所以当管节在出坞后至沉放前的时间段内突遇恶劣天气或其他意外情况需要暂缓施工的时候，临时寄泊点亦需要作为管节的临时避风港为管节提供庇护。综合考虑上述主要两点原因，沙中线项目选定将军澳作为临时寄泊点。

2）临时寄泊点的锚点将在第一条管节浮运前安装完毕。相关舾装构件则分别置于安全、可靠的地方保存。当管节浮运至临时寄泊点后，再由吊船/拖船分别运输至寄泊点进行安装。

3）管节在临时寄泊点时可用单锚点，优点是管节能自由旋转从而减少受水流和海浪的冲击影响，在恶劣的条件下保证沉管管节的安全性，但必须确保寄泊范围内无任何其他船舶寄泊，防止发生碰撞意外。如图 4-70（d）所示。

2. 安装测量控制塔

测量控制塔是管节沉放的关键组件，需要在二次舾装时安装。测量控制塔是由钢结构制作的，是管节浮运、沉管对接时的专用设备，控制塔 A 及控制塔 B 分别安装在沉管的前后两端，两座控制塔的设计制作高度尺寸根据沉管管节在水下的最深安装深度设计而确定。在两座控制塔上设有控制室，内均装有控制及测量仪器，满足管节浮运、沉放及拉合时的控制及测量要求。

此项目中，测量控制塔已提前在红磡工地制造并验收校准完成。并在待沉管节浮运至将军澳后，从红磡由船舶运来进行舾装。每条管节需要安装两个测量控制塔，每个测量控制塔顶有 3 个控制绞车，分别纵横控制沉管管节。前部测量控制塔更配置有控制室、发电机及液压设备，供应千斤顶及管节沉放所需的设备电力。如图 4-71 所示，安装测量控制塔主要需要如下步骤：

1）拆除原有管节顶部人孔管道；

2）拆除测量控制塔与运输船舶之间的固定钢丝绳；

3）由 230t 吊船吊装测量控制塔至指定管面测量控制塔基座预埋位置。

3. 吊驳安装

沙中线沉管隧道采用驳船吊沉法，也称浮箱吊沉法，进行沉管的安装。吊驳是为沉管管节沉放而布置于沉管管面的吊船，通过在吊驳上设置绞车，利用管节上定位钢索逐步控制管节压载，使得管节逐步下沉到预定位置。

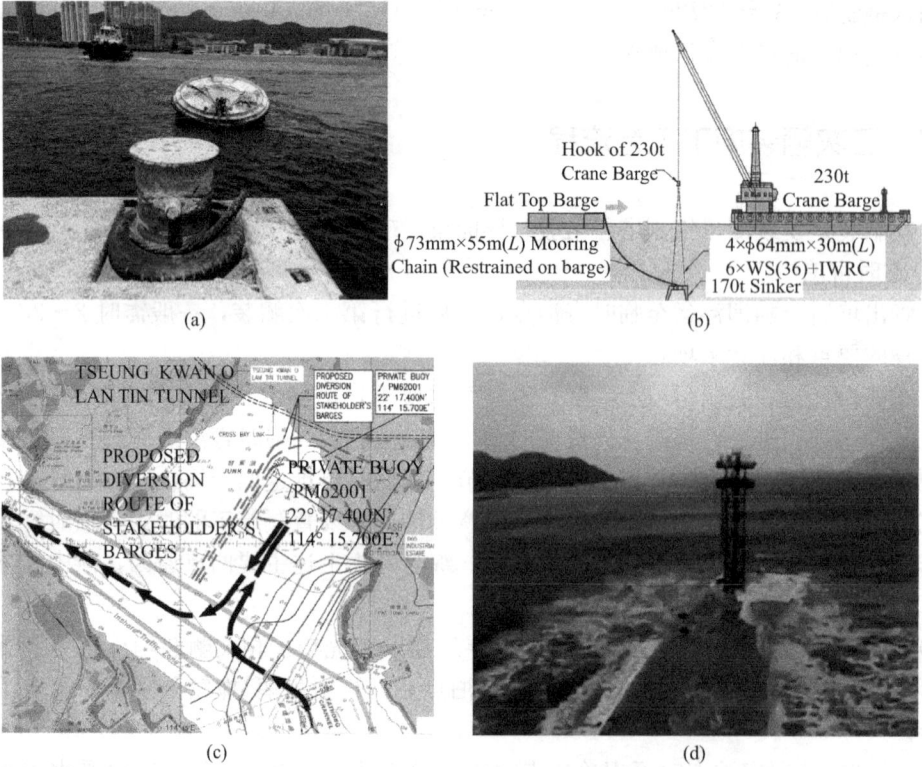

图 4-70　寄泊点

（a）临时寄泊点单锚点；（b）锚点安装示意图；（c）浮运路径及临时寄泊点；

（d）2017 年 6 月 12 日八号台风【苗柏】登陆香港地区时管节 E10 在临时寄泊点

　　通过舾装的吊点连接吊驳于管节，沉放时达到力的传输。在此项目中，每条管节共安装两个吊驳（一前一后），简单、方便地在沉放时控制管节下降的节奏和速度。两个吊驳一起，由一艘拖船拖至临时寄泊点进行二次舾装，安装要点如下：

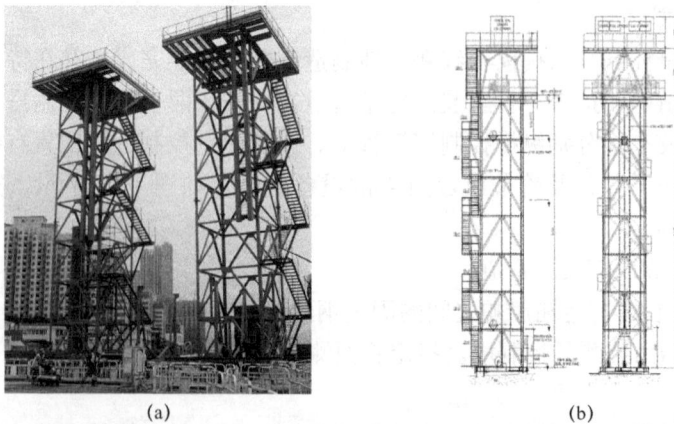

图 4-71　测量控制塔（一）

（a）双子测量控制塔在岸上建造；（b）测量控制塔设计图

(c)   (d)

图 4-71 测量控制塔（二）

（c）测量控制塔吊装至管面预埋基座位置；（d）测量控制塔吊装远景

1）解开浮运缆绳，由 230t 吊船吊起吊驳至管面指定位置；

2）吊驳安置后，连接管面所预埋的吊点，束缚加固吊驳，如图 4-72 所示。

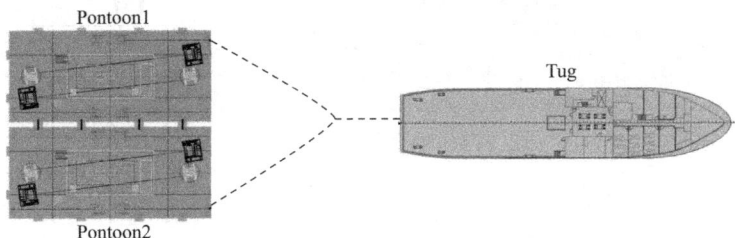

图 4-72 吊驳运输俯视图

4. 其余构件安装

其余舾装构件包括：导向滑轮组、千斤顶以及导向梁（架）；其中，导向滑轮组位于管面，分为双轮滑车（第一类）和单轮滑车（第二类），是为对管节进行纵向和横向位置调节；千斤顶是为在管节沉放中管节初步拉合时压紧 GINA 止水带；导向梁则是为在沉放时牵引沉放管节至已沉管节的装置。上述构件将同样由工程船运输至临时寄泊点，再由吊船辅助安装于管节顶面，如图 4-73～图 4-77 所示。

图 4-73 吊驳安装于临时寄泊点

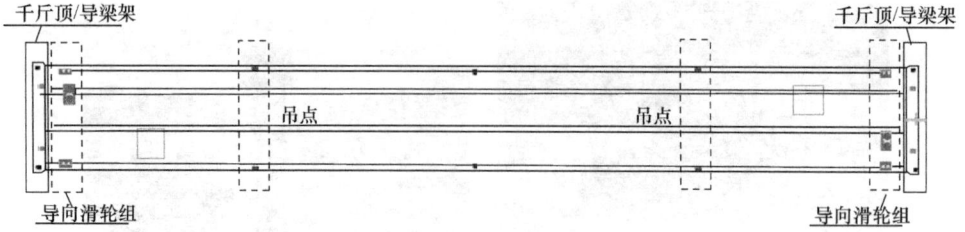

图 4-74　管节二次舾装布置俯视图

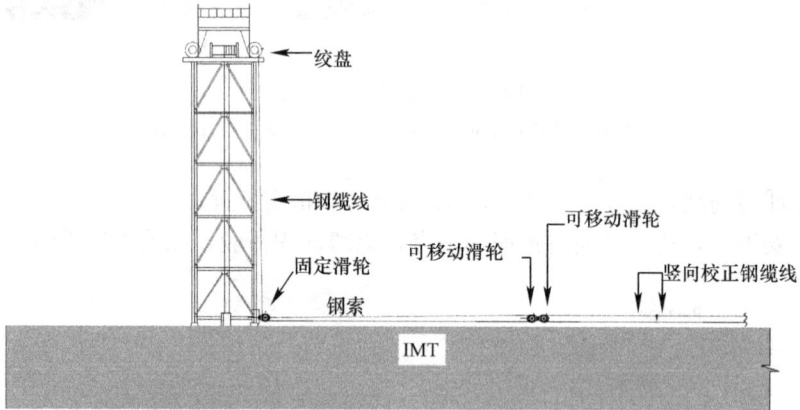

图 4-75　垂直调节系统截面图

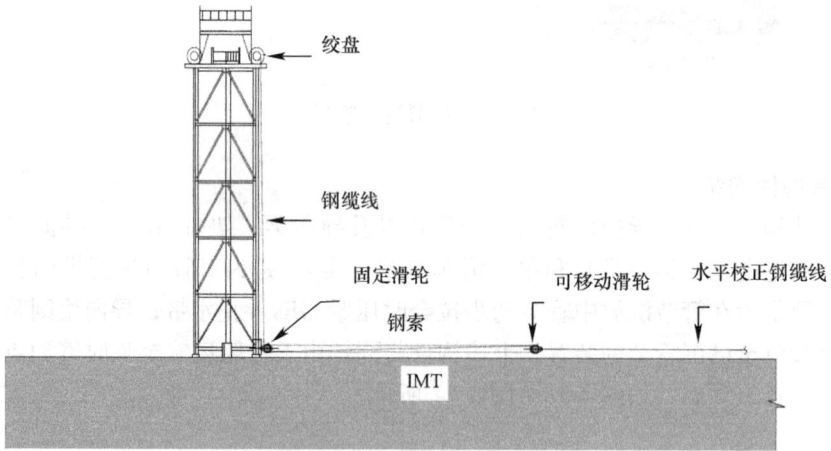

图 4-76　水平调整系统截面图

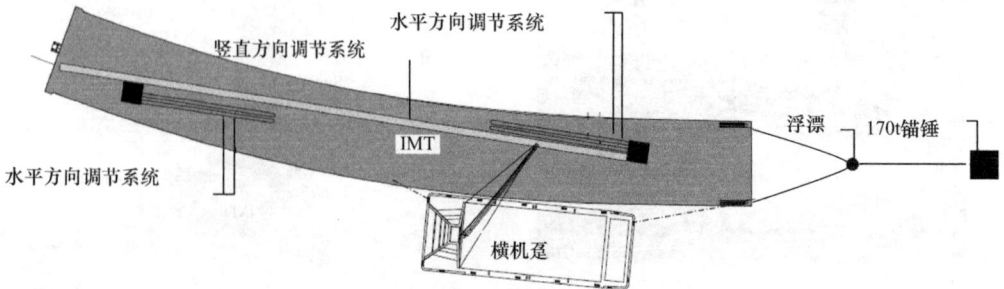

图 4-77　水平及垂直方向调节系统示意图

拉合千斤顶是钢结构构件,位于沉管管节表面,分别设在沉管管节首尾两端,各两套。沙中线沉管隧道采用两只75t的拉合千斤顶。沉放管节对接时与前一条管节的水平拉合座对接,完成拉合动作。千斤顶的拉力值需经设计确定,与GINA橡胶止水带的预压缩力以及总所需压缩厚度相关,千斤顶拉合行程为1～1.2m。千斤顶的液压控制系统位于测量控制塔的平台上,如图4-78所示。

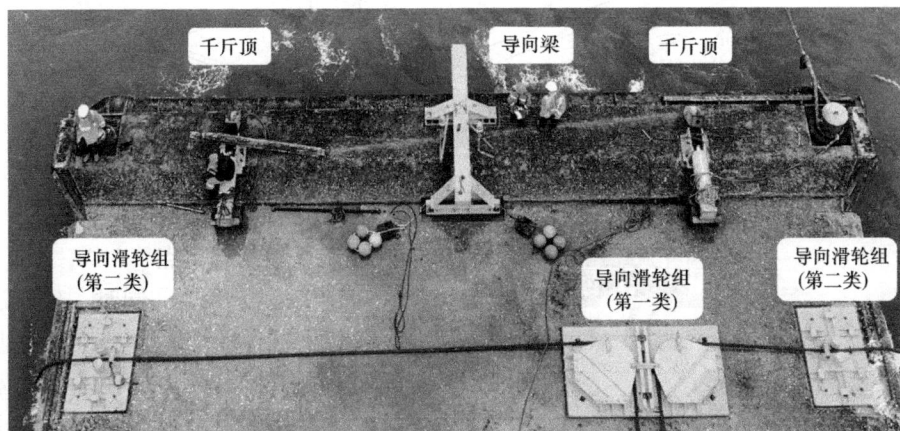

图4-78 二次舾装构件实景

5. 人孔安装

因沙中线沉管隧道项目整体考虑,沉管的第一条管节为E10,位于维多利亚港及铜锣湾避风塘交界处,并无陆地连接。出于管节沉放后的检漏需要,故安装特制长人孔一条,供人员临时出入。人孔将吊装至管节顶部预埋基座位置,用螺栓连接,如图4-79所示。

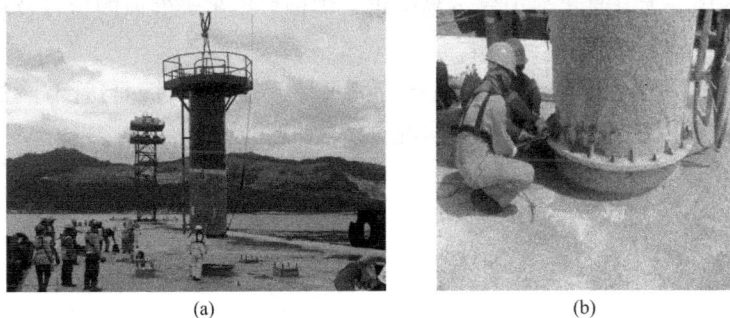

(a)   (b)

图4-79 人孔
(a) 吊装人孔;(b) 人孔连接至预埋基座

6. 三维测量关系网

利用吊船安装所有二次舾装的构件。当测量控制塔安装固定好后,测量人员对塔顶监测点和管节管面进行测量并建立三维测量关系网。关系网的建立需要借助管节内外本身已经设计的控制点,对两塔顶监测点的相对位置而建立模拟的管节的模拟二维定位模型。进而,通过测量控制塔顶的监测点就可得知沉管下沉时整条管节的即时位置,如图4-80和图4-81所示。

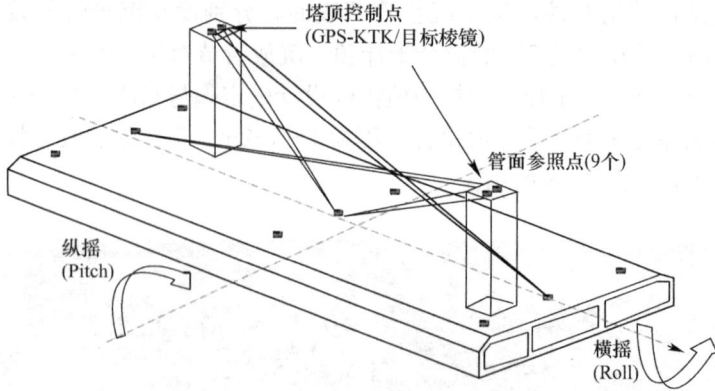

图 4-80　三维测量关系网理论图

图 4-81　校准三维测量关系网

7. 二次舾装质量控制要点

1）测量控制塔施工验收。同时，建造过程中锚固螺栓在管节顶板预埋位置要准确，预埋时应注意保护预埋锚固螺栓。安装过程中，锚固螺栓与螺母连接要按设计要求施加预紧力，防止螺母变松。沉管管节移动过程中，也应定时安排人手对螺母进行检查及保护工作。

2）对测量控制塔需进行防锈、防风及防雷措施。钢结构部分，尤其是测量塔与沉管管节连接部分需做好防锈处理，测量塔的钢结构表面应做防锈处理。测量塔一般高度超过沉管下沉最大水深，因此在海域中，尤其是雷暴天气下易引雷。需做好恶劣天气前的检查及疏散工作。

3）滑轮组及吊驳进行功能性测试。

4）测量控制塔于管节顶舾装完成后布置测量监测点；同时，与管节测量控制点相关联校准三维测量关系网，监控管节沉放实况。

第5章　基槽开挖及碎石垫层基础摊铺

5.1　沉管隧道水下基槽开挖

5.1.1　施工流程

沉管隧道水下基槽开挖施工流程如图 5-1 所示。

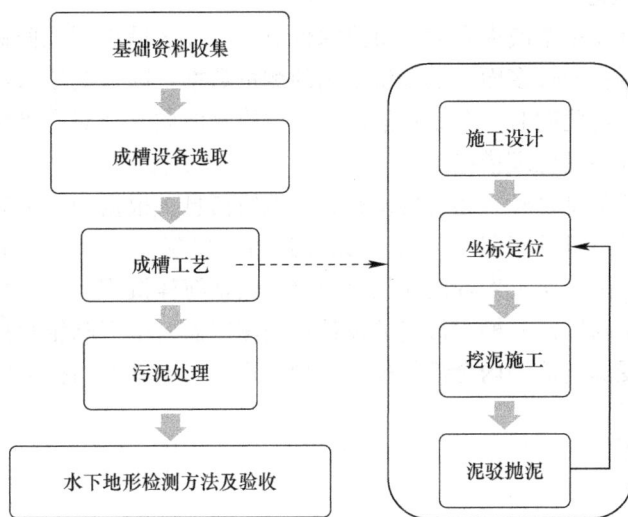

图 5-1　基槽开挖施工流程图

5.1.2　基础资料收集

1. 疏浚范围及总量

如图 5-2 和图 5-3 所示，香港地区地铁沙中线主要疏浚范围包括两部分：维多利亚港和铜锣湾避风塘。其中，桩号、总长度、设计的疏浚深度及疏浚总量如表 5-1 所示。

疏浚范围及总量　　　　　　　　　　　　　　　　表 5-1

疏浚范围	桩号	总长度（m）	基槽底高程（mPD）	疏浚总量（m³）
维多利亚港	U98＋400—U99＋750	1350	−16.5～−28.2	630000
铜锣湾避风塘	U98＋096—U98＋400	300	−18.8～−19.9	100000

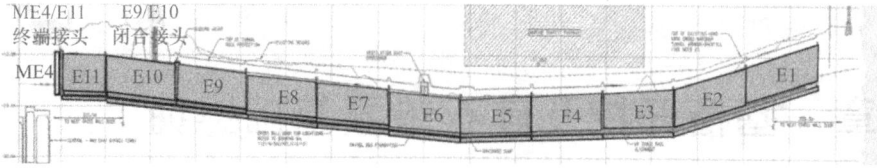

图 5-2　香港地区地铁沙中线过海隧道项目截面图

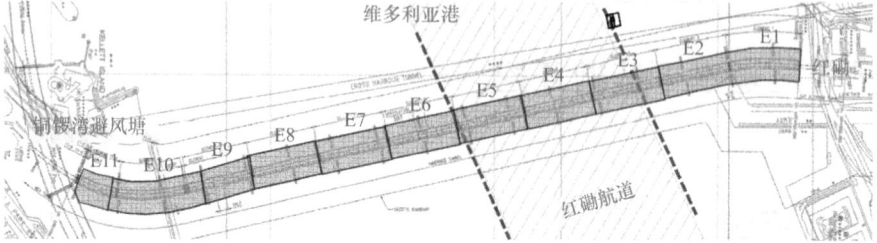

图 5-3　香港地区地铁沙中线过海隧道项目俯瞰图

2. 疏浚前海床信息

疏浚前，须组合使用单波束和多波束测深仪对此疏浚区域进行泥面标高测量。若因为水质浑浊或水中悬浮粒子过多而无法提供精确的测量数据，则需要读取提升铁索的长度对海床深度进行测量。与此同时，开始疏浚前应抽样检测泥质，并对有毒物质含量不同的海泥进行针对性的特殊污泥处理措施。

除收集环保相关信息之外，亦需要调查收集地质信息。根据初步地质评估报告所示的海床泥质信息，并且沿隧址每隔 10～25m 采样进行圆锥触探试验，详细验证地质信息以及不同泥质的相应范围。所有发现的松软沉积物，包括海洋沉积物、海相黏土及人工沉积物，都需要移除并重新铺设基槽。最终的设计疏浚深度需要根据圆锥触探试验的结果来确认，确保移除隧道受影响范围内全部松软沉积物，避免影响基槽的稳定性。

5.1.3　基槽设计

基槽设计的标准基于百年一遇的风暴潮或者高水位。如图 5-4 所示，基槽的底面宽度为隧道管节的宽度每边各多挖 2m，共计 22m。边坡斜度为 1：2（海底污泥或黏土）或 1：1（完全风化花岗岩）。

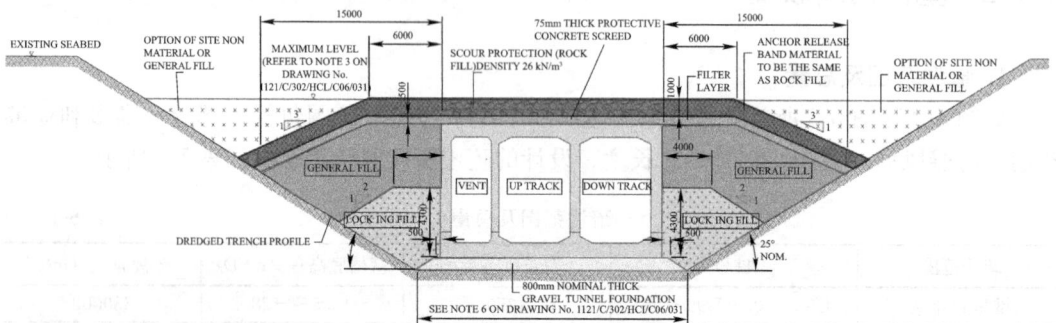

图 5-4　典型基槽剖面图

根据前期勘测所获得海床各土壤层的相关数据，如表 5-2～表 5-5 所示，分别列举各类别土体密度、强度参数、弹性模量等，基槽边坡的稳定性可通过模型进行分析。

土体密度　　　　　　　表 5-2

土体类别	土体密度（mg/m³）			设计值 (mg/m³)
	最大值	最小值	平均值	
填土（fill）	2.15	1.62	1.89	1.99
人工沉积土 (Anthropogenic Deposit)	2.02	1.33	1.72	1.88
粉质/黏土海洋沉积 (Silt/Clay Marine Deposit)	1.88	1.41	1.74	1.84
砂质海洋沉积 (Sand Marine Deposit)	2.04	1.42	1.83	1.91
粉质/黏土冲积层 (Silt/Clay Alluvium)	2.17	1.69	1.95	1.97
砂质冲积层 (Sand Alluvium)	2.20	1.87	2.05	2.11
全风化花岗岩 (Completely Decomposed Granite)	2.19	1.79	1.95	2.00

土体强度参数　　　　　　　表 5-3

土体类别	排水 (Drained)		不排水 (Undrained)
	黏聚力 c' (kPa)	有效内摩擦角 φ' (°)	黏聚力 c_u (kPa)
填土	0	32	—
人为沉积	0	28	4kPa 或 $0.22\sigma'_v$ 其中取较大值[#]
粉质/黏土海洋沉积	0	30	4kPa 或 $0.22\sigma'_v$ 其中取较大值
砂质海洋沉积	0	32	—
粉质/黏土冲积层	0	30	20kPa 或 $0.22\sigma'_v$ 其中取较大值
砂质冲积层	0	33	—
全风化花岗岩	5	35	—

（$0.22\sigma'_v$ Yeung，2001）

[#] 估算 σ'_v 时，人为/海洋沉积和冲积层土体密度分别为 1.8mg/m³ 和 1.9mg/m³。相较 Yeung at al，2001 建议的 0.30，采用保守系数 0.22。

土体弹性模量　　　　　　　表 5-4

土体类别	标准贯入测试 N 值			系数 f_E (MPa) $=f\times N$
	下限值	设计值	上限值	
人工/海洋沉积	$D<2$，$N=3$ $D>2$，$N=D+1$	$D<2$，$N=5$ $D>2$，$N=1.08D+2.9$	$D<2$，$N=10$ $D>2$，$N=1.28D+7.4$	1.0
冲积层 (U98+100－U98+285)	$D<5$，$N=5$ $D>5$，$N=0.26D+3.7$	$D<5$，$N=7$ $D>5$，$N=0.26D+5.7$	$D<5$，$N=9$ $D>5$，$N=1.36D+5.4$	1.0

续表

土体类别	标准贯入测试 N 值			系数 $f_E(MPa)=f \times N$
	下限值	设计值	上限值	
冲积层 (U98+285— U99+760)	$D<5$, $N=8$ $D>5$, $N=0.56D+7.2$	$D<5$, $N=14$ $D>5$, $N=0.75D+10.2$	$D<5$, $N=22$ $D>5$, $N=1.12D+16.4$	1.0
全风化花岗岩	$N=0.5D+30$	$N=0.65D+39.9$	$N=1.38D+50.6$	备注

备注：针对全风化花岗岩标准贯入测试 N 值相对应系数如下。

土体的标准贯入 N 值与相关系数　　　　表 5-5

标准贯入测试 N 值（全风化花岗岩）	相关系数 f
<20	1.0
$20\sim50$	1.1
$50\sim100$	1.4
$100\sim200$	2.0
>200	2.0

　　结合以上相关土体系数，可利用 Slope/W 软件建立模型，基于 Morgenstern-Price 法分析海底开挖基槽边坡稳定性。边坡属于临时性质，要求的安全系数不小于 1.2。

　　再根据基槽设计，利用土体分析软件 Plaxis 2D AE 分析周围海床可能产生的沉降和位移，以此评估对邻近构筑物的影响，例如现有正在使用的红磡海底隧道。通过计算分析得知，海底基槽开挖对邻近红隧可能产生的位移影响很小，如下列若干分析图（图 5-5～图 5-9）所示。

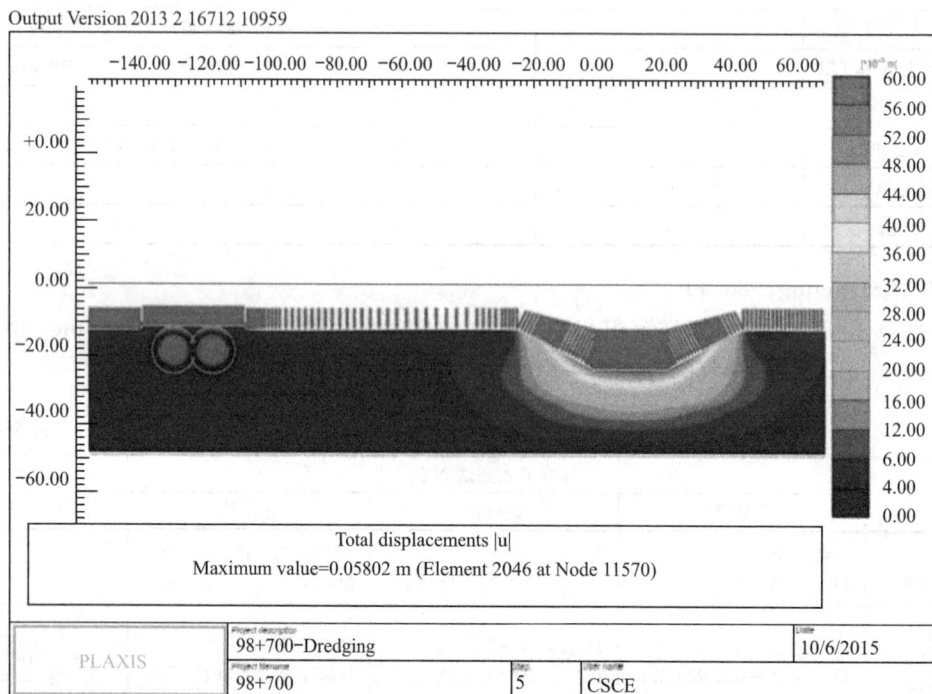

图 5-5　土体矢量位移

Output Version 2013 2 16712 10959

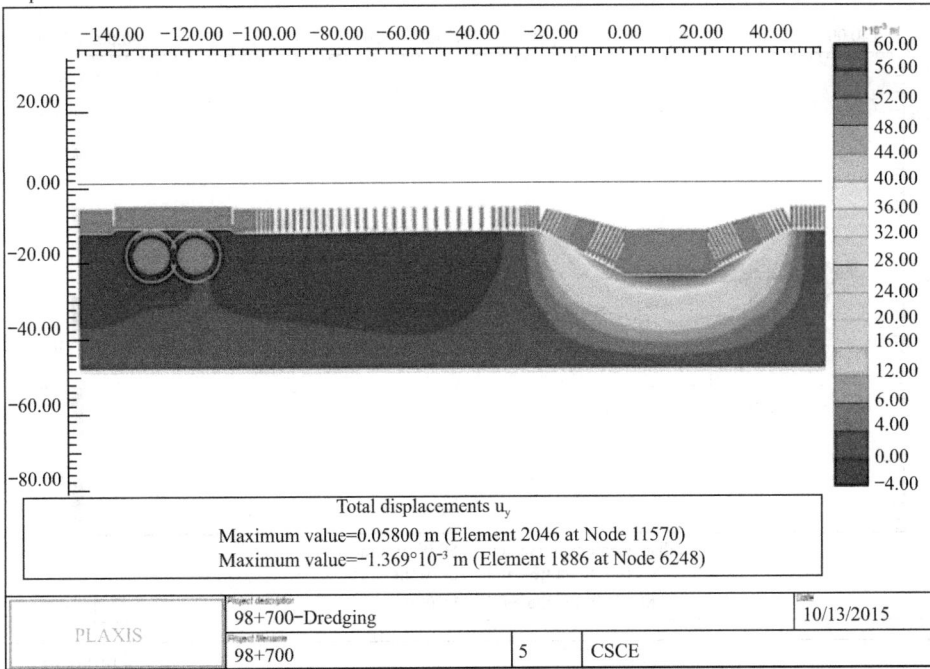

Total displacements u_y
Maximum value=0.05800 m (Element 2046 at Node 11570)
Maximum value=-1.369×10^{-3} m (Element 1886 at Node 6248)

PLAXIS	Project description 98+700−Dredging			Date 10/13/2015
	Project filename 98+700		5	CSCE

图 5-6   土体竖直位移

Output Version 2013 2 16712 10959

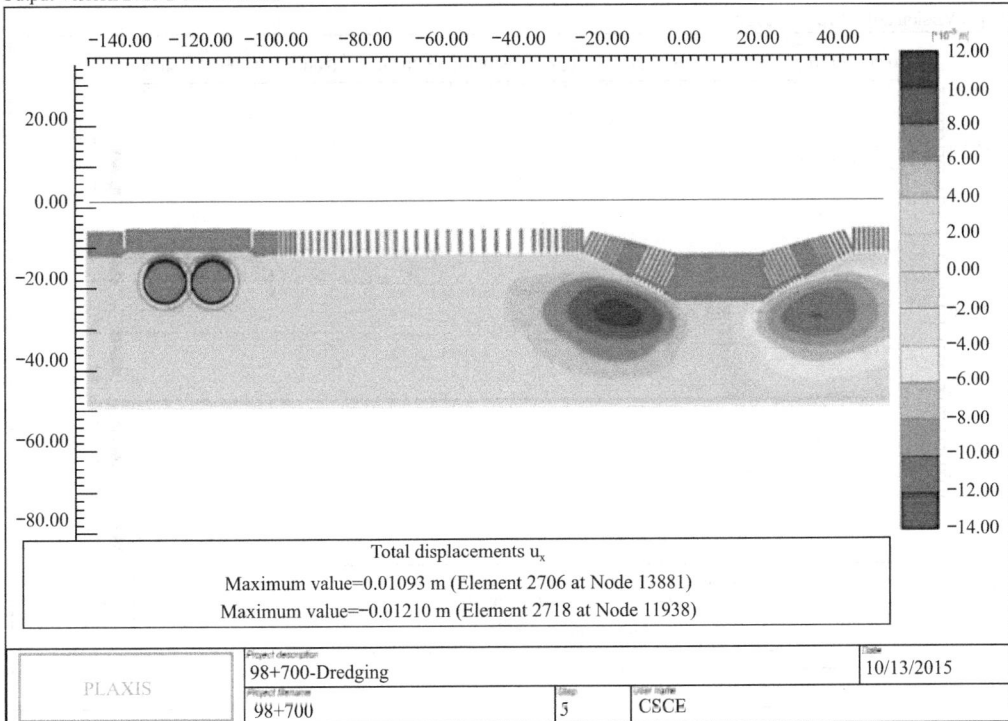

Total displacements u_x
Maximum value=0.01093 m (Element 2706 at Node 13881)
Maximum value=-0.01210 m (Element 2718 at Node 11938)

PLAXIS	Project description 98+700-Dredging			Date 10/13/2015
	Project filename 98+700		Step 5	User name CSCE

图 5-7   土体水平位移

Output Version 2013 2 16712 10959

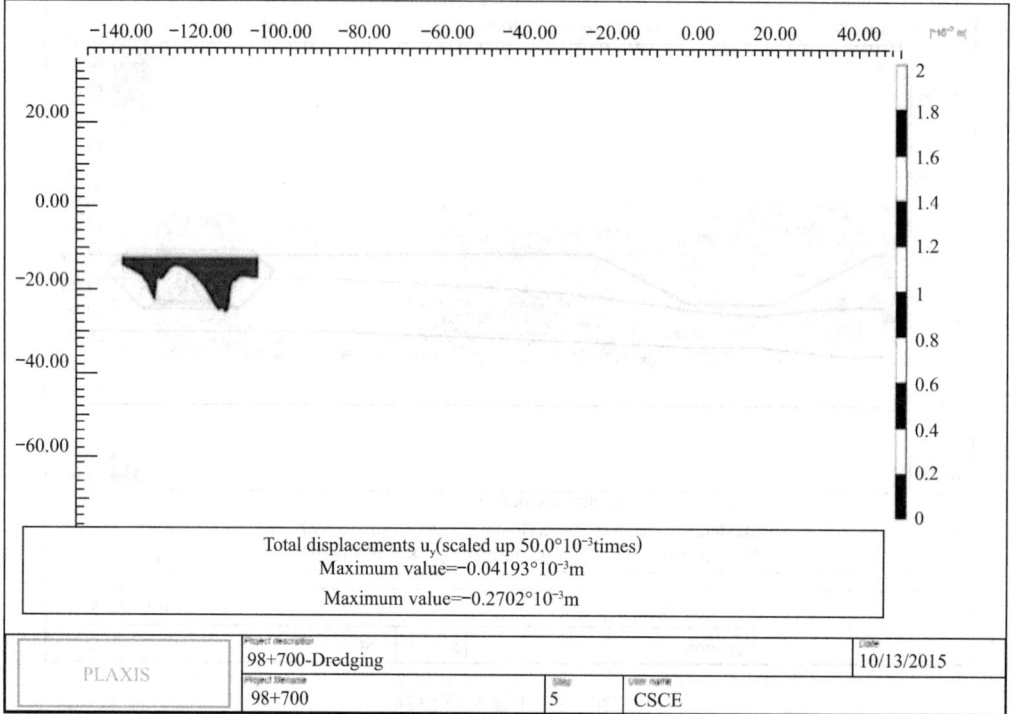

图 5-8　红隧竖直位移

Output Version 2013 2 16712 10959

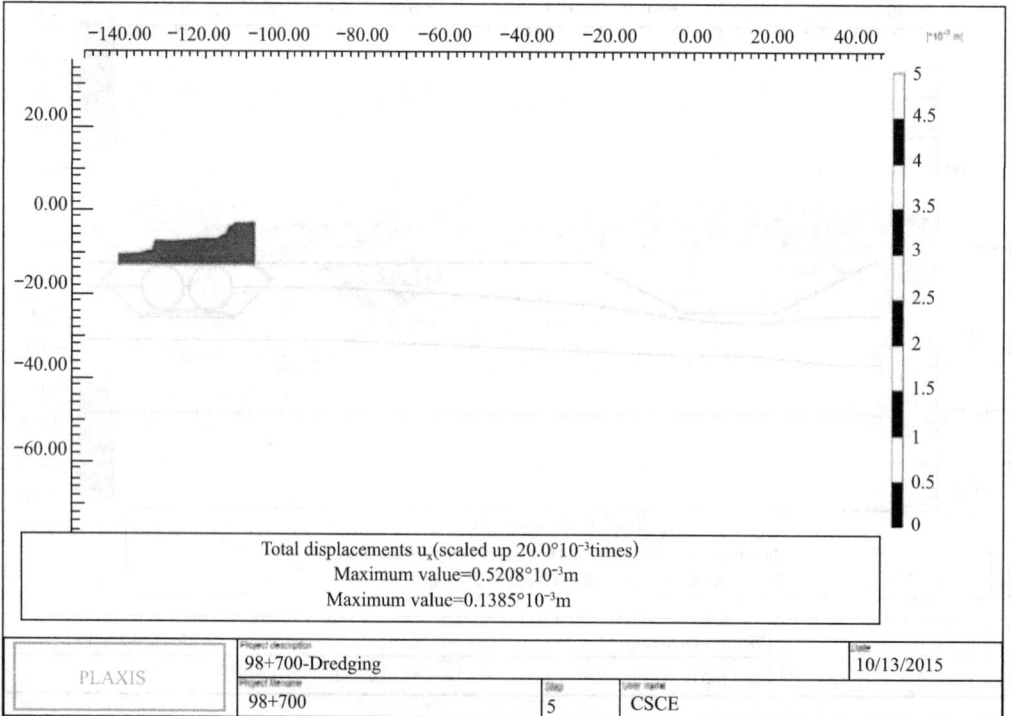

图 5-9　红隧水平位移

5.1.4 成槽设备选取

1. 挖泥船的选择

疏浚工程的质量取决于挖泥船的选择。在除项目环境许可证所订明的要求之外，通过进行各方面的综合对比之后，选择抓斗式挖泥船进行作业，其中的原因包括：

1）沉管工程疏浚范围大、挖泥深度多变且需要抗风浪作业，抓斗式挖泥船装备灵活、置换简便，可应付复杂的天气及水文情况，满足施工要求。

2）依据开工前的环评报告，疏浚地区的海泥中部分包含有有毒化学物质而需要密封处理或特殊的污泥处理方法，因此，选择抓斗式挖泥船可以保证挖泥的封闭性，从而避免污泥散逸。

3）本工程疏浚范围为长条状，基槽底宽为 22m。若采用耙式或其他挖泥船，基槽质量难以达到要求且不好控制。

4）抓斗式挖泥船虽然相对效率不突出，但针对本工程狭长且复杂的作业区域情况，易于采用分区、分段施工，有助于提升疏浚效率。

挖泥船的抓斗亦应该根据不同的泥质、挖泥深度、抓斗斗高及张斗宽度等因素而确定，主要依据以下原则：

1）污泥土软塑黏土，松散砂，选用斗容较大的轻型平口抓斗；

2）可塑黏土、中等密实砂，选用中型抓斗；

3）硬塑黏土、密实砂、中等密实碎石，选用重型全齿抓斗；

4）风化岩密实碎石，选用重型抓斗，如图 5-10 所示。

图 5-10　重型抓斗

2. 泥船锚缆系统配置

挖泥船作为施工专用船舶，对其锚缆系统的要求也与其他船舶不一样，主要体现为：抓斗反复移动，导致船体重心不断变化，并且需要锚缆抵抗风力及水流，以满足施工要求；同时，亦需考虑靠泊泥驳的需求。在本地铁沙中线工程中，抓斗挖泥船靠抛锚定位并以收放锚缆纵向移动。在易受潮汐影响的水域，疏浚船可在船首抛 3 只锚，船尾抛两只锚。当水流速较大时，船尾亦可以抛 3 只锚以稳固船只，避免水流对施工的影响。在不受潮汐影响的水域施工时，如当流速较大又逆流开挖时，可在船尾抛 3 只锚，船首抛八字锚。另外，锚缆需注意不能抛至现有"红磡过海隧道"的回填保护石层上，如图 5-11 所示。

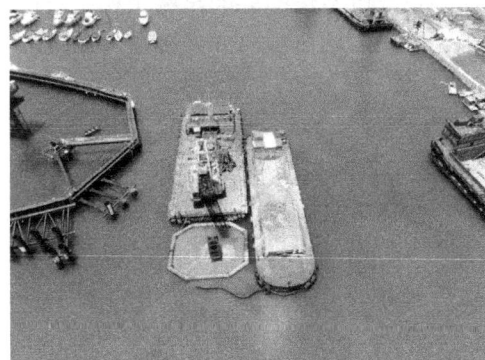

图 5-11　抓斗式挖泥船挖泥现场
（使用污泥屏障）

5.1.5 成槽工艺

1. 挖泥施工设计

施工采用分区、分段进行。隧道穿越香港维多利亚海港和铜锣湾避风塘,以连通九龙岛及香港岛,所以疏浚工程的范围包括横跨维港航道及避风塘防波堤。为减小对公共航道及避风塘的影响,如图 5-12 所示,维多利亚港区域又分为 9 段,分别对应 9 段管节。其中,又依据半幅通航、半幅施工的航道疏导方案,分两个区块施工。每个区域分两层开挖,确保区域之间衔接无浅点。

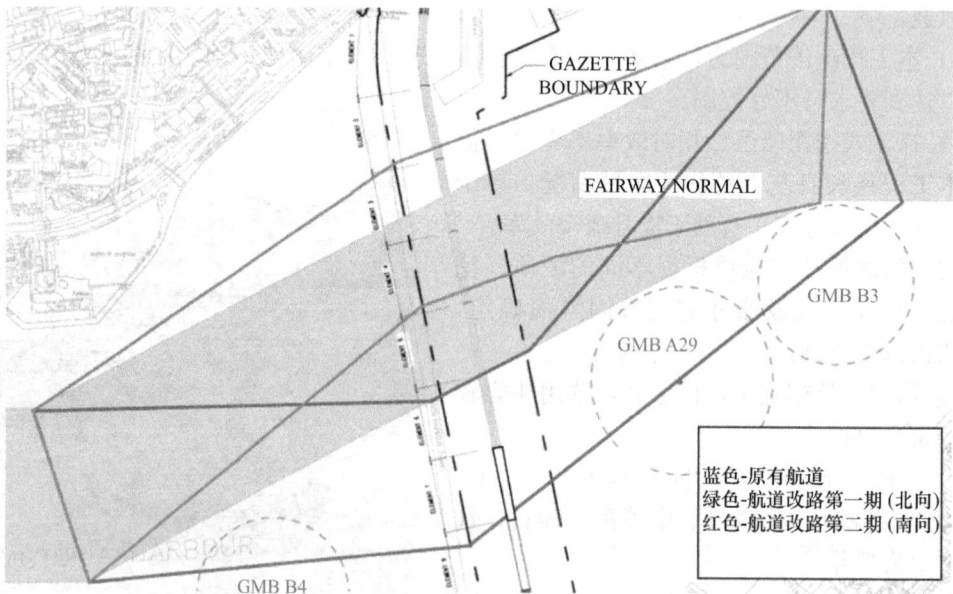

图 5-12 航道改路示意图

同时,在分区、分段之余,亦需要布置挖泥施工网格。挖泥施工网格的确定应参考各个方面。其中,挖泥区的整体形状应尽量均匀分布,主要依据"先纵移挖长,再横移挖宽"的方针。网格的大小亦需要依据抓斗开合的方向和尺寸以及挖泥船的吊臂工作半径而决定,以确保挖泥船的锚位可以覆盖整个网格。其中,铜锣湾避风塘内的疏浚施工网格如图 5-13 所示。

2. 坐标定位

因本工程疏浚区域位于海上,用常规的全站仪等测量手段无法完成定位,为此采用 GPS-RTK 系统进行作业。GPS 天线装于吊杆顶部。挖泥船控制室内装备有 Hypack 海上测量系统,在工作时持续显示挖泥船的实时坐标。另外,挖泥船同时装有差分全球定位系统(DGPS)软件 Trimble DSM-2121,以辅助校正基槽的距离偏差,如图 5-14 所示。

3. 挖泥船挖泥施工

施工时要先校准海上定位系统,确保抓斗的显示位置在显示屏的正中心,方便控制调校。并且，确保抓斗左右旋转，可以达到当日工程安排的边界线，保证挖泥船位和施工区域的重合及边坡施工的准确性，避免超宽、超挖。

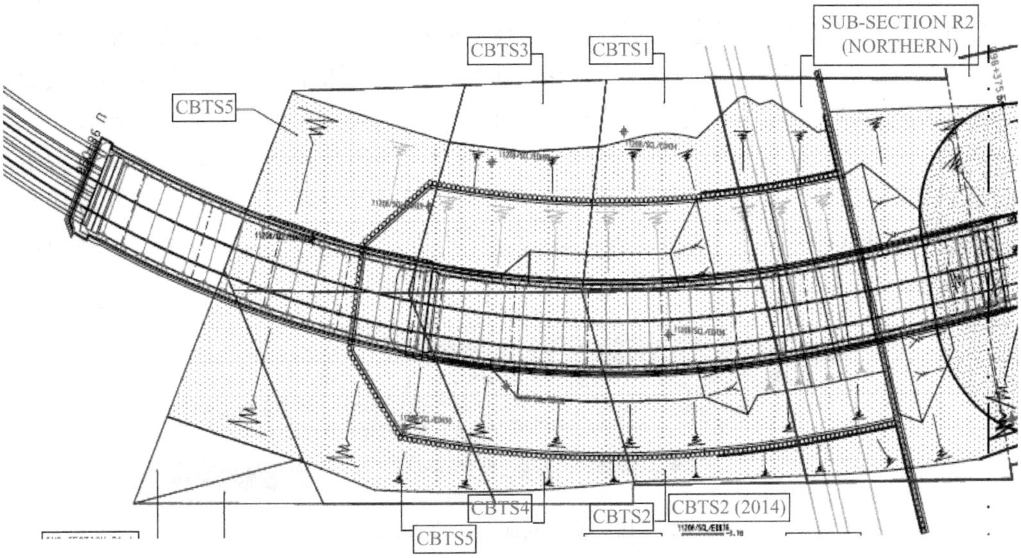

图 5-13　挖泥网格（铜锣湾避风塘）

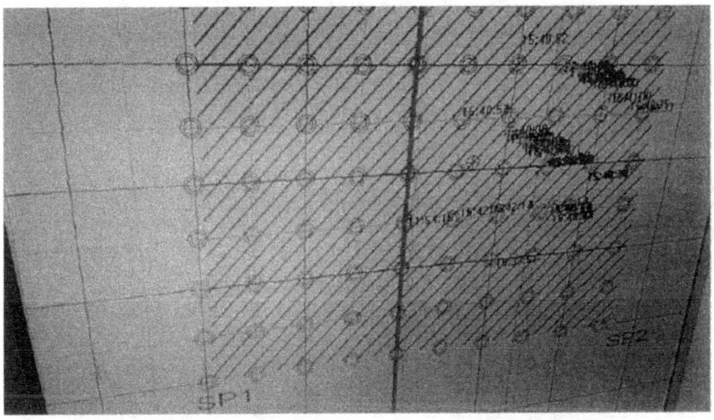

图 5-14　Hypack 实时导航软件

因逆流开挖时抓斗容易被水流影响进而冲入船底，会导致提起时碰撞船身而造成事故。所以，疏浚船的挖宽须取决于吊杆可伸出的幅度。当水流湍急时，挖宽可约等于船的宽度。每两个抓斗挖坑之间的重叠量约为抓斗宽度的 1/3～2/3。每一次抓斗挖泥的最大厚度，由抓斗的开口宽度和疏浚泥质决定，如图 5-15 所示。

挖槽长度超过疏浚船一次抛锚所能开挖的长度时，应分段施工；分段施工的长度取

图 5-15　抓斗式挖泥船施工

决于艢边缆长度和水流流向，顺流施工取艢边缆起始长度的 75%，逆流施工取艢边缆起始长度的 60%。

挖槽宽度大于疏浚船的最大挖宽时，应分条施工；分条最大宽度不应超过疏浚船吊机有效工作半径的 1~2 倍；流速大的深水挖槽施工或在浅水区施工时，分条最小宽度应满足疏浚船作业与泥驳绑靠的水域要求。疏浚区泥层厚度超过抓斗一次能开挖的厚度或受水位影响乘潮施工时，需要分层施工。当挖一次不能满足所需挖深时，可继续挖第 2、3 层，直至符合要求为止；但是，需要防止超深过多。同时，因环保条例规定，当疏浚遇到不同泥质时，应考虑采取分层施工，更有利于分类处理淤泥及沉积物。为使每一抓斗的切割量等于最大充泥量（即正好满斗时），可采取增加抓斗质量或控制抓斗开口宽度等措施，如图 5-16 所示。

图 5-16　疏浚断面分阶段解析图

疏浚工程大体可分为两阶段，其中包括基槽疏浚及最终整平。第一阶段，基槽疏浚将挖出大致的管节基槽，仅保留最后 1m 泥；在第二阶段时，准备铺设基槽底石料前挖走并整平，以防回淤。

另外，施工前必须在挖泥处安装污泥屏障（环保架），以防止污泥散逸，如图 5-17 所示。

图 5-17　污泥屏障（环保架）

正式疏浚开始前，亦需进行试验性施工，以检测施工方法及成槽质量是否满足要求。在总结各方面的发现并改善后，方可进行正式的大规模疏浚工程。

疏浚施工中，除抓斗的大小之外，泥驳的配置亦是影响整体疏浚效率的重要因素。沙中线工程中所用泥驳装载量为 500m³（约 1400t）。最高峰期，在挖泥量不受限制的情况下，每日可挖泥将近 2000m³（3~4 船）。经过策划计算，每日需至少搭配三只泥驳，方可满足最大化抓斗式挖泥船的疏浚效率。同时，随着挖泥深度的加深，泥质的变化或挖掘边坡等相对复杂的工序，亦会使挖泥的效率有所减小，可随之减少泥驳的配置。

5.1.6 回淤处理

整体疏浚工程分为两个阶段。第一阶段基槽大致成槽后（距离设计疏浚深度大约 1m 时），将暂停疏浚或移至下一疏浚网格作业，直至管节沉放前一个月；第二阶段的疏浚在管节沉放前一个月进行，为最终整平工程。首先，需清理距离第一阶段完成至此时累计的回淤，再继续最后 1m 深的基槽疏浚。基槽验收完成后，将立即进行碎石基础摊铺。如此分两阶段进行疏浚，可以有效避免回淤过量且保证基槽成槽达到设计标高。

依据多波束回声基槽测深结果，综合监测点的数据收集情况，预估基槽内回淤的速率。在考虑清淤效率的前提下，提前于第二阶段疏浚（最终平整）开始前进行多波束回声测深，辅以潜水员水下监测基槽内的回淤情况，如图 5-18 所示。如淤积泥层超出以下所描述的厚度就需要清理，以确保不会对隧道管节沉放后的结构稳定性（固结沉降）造成负面影响，其一：于铺设碎石基础前不可厚于 100mm 或以上；其二，于管节沉放前不可回淤超过 80mm 或以上。

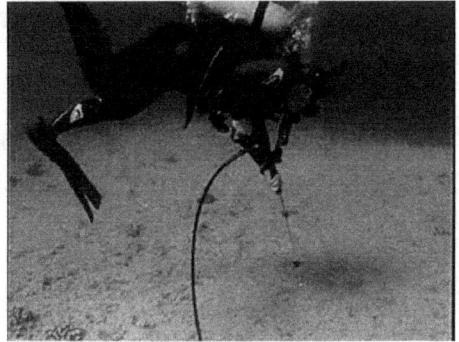

图 5-18　潜水员水下检查基槽情况

清理回淤泥的步骤大致如下：

1）在待疏浚区域进行多波束回声测深，探明回淤范围；

2）移动自动碎石基础摊铺机（图 5-19）和其他相关工作船只至清淤区域上方；

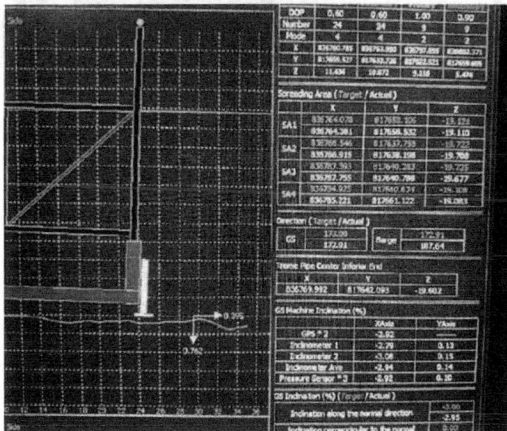

图 5-19　自动碎石基础摊铺机及摊铺斗

3）输入已知的待清区域的 x-y 坐标至自动碎石基础摊铺机的相关定位系统内；

4）如图 5-20 所示，工程人员操作自动碎石基础摊铺机下方的摊铺斗，以将其移动并定位至上述所输入的 x-y 坐标位置；

5）如图 5-21 所示，工程人员启动设置于自动碎石基础摊铺机上的电泵，以抽取海水并注入排放斗中，利用电泵的加压动力将水流强力冲下至海床表面，以冲走淤积泥层；

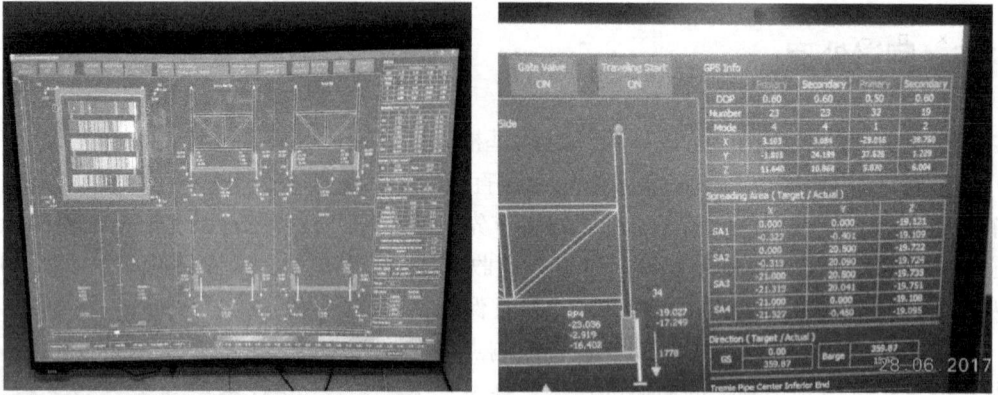

图 5-20　自动碎石基础摊铺机操作监控系统

6）清理时，透过附设于自动碎石基础摊铺机的水底监视器来观察海床淤积泥层的状况，如图 5-22 所示。如经过 10min 的冲刷仍未达标，则需考虑加大马力或其他辅助方法，直至淤泥已经清理为止。

图 5-21　电泵喷射海水冲洗回淤

图 5-22　实时监控清淤情况

7）完成清理后，派遣潜水员于清理后的海床位置再抽取土质样本检查，并确认淤泥及其他可能的回淤泥层已经被清理，方可继续进行最终平整和后续的碎石基础铺设工序。

5.1.7　淤泥处理

1. 泥驳抛泥

如图 5-23 所示，当抓斗式挖泥船抓出淤泥后，需要倾泻至停放在旁边的泥驳中。所有挖出的污泥、淤泥需要经过相关海事及环保部门批准后，倾泻至指定海域。开体式泥驳由两瓣船体组成。当承载泥沙后，泥料压迫船体并通过液压泵令船体从下方张开，以倾倒泥沙。当倾倒完成后，船体重心上浮并且产生闭合船体的力矩，以重新关闭船体。

2. 淤泥分类

所有疏浚获取的现有海泥（沉积物）均需要进行甄别并分类，其流程表如图 5-24 所示。

图 5-23　开体泥驳

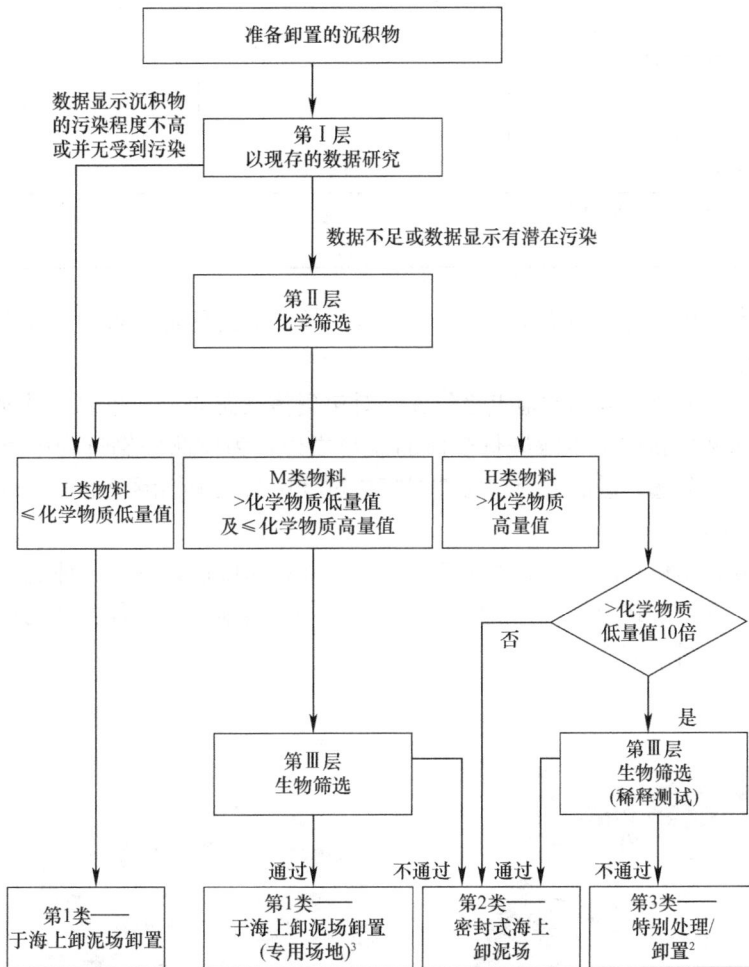

图 5-24　沉积物甄别流程图

　　根据香港地区环境保护署的指引、相关法令及技术备忘录的标注，疏浚污泥中有毒化学物质含量的具体标准如表 5-6 所示。

	污泥中有毒化学物质含量标准	表 5-6
污染物	化学物质低量值（LCEL）	化学物质高量值（UCEL）
金属（mg/kg 干重）：		
镉（Cd）	1.5	4
铬（Cr）	80	160
铜（Cu）	65	110
汞（Hg）	0.5	1
镍（Ni）	40	40
铅（Pb）	75	110
银（Ag）	1	2
锌（Zn）	200	270
准金属（mg/kg 干重）：		
砷（As）	12	42
有机物-多环芳烃（mg/kg 干重）：		
低分子量多环芳烃	550	3160
高分子量多环芳烃	1700	9600
有机物-非多环芳烃（mg/kg 干重）：		
多氯联苯	23	180
有机金属化合物（μg TBT/L 间隙水）：		
三丁酯锡（TBT）	0.15	0.15

处理受污染沉积物的原则是减少污泥散逸所引致对周边环境的影响，并且隔离开污泥沉积物与水下生境。

处理三类污染泥时，因倾倒地点水位深，对包裹污染泥的土工布的质量要求更高。除对土工布制作的材料和加工步骤进行全面的监督之外，为监测倾倒过程中土工布是否完好、是否有污染泥散逸，进而选择在污染泥打包过程中放入鲜艳颜色的监测球监测倾倒结果，如图 5-25 所示。

因开体泥驳的体积及污染泥处理所需土工布的面积所限制，一艘开体泥驳每次将承载倾倒三袋三类污染泥，其中每袋约 200t。包裹土工布的缝制加工均需要密切监管，确保防止污染泥散逸，如图 5-26 所示。

图 5-25 三类泥处理时放入监测球

图 5-26　三类泥密封装袋

5.1.8　水下地形检测方法及验收

1. 水下地形检测方法

当现时疏浚区域挖泥至指定深度时，应采用多波束回声测深技术进行海床深度测绘检测当前区域是否达到深度要求。测绘的结果将通过电脑软件生成图像直观呈现，如图 5-28所示。其中，红色线为设计的管节沉放边线，一般而言颜色越深，实际深度越深，截图中管节基槽疏浚效果明显，如图 5-27 所示。

2. 水下地形检测步骤

水下地形检测主要针对水下地形进行检测及复测，通过多波束回声测深的数据资料绘制测量水域的水下地形三维图、等高图及横断面图等。

进行多波束回声测深检测需要经过以下几个步骤。

1）选定待测区域，建立 GPS 定位导航迹线模型。如图 5-28 所示，圈定整条穿越维多利亚港的隧道范围及施工位置。

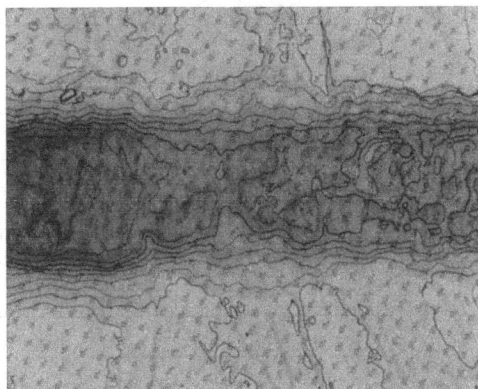

图 5-27　沉管隧道 E6 隧址多波束
回声测深结果

2）导航迹线图设定完毕后，准备使用仪器进行初始测量和对待测区域进行水位条件监测，为后续测深收集校准数据，如图 5-29 所示。综合测量系统的校准工作包括多波束测深仪及激光扫描仪校准，在校准前需要先确定典型地形及目标物，按照相应的测线对两者进行摇晃、抛起和偏移校准。

设备每安装一次，就需要校准一次。当更换设备及改变传感器位置时，均需做校准。按照先摇晃、再抛起、后偏移的顺序检校，如图 5-30 所示。多波束校正数据计算时注意进行潮位纠偏，如图 5-31 和图 5-32 所示。

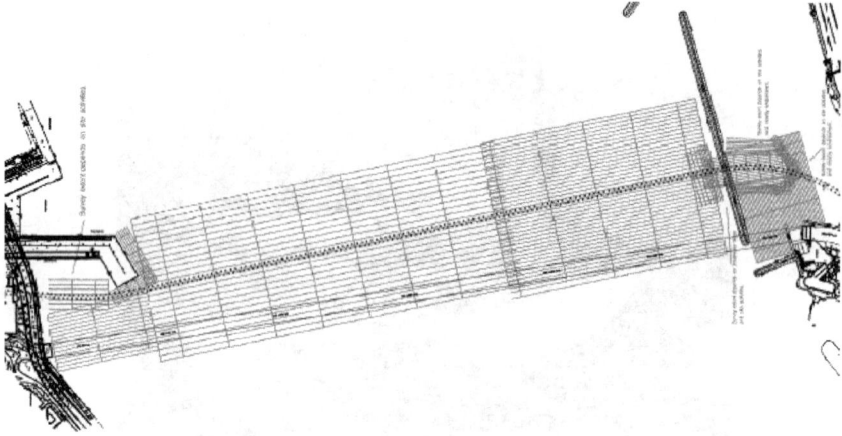

图 5-28　沙中线过海铁路隧道及红磡海底隧道 GPS 导航迹线图

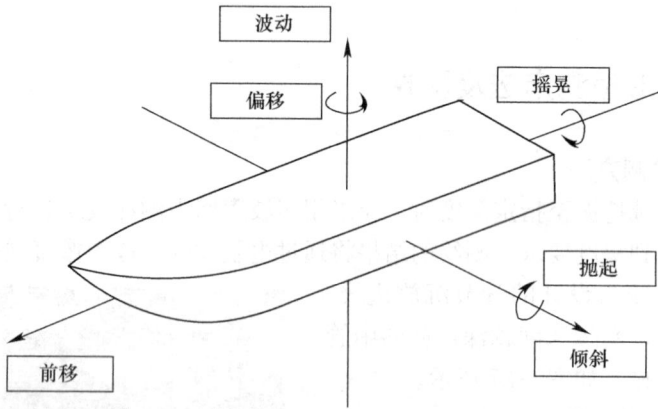

图 5-29　仪器校准方位

校准地点：
多波束回声测深仪器在维多利亚港以下地点校准：

多波束回声测深仪校准地点		
东(mE)	北(mN)	测深深度(m)
837 200.00	817 000.00	13~22metres

校准结果			
校准日期	摇晃(°)	抛起(°)	偏移(°)
16.08.2017	+0.567	−1.747	+1.303

图 5-30　仪器校准地点及结果

3）按照 GPS 导航进行水下地形测量及数据采集。水下地形测量需定期进行，保持对基槽及潜在航道的监控，包括初始测深、疏浚时例行测深、成槽后测深验收等情况，如图 5-33～图 5-36 所示，为后续数据分析和基槽验收提供及时、准确的情报。

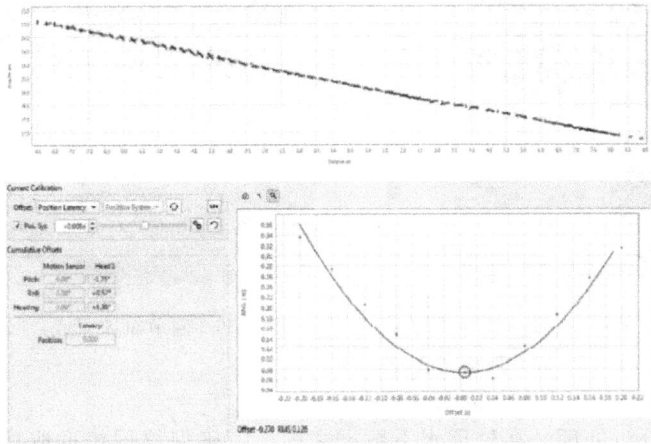

图 5-31　仪器校准分析

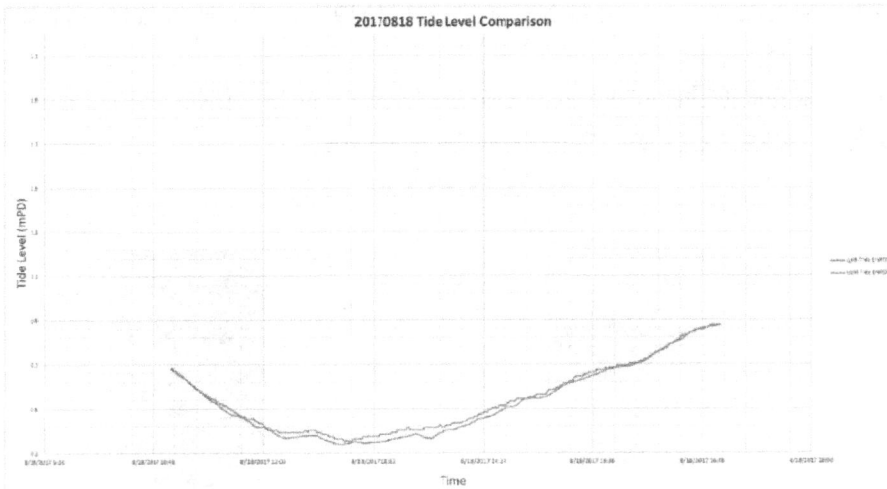

图 5-32　实时浪高监测数据（最低 v_s 最高）

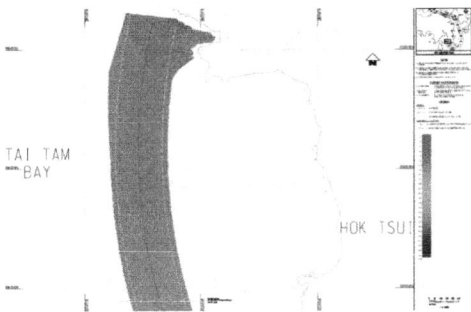

图 5-33　石澳干坞出口航道初始测深结果

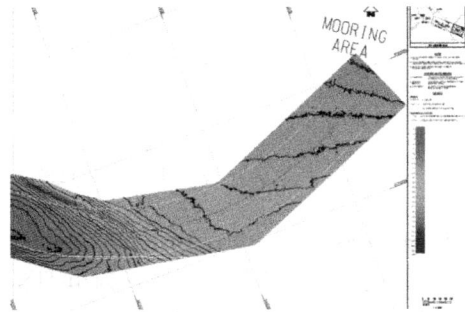

图 5-34　红磡主航道内隧址第一阶段基槽
疏浚测深 $U99+250-U99+450$

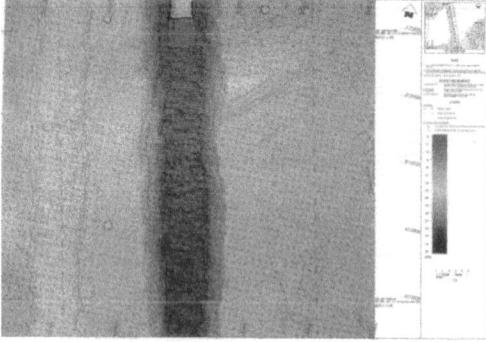

图 5-35　红磡主航道内隧址成槽测深验收
U98＋350－U98＋500（碎石摊铺完成后）

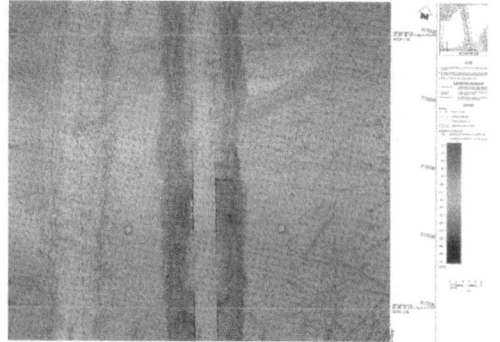

图 5-36　管节沉放完成，回填时监控测深

4）监测数据分析处理。在处理水下数据之前，需确保仪器校准成功且准备妥当。检查数据并分析处理软件中的各项参数的准确性，包括坐标转换参数、投影参数、各个传感器的位置偏移量、系统校准参数等相关数据。随后，检查各条测线的定位数据、罗经数据、姿态数据和水深数据等。用 QINSy 软件进行处理后，再对所有数据进行综合检查，输出成果进行利用。

同时，亦需要根据设计方案，建立模拟基槽完成情况图进行对比。检验是否达到成槽要求，或进行小范围的追挖或补填动作，如图 5-37 和图 5-38 所示。

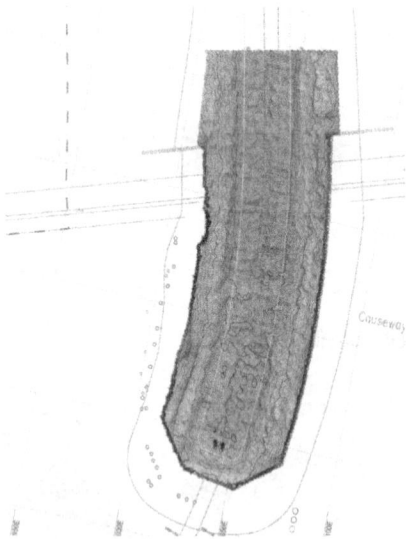

图 5-37　疏浚完成后水下地形测量

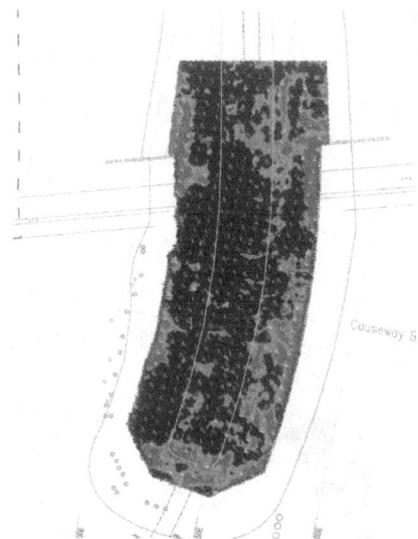

图 5-38　水下基槽测深与设计标高差

3. 抽样验收

同时，当深度符合设计要求时并且测深验收成功后，亦需要于指定采样点进行采样，以同时检查现时海床基础是否满足基槽设计要求。抽样验收评估流程如图 5-39所示。

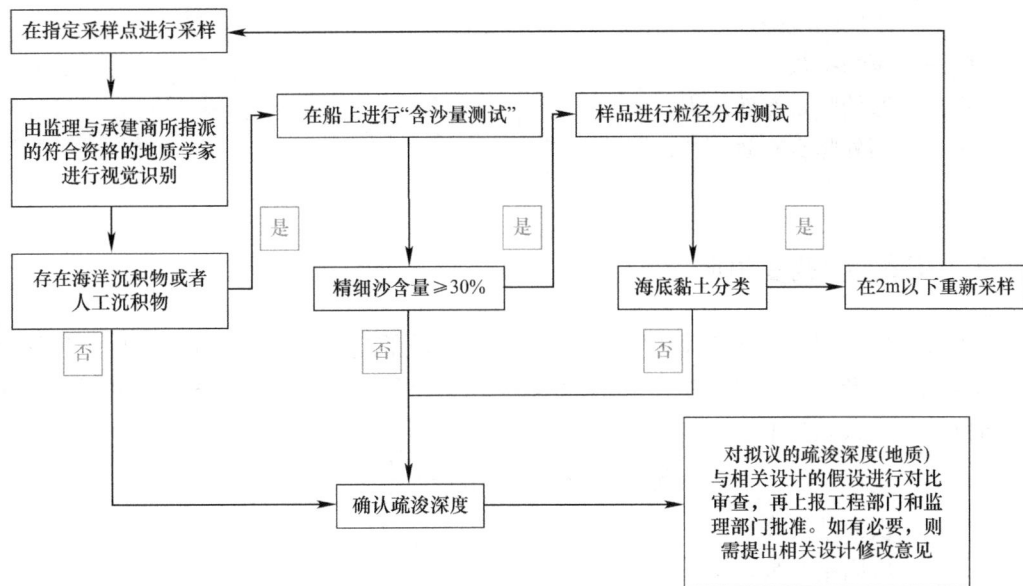

图 5-39　疏浚抽样评估流程图

5.2　基础沉降分析

5.2.1　瞬时弹性沉降（Immediate Elastic Settlement）

沉管基础的瞬时弹性沉降根据基底土体设计弹性模量来进行分析评估，公式如下：

$$S_i = \int_a^b \frac{\Delta\sigma_v'}{E} \mathrm{d}x$$

式中　S_i——瞬时弹性沉降；

　　　$\Delta\sigma_v'$——在高程 x 位置的有效垂直压强差；

　　　E——在高程 x 位置的土体弹性模量；

　　　a——沉管底标高；

　　　b——海底岩石面标高。

可使用土体弹性模量进行有限元模型分析，或通过土体弹性模量评估地基反力进行弹性地基梁模型分析，从而预估沉管基础瞬时弹性沉降值。

5.2.2　主固结沉降

当作用于人为沉积层（Anthropogenic Deposits）/海洋沉积层（Marine Deposits）内细粒土（Fine-grained soils）和冲击层（Alluvium）竖直压力大于其有效先期固结压力时，会产生固结沉降。有效先期固结压力假设等同于原始有效上覆压力。计算公式如下：

$$S_c = H \cdot \frac{C_c}{1+e_o} \cdot \log \frac{\sigma_{vo}' + \Delta\sigma_v'}{\sigma_{vo}'}$$

式中　S_c——主固结沉降；

　　　C_c——压缩指数；

　　　σ'_{vo}——原始竖直有效压力；

　　　$\Delta\sigma'_v$——额外竖直有效压力；

　　　e_o——原始孔隙比。

5.2.3　次固结/蠕变沉降

根据经典固结理论，在持续的压力作用下因土颗粒的蠕变变形，当完成主固结压缩之后，细粒土还会产生进一步压缩，这一过程称为次固结压缩。与计算主固结沉降类似，次固结沉降的计算公式如下：

$$S_s = H \cdot C_{a\varepsilon} \cdot \log\frac{t_2 - t_0}{t_1 - t_0}$$

式中　S_s——次固结沉降；

　　　$C_{a\varepsilon}$——次固结系数，等于 $C_a/$（$1+e_0$）；

　　　t_0——固结起算时间，即荷载起始时间；

　　　t_1——次固结开始时间，一般为 $90\%\sim95\%$ 主固结完成时；

　　　t_2——次固结结束时间，一般考虑 50 年；

　　　C_a——次压实指数。

参考 Albert Yeung 和 Sunny So 2001 "Geotechnical Engineering Properties of Hong Kong Marine Clays"，香港土体次压实指数与压缩指数比值（C_a/C_c）的一般范围为 $0.005\sim0.015$。计算结果可与主固结沉降值进行比较，通常次固结沉降值远小于主固结沉降值。

5.2.4　沉管纵向沉降分析

利用弹性地基梁模型进行纵向沉降分析，目的主要有以下两点：

1）估算纵向沉降轮廓，根据结果预设先铺法碎石垫层基础设计顶标高并确保隧道内净空足够；

2）估算沉管不均匀沉降和相对旋转，从而设计管节接头和止水带。

1. 分析模型

分析模型考虑沉管临时状态和永久状态。临时状态下，即沉管管节沉放后剪力键浇筑前，模拟沉管为以间隔为 5m 的土体弹簧支撑的不连续梁；永久状态下，即沉管接头剪力键完成后，模拟沉管为 5m 间隔的土体弹簧支撑的连续梁，接头为铰接连接，传递剪力但不传递弯矩。模型图示如图 5-40 所示。

2. 土体弹簧刚度

地基反力模量根据不同土体层模量（表 5-4 土体弹性模量）并基于荷载以 1∶2（横向/竖向）扩散的假设（图 5-41），每间隔 25m 进行计算。土体弹簧刚度设计值、上下限值，均根据土体弹簧模量设计值、上下限值计算所得。

弹性地基梁模型分析中，土体弹簧刚度的估算如下公式：

$$k_s = k \cdot B \cdot \Delta L$$

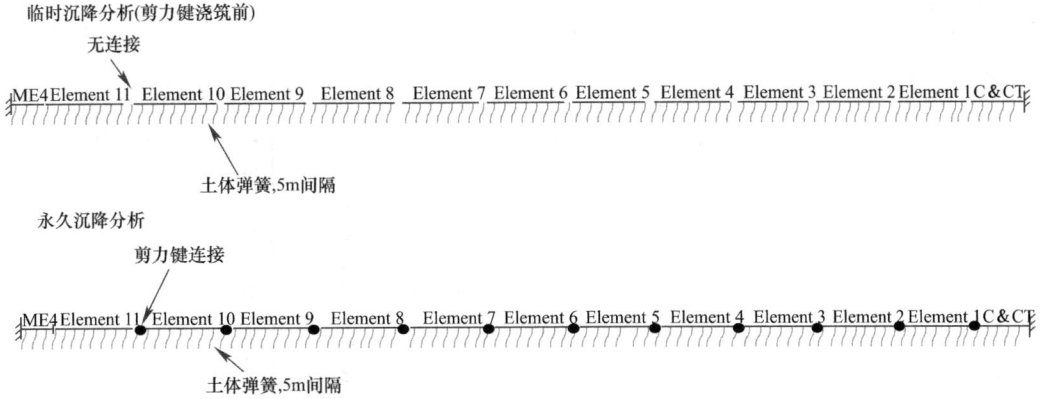

图 5-40 沉降分析模型

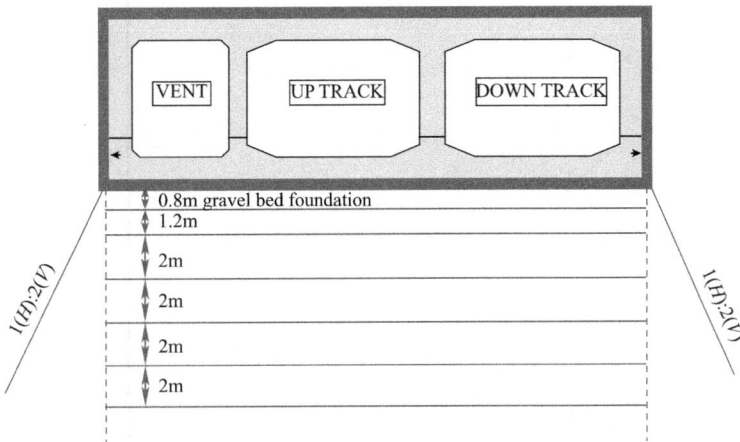

图 5-41 沉管基地土体弹簧刚度计算模型

式中 k_s——土体弹簧刚度；

k——地基反力模量；

B——隧道宽度；

ΔL——弹簧纵向间隔。

3. 分析结果

利用 SAP2000 分别针对沉管临时状态和永久状态进行沉降分析。输入计算所得纵向各弹簧刚度（5m 间隔）、管节结构刚度以及相应荷载，可得沉管管节的对应桩号的沉降值。临时状态与永久状态沉降轮廓如图 5-42 和图 5-43 所示。

（1）沉管横向沉降分析

利用 2D 有限元模型对若干代表性桩号进行横向沉降分析，其目的主要有以下两点：

1）与纵向沉降分析值作核实；

2）在地质条件复杂的位置，分析沉管截面的不均匀沉降。

（2）分析模型

沉管横向沉降利用 PLAXIS 2D 的有限元程序进行分析，典型的分析模型（图 5-44）在表 5-7 所列桩号分别建立。

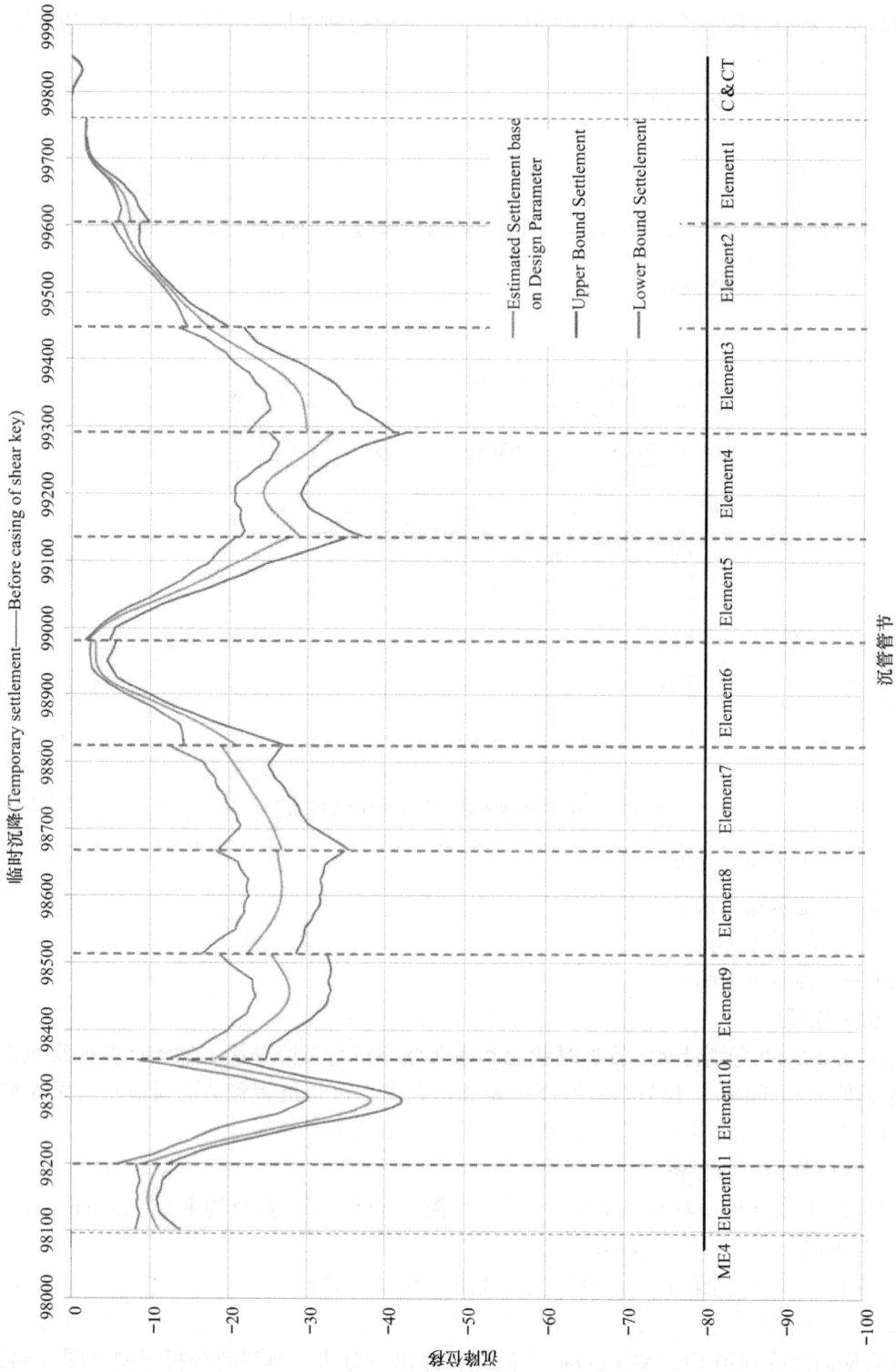

图5-42 沉管沉降轮廓分析（临时状态）

永久沉降测距

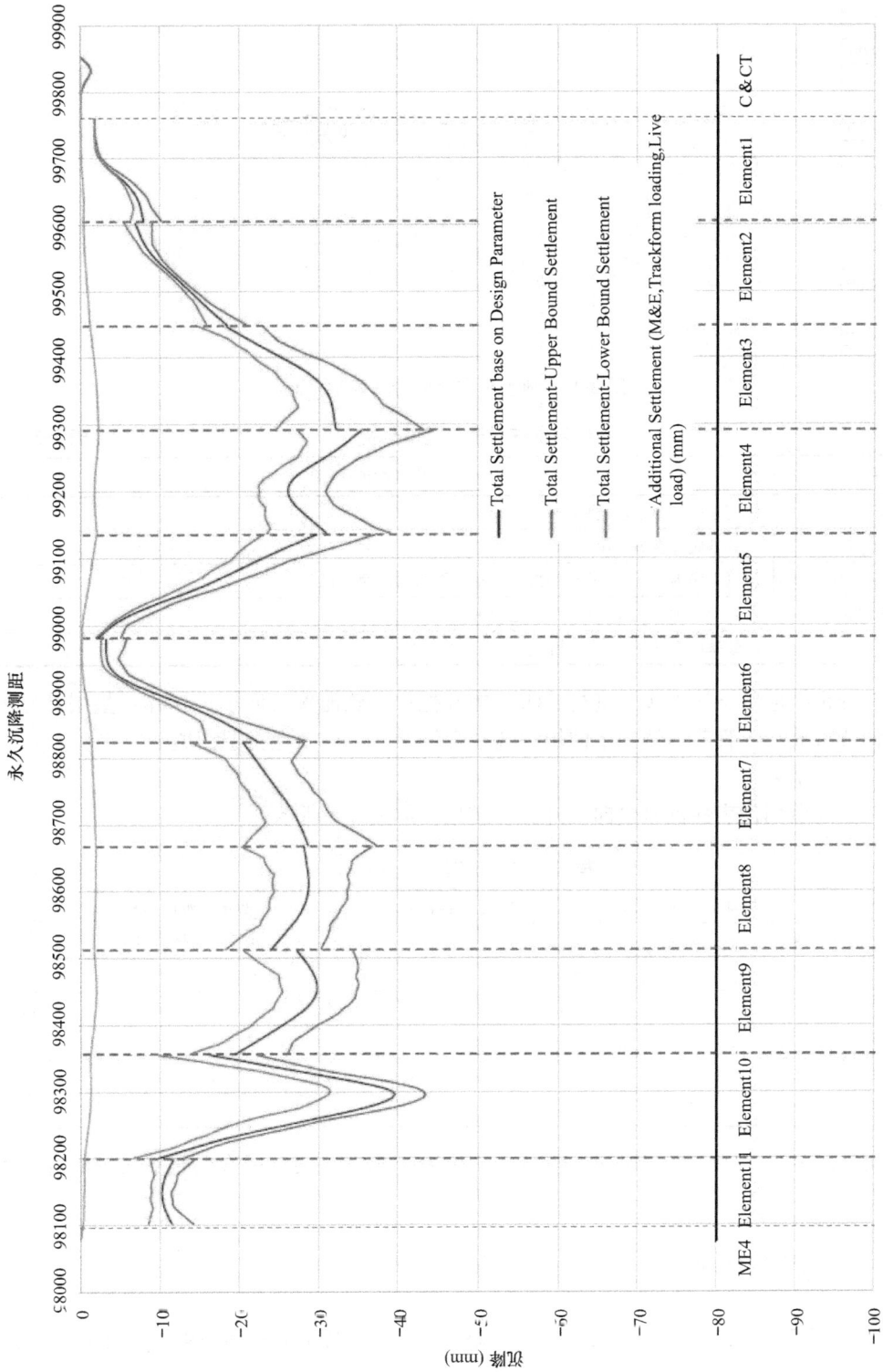

图5-43 沉管沉降轮廓分析（永久状态）

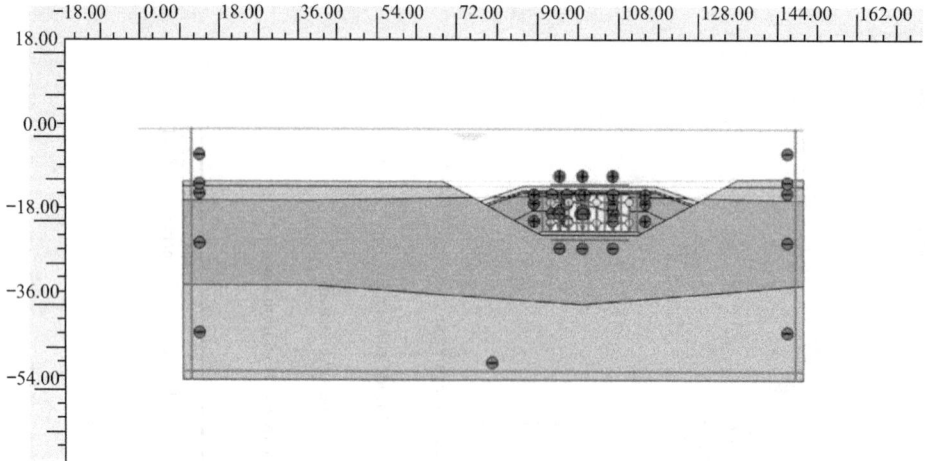

图 5-44　典型横向沉降分析模型

代表性桩号横向沉降分析　　　　　　　　　　　　　　　　表 5-7

桩号	代表性地质
98+450	沉管基底为厚粉质/黏土冲击层
98+700	沉管基底存在海洋沉积
99+150	沉管基底为厚粉质/黏土冲击层，基岩面沿横截面变化
99+250	沉管基底为最大厚度粉质/黏土冲击层
99+470	沉管基底存在最大厚度软泥层并要求被置换

沉降分析根据以下施工步骤进行：①基槽开挖；②软泥置换回填；③碎石垫层基础摊铺；④管节沉放；⑤管节两侧锁定回填；⑥一般回填；⑦管节保护层回填。

（3）分析结果

针对上述所列代表性桩号横向沉降分析结果，如表 5-8 所示。

横向沉降分析结果（mm）　　　　　　　　　　　　　　　　表 5-8

桩号	沉降值（横向分析）			沉降值（纵向分析）	差值	沉降值（纵向分析，不考虑纵向刚度）	差值
	西侧	东侧	平均				
98+450	30.54	22.96	26.75	27.77	−1.02	29.03	−2.28
98+700	24.04	24.14	24.09	25.72	−1.63	25.92	−1.83
99+150	27.10	27.73	27.42	27.75	−0.33	30.45	−3.03
99+250	32.94	32.99	32.97	28.67	4.30	34.60	−1.63
99+470	18.47	17.01	17.74	15.32	2.42	14.86	2.88

横向沉降分析所得结果与纵向沉降分析结果表现相当一致。沉管截面不均匀沉降并不明显，最大值仅为 1：3000。

5.2.5　3D 沉降分析

利用 3D 有限元模型对代表性管节进行沉降分析，并与纵向和横向分析沉降值进行核实。

1. 分析模型

利用 PLAXIS 3D 的有限元程序针对典型管节 E8 和 E9 进行沉降分析，3D 分析模型如

图 5-45 所示。

沉降分析根据以下施工步骤进行：

· 基槽开挖；

①碎石垫层基础摊铺；②管节 E10 沉放；③E10 两侧锁定回填；④管节 E7 沉放；⑤E7 两侧锁定回填；⑥管节E8 沉放；⑦E8 两侧锁定回填；⑧管节 E9 沉放；⑨E9 两侧锁定回填；⑩E7 和 E8 一般回填；⑪E9 和 E10 一般回填；⑫管节保护层回填；⑬安装剪力键；⑭永久荷载；⑮回淤荷载。

图 5-45　典型 3D 沉降分析模型

利用 Mohr-Coulomb 模型模拟土体层，以实心固体模拟管节箱形结构。GINA 止水带以线性弹性构件模拟，而剪力键构件只传递剪力、不传递弯矩。

2. 分析结果

图 5-46～图 5-48 截选 E8/E9 接头位置两端沉降分析值。根据标准施工顺序进行沉管沉放回填，结果显示 E8/E9 典型接头不均匀沉降微乎其微。与纵向分析沉降值比较，如图 5-49所示。

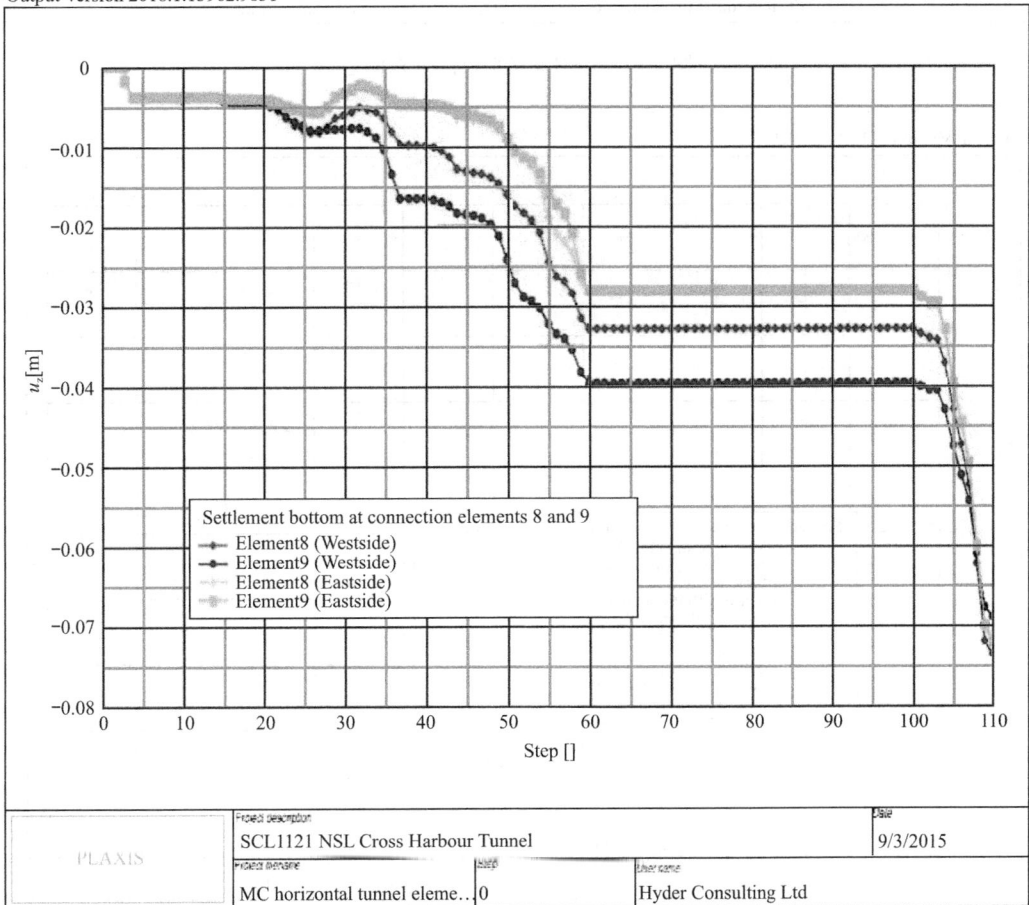

图 5-46　E8/E9 接头沉降（底部）

Output Version 2018.1.13962.9831

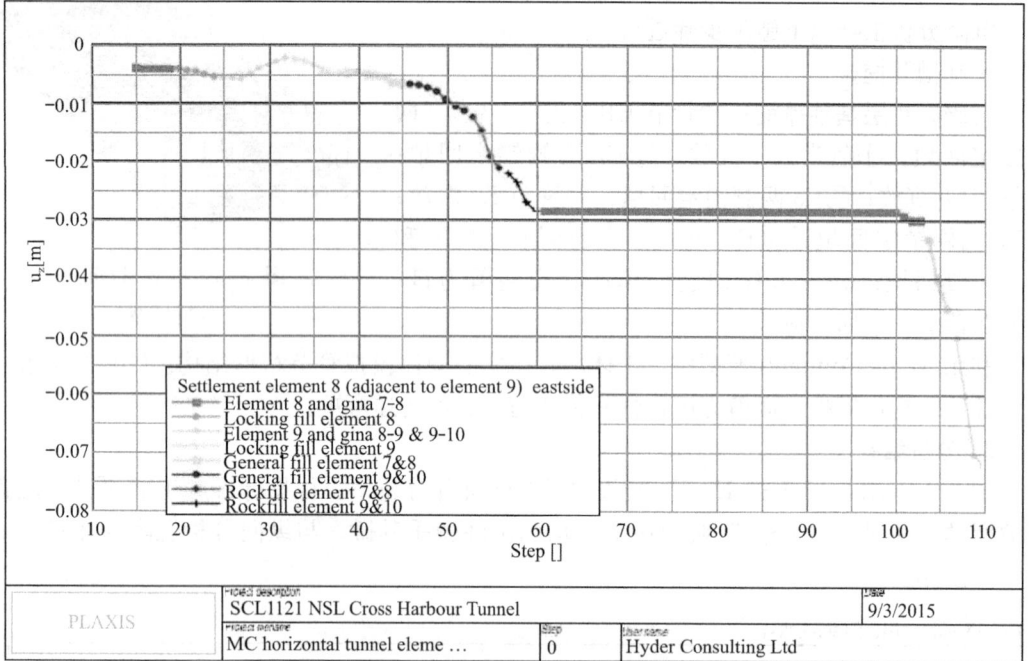

图 5-47 E8/E9 接头沉降（东侧）

Output Version 2018.1.13962.9831

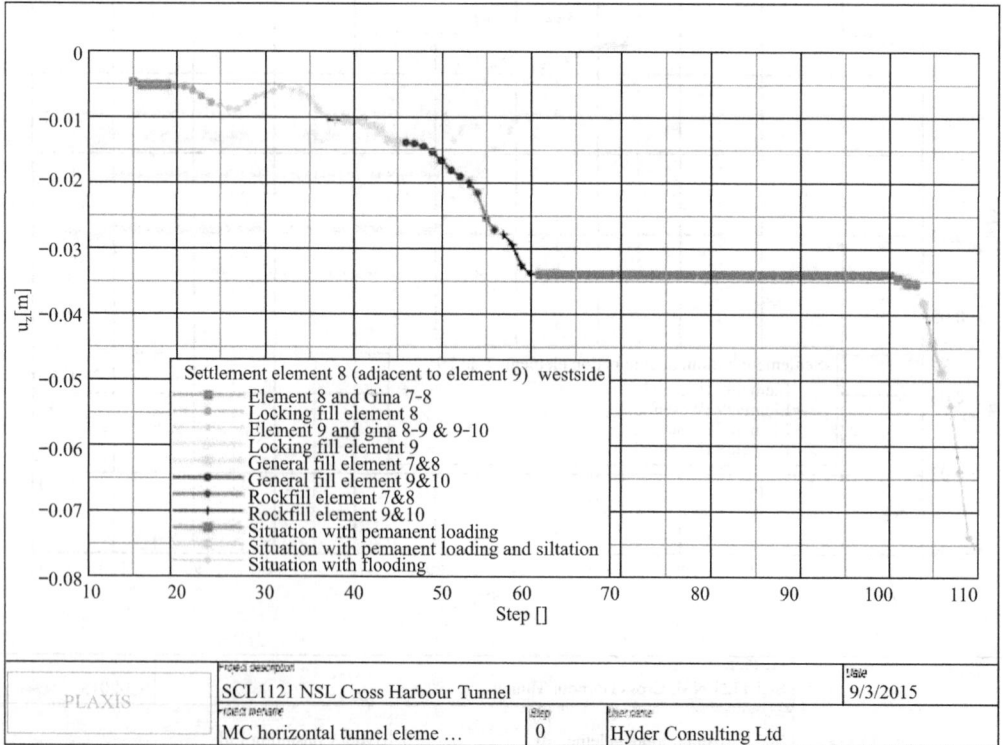

图 5-48 E8/E9 接头沉降（西侧）

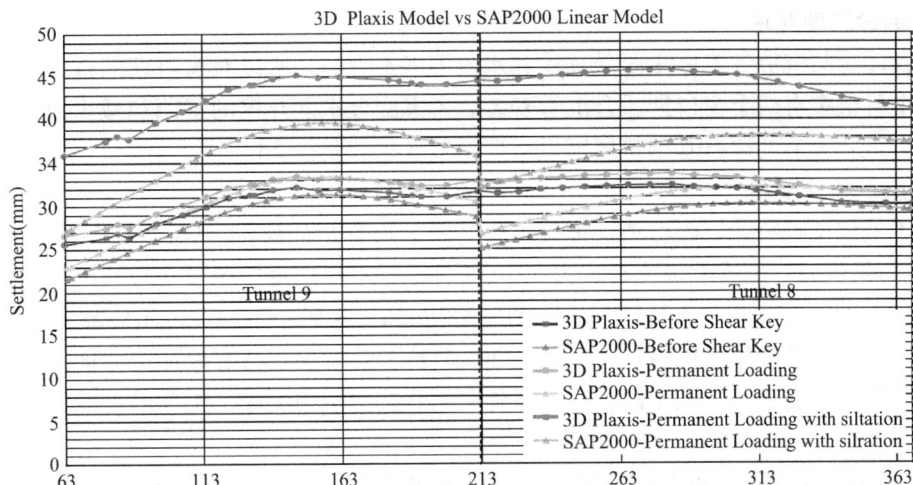

图 5-49 SAP2000 线性模型 V. S. 3D 有限元模型沉降分析值比较

5.3 沉管隧道基础施工

5.3.1 碎石垫层基础设计

沙中线海底隧道基础采用的是碎石垫层，其主要原因是考虑垫层基础材料本身的抗液化能力比颗粒较小的砂石垫层更好。垫层采用非全面的带状结构，横截面如图 5-50 所示，管节坐落于 5 条宽为 3m 的碎石台，壕沟间距不超过 1.5m，标准设计厚度为 800mm。

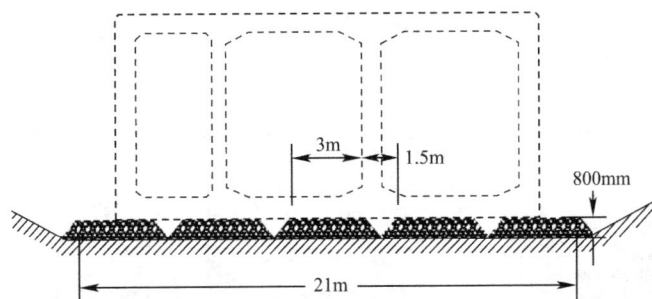

图 5-50 沉管横截面

此类似沉管隧道基础垫层结构已被普遍采用，例如港珠澳大桥沉管隧道、瑞典松德海峡沉管隧道等，其主要好处一方面体现在材料节省和工效增加，另一方面为纳淤能力较强。以下是沙中线沉管隧道碎石垫层施工的相关要求和条件限制。

1. 整平精度要求

沉管隧道基础垫层根据设计路线和高程铺设，水深为 20～30m，坡度为 0.3%～3.0%，碎石标准直径为 40mm，整平精度要求为±25mm。

2. 铺设工期要求

沉管浮运与沉放等工序主要受潮汐和水流等因素影响，所以对窗口期的选择有较大限制，每个月最多有两个窗口期适合沉管安装。考虑配合水下开挖的工期和减少回淤的可能性，每节沉管管节的碎石基础垫层铺设工期一般要求控制在 7d 以内。

3. 施工条件限制

由于地理位置特殊，碎石垫层铺设主要受以下几个方面因素影响：

1）热带气旋：据香港天文台过去 50 年统计数据，平均每年超过 3 号或以上的热带气旋警告（近香港地区海平面持续风速：41～62km/h；阵风：＞110km/h）数量达到 9.56个。依照香港海事处相关指引，一旦 3 号热带气旋警告发出，所有船舶应立即采取防风措施，妥善系固于安全的避风塘内。这一条件限制直接影响相关施工工序的连续性施工和工期安排。

2）维多利亚港特别海上交通安排：维多利亚港除了日常的海上交通非常繁忙之外，每年会定期举行若干国际帆船赛事和大型烟花会演活动，在此期间所有相关海上工程必须配合暂停施工。

3）铜锣湾避风塘内施工安排：铜锣湾避风塘是香港游艇会和其他私人船只系泊的区域，相关持份者众多，沉管隧道其中两节管节由塘底贯穿连接已完成暗埋隧道，塘内施工空间狭小，工程船的数量和大小均有所限制。

5.3.2　水下碎石摊铺机

沙中线沉管隧道碎石垫层的施工难度、工期效率和整平精度要求相当高。目前，国内外能够做到同一级别水深和整平精度的施工技术与设备主要有两种：一种是带定位桩浮式抛石整平船，例如 Boskalis 研发的"Scrading"（图 5-51a）被应用于瑞典松德海峡沉管隧道项目；另一种是自升式平台抛石整平船，例如 Eunsung O&C 研发应用于韩国巨加沉管隧道项目的"KSU-ISLAND"（图 5-51b）和振华重工研发应用于港珠澳大桥沉管隧道的"津平一号"（图 5-51c）。

(a)　　　　　　　　　　　(b)　　　　　　　　　　　(c)

图 5-51　整平船

（a）Scrading——Boskalis；（b）KSU-ISLAND——Eunsung O&C；（c）津平一号——振华重工

经过对现有技术方案的深度研究，结合对沙中线沉管隧道本身特点和各方面条件限制，项目团队研发了一套成本效益好、灵活性高、对海上交通影响小、受潮水及海流影响较小，同时能够达到施工精度要求并满足工期进度的水下碎石垫层摊铺设备——水下自动摊铺机。

1. 摊铺机结构

如图 5-52 所示，摊铺机整平架由钢结构组成，质量约为 130t，长、宽分别为 26m，每次摊铺碎石垫层面积可达 21m×21m。4 个液压支撑掌可调控整平架坐落于海床的高程和姿态，液压筒的活动冲程范围为 0~2m，足以应付水下开挖后海床的平整度误差。

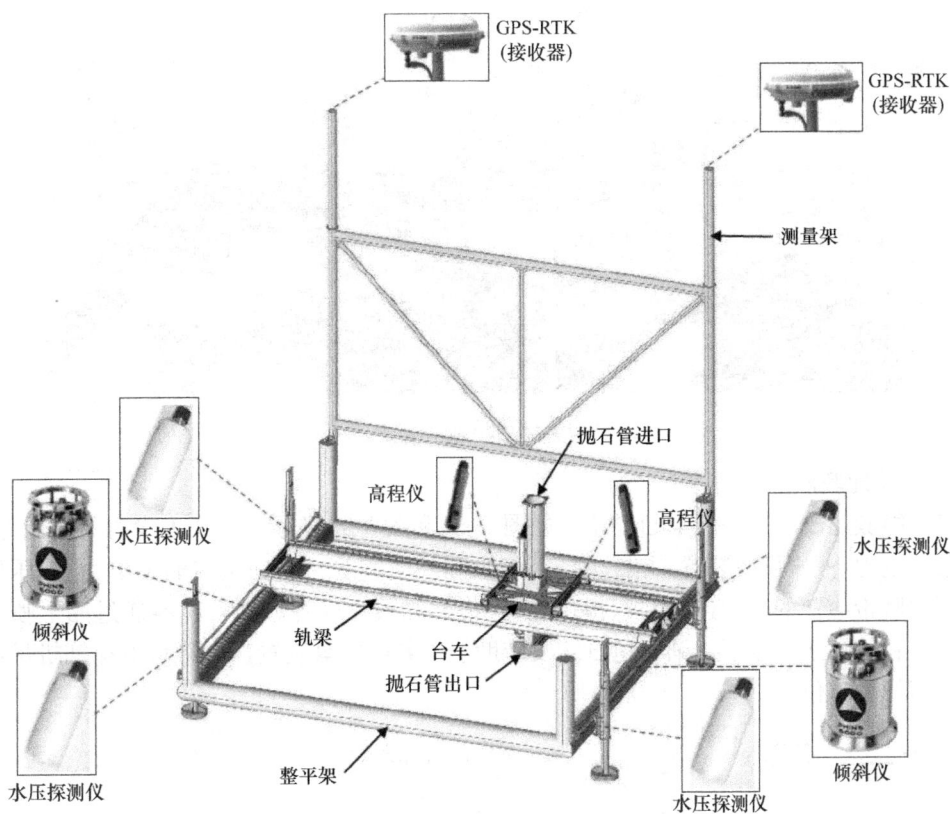

图 5-52　水下摊铺机 3D 示意图

测量架安装于整平架一侧，总高度达 32m，两立柱顶端可保持水面以上。液压动力系统分别带动连抛石管台车和台车轨梁沿导轨纵向或横向移动。抛石管直径 1.2m，高 10m，固定于台车，底部矩形管口 3m×0.75m，管口高程随整平架调整。抛石管一侧配备吸淤泵，一旦发现回淤问题严重，可利用吸淤泵处理。

2. 测量监测系统

摊铺机位于海底的坐标、高程及姿态可利用测量架顶端 GPS-RTK 和整平架上安装的双向倾斜仪（Inclinometer）/水压探测仪（Pressure Sensor）配合完成。台车和台车轨梁于整平架的相对位置利用液压马达上装配的旋转编码器（Rotary Encoder）进行监测。为安全计，导轨两端各安装了距离感应器（Proximity Sensor），以防止台车/台车轨梁运行超出预设范围。

抛石与整平过程是同时进行的，随着抛石管的平移，管内碎石会溢出并铺刮成 3m 宽的碎石垫层。利用预设的若干个水下摄像头和抛石管壁上开的等间距的小窗口，透过控制室内监测屏可直接观察抛石管内碎石的储备量。台车前后设置的高程仪（Altimeter）可用来检测所铺设的碎石垫层高度。

3. 控制系统

摊铺机台车和台车轨梁的移动由液压动力系统提供。通过"脐带缆"的形式将所有液压管和电线/信号线连接至水面多功能驳船。工作人员可在船上控制室内直接监测并操控摊铺机的运作，控制室如图 5-53 所示。

图 5-53　控制室实景

4. 多功能驳船

多功能驳船改装自一般平面驳船。如图 5-54 和图 5-55 所示，甲板上设有石料储存斗/喷射泵、电力/液压供应装置、锚缆/悬吊绞盘和控制室等。摊铺机与船上电力/液压供应装置用"脐带缆"的形式连接，以提供电力/信号和液压动力。碎石材料通过船上喷射泵装置经喂料管输送至水下摊铺机抛石管。借助船上悬吊绞盘装置，可将水下摊铺机吊离海床并利用锚缆移位。

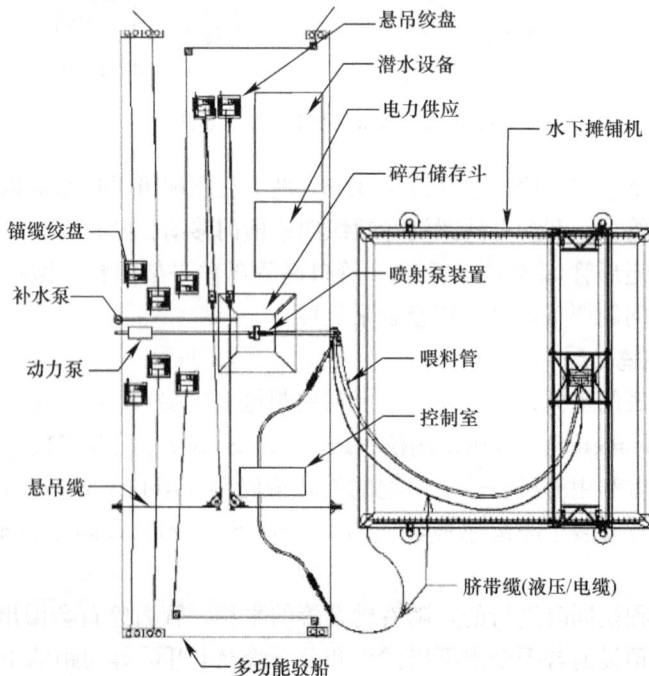

图 5-54　多功能驳船/水下摊铺机平面

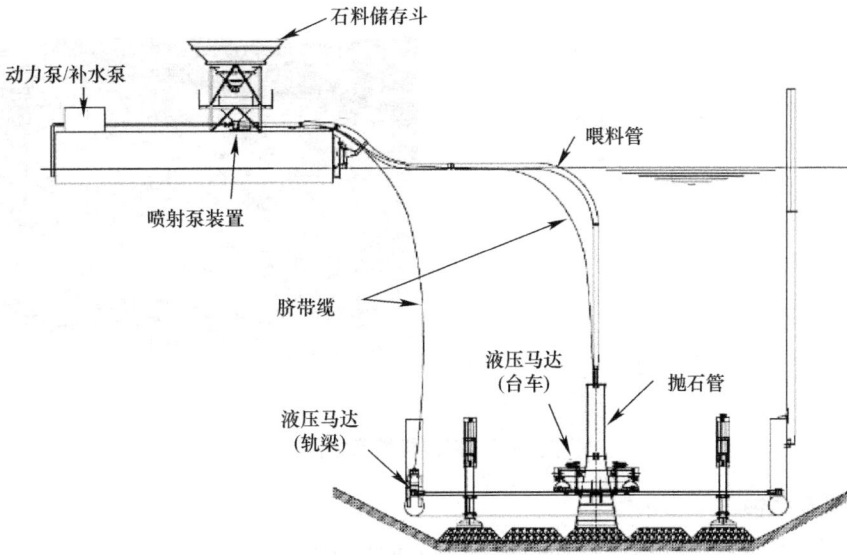

图 5-55　多功能驳船/水下摊铺机平面及截面示意图

5.3.3　施工流程

用吊船将摊铺机由陆地起吊运往目标位置并沉放至海床上之后，碎石基础垫层的施工流程如下：

1. 定位

潜水员辅助连接水下摊铺机和多功能驳船之间的"脐带缆"，通过控制室内监测与控制系统检测并调整摊铺机高程和姿态，可控制整平架/抛石管竖直误差在 $\pm 20mm$ 范围内。移动台车分别靠近 4 个液压支撑掌后回到初始位置，检测整平架高程和姿态。如有偏差可再次做出调整，如图 5-56 和图 5-57 所示。

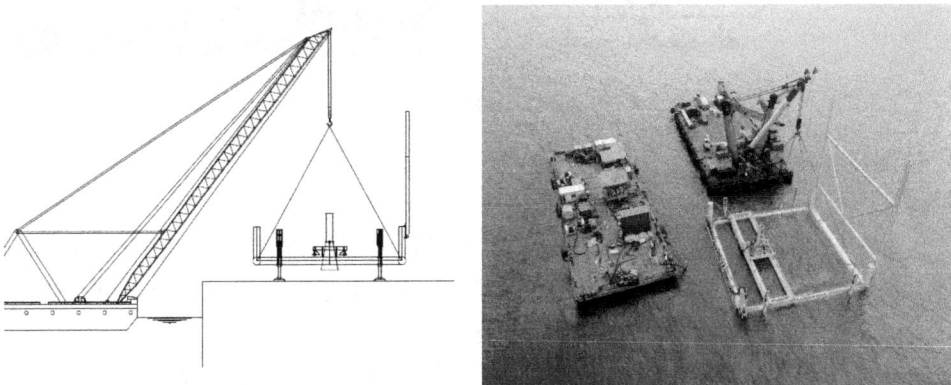

图 5-56　摊铺机初定位

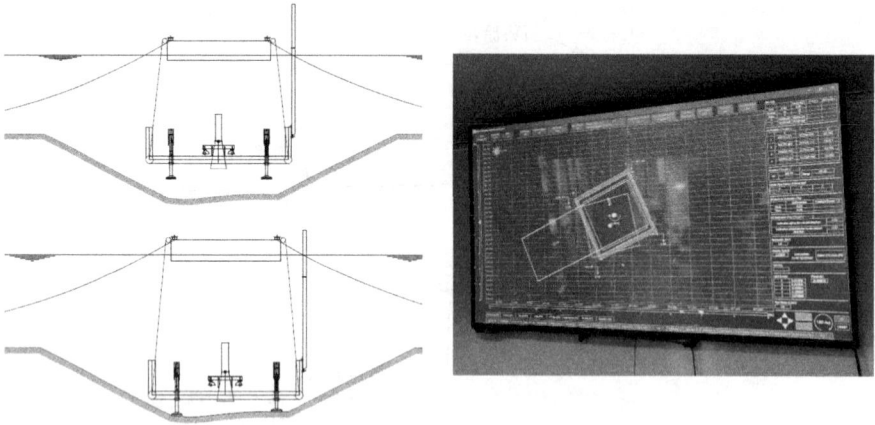

图 5-57　摊铺机精确定位

2. 供料及摊铺

如图 5-58 所示，可利用皮带式卸料船（Pelican Barge）或吊杆驳船（Derrick Lighter）为多功能驳船上石料储存斗进行石料补充。将喂料管连接至水下摊铺机抛石管，开启石料储存斗底部电闸，石料落入喷射泵装置与水混合；然后，再由喷射泵高压水柱将石料喷出经喂料管送入抛石管，喂石速度最高可达 $150m^3/h$。操作人员控制台车/台车轨梁移动，碎石由抛石管释放而出进而摊平，同时透过控制室监视屏可观察抛石管内石料余量，从而调整抛石管的移动速度。

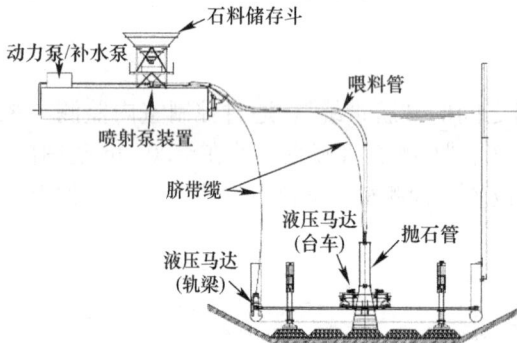

图 5-58　水下摊铺机运作状态

3. 检测及验收

除抛石管台车上的声呐高程仪可用来及时检测所铺设的碎石垫层，如图 5-59 所示。在整节沉管管节的基础垫层完成铺设后、沉管管节沉放前，利用独立多波束测深仪系统再次进行检测，如图 5-60 和图 5-61 所示。如有发现局部小范围高点或低点，可安排潜水员修复。如有发现大面积回淤的情况，尤其在经历台风天气过后，可重新调遣摊铺机并利用附着在抛石管一侧的吸淤泵处理。具体的检测验收方法已在 5.1 节中介绍。

4. 移位

完成一格碎石垫层铺设后，将多功能驳船移位至摊铺机水面正上方，以 A 形钢缆连接摊铺机和船身两侧吊点，启动绞盘悬吊摊铺机离地约 3m 高度；再利用船上锚缆牵引移位至下一格目标位置，通过控制室内监测系统实时监测水下摊铺机坐标，准确定位后安放摊铺机，如图 5-65 所示。

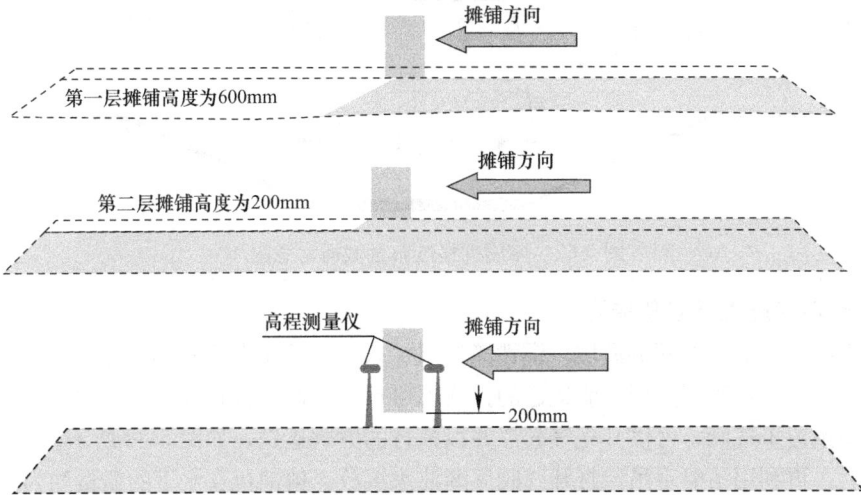

图 5-59　声呐高程仪检测步骤

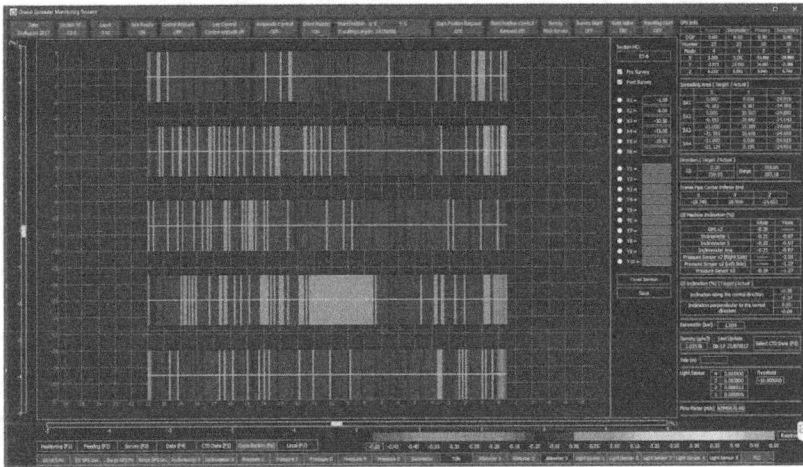

图 5-60　验收结果

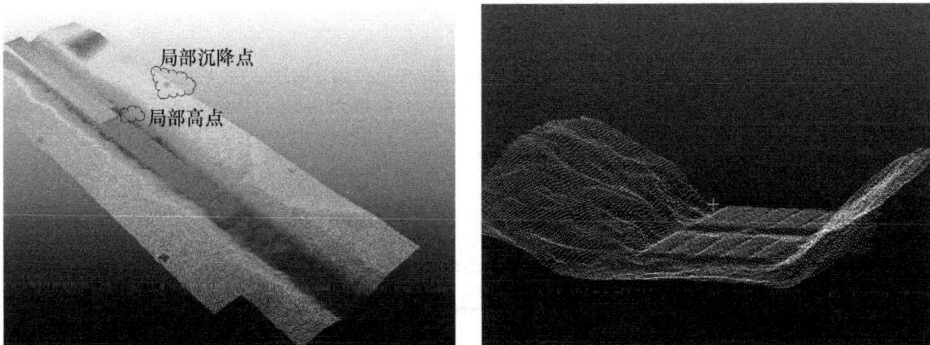

图 5-61　多波束测深验收三维结果显示

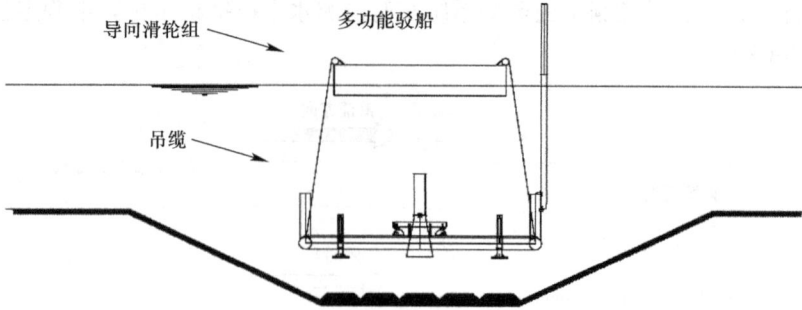

图 5-62 摊铺机移位布置截面示意图

5. 特殊环境施工及应急措施

相对于维多利亚港开阔的海域，铜锣湾避风塘入口及施工范围相对狭窄，将摊铺机移位至塘内是一大难题，利用大型吊船运送的方式不可行。因此在设计初期，摊铺机整平架的钢筒框架结构预留了气阀，可供其充气起浮并以拖行的方式运送，如图 5-63 所示。到达目标海平面位置后，再利用吊船垂吊，打开气阀逐渐注水沉放。摊铺机在水下的质量约为 40t。

图 5-63 摊铺机浮运至铜锣湾避风塘

由于维多利亚港地理位置的特殊性，一旦预测到有台风侵袭或是需要配合海上交通安排而暂定施工时，可以断开摊铺机"脐带缆"，倒下平放测量架，将其完全匿藏在水下挖槽内，如图 5-64 所示；然后，撤离其他海上相关工程船，这样既不受台风影响也不影响海上交通。重新投入使用只需进行相反的步骤，而前后各只需半个工作日即可完成。

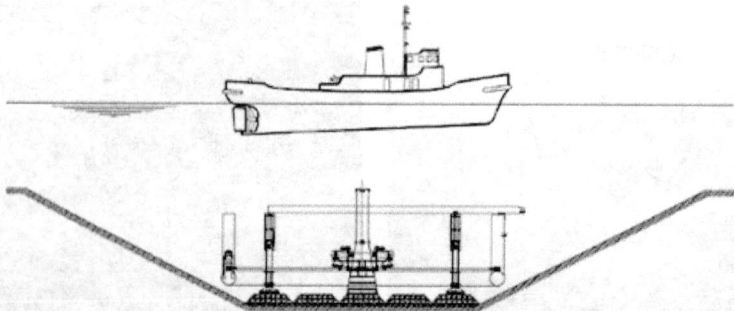

图 5-64 摊铺机临时匿藏于水下挖槽状态

第 6 章　管节沉放与对接技术

6.1　干坞内对接施工

6.1.1　背景介绍

沉管隧道的最终接头一般大体分为刚性接头或柔性接头。在最后一节管节与岸上或相邻已有管节相连接时，单纯的刚性接头容易因管节间基槽的不均匀沉降而造成结构开裂，从而导致管节长期维护成本增加。

为解决上述问题并且提升管节的安全性和使用性，可设置一个短管节，增加一个柔性接头，从而增强隧道整体的水密性，减轻管节基槽不均匀沉降所导致的垂直位移风险；亦通过柔性接头给予了建造隧道水下"闭合接头"和"终端接头"时水平方向的活动空间，保证了隧道施工的成功率和质量。

但相对应，考虑到此短管节因长度较短，无法安装压载系统进行管节的起浮或沉放，达不到预期干舷值且浮运沉放时短管节的姿态不易控制，需要在干坞内将短管节与相邻正常管节进行拉合，对接成为一个整体；并且之后整体起浮，再沉放至隧址，如图 6-1 所示。

图 6-1　管节 E9-1 和 E9-2 在干坞预制场

干坞内拉合方法采用牵移平滑，确保管节表面及结构无损伤；压缩点多，确保满足GINA 止水带压缩量；具有全程均采用远程操作、施工安全系数高等显著特点。

此拉合方法的原理在于运用千斤顶拉合并压紧两块相连的混凝土预制管节。本技术的关键点有：计算并验算水下连接时 GINA 所受的实际压力，克服地面摩擦力，尽可能无损地拉合管节，并运用千斤顶对管节施加适量压力压缩止水带。其中，计算的压力值应符合水下的实际情况，以确保拉合的 GINA 止水带不会漏水；预应力张拉时应克服地面摩擦力，尽量保持地面光滑，以避免对管节造成损毁；最后，用千斤顶施加压力时，需要仔细观察管节受压的情况及反应并进行有针对性的调整，避免出现管节倾斜或止水带压缩受力不均匀的情况。

6.1.2 施工工艺流程及操作要点

1. 施工工艺流程

干坞内短管节拉合工艺流程如图 6-2 所示。

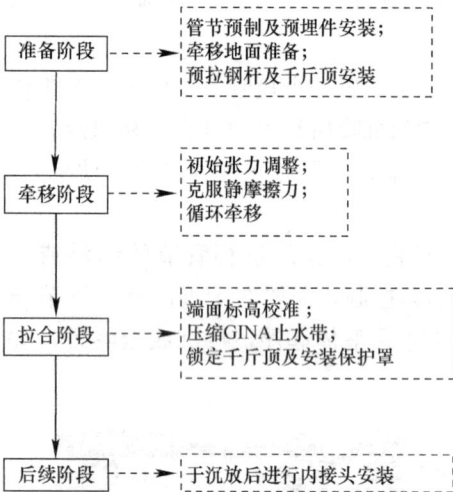

图 6-2 施工工艺流程图

2. 操作要点

短管节在干坞内完成并达到设计强度后在干坞内进行拉合对接作业，作业分为四个阶段：准备阶段、牵移阶段、拉合阶段和后续阶段。

准备阶段包括：管节预制及预埋件安装、牵移地面准备、预拉钢杆及千斤顶安装。

牵移阶段包括：初始张力计算、克服静摩擦力、循环牵移。

拉合阶段包括：端面标高校准、压缩 GINA 止水带、锁定千斤顶及安装保护罩。

牵移和拉合阶段主要是通过液压千斤顶对管节施加压力而完成。

拉合完成后，管节接头对接的后续处理将在沉管管节沉放后内接头安装时进行，包括：安装 OMEGA 止水带并检漏、连接管节支撑、释放千斤顶拉合力、封堵拉合孔及安装水平/竖直剪力键等。

6.1.3 准备阶段

1. 短管节拉合项目情况

以沙中线过海铁路隧道项目为例，工程设计了两个终端接头，需在干坞内拉合两组管节，分别为 E9 及 E9-2、E11 及 E11-2。如图 6-3 所示，此两段管节将分别沉放于铜锣湾避风塘处，然后分别进行终端接头和闭合接头的水下刚性接头安装，如图 6-4 所示。如前所述，单纯的刚性接头容易因管节间基槽的不均匀沉降而造成结构开裂，从而导致管节长期维护成本增加。两段管节须分别预设一个柔性接头，并于干坞内完成拉合。

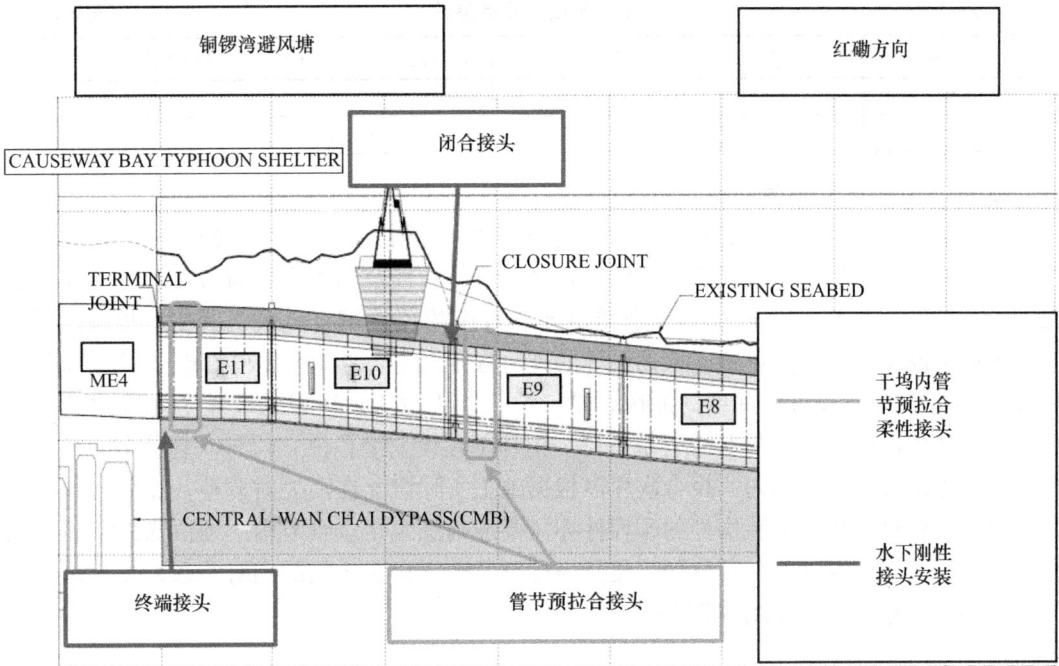

图 6-3 预拉合接头沉放隧址布置图

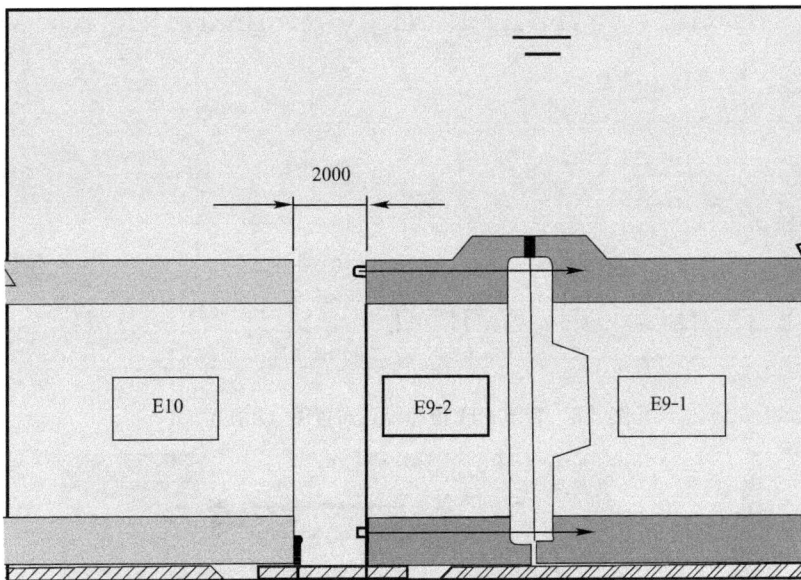

图 6-4 拉合管节沉放示意图（闭合接头）

干坞内拉合管节，首先需要做好准备工序。准备工序包括混凝土管节结构的预制和在预制时安装预埋件及预留孔位。预留孔位将用于安装预拉钢杆，预拉钢杆则将传导液压千斤顶所施加的压力至管节而达到牵移甚至拉合管节的效果。除管节内部的布置外，在牵移的路径上亦需要做出布置，以减少管节移动时的摩擦力，保护管节底部。两段管节具体参数如表 6-1 所示。

短管节拉合要点参数　　　　　　　　　　　　　　　表 6-1

管节名称	质量（t）	牵移距离（m）	预拉钢杆（直径，mm）	最大施加压力（kN）
E9-2	560	3	47	1415
E11-2	440	3	40	907

2. 管节预制及预埋件安装

在准备干坞内拉合时，需要在管节预制期间就进行相应准备，包括预埋件安装、端封门、预应力张拉、预留拉合孔等。需要在预制长管节内预留锚固点，为后续预拉钢杆安装做准备。另外，在 E11 长短管节分别预留 8 个对应的预拉钢杆孔洞。其中，顶板预设 4 个、底板预设 4 个，布点位置应根据设计的施压方案制定，如图 6-5 和图 6-6 所示。同时，E9 管节因管节质量及沉放深度的原因，设计拉合拉力较大，所以预设 9 个对应的预拉钢杆孔洞。其中，底部 4 个与 E11 管节一样，但顶部预设 5 个孔位，较 E11 管节多一个，为拉合时让止水带受压更均匀。拉合次序需根据施工实际情况在需要时调整，保证对称、明显、稳定。同时，相关舾装构件的预埋件亦需要准确浇筑在短管节内。预留锚固点和其他预埋件需要在浇筑混凝土前后分别定位其坐标以及确定相互之间的相对关系，并确保与其外接预制构件相匹配，如图 6-7 所示。

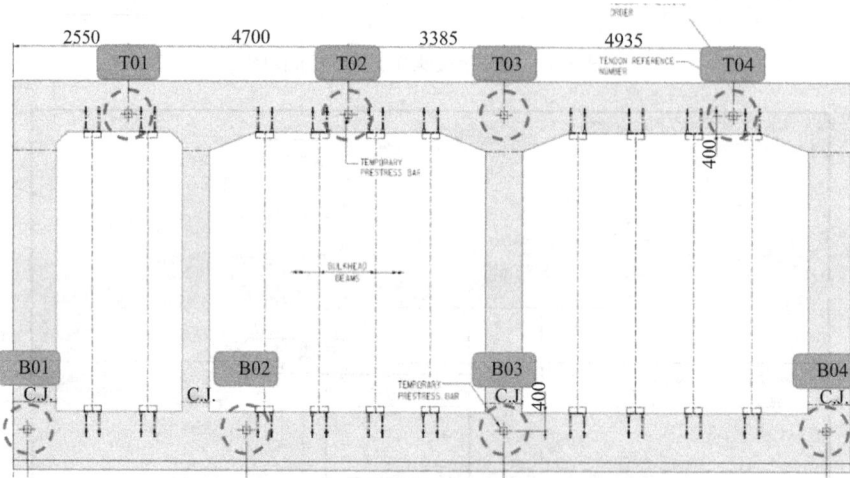

图 6-5　管节 E11 预埋锚点布置图（8 孔位）

图 6-6　预埋锚固点预留孔位

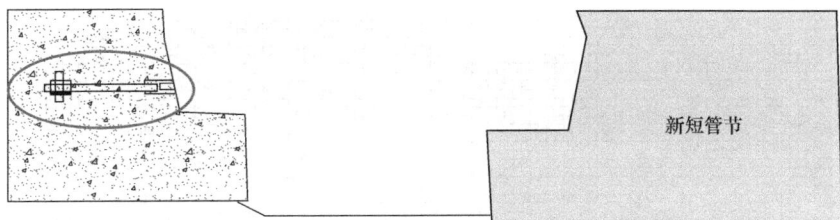

图 6-7　预埋锚固点截面图

3. 牵移地面准备

在 E9-2/E11-2 预制位置浇筑盖面混凝土，并在上放置 6mm 厚钢板。之后，在钢板上铺设 5mm 厚特氟龙材料垫层，以进一步减小底部的摩擦系数，简化管节牵移过程，如图 6-8 所示。地面布置完成后，在 PTFE 垫层上再行放置 9mm 厚的防水钢板并建造管节。典型管节的 9mm 防水钢板如图 6-9 所示。

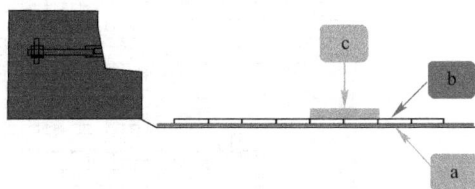

图 6-8　牵移地面准备示意图

（a）地面铺设 6mm 铁板；（b）5mm 特氟龙（PTFE）垫层；（c）在垫层上架设 9mm 底部防水钢板

管节制作过程中，为了能够保证管节的水密性，管节的底板将采用 9mm 厚的钢板。为坞内拉合工程所需，两端管节的标高需要严格把控对齐。如盖面混凝土标高超过设计高度，则需铲平；反之，则需要使用不收缩水泥进行填充。之后，应同时确保长管节及短管节之间保持大约 3m 的空间，平行排列。短管节后方应有至少 6.5m 的空间，以方便预应力拉张时吊装。管节预制完成后，吊装 GINA 止水带于短管节内侧，朝向长管节，准备拉合。吊装方式与一般管节相同。

拉合前，在两管节中间的混凝盖面上也铺设 5mm 厚的 PTFE 垫层（图 6-10），以减少管节拉合时的摩擦力。地面布置如图 6-11 所示。垫层应用强力胶水固定，位于 6 条滑行轨道上的薄板更需要打钉进行物理加固。同时，在管节两边铺设 3m 长的导轨进行导向作用，导轨如图 6-12 和图 6-13 所示。

图 6-9　典型管节的 9mm 厚底部防水钢板

图 6-10　铺设 PTFE 垫层

4. 预拉钢杆及千斤顶安装

将预拉钢杆安装进入预埋锚固点内，收紧刚性连接器，预埋锚点的布置如图 6-5 所示。其中，E11 管节共 8 根预拉钢杆，直径皆为 40mm，最大可承受应力 1415kN。E9 管

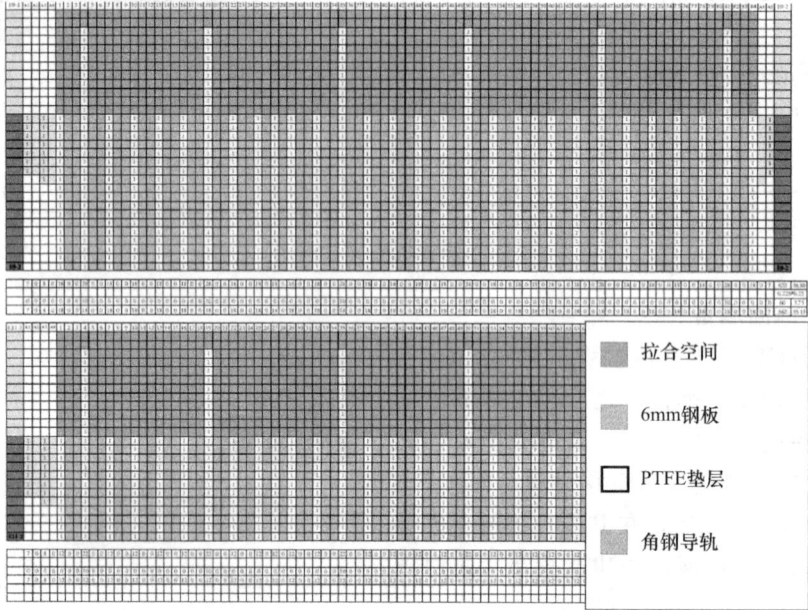

图 6-11　管节拉合地面布置图

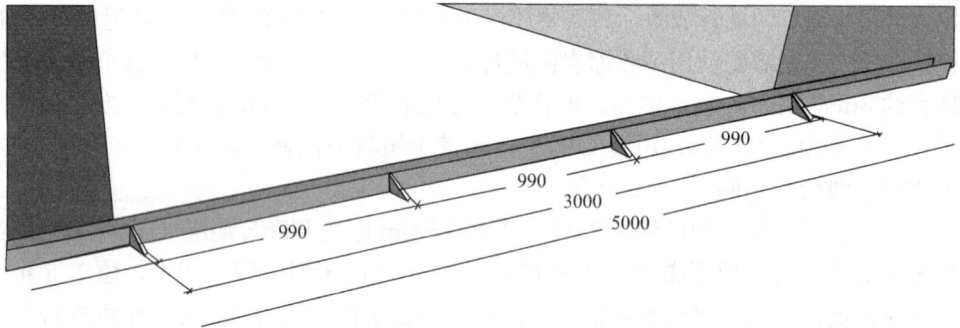

图 6-12　角钢牵移导轨示意图

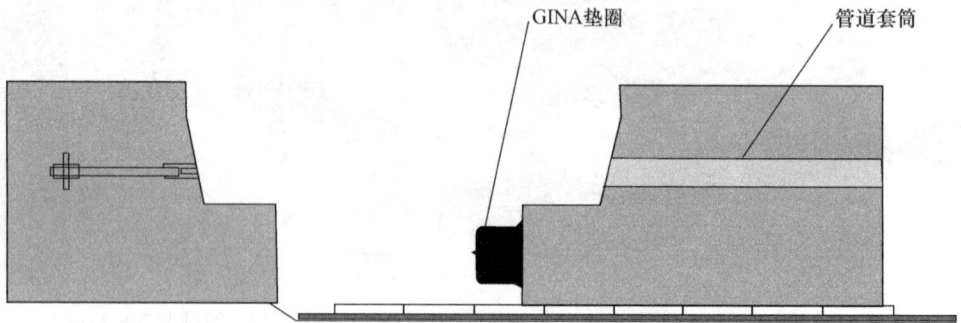

图 6-13　准备阶段布置截面图（无预拉钢杆）

节安装 9 根预拉钢杆，如图 6-14 所示。其中，4 根 40mm 在底部，5 根 47mm 直径在顶部。延长预拉钢杆并让其超出预留管孔，以保证预拉时有足够的富余长度。收紧连接器，当两端在连接器内的螺纹长度一样长时，钢杆的受力值最大。如图 6-15 和图 6-16 所示。

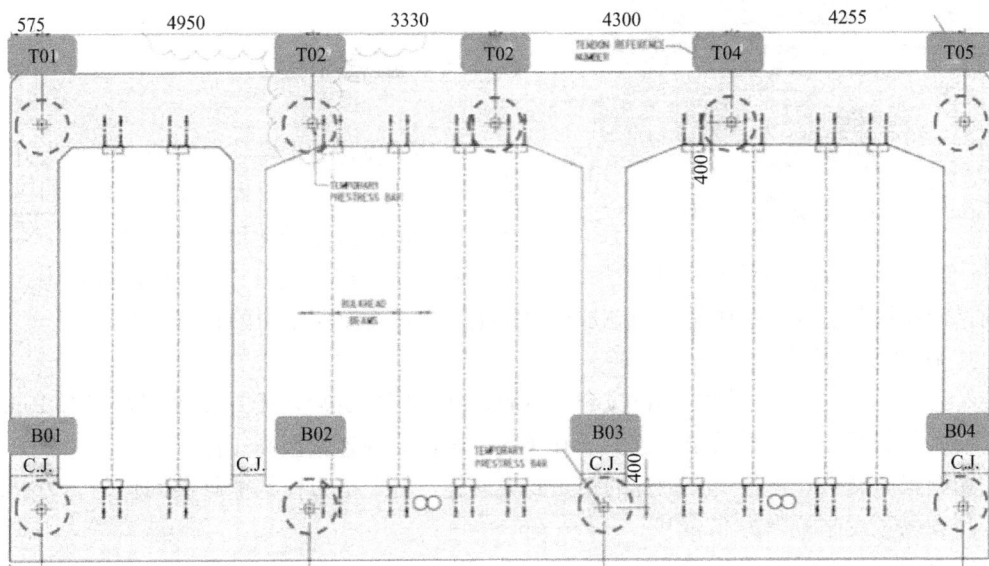

图 6-14 E9 管节预埋锚点布置图（9 孔位）

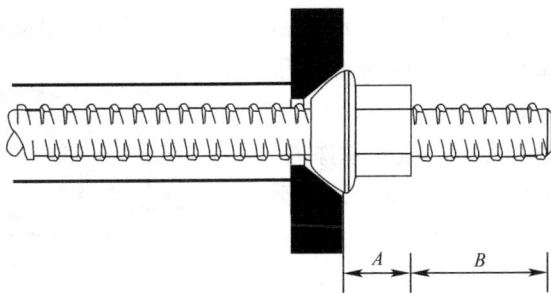

图 6-15 典型预拉钢杆

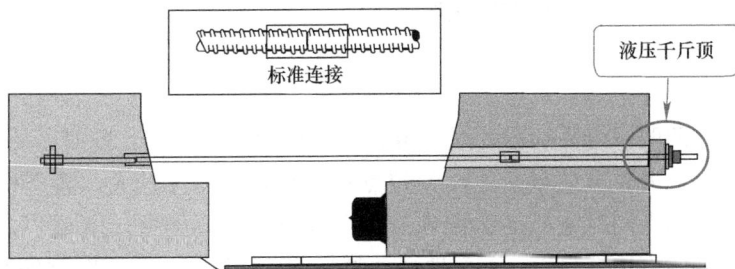

图 6-16 预拉钢杆穿过预留的套筒并固定及安装千斤顶

图 6-17　安装液压千斤顶于预拉钢杆上

在短管节后方凸出的底部预拉钢杆上，安装液压千斤顶。首先，将预拉钢杆穿过拉合孔后固定在锚固位置后，千斤顶固定于底部预拉钢杆上，紧贴管节，准备进行牵移，如图 6-17 所示。

6.1.4　牵移阶段

牵移阶段是为了牵移短管节令其靠近并触碰长管节，为管节拉合制造条件。牵移时，主要使用底部的液压千斤顶进行推进。

总牵移距离约为 1.5m。牵移过程中，全程通过液压控制器远程操作千斤顶施加压力。施工人员远离移动中的管节，确保安全。

1. 初始张力调整

牵移前，首先将预拉钢杆穿过拉合孔后固定在锚固位置后，千斤顶固定在底部 40mm 或 47mm 钢杆后方，紧贴管节；连接千斤顶至五缸阀，并连接至高压油泵。

初始张力调整。进行受拉钢杆的初始张力调整，每个拉力杆都能够共同均匀受力，每只千斤顶的预设张拉力为 270kN。

2. 克服静摩擦力

克服静摩擦力。调整完预设张力后，需持续施加力度方可克服静摩擦力推动管节。经过计算可以得知，E9-2 管节质量为 560t，根据摩擦系数表及现场所用 PTFE 材料，得知摩擦系数最大为 0.2，理论计算需提供约 112t 的力进行牵拉。如地面实际摩擦力大于估计，则需缓慢地以 10kN 为一级逐级增大压力，用以拉动管节。管节牵移时，在水平方向上只受到千斤顶的推力和管节底板的摩擦力。牵移应遵循建议的施压次序，于底部和顶部千斤顶分别施加 14.3MPa 及 15.1MPa 的压力。牵移时亦需要时刻关注管节状态及移动速度，避免管节倾覆或偏移过大；如发现有倾覆或偏移的迹象，需要及时停止牵移并且有针对性地调整千斤顶至顶部施压或者调整加压次序，如图 6-18 所示。

图 6-18　管节牵移

3. 循环牵移

四个千斤顶，两两一组分别启动对管节施压，推动管节前行。同时，关注管节斜度，防止倾斜倾倒。E11 因管节质量较小、预拉点对称且管节弧度较大，需严格控制移动方向，所以采用上下同点同时施压推动管节。E9 管节相对较重且管节无弧度，所以牵移时采用先底部后顶部的方法，简单、有效地移动管节。牵移过程中，需时刻保持对管节的测量。如管节出现偏移或倾斜现象，则需要及时暂定牵移并针对现场情况调整合适的施压次序或实施其他应急措施。

　　循环牵移时，当短管节略有滑移后，上下千斤顶油缸全部退油，夹片自动跟进锚固。如图 6-19 所示，当 E9-2 开始滑移时，虽然 E9 管节先在底部加压，但仍需在需要时随时调整顶部千斤顶的张力，以保持管节牵移的平滑性。当千斤顶活塞达 180mm 时，千斤顶达到最大冲程。此时，平缓并停止千斤顶施压，使得千斤顶回塞，夹片自动跟进锚固后，使得管节暂停移位，再做新一轮的牵移作业；牵移过程中需保持对牵移速度的控制，应控制牵移速度在可控的范围之内，具体速度限制应根据现场条件指定；同时，观测千斤顶的累计形成差及两节管节的相对位置，如图 6-20 所示。如果超过 10mm，应及时调整施力的次序和幅度。

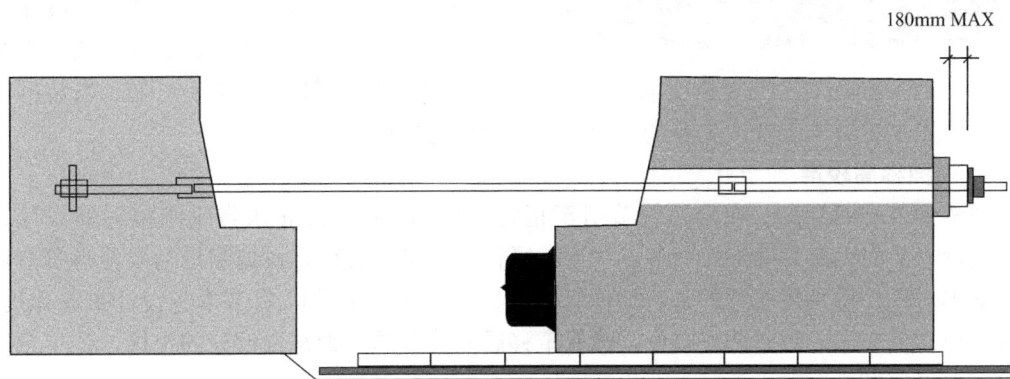

图 6-19　千斤顶施压匀速、缓慢的推动短管节

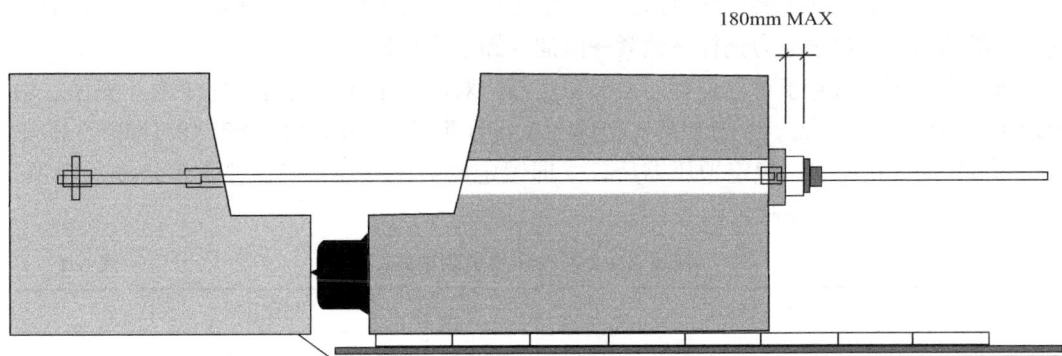

图 6-20　牵移阶段最终截面图

　　当管节局部与 GINA 止水带解除但尚未压缩时，停止牵移阶段并准备拉合，如图 6-21 所示。

6.1.5　拉合阶段

　　拉合的目的是对短管节施加压力使其与长管节连接，制造柔性接头。提前拉合的原因在于需要让 GINA 止水带提前受压，以确保止水带有足够的压缩量，达到接头水密作用。其中的要点在于计算并模拟实际管节沉放后受到的水压，并用千斤顶提前加压。因每段管节沉放的深度皆有不同，甚至同一段管节的顶部与底部存在高差，所受的水压也有所不同，

图 6-21　管节牵移

所以每一个拉合点所需施加的压力都需要单独进行计算验证。

拉合阶段采用两只液压千斤顶同时进行拉合加压操作。两只千斤顶分别布置于指定的位置，分阶段并且按次序进行加压拉合。加压拉合的次序是经过验算 GINA 止水带所需要的压缩量而制定的，确保了止水带受压均匀，且每处均达到设计要求的预压力。拉合过程中，全程通过液压控制器远程操作千斤顶施加压力，施工人员远离压缩中的管节，确保安全。当装拆千斤顶时，先停止液压装置，关停全部器械，再行靠近操作。

1. 端面标高校准

调整管节端面标高。在牵移管节引至指定位置后，GINA 止水带刚刚接触但未压缩时，测量管节间距离，确保端面各点尽量相平行。测量完成后，根据测量结果使得管节结合面基本对称。特别需注意的是，类似管节 E11-2 类型，因 E11 管节本身设计带有弧度，拉合时短管节亦需要随时调整方位，确保牵移后短管节的位置符合设计的坐标，各个预埋件之间对接通畅。

2. 压缩 GINA 止水带

操作千斤顶加压的主要工序包括：安装千斤顶→连接钢杆并锁紧→液压泵工作，油管进油提供动力，张拉预应力钢杆→锁紧→回油→卸下千斤顶。

两个千斤顶同时置于对称位置的顶部和底部。对两只千斤顶同时施加压力，平稳、均匀地压缩 GINA 止水带。当 E11 管节的 GINA 止水带被 907kN（相当于 48.1MPa）的压力（40mm 钢杆）均匀、稳定地压缩后，立即锁定两只千斤顶，确保接头不松动、回弹。具体拉合记录在表 6-2 中收录。

现场 E11-2 拉合压力监测记录　　　　　　　　　　　　　　　　表 6-2

管节名称 E11-2								拉合日期 8/2/2017	
拉合顺序	拉合点	钢杆类型	千斤顶型号	千斤顶编号	阀门编号	设计荷载（kN）	目标压强（MPa）	开始时间	结束时间
1	B02	φ02	YCW100B	1285	2013.2.1419	270	14.3	10：40	10：43
	T02	φ02	YCW100B	1277	2015.1.1270	270	15.1		
2	B03	φ03	YCW100B	1285	2013.2.1419	270	14.3	11：16	11：19
	T03	φ03	YCW100B	1277	2015.1.1270	270	15.1		
3	B04	φ04	YCW100B	1285	2013.2.1419	270	14.3	11：48	11：51
	T04	φ04	YCW100B	1277	2015.1.1270	270	15.1		
4	B01	φ01	YCW100B	1285	2013.2.1419	270	14.3	13：56	13：59
	T01	φ01	YCW100B	1277	2015.1.1270	270	15.1		
5	B02	φ02	YCW100B	1285	2013.2.1419	907	48.1	14：22	14：27
	T02	φ02	YCW100B	1277	2015.1.1270	907	48.4		

拉合顺序	拉合点	钢杆类型	千斤顶型号	千斤顶编号	阀门编号	设计荷载（kN）	目标压强（MPa）	开始时间	结束时间
	管节名称 E11-2					拉合日期 8/2/2017			
6	B03	φ03	YCW100B	1285	2013.2.1419	907	48.1	14:50	14:55
	T03	φ03	YCW100B	1277	2015.1.1270	907	48.4		
7	B04	φ04	YCW100B	1282	2013.2.1419	907	47.5	20:36	20:39
	T04	φ04	YCW100B	1285	2015.1.1270	907	48.4		
8	B01	φ01	YCW100B	1282	2013.2.1419	907	47.5	20:56	20:59
	T01	φ01	YCW100B	128	2015.1.1270	907	48.4		

E9 管节中所用的 47mm 钢杆则需要 1415kN 的压力。同时，因 E9 管节较重，且预计的沉放水深较深所受压力更大，E9 管节的拉合分为两个阶段：分别是预拉合及最终拉合（第一阶段牵移，第二阶段预拉合，第三阶段最终拉合）。预拉合阶段需要用 47mm 直径预拉钢杆将底部加压至 450kN，之后将顶部拉合孔加压至 700kN，保持管节整体顶部更加紧密，稍向前倾。因顶部预计所受水压较小，此举可将顶部大部分 GINA 止水带显著压缩，同时亦预防了在最终拉合阶段对底部强力加压时，顶部可能出现反作用力造成的反弹。在最终拉合阶段，分两次加压底部拉合孔，分别到 900kN 和 1415kN（预设最大加压量）。两次加压之间，对顶部中间位（T03）加压至 1415kN，确保顶部 GINA 止水带受压均匀。具体拉合记录在表 6-3 中收录，具体 E9 管节拉合点布置则见图 6-14。

现场 E9-2 拉合压力监测记录   表 6-3

拉合顺序	拉合点	钢杆类型	千斤顶型号	千斤顶编号	设计荷载（kN）	目标压强（MPa）	开始时间	结束时间
1	B02	φ02	YCW100B	1285	270	14.3	9:20	9:22
	B03	φ03	YCW100B	1282	270	14.1		
2	B01	φ01	YCW100B	1285	270	14.3	9:35	9:37
	B04	φ04	YCW100B	1282	270	14.1		
3	T03	φ03	YCW250B	1214	270	5.9	10:13	10:15
4	T02	φ02	YCW250B	1214	270	5.9	10:50	10:53
	T04	φ04	YCW250B	1212	270	5.9		
5	T01	φ01	YCW250B	1214	270	5.9	11:23	11:25
	T05	φ05	YCW250B	1212	270	5.9		
6	B02	φ02	YCW100B	1285	450	23.9	11:36	11:42
	B03	φ03	YCW100B	1282	450	23.6		
7	B01	φ01	YCW100B	1285	450	23.9	13:26	13:28
	B04	φ04	YCW100B	1282	450	23.6		
8	T03	φ03	YCW250B	1214	700	37.1	13:40	13:41
9	T02	φ02	YCW250B	1214	700	37.1	14:01	14:04
	T04	φ04	YCW250B	1212	700	37.1		
10	T01	φ01	YCW250B	1214	700	37.1	14:30	14:32
	T05	φ05	YCW250B	1212	700	37.1		
11	B02	φ02	YCW100B	1285	907	48.1	14:50	14:53
	B03	φ03	YCW100B	1282	907	47.5		

续表

拉合顺序	拉合点	钢杆类型	千斤顶型号	千斤顶编号	设计荷载（kN）	目标压强（MPa）	开始时间	结束时间
12	B01	$\phi 01$	YCW100B	1285	907	48.1	15：02	15：05
	B04	$\phi 04$	YCW100B	1282	907	47.5		
13	T03	$\phi 03$	YCW250B	1214	1415	74.9	15：13	15：15
14	B02	$\phi 02$	YCW250B	1214	1415	74.9	15：40	15：42
	B03	$\phi 03$	YCW250B	1212	1415	74.3		
15	B01	$\phi 01$	YCW250B	1214	1415	74.9	16：18	16：21
	B04	$\phi 04$	YCW250B	1212	1415	74.3		

施加的压力需要根据管节的实际情况以及沉放隧址的情况进行计算并确定，管节拉合必须确保千斤顶达到设计的压力，以确保管节于隧址沉放时的水密性。拉合压缩时布置如图 6-22 所示。

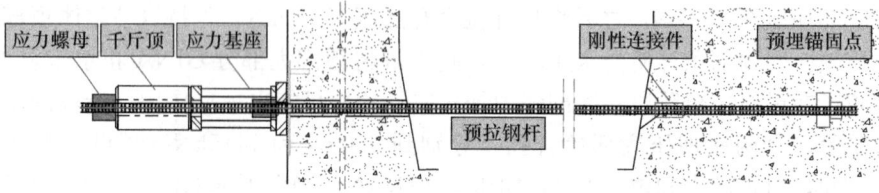

图 6-22　拉合时管节截面布置

除检查千斤顶施加的压力之外，另外需要检测 GINA 止水带被压缩的厚度。GINA 止水带在受压的情况下将会被压缩，减小厚度。管节对接的核心就在于模拟沉放时的受压情况，而确保预拉合管节在沉放时不会发生渗漏水的情况。此时，在干坞内受压缩的 GINA 止水带一样需要被压缩至指定厚度。拉合的成功验收需结合已施加的压力以及 GINA 止水带的受压情况（原厚度－现厚度＝压缩量）两方面方可确定。此压缩量需根据供应商所提供的方法，结合管节隧址的具体情况（沉放水深和相应水压力）共同得出。沉放深度越深，管节受水压越大，止水带所需要的压缩量就越多。

3. 锁定千斤顶及安装保护罩

当根据上述标准判断拉合完成后（图 6-23），首先锁定千斤顶，然后斩断暴露在外的预拉钢杆。安装保护罩保护凸出的预拉钢杆（图 6-24），保护罩与预拉钢杆端头之间需保持最少 100mm 的空隙（图 6-25）。

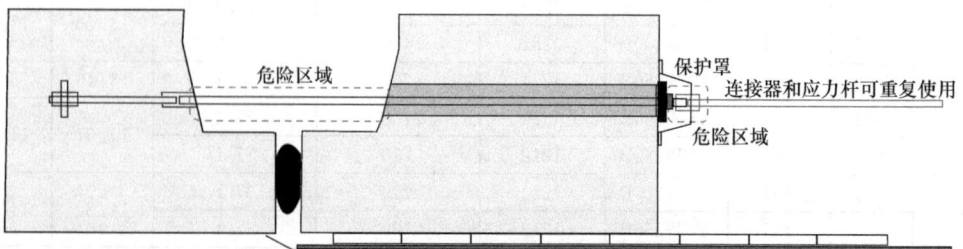

图 6-23　拉合完成后管节截面布置图

图 6-24 保护罩实物照生

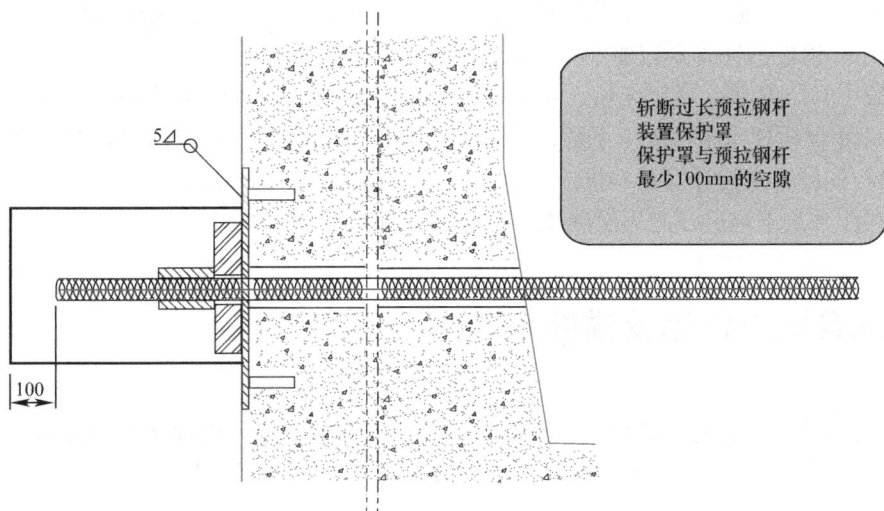

图 6-25 管节预拉钢杆保护罩细节图

6.1.6 质量要求

1. 相关质量要求的规范

此干坞内管节对接施工工法是为沙中线过海隧道项目量身定做，所有设计步骤与验收标准均需符合香港地区地铁及香港地区政府的相关标准，其中包括：

1）香港地区地铁公司土木工程的材料及施工规范

（1）第一章：标准及检验

（2）第二章：临时工程

（3）第七章：钢结构工程

2）钢结构作业守则-2011 年版（香港地区房屋署）

3）《房屋中的钢结构使用》BS 5950

2. 施工注意事项

1）施工前，所有施工设计图纸、施工工序及监察和测试计划必须审批。

2）与设计部门沟通具体的预压力要求及详细的收货标准，并将资料清晰地传达至全部有关人员。

3）牵移过程中，要时刻监测拉合设备的工作状况。

4）监测牵引过程中的同步控制状况，总结控制策略是否正确、各种参数设定是否恰当。

5）组织配合状况，总结牵移指挥系统是否顺畅，操作与实施人员是否工作，配合是否熟练。

6）如有需要可进行试牵移，对其中出现的问题要及时整改。

3. 拉合验收测试

管节拉合的验收应包括两方面：

1）液压千斤顶施加的压力需达到设计要求。其中，40mm 预拉钢杆需要施加 907kN 压力，47mm 预拉钢杆需要施加 1415kN 压力。

2）最小 GINA 止水带压缩量。止水带压缩量需要根据管节的设计深度、深度的安全系数、120 年保质期水密性安全系数以及因人工操作而引致的额外压缩量，共四个系数计算而得出。同时，由设计和材料供应商再行确认最终压缩量是否合格。

3）在注水入干坞后，需再次确认拉合处是否有漏水。

6.2　沉管沉放浮运及锚碇布置图

管节沉放前，需针对每段管节分别制定海上交通浮运布置，以确保管节浮运过程中的海上交通安全和通行及相应的锚碇布置图，保证管节在沉放时的稳定。依据管节沉放顺序，每段管节的相应布置如图 6-26 所示。

6.2.1　管节 E10 沉放浮运及锚碇布置图

如图 6-26 所示，管节 E10 为首个要沉放的管节。此管节位于铜锣湾避风塘内。因此管节位于海中并无与陆地连接，所以在海中进行初始定位是沉放的首个难点。为此，已预先在避风塘内安装定位海桩作为沉放时的测量控制点，同时帮助管节导向。

管节 E10 沉放时，因避风塘内海上交通情况复杂，所以并无设置任何锚碇。管节依靠预先建造的临时海桩防波堤上预制的锚点，绞拖管节至指定位置。简单管节绞拖定位示意图如下，具体管节 E10 和 E11 的沉放细节将在第 7 章详述。

第一步：管节 E10 浮运至避风塘外，连接钢缆准备绞拖（图 6-27）；

第二步：管节绞拖前进并交替更换钢缆，逐步靠近定位桩（图 6-28）；

第三步：绞拖至指定位置，紧挨定位桩；拉紧钢缆固定管节，准备下一步（图 6-29）；

第四步：接触并固定导向梁至定位桩上预制导向梁架，完成管节定位施工（图 6-30）。

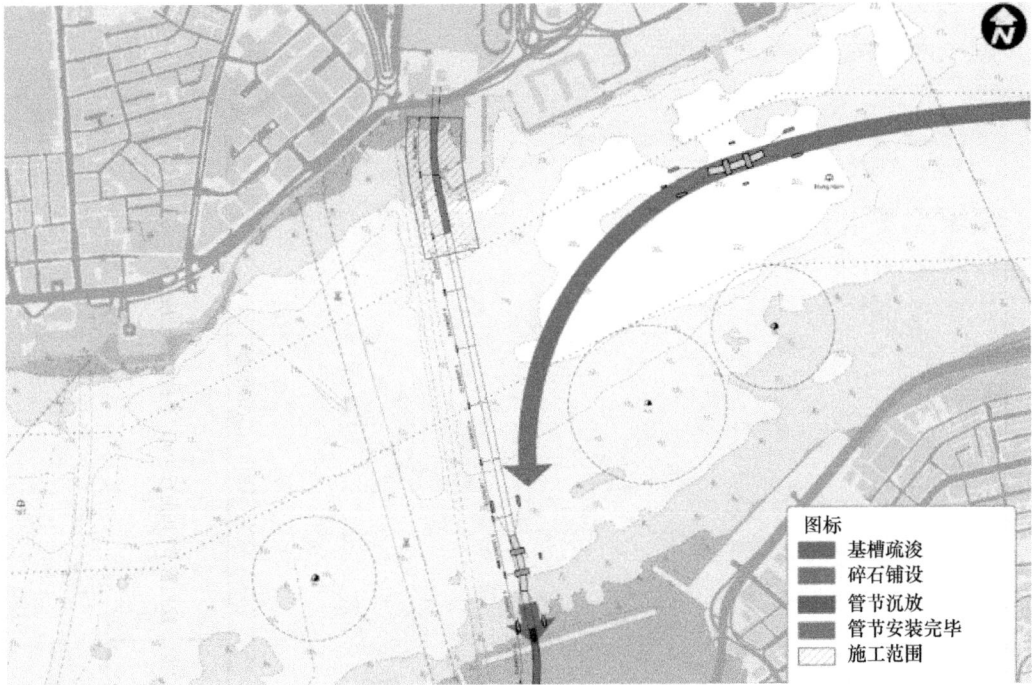

图 6-26　管节 E10 浮运布置图

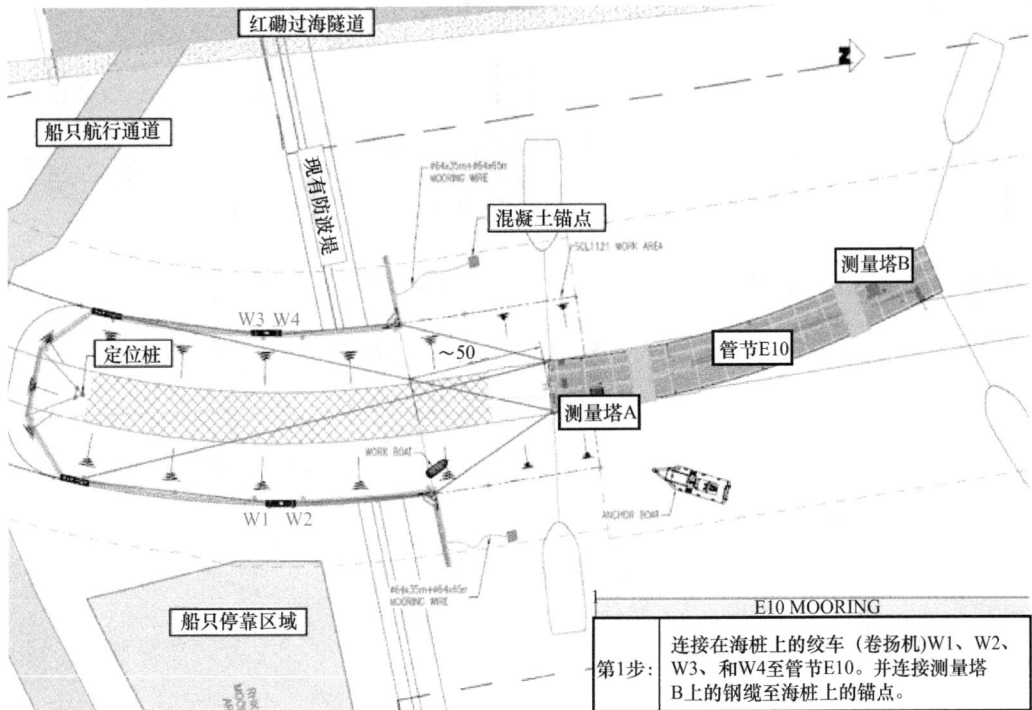

图 6-27　管节 E10 绞拖定位第一步

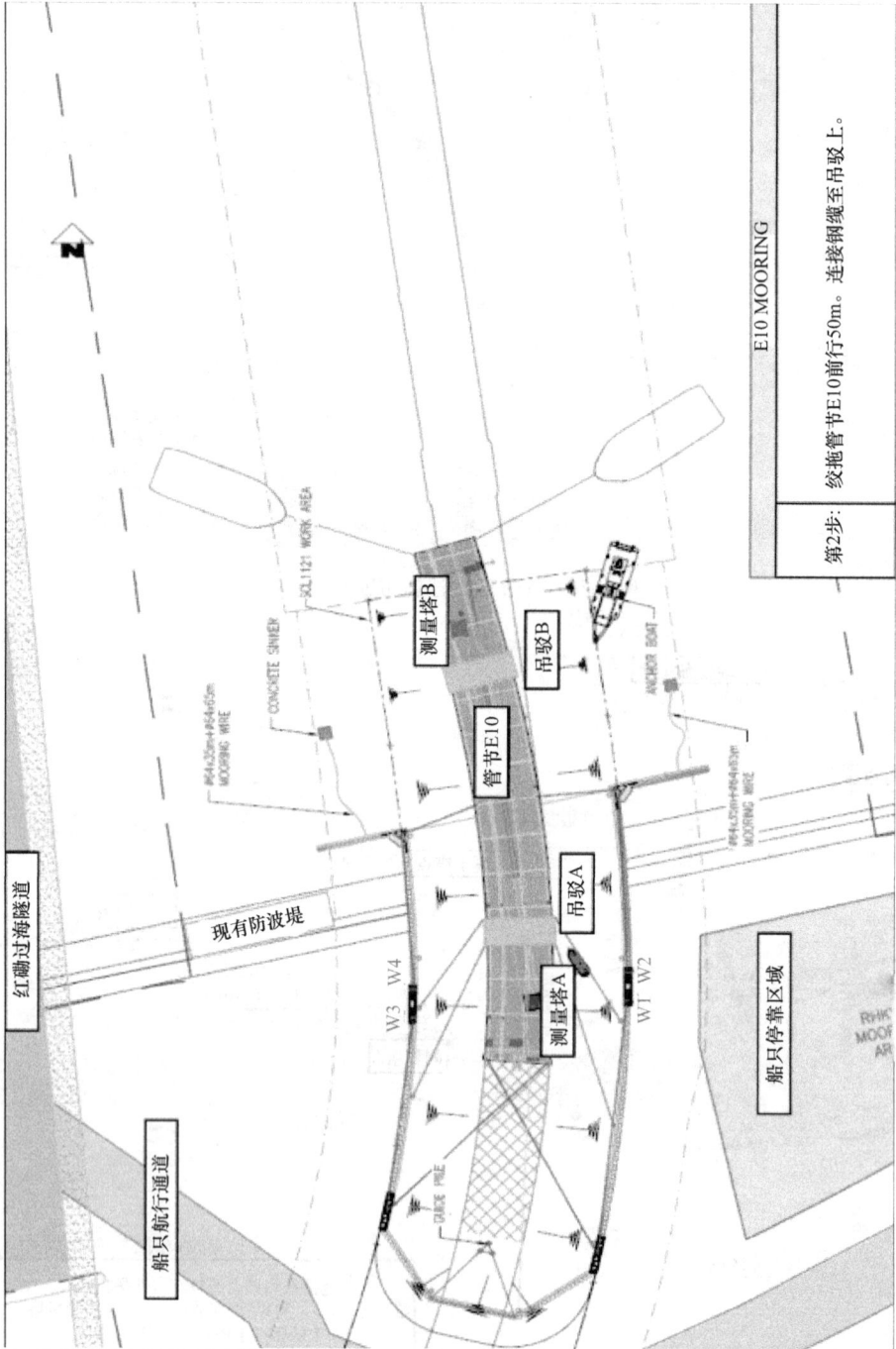

图6-28　管节E10绞拖定位第二步

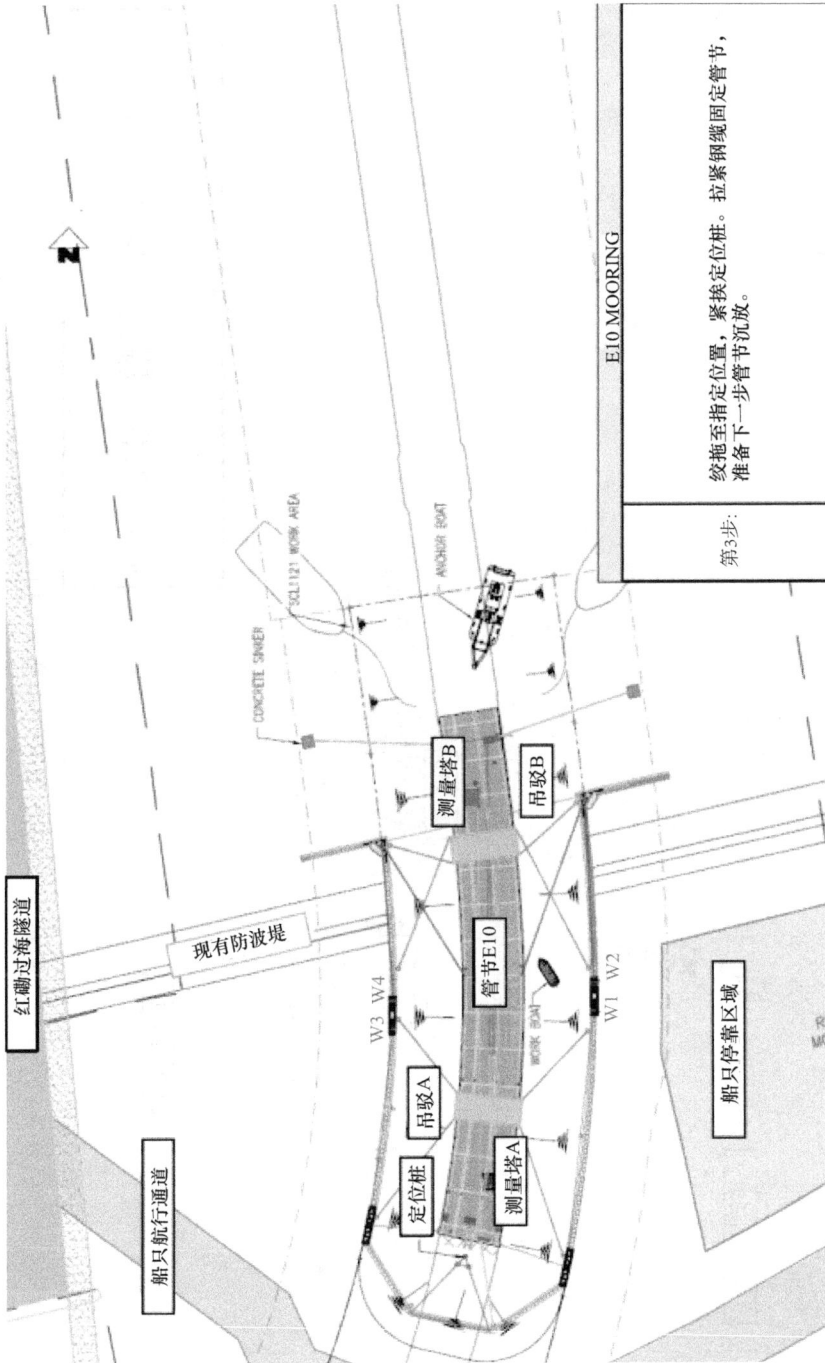

图6-29 管节E10绞拖定位第三步

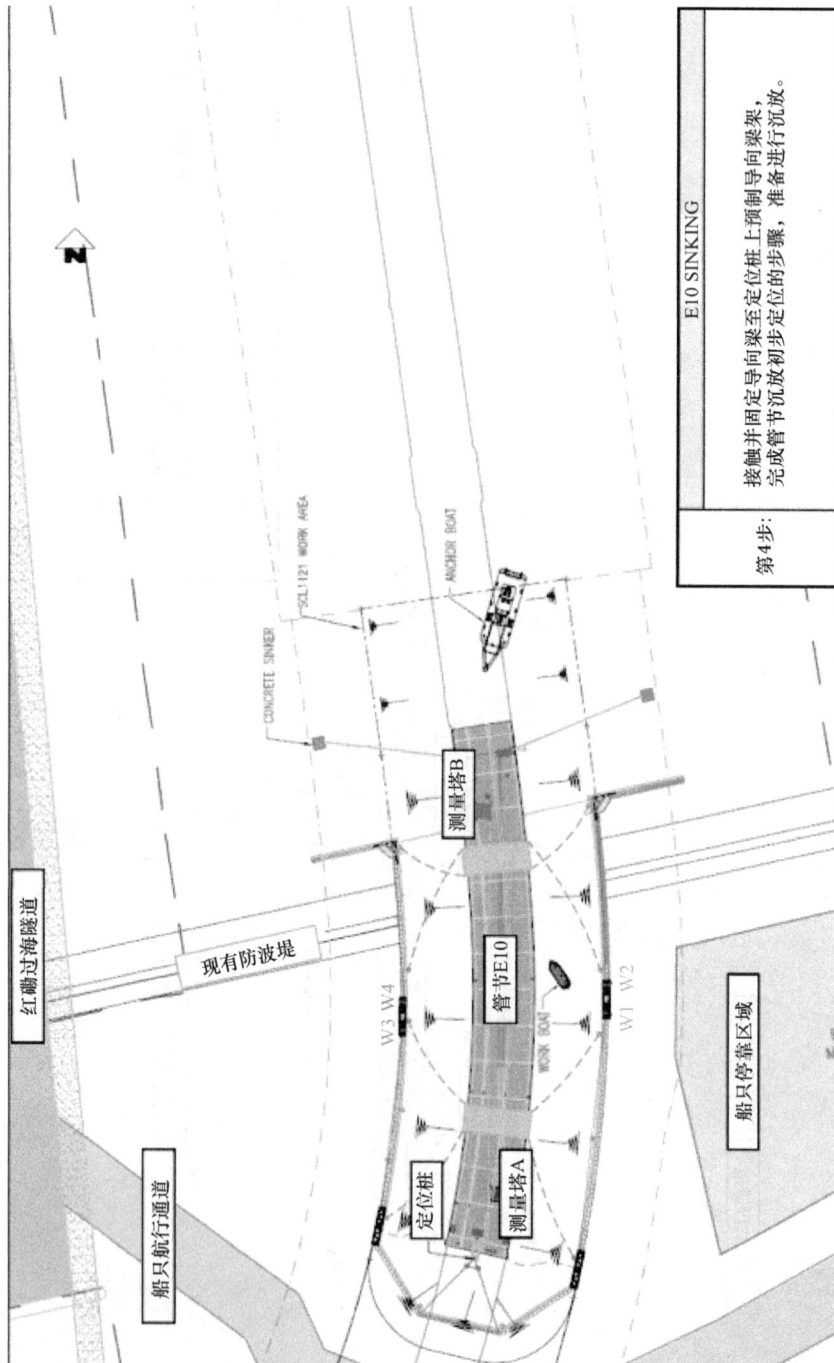

图6-30　管节E10绞拖定位第四步

6.2.2 管节 E1 沉放时浮运及锚碇布置图

管节 E1 为首个在红磡端（北岸）沉放的管节，与岸上深挖隧道相连接，如图 6-31 和图 6-32 所示。

图 6-31 管节 E1 浮运布置图

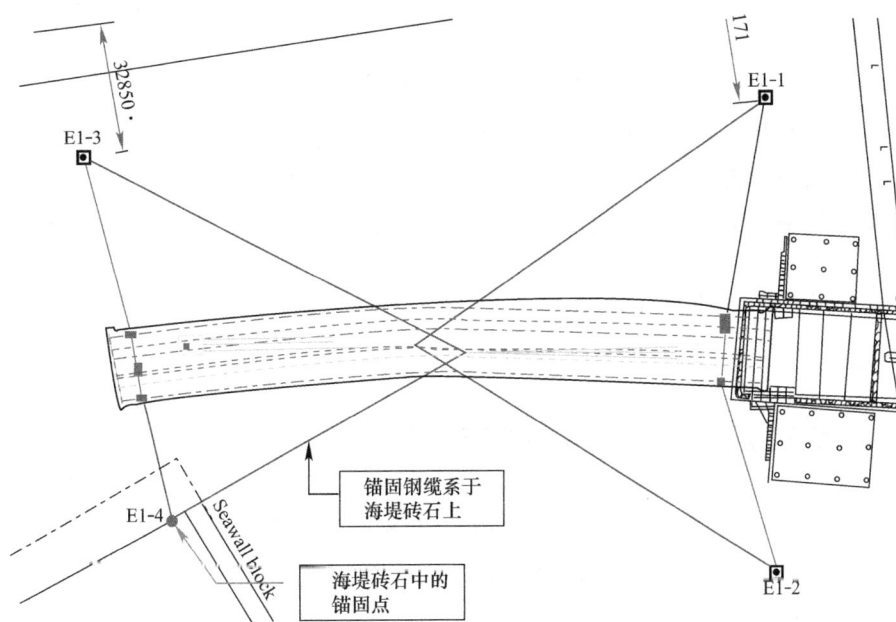

图 6-32 管节 E1 沉放时锚碇布置图

6.2.3　管节 E11 沉放时浮运及锚碇布置图

因施工现场地理环境的限制，管节 E11 的沉放分为两个阶段。管节 E11 首先需要寄存于管节 E10 顶部，然后当管节 E11 在铜锣湾避风塘内的基槽铺设完毕后，方可再次起浮、绞拖并沉放。其浮运路线与管节 E10 一致，如图 6-33 所示。

图 6-33　管节 E11 浮运布置图

管节 E11 绞拖定位第一阶段与上述管节 E10 一致。第二阶段如图 6-34 所示。

第一步：用钢缆系绑管节与锚点，锚点分别位于海中和海桩上；

第二步：如图 6-35 所示，绞拖管节向前，靠近 ME4 海上工作平台定位海桩并稳定管节；

第三步：接触并固定导向梁至定位桩上预制导向梁架，完成管节定位施工（图 6-36）。

6.2.4　管节 E2 沉放时浮运及锚碇布置图

自管节 E2 起始，管节沉放顺序由北向南，按次序从红磡连接至铜锣湾方向沉放。具体沉放时的海上交通导流布置需根据第 4 章的叙述进行，分别在适当时机下进行向南或向北导流通航船只，如图 6-37 和图 6-38 所示。

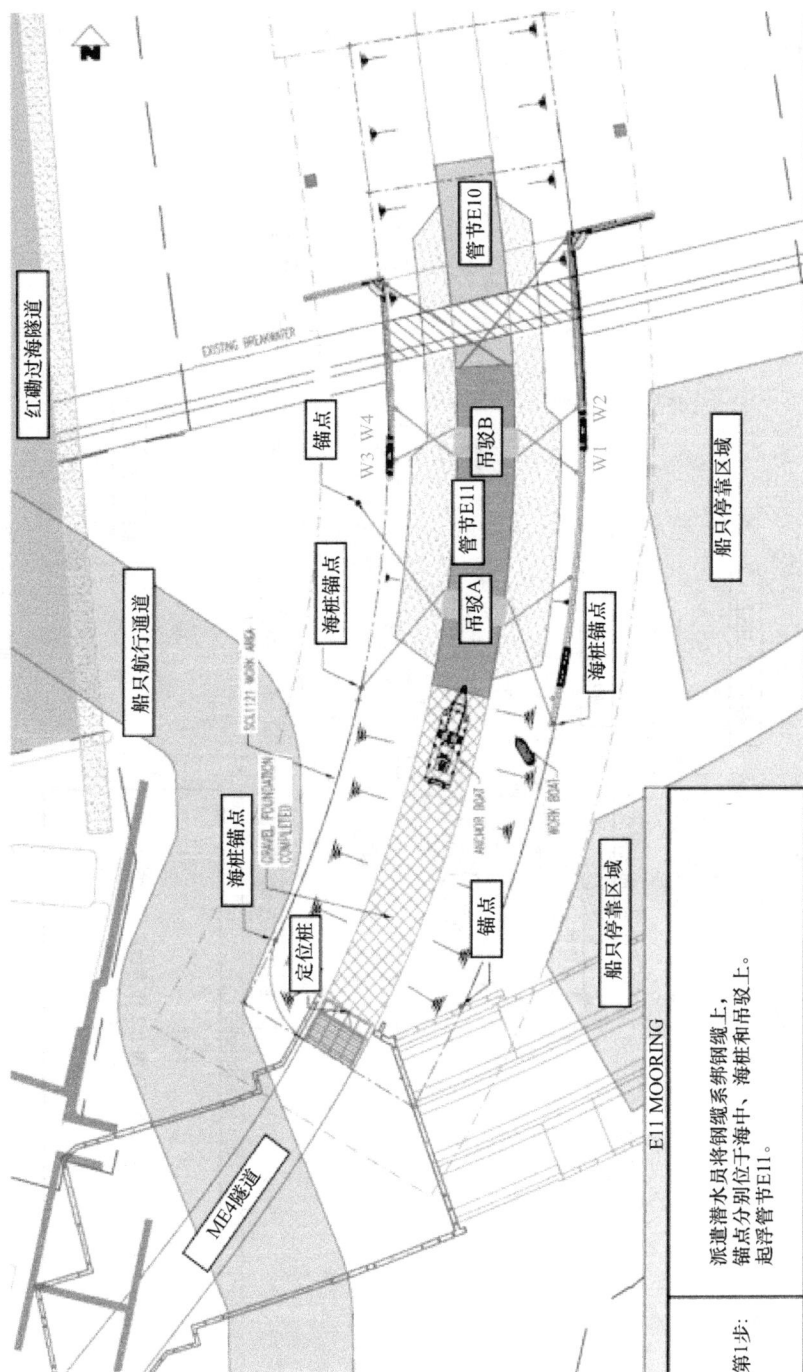

图6-34 管节E11绞拖定位第一步

第1步：
派遣潜水员将钢缆系绑钢缆上，
锚点分别位于海中、海桩和吊驳上，
起浮管节E11。

195

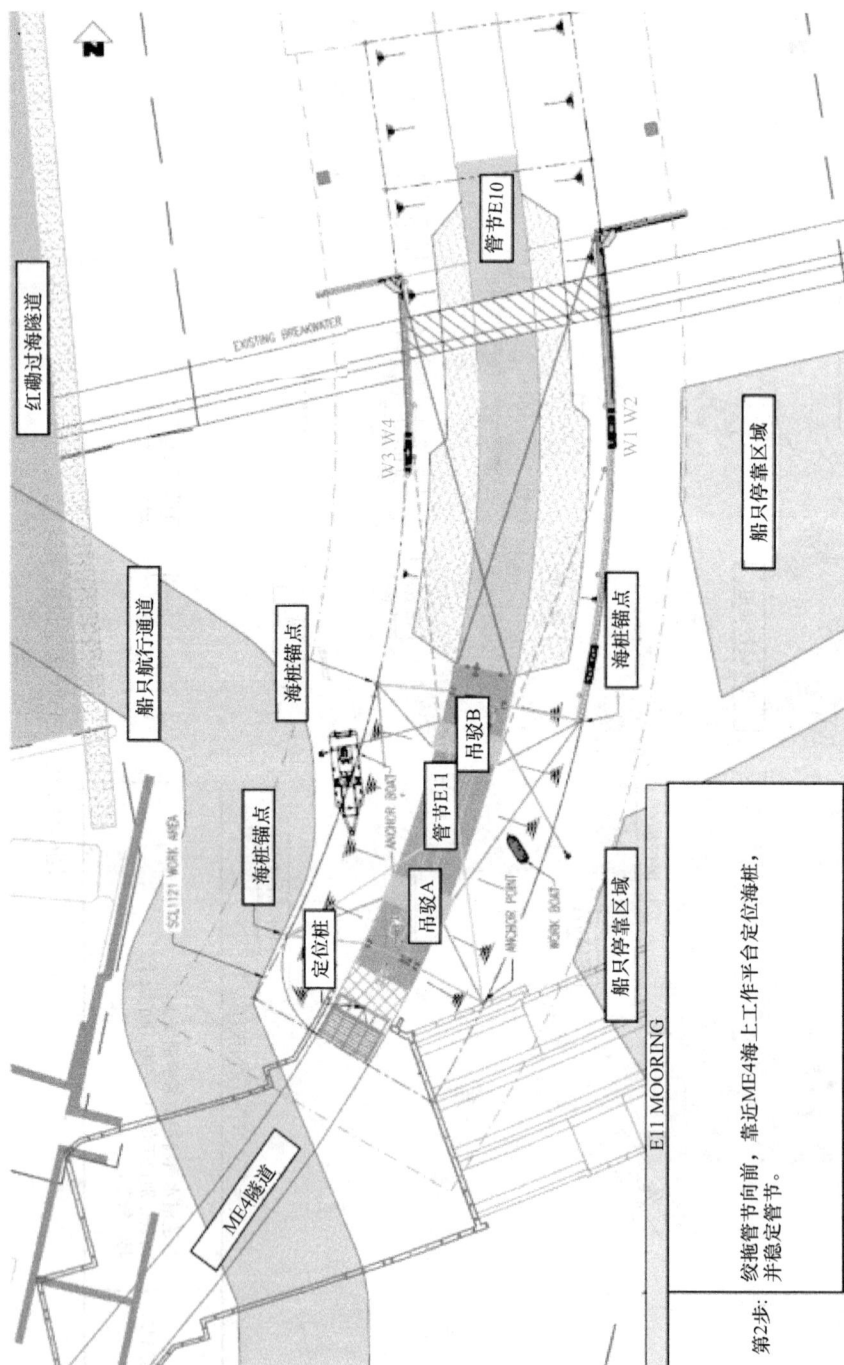

图6-35 管节E11绞拖定位第二步

第2步：绞拖管节向前，靠近ME4海上工作平台定位海桩，并稳定管节。

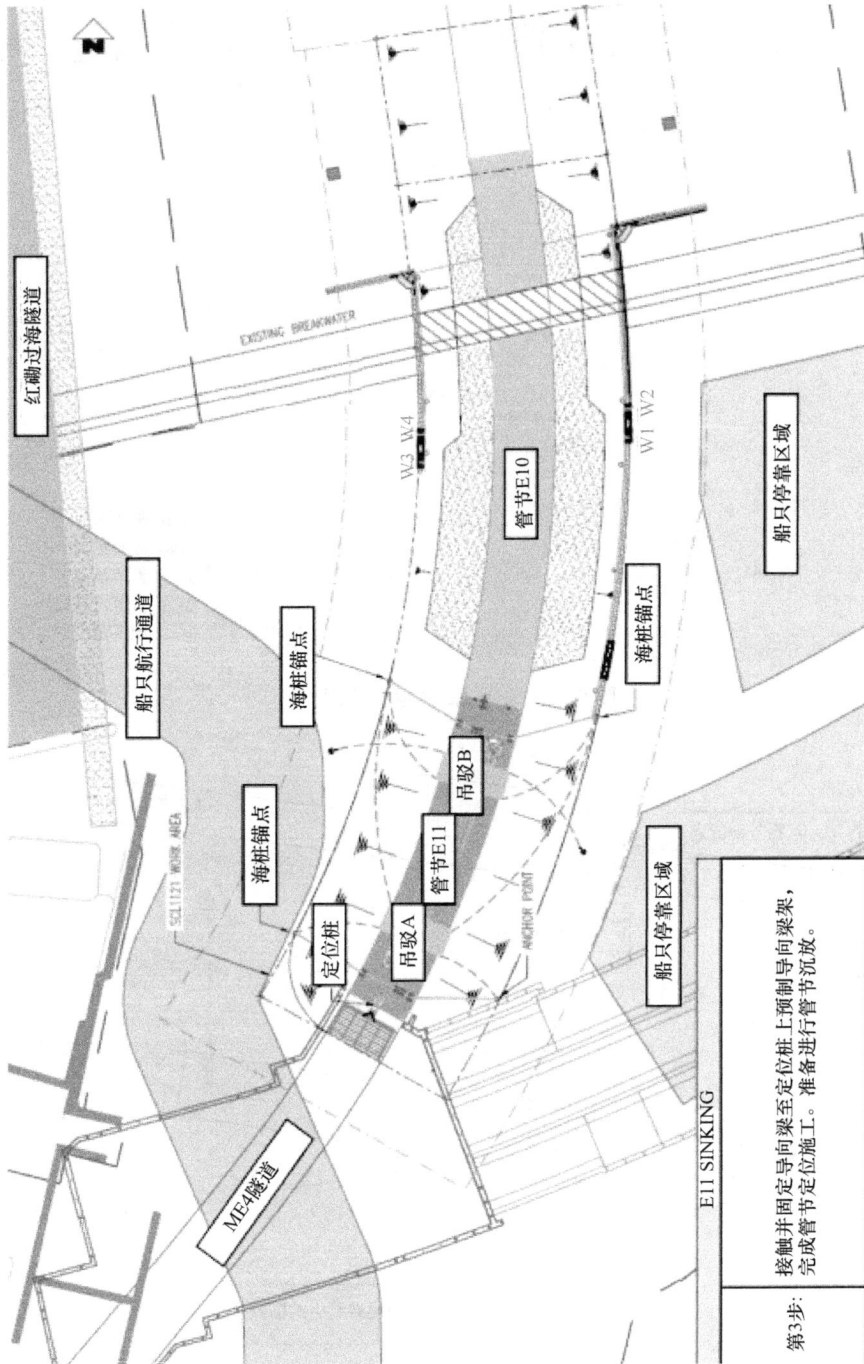

图6-36 管节E11绞拖定位第三步

红磡过海隧道

船只航行通道

海桩锚点

海桩锚点

管节E10

海桩锚点

船只停靠区域

定位桩

吊驳A

管节E11

吊驳B

船只停靠区域

ME4隧道

E11 SINKING

第3步:
接触并固定导向梁至定位桩上预制导向梁架,
完成管节定位施工。准备进行管节沉放。

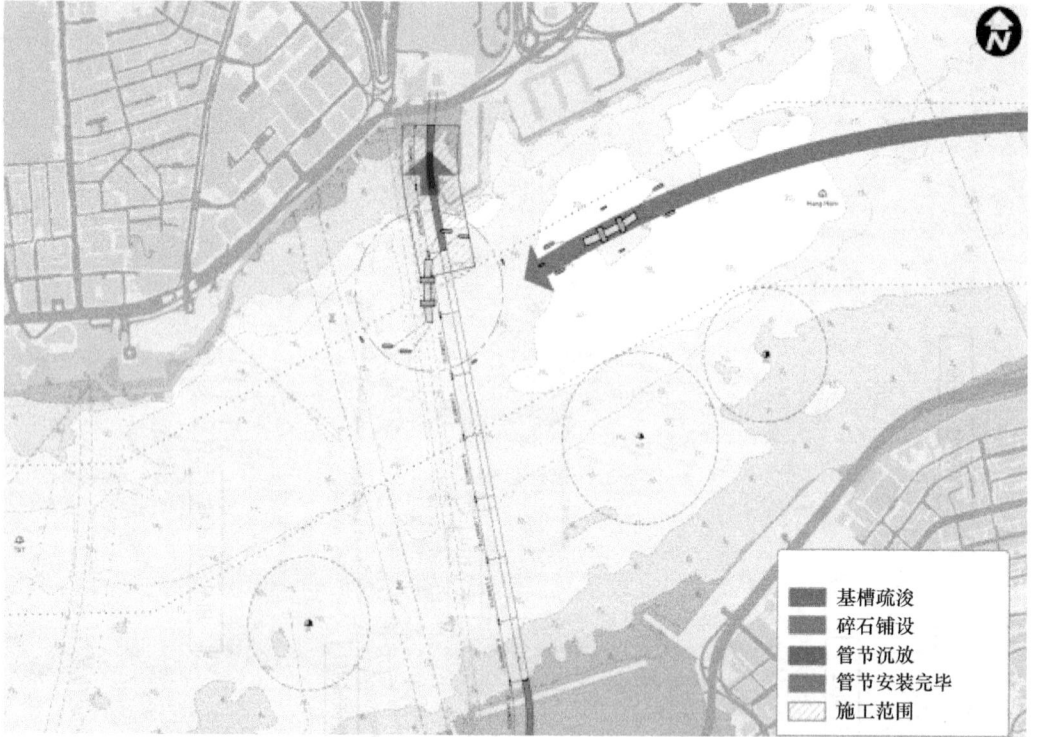

图 6-37　管节 E2 浮运布置图

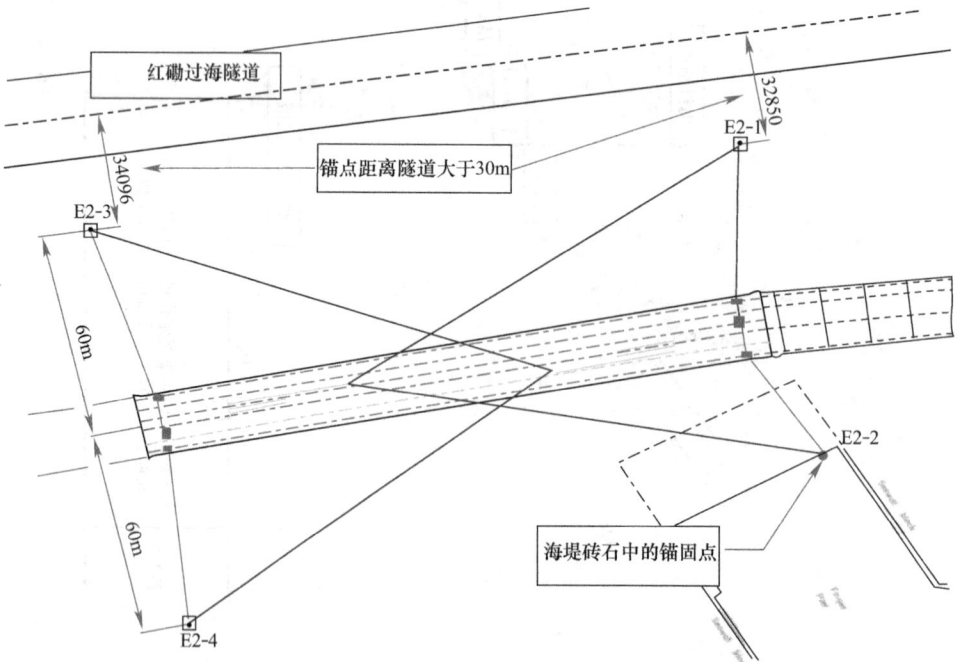

图 6-38　管节 E2 沉放时锚碇布置图

6.2.5 管节 E3 沉放时浮运及锚碇布置图

见图 6-39 和图 6-40。

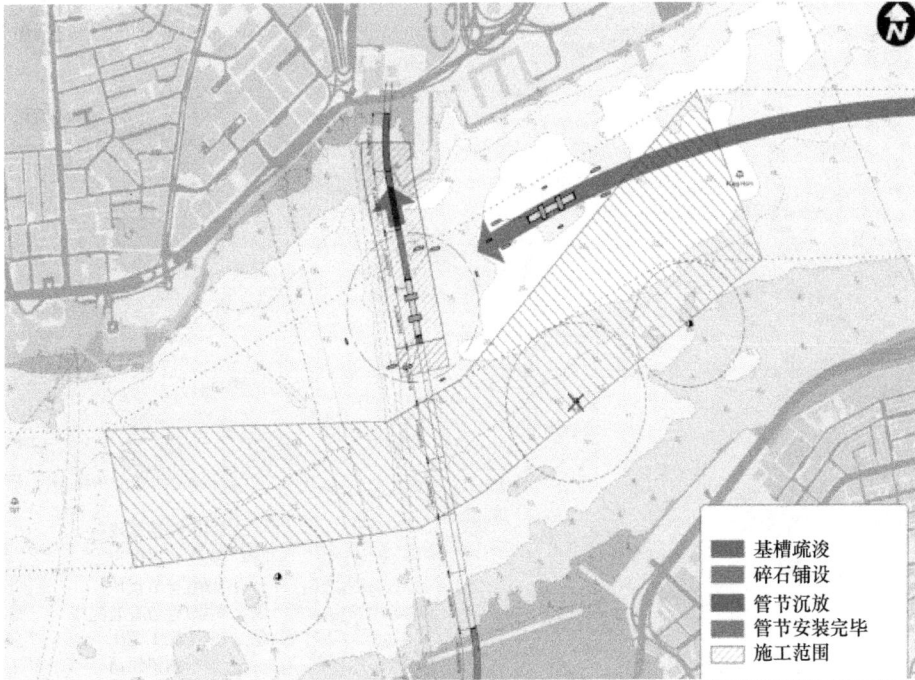

图 6-39 管节 E3 浮运布置图

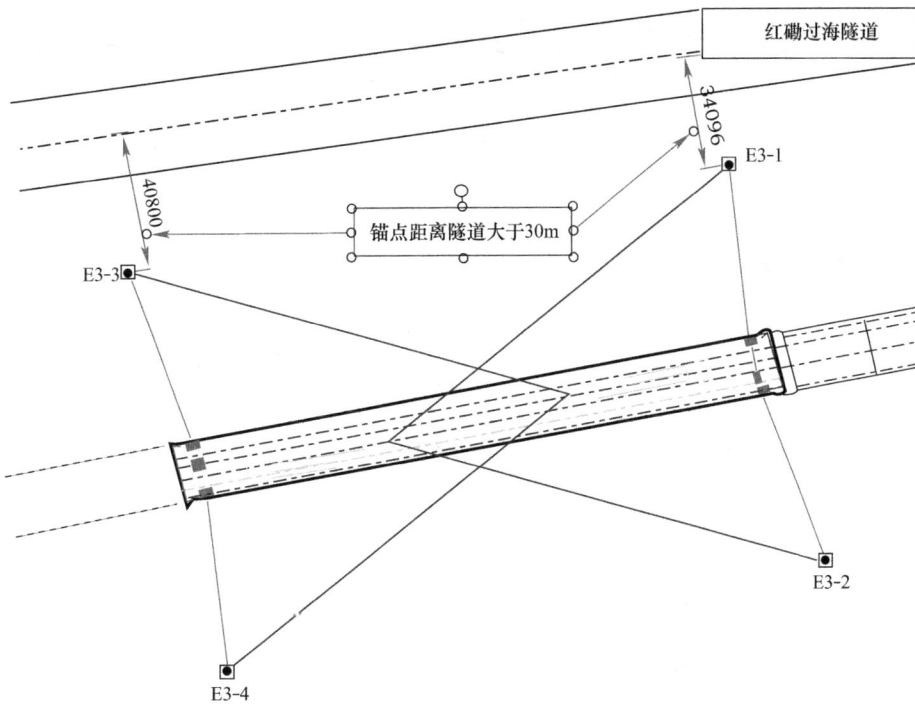

图 6-40 管节 E3 沉放时锚碇布置图

6.2.6　管节 E4 沉放时浮运及锚碇布置图

见图 6-41 和图 6-42。

图 6-41　管节 E4 浮运布置图

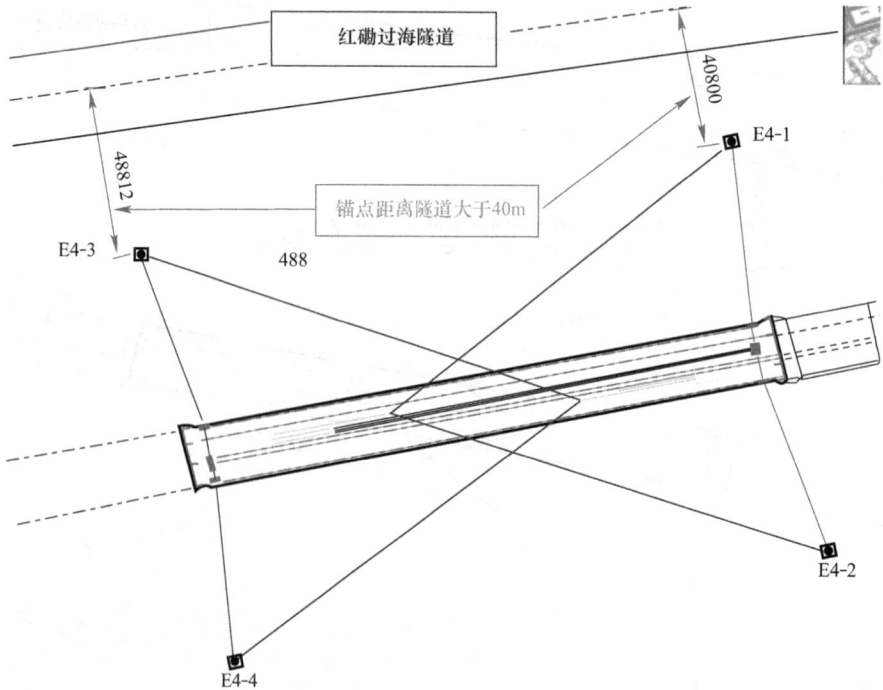

图 6-42　管节 E4 沉放时锚碇布置图

6.2.7 管节 E5 沉放时浮运及锚碇布置图

见图 6-43 和图 6-44。

图 6-43 管节 E5 浮运布置图

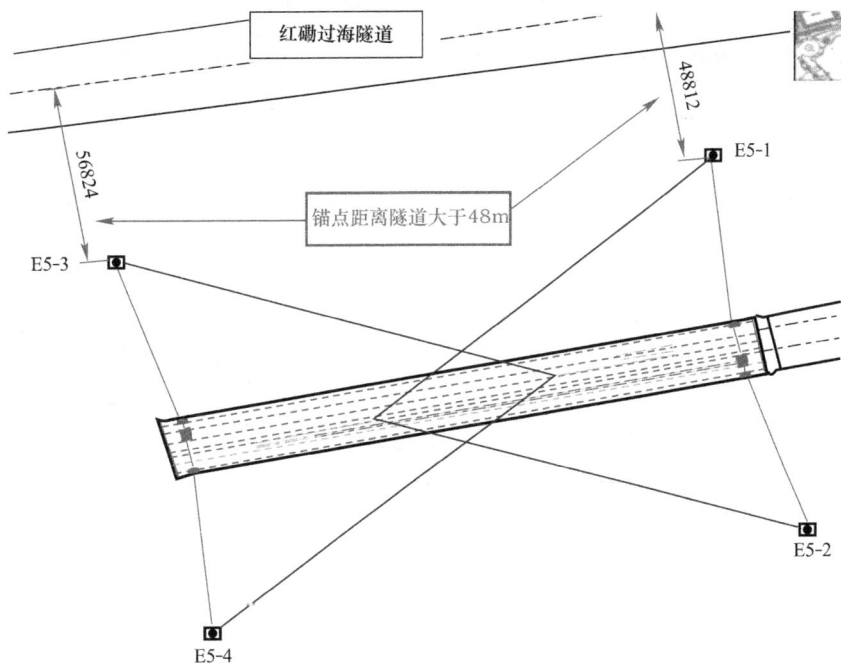

图 6-44 管节 E5 沉放时锚碇系统

6.2.8 管节 E6 沉放时浮运及锚碇布置图

见图 6-45 和图 6-46。

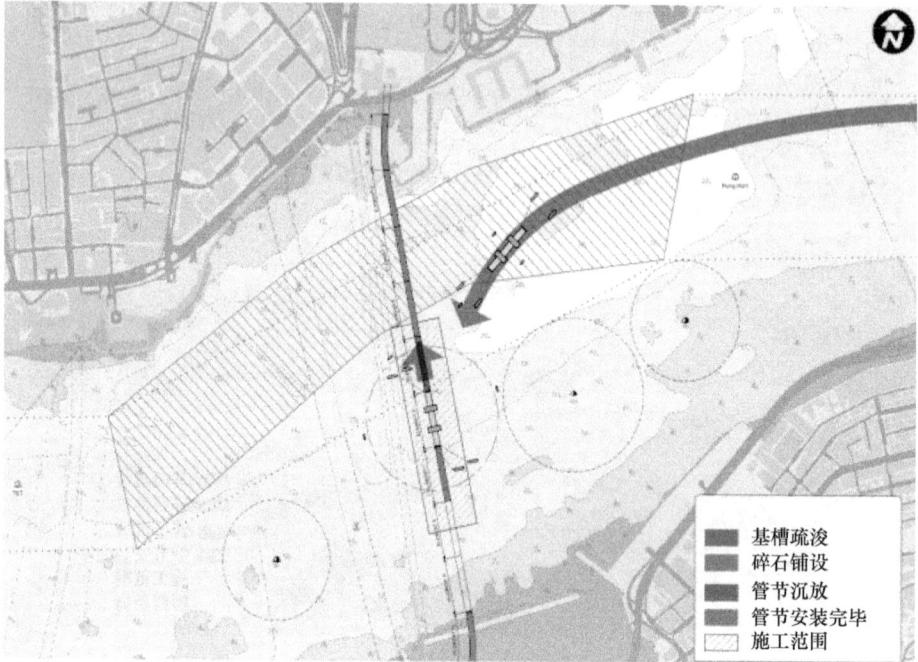

图 6-45 管节 E6 浮运布置图

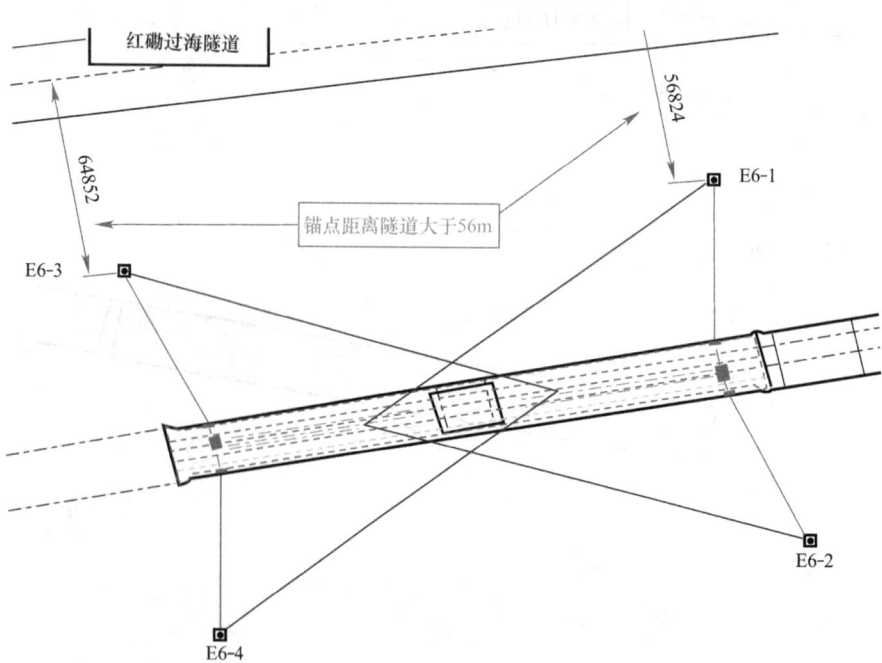

图 6-46 管节 E6 沉放时锚碇布置图

6.2.9 管节 E7 沉放时浮运及锚碇布置图

见图 6-47 和图 6-48。

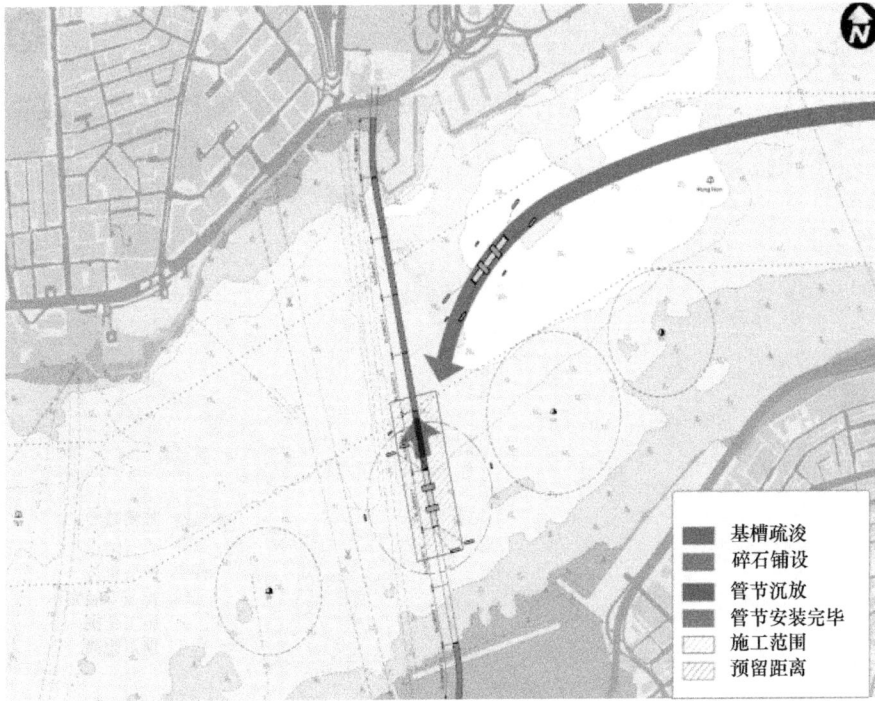

图 6-47 管节 E7 浮运布置图

基槽疏浚
碎石铺设
管节沉放
管节安装完毕
施工范围
预留距离

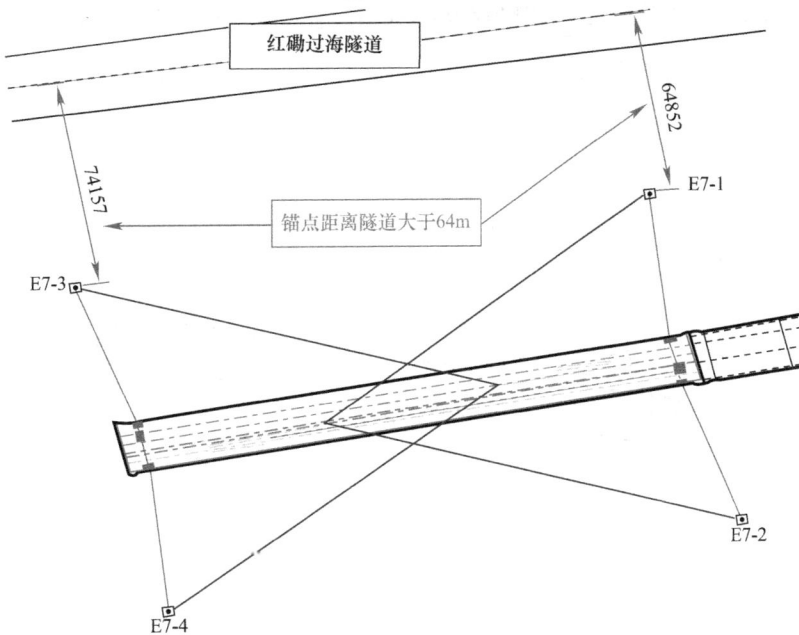

红磡过海隧道

64852

74157

锚点距离隧道大于64m

E7-1

E7-3

E7-2

E7-4

图 6-48 管节 E7 沉放时锚碇布置图

6.2.10　管节 E8 沉放时浮运及锚碇布置图

见图 6-49 和图 6-50。

图 6-49　管节 E8 浮运布置图

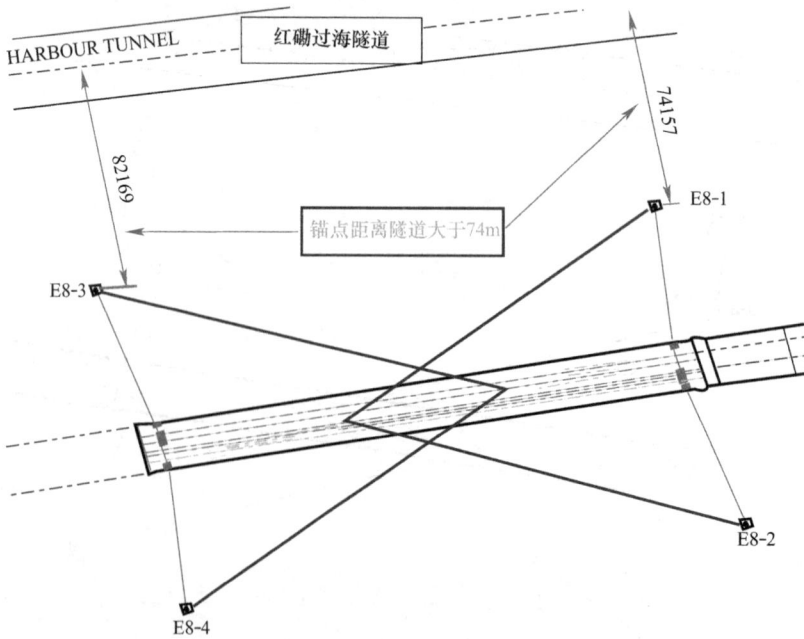

图 6-50　管节 E8 沉放时锚碇布置图

6.2.11 管节 E9 沉放时浮运及锚碇布置图

见图 6-51 和图 6-52。管节 E9 将沉放于维多利亚港与铜锣湾避风塘交界处，与之前沉放的管节 E10 相连接。并在沉放后，于两段管节之间接头位置进行"闭合接头"施工。"闭合接头"的设计与施工要点，将于第 8 章详细介绍。

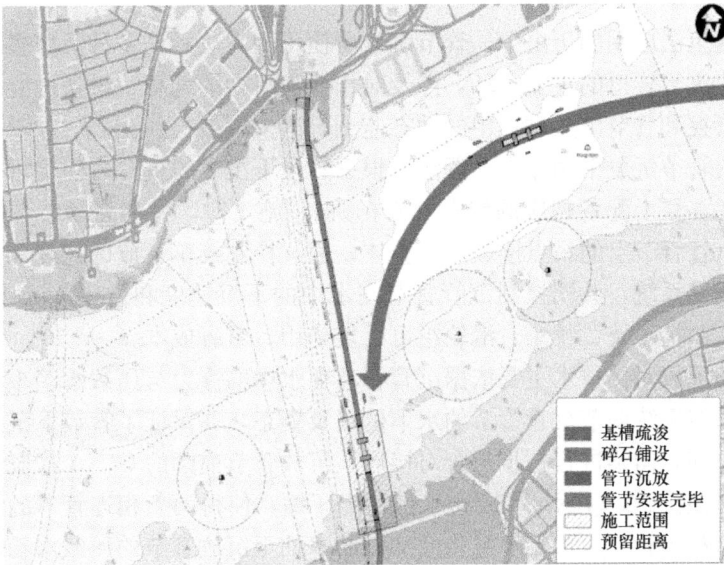

图 6-51 管节 E9 浮运布置图

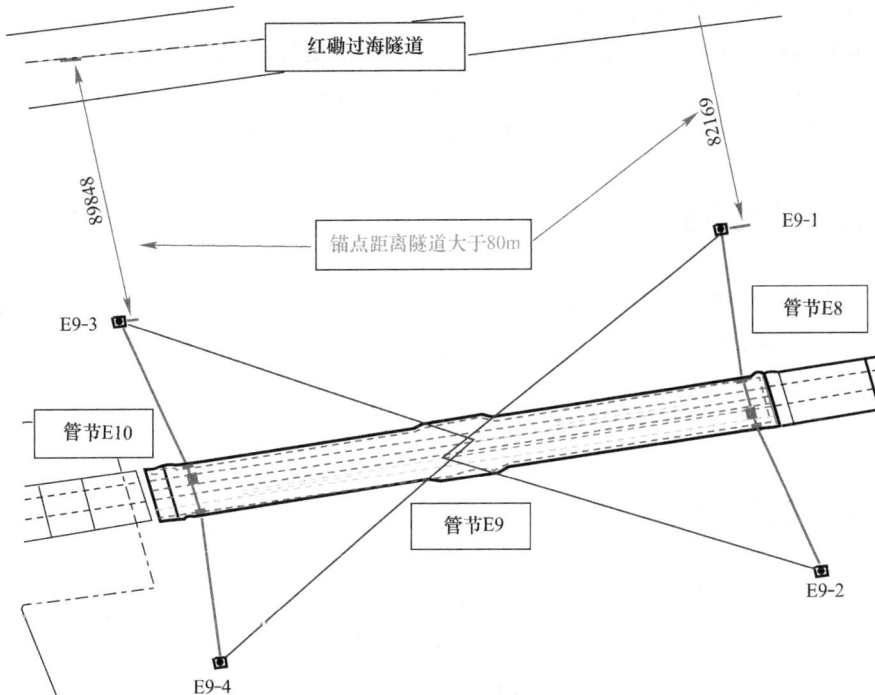

图 6-52 管节 E9 沉放时锚碇布置图

205

6.3 典型沉管沉放与对接方案

6.3.1 方案介绍

在沉管隧道工法应用的历史中，管节沉放所使用的方法和设备种类繁多，管节沉放的精确安装是修建沉管隧道的重要一环，涉及对作业窗口期的选择、设备性能的选取、技术人员对设备的操控和管节沉放过程中的动态监测等诸多环节。

本书介绍的管节沉放采用浮趸吊沉法，根据管段下沉时的负浮力确定管节内压载水箱的储水量，并在浮趸上配备相应的绞车（卷扬机）。施工时，将浮趸舾装在管段顶部，浮趸与管节通过沉管管节上的吊点连成一个整体，通过控制绞车下放的速度和深度，同时配合使用预设的锚碇系统，共同控制沉管管节在水中的下沉速度和位置。沉放所需的浮趸、锚碇系统、测量监控系统、绞车、滑轮组可反复使用，节省成本。

沉管管节的沉放对接技术主要依据沉管管节在水中的浮力与压载水箱重量的关系，通过趸船及预设锚碇系统调节沉管管节的水下位置及姿态，并保证了管节下沉过程中的稳定性，利用千斤顶和导向梁进行初步拉合对接后，沉放管节前端的GINA橡胶止水带与已沉管节后端钢封门面接触，GINA橡胶止水带初步压缩，使得两条相连管节的钢封门之间初步密闭；然后，利用管节内预装水泵将此部分的水抽至沉放管节的压载水箱内，在管节前后两端的水压差作用下，GINA橡胶止水带将进一步被压缩直至达到设计止水效果，保证了接头的水密性，完成管节间的对接。

管节沉放对接的关键技术包括管节沉放方式、锚泊定位、水下测控、导向定位、管节初步拉合对接及管节水压对接等技术。本章节将对位于维多利亚港内的典型沉管管节沉放进行介绍。位于铜锣湾避风塘内的管节E10和E11将在第7章详细介绍。

6.3.2 施工流程介绍

沉管管节在将军澳湾（临时系泊点）完成二次舾装［测量塔、浮趸（吊驳）、纵横调绞车系统、导向架及管节沉放测量安装系统等］后，将浮运至隧址进行沉放。

如图6-53所示，沉放的施工工艺流程如下。

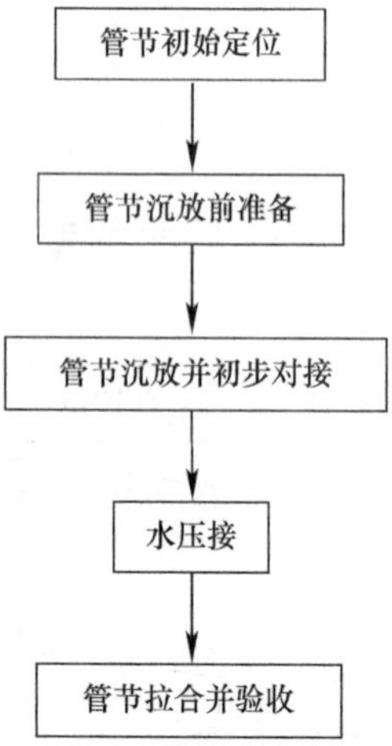
管节初始定位
管节沉放前准备
管节沉放并初步对接
水压接
管节拉合并验收

图6-53 施工工艺流程图

6.3.3 管节初始定位

管节在出坞后需在将军澳湾临时寄泊位进行二次舾装，之后再于合适的窗口期拖至维多利亚港设计线路位置进行沉放。当管节浮运至指定沉放位置后，在管节沉放前，需要完成管节测量系统的制订、测量装备的安装、锚碇系统布置及各个锚点的设计。

当以上步骤实施完成，管节稳定于海上，则进行沉放前的检查准备工序。

1. 沉管管节锚碇系统布置

管节沉放时的锚碇布置，不仅要考虑管节沉放时纵截面调节系统的使用，还要考虑管节浮运、临时寄泊位的使用。

根据管节沉放位置的地质环境，可根据实际情况选择合适的锚，如铁锚、锚杆、混凝土锚等。例如，沉管隧道管段轴线两侧的河（海）床为多礁石、抛锚层，不宜使用铁锚，应采用混凝土锚或锚杆；在沙中线过海铁路沉管隧道中，由于靠近红隧且位于维多利亚港中，航道较为繁忙，故选用混凝土锚作为沉管管节锚碇的装置。

锚碇在定位时，需根据测量指导准确定位；同时，在锚的受力方向要先进行试拉，使其达到设计要求。并且，锚碇所需要的缆绳也需要达到受力要求。所有相关器械材料均需在使用前进行相关的质量检验。

2. 沉管管节锚碇布置方式

管节定位施工作业与管节沉放、对接施工有着密切的关系，管节定位施工作业主要由锚碇系统完成。锚碇系统的常用方式有八字形和双三角形，典型管节锚碇的布置图详见图 6-54。

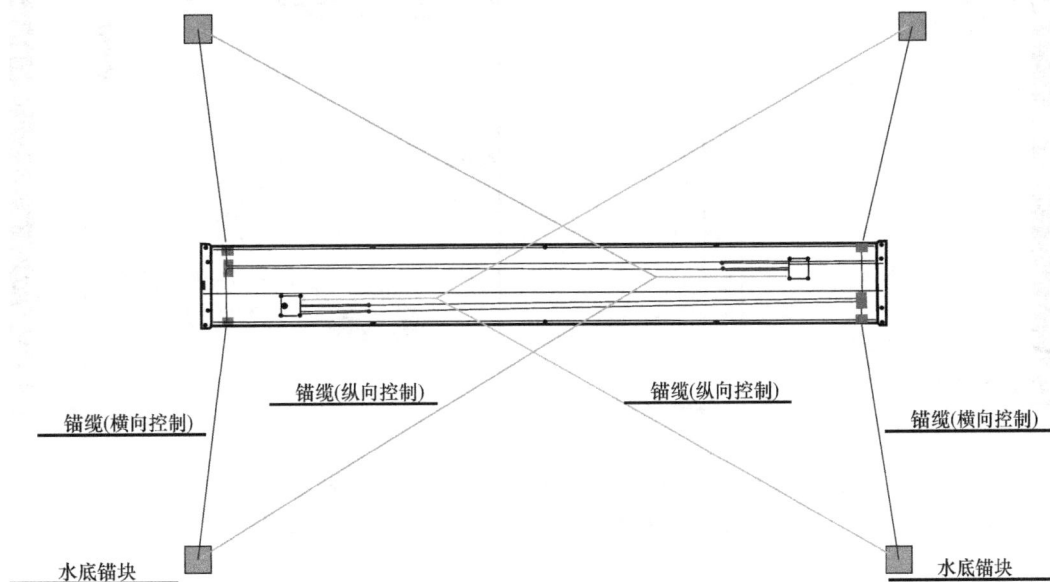

图 6-54 典型锚碇系统布置图

3. 测量方案

为保证沉管沉放对接过程中的精准定位，需在隧址两岸的陆地上设置控制点和基站，以便管节上的 GPS-RTK 设备可通过与基站的无线连接进行全面定位。总共在管顶上设置 9 个控制点，用于二次舾装时对测量塔的校准及管节三维坐标体系的建立。

管节沉放专用的浮筏在管节预设位置就位后，由起重船将测量塔式起重机装在管节预设位置进行测量塔的安装。

沉管对接采用测量塔上的 GPS-RTK 设备与全站仪相结合的形式，通过"沉管隧道施工综合定位系统"引导定位测量工作，由潜水员做最终检核。其中，GPS-RTK 设备主要用于管节沉放时的定位工作；全站仪则作为辅助后备方案，用于管节初步对接阶段的定位工作。

定义已沉放管节对接面的 6 个角点为 1～6。同时，待沉放管节对接面的 6 个角点为A～F，通过 GPS-RTK 设备以及沉管管节内的倾斜仪位置，实时监测待沉放管节的相应位置，确定与设计值的差值并实时显示与相应接触点的距离。

4. 沉管隧道沉放施工监测系统

"沉管隧道施工综合定位系统"软件，通过实时监测水下地形数值线、待沉放管节的设计位置、已沉放管节、待沉放管节、沉管隧道中轴线、测量塔位置等之间的关联，可以实时了解施工现场管节沉放情况，如图 6-55 所示。同时，"对接定位辅助决策系统"将通过预先建立的管节三维控制点，实时模拟三维的管节水下情况与已沉放管节之间的位置联系。

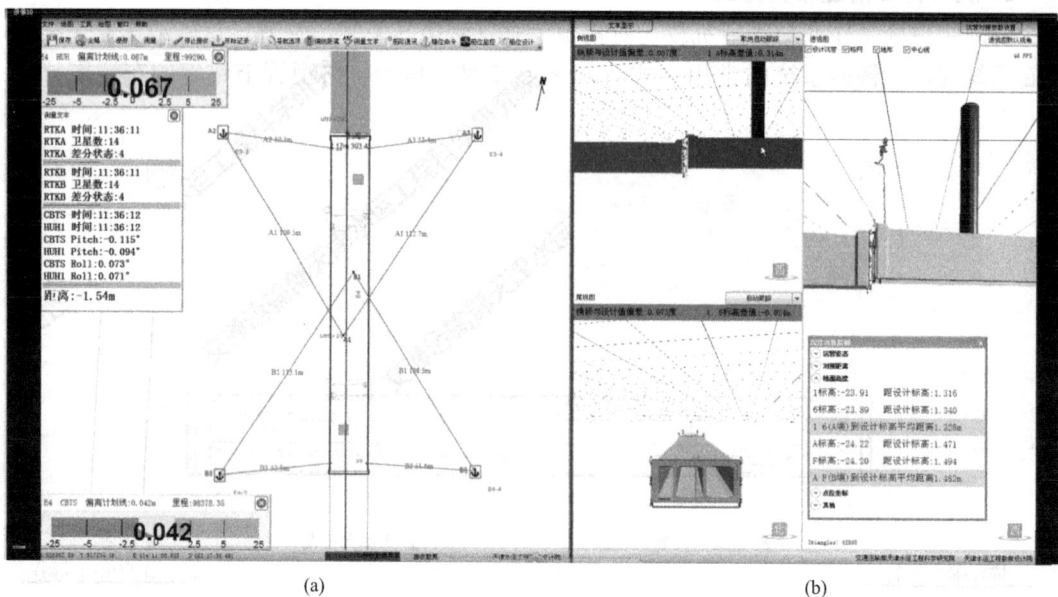

图 6-55　沉管隧道施工综合定位系统和对接定位辅助决策系统
(a) 沉管隧道施工综合定位系统；(b) 对接定位辅助决策系统

5. 安装测量设备

GPS-RTK 天线安装在测量塔顶部的设计中心位置。全站仪棱镜安装位于测量塔顶部，通过标定测量 GPS 天线及棱镜的三维坐标，以及已经建立的与待安装沉管管节之间的相对坐标系，实时监测管节的空间坐标位置。

双轴倾角传感器已经安装于沉管内部并标定好位置，如图 6-56 所示。在二次舾装过程中，须保持仪器不动。如需要临时拆卸，应于原位置重新安装。无论是否拆卸，均须检验甚至重新校准，如图 6-57 所示。

进行沉放测量时需在岸边设置基站，由基站传输 GPS 信号至测量塔顶部的 GPS-RTK天线后，经过标定测量出 GPS 天线和全站仪棱镜的三维坐标后，确定沉管位置。管节在沉放过程中，GPS 将担负主要的测量工作，但全站仪将全程保持工作并对 GPS 的测量数据进行对比校准；甚至，在需要时代替出现问题的 GPS 设备完成剩余的测量工作。同时，应用水下拉线/声呐测量系统，每 5～8s 为一个数据采样周期，经由数据中心主机处理，将测量的结果通过数据接口及相应的软件直接同步录入主机。当仪器距离主机较远时，通过无线电或者网络传输至主机存储并处理。

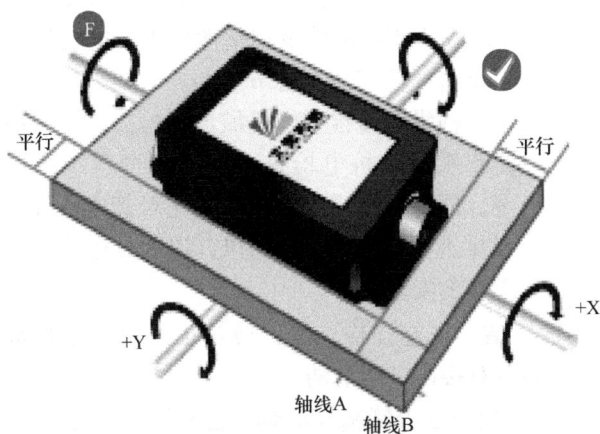

图 6-56 双轴倾角传感器

图 6-57 二次舾装测量照

主机对测量数据进行分类、整理，利用数据处理系统进行数据的计算、评查、转换，最后获得管节在水下的水平、倾斜和下沉深度等参数，通过无线电向控制室传输直观、准确的数据和图形，如图 6-58 所示。

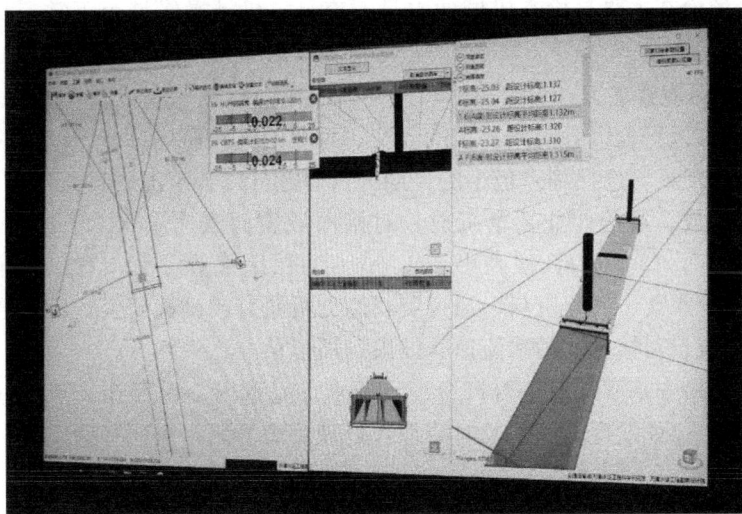

图 6-58 控制室内管节沉放实时三维模拟成像

二次舾装时，GPS 及全站仪棱镜均被安装于测量塔塔顶近中心的指定位置。提前校准并定位相关仪器，计算各个控制点与仪器位置之间的关系（图 6-59），将会通过 GPS 的三维坐标（或全站仪测量），以模拟定位相应管节控制点的三维坐标。沉放前，将主要通过 GPS 指引管节至设计地点准备沉放。

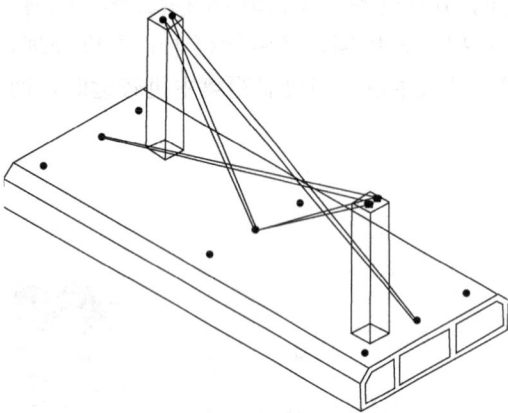

图 6-59　管节三维控制点

6.3.4　沉放前检查及准备作业

1. 管节沉放前检查

主要内容为：管节端接触面的清洁、GINA 止水带清洁及完整性检查、空气管是否堵塞、已安装在管节上的导向架是否有异物、横纵调缆检查、机械设备检查、管内抽排水系统及机电检查、沉放测量系统校核等。同时，在进入管节前要先对管内空气含氧量进行检测并保持通风，以确保密闭环境工作的安全。

1) 管节端接触面的清洁、GINA 止水带清洁、完整性检查等，检查工作由潜水员水下进行，可用棉布对 GINA 止水带和用钢丝刷对对接面进行清洁。

2) 空气管检查由潜水员水下进行，空气管检查是否堵塞并清理；已安装在管节上的导向架检查是否有异物或泥沙淤积，并清理干净。

3) 纵横调缆主要是目测检查钢丝绳是否伤损、钢丝绳走向是否正确。

4) 管内抽水箱系统及机电检查主要检查水箱是否漏水、水尺是否倾斜、管路是否漏水（气）、阀门操作是否顺畅、水泵电机及控制系统是否正常等，这些主要通过目测或试启动进行。

5) 机电设备检查主要是检查机械油水是否充足、机械操作是否正常、与控制室连接是否顺畅等。

2. 管节沉放环境要求

沉放前，需选择符合沉管沉放要求的天文、海况的气象窗口：

1) 根据潮位预报，选择潮差最小的日期为（暂定的）管节沉放日。

2) 管节的沉放、对接作业要求沉放、对接水域表面流速小于 0.5m/s，能见度大于 1.852km，风速小于 13.9m/s，浪高小于 1.5m。为保证管节沉放、对接安全，应根据工程所在区域的历史水文、气象资料，通过资料的分析研究或试验研究，综合管节的结构设计，确定管节沉放、对接作业的水流速、波浪、风速标准。

3) 沉放前需检查基槽开挖是否符合设计要求，基槽内不得存在高点。通过多波束回声探测或人工检查。如发现高点需及时清理，处理后需复测，保证基槽质量。

6.3.5　管节沉放

1. 浮趸吊沉法介绍

本书介绍使用浮趸吊沉法进行管节沉放施工。沉放过程中，将主要通过实时监测测量塔上两个棱镜的坐标，计算并显示水下管节的几何状态，指挥沉放操作。沉放时，浮趸上设置绞车以连接管节。逐渐平稳地向管节内水箱进行注水压载，使管节受负浮力而逐渐下沉至预定沉放位置并准备对接。对接结束后，待管节稳定，测量其在水下的最终坐标位置，以确定沉放管节与已沉放管节的对接具体情况并完成验收。

2. 管节下沉压载系统的操作

管节内的压载系统已经于管节预制时提前安装并检验于管节内部。此香港地区隧道沙中线工程，每条管节内共有 10 个压载水箱分别位于管节两侧通道，以保证管节沉放时的平衡，详见图 6-60。压载系统同时配套有离心水泵安装于端封门内部（图 6-61），用于上浮时排水以及沉放时注水。沉放时，将由专业人士根据总指挥的指示操作离心水泵，维持管节匀速缓慢下降，直至沉放至基底指定中心位置，压载水箱保证抗浮系数大于 1.04。管节内整体压载系统布置见图 6-62。

图 6-60 管节压载水箱   图 6-61 离心水泵

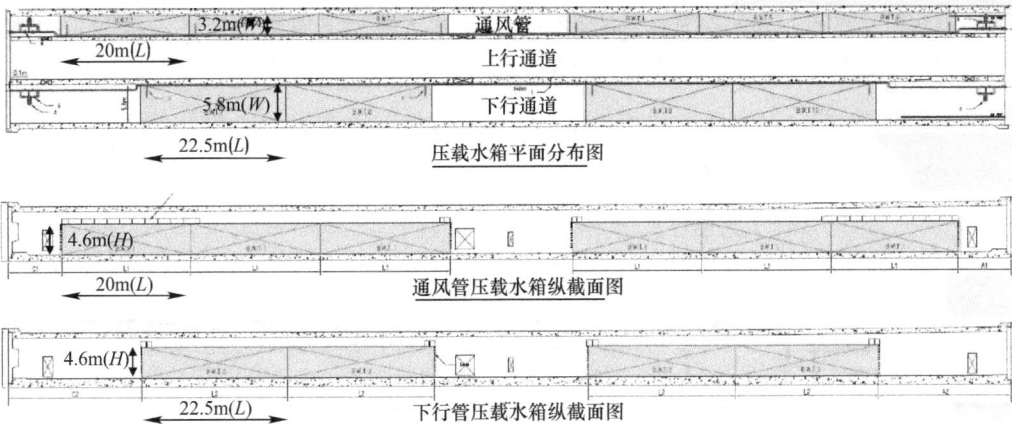

图 6-62 管节内整体压载系统布置

3. 管节沉放步骤

当管节抵达并锚固在沉放位置后，将根据下列步骤进行沉放：

1）检查并预热设备，水平移动管节至已安装管节 10m 处。准备开始注水，至压载水箱进行压载，如图 6-63 所示。

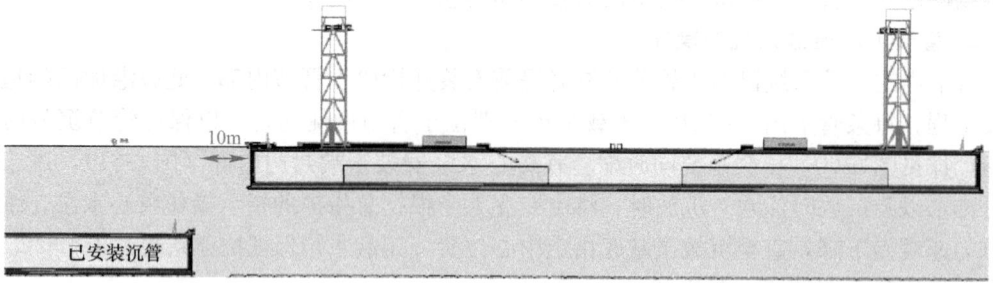

图 6-63　管节沉放之一

2）持续进行压载（注水量约为 1200t，使沉管于水中的负浮力约为 400t）。缓慢沉放管节（沉放速度应控制在 0.5m/min 之内）。下沉中需要校正管节斜度，以符合隧道整体下降或上扬的坡度，并且派遣潜水员进行水下测量，如图 6-64 所示。

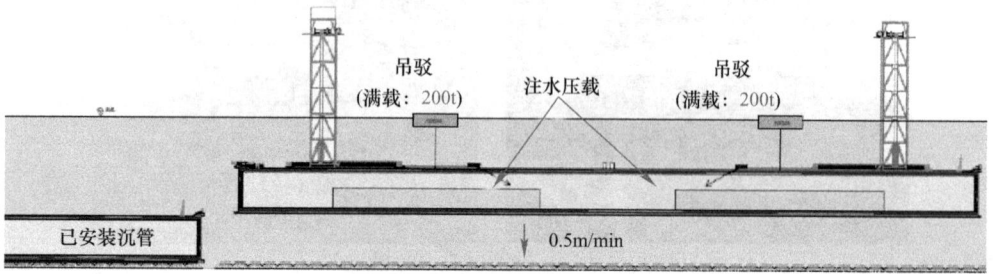

图 6-64　管节沉放之二

3）缓慢以 Z 形方式边下沉边前移管节，至距离海床高度 1m 以内，并且水平移动管节距离已沉管节的 600mm 范围内。派遣潜水员下水人工检测管节的实际深度和与相邻管节间的距离，以校对 GPS 定位系统可能存在的误差，如图 6-65 所示。

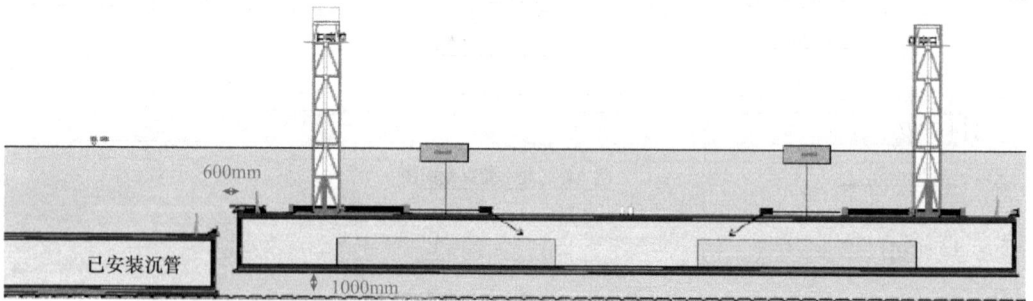

图 6-65　管节沉放之三

4）定位准确后，沉管头端借助导梁和导梁座定位（已安装沉管），尾端利用锚缆进行调整，然后下沉着地。测量员检查管节的基准线是否达到设计要求：如果管节基准线达标，则沉放管节的尾端至基底并检测管节的基准线；如果头端或尾端任意一段与设计基准线不符，则需要再次吊起管节进行调整并重复此步骤。派遣潜水员检测管节及止水带的情况，并且安装千斤顶、打开人孔，准备初步拉合，如图 6-66 所示。

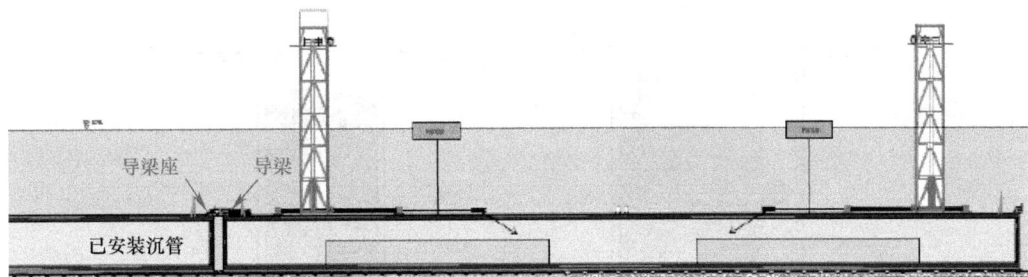

图 6-66 管节沉放之四

6.3.6 管节对接

1. 初步拉合（千斤顶拉合 GINA 止水带）

当管节沉放至设计位置时，开始拉合、对接、初步止水。拉合前，潜水员需再次用测量卡尺对管节的距离、左右偏移及顶面高差进行测量，并对两管节接触面及两侧检查，对 GINA 探摸检查，防止有异物被夹。

初步拉合主要针对 GINA 止水带进行，拉合时千斤顶按 20t、50t、75t 逐级缓慢施压于 GINA 止水带，保证 GINA 带均匀压缩且不受到损伤，直至止水带压缩至指定厚度，对接拉合速度不应大于 5cm/min。潜水员将在水下测量止水带的厚度，检测拉合效果。止水带拉合要求如图 6-67 所示。

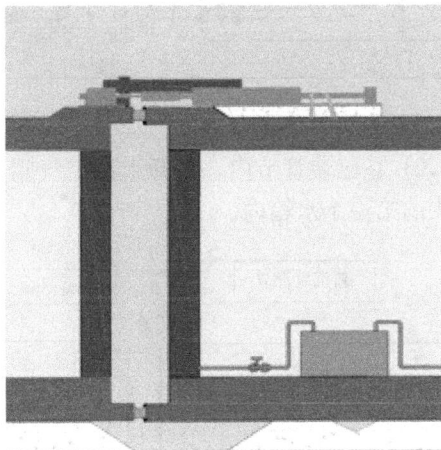

图 6-67 止水带拉合照片

同时，在此过程中测量人员对管节里程进行测量，潜水员亦须对端面间距离进行测量，以辅助判断拉合效果，如图 6-68 所示。

初步拉合完成后，管节对接剖面图如图 6-69 所示，准备水压对接。

2. 水压对接

1）在拉合千斤顶拉合管节接头初步止水完成后，潜水员全面检查 GINA 止水带的压接情况，并测量两条管节之间的距离、管顶面高差、接头左右偏差。满足要求后，进行放水压接作业。

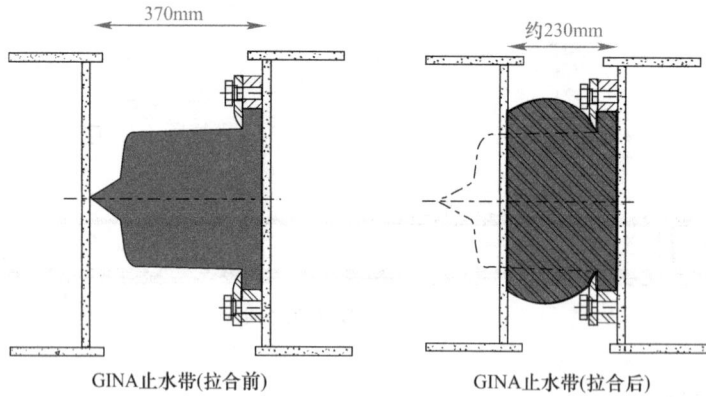

图 6-68　根据 GINA 止水带前后厚度判断拉合效果

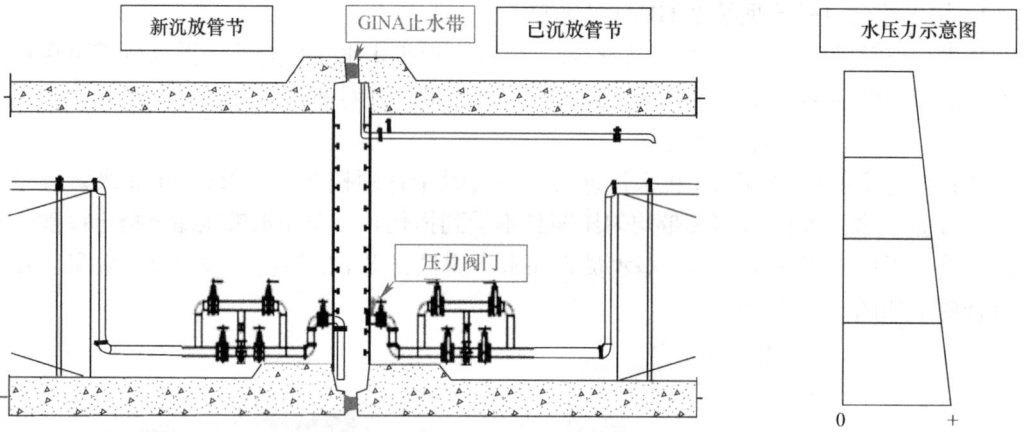

图 6-69　水压对接布置图

2）在已装管节内，打开上部空气阀（图 6-70），两侧阀门要求同时打开，将水放在靠端头的第一个水箱内。

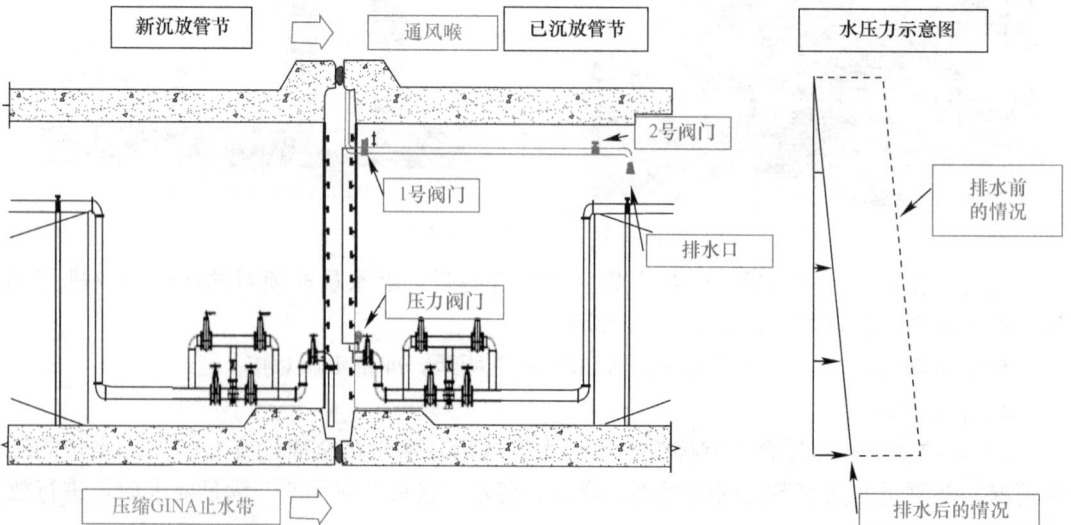

图 6-70　水压接示意图之一

3）当空气管没水流出后，启动水泵（图6-71），将接头空腔内的剩余水排至压载水箱内，进一步实现水压对接。接头空腔水量约为 200m³，两台水泵同时抽水，约 20min 可排空接头水。

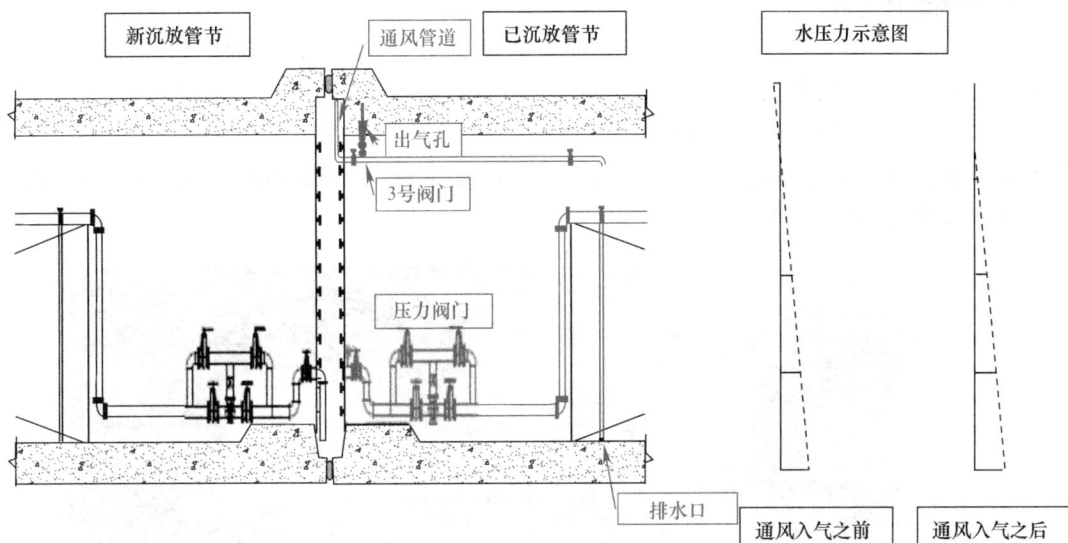

图 6-71 水压接示意图之二

4）在整个过程中，测量人员及潜水员不断测量管节端面之间的距离。随着腔内放水的进行，端头间距离越来越小，直至距离不变（在设计范围内），水压对接完成；最后，把接头内腔水排干，如图6-72所示。

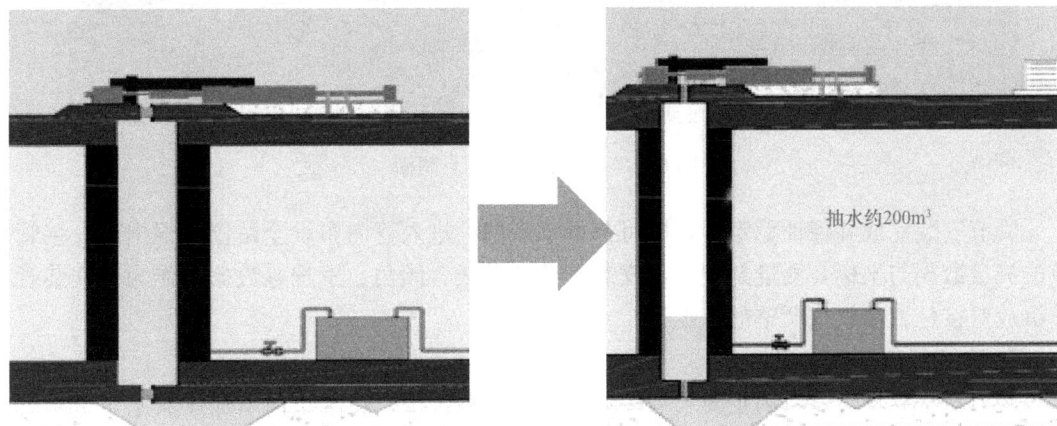

图 6-72 水压接效果图

3. 开水密门

观察管路上的压力表，判断接头内腔水位是否低于水密门下缘；潜水员对接触面检查、测量，满足要求后可开水密门。开启时要注意：

管节内隔舱水被抽走后，在打开水密门前，需对隔舱封闭空间进行测试，确保隔舱封闭空间内无有害、有毒或者易燃气体。如果发现这些气体，应及时处理并确保隔舱封闭空间内安全，方可打开水密门，让操作人员进入隔舱内。

检查管节对接端 GINA 橡胶止水带的水密性。如果发现任何漏水情况，应进行适当的处理和修理。

4. 管内测量验收

如图 6-73 所示，从暗埋段内引线到 E1 管节以及后续所有管节，利用测量仪器进行精确测量，主要工作包括检测沉放管节的轴线偏差、管节标高、管节左右倾斜度等。因管节数量较多、形状有弯曲、人工测量误差等因素，所以测量时亦参考大地水准测量方法，以电脑模型模拟结合几何大地测量与物理大地测量，通过多个校正器械的辅助，更加准确地确定管节控制点的空间几何位置。

图 6-73　沉放后管内测量画面

管节安装完成并保证稳定后，即可打开水密门，进入管内布设全站仪。根据已安装管节的测量数据与坐标，测量并记录待安装管节的轴线、倾角、里程等数据，作为待安装管节沉放对接位置及轴线调整的依据。

5. 稳定压载并完成沉放

管节对接经测量验收满足要求后，通过管内压载系统，往水箱内增加压载水，进行管节稳定压载。按设计要求，压载量为管节抗浮系数 1.04，负浮力（管节重力－管节浮力）约 1000t。压载时要求两侧水箱同时均匀、对称进行，水箱水位也要同高，压载时各箱阀门对称打开，每个箱同时压载。完成后记录水箱水位，关紧所有阀门。

沉管管节完成沉放、对接、着陆后，拆除吊挂系统、测量塔、舾装定位系统及人孔钢筒，并进行管节顶面人孔初始密封处理。潜水员拆除拉合千斤顶（包括拉合装置）、临时垂直支撑装置（包括垂直、水平定位装置）、绞车缆索或水平千斤顶的微调系统及其他微调系统。拆除完成后，回收部件至工作船舶，船舶离开作业水域。

6.3.7 质量控制

1. 管节沉放窗口期选择

需要对预定沉放日期前后 7～10d 时间做出气象预报，确保天气平和，没有恶劣天气情况。评估沉放时的可能最大风速，一般应小于 13.9m/s。为保险计，沉放时的水上能见度应大于 1.852km。

需要对沉放日期前后进行详细的水文资料调查，包括但不限于水的密度、温度、流速等。确保相关水文条件符合沉放要求，一般水流速应小于 0.5m/s，浪高小于 1.5m；而一般沉放时间宜选在早晨开始，则有充足的时间于白天海面平稳时完成沉放。

沉放前需对管节的基槽进行检查，是否有回淤现象；如有高点，必须先进行清理。

2. 管节沉放时的控制

1) 管节下沉速度不大于 0.5m/min；

2) 沉放过程管节的抗浮系数不小于 1.01；

3) 管节沉放后稳定压载抗浮系数不小于 1.04。

3. 管节对接定位偏差控制

管节沉放过程中，应派遣潜水员不断检测管节实时位置，与 GPS 及全站仪相互校对。自接近已安装管段 10m 内开始，分阶段详细检查管节的横倾值、纵倾值、轴线偏差、管节标高及管节间的相对位置。

管节沉放的偏差主要由测量控制，首先根据 GPS 读数，将管节沉放至设计位置约 3m 附近。沉放速度需按要求控制。

将管节缓慢逐渐移至 GPS 读数的设计位置。保持管节吊运状态，并由潜水员进行检查，是否与已沉管节之间纵向截面有差距。如潜水员检查有差距，则根据检查结果，重新轻微调整管节位置。之后，进行对接抽水。

管节对接完成后，实现与前一管节贯通后，应进行隧道内高程测量。根据测量数据，通过调节下一沉放管节基础处理垫层高程实现纠偏。若高程和扭转偏差过大，须松开 GINA 橡胶止水带、起浮管节，重新整平基础，再进行沉放作业。

沉管管节初步沉放后，需定位测量检测，其初步定位允许偏差范围为：①轴线偏差：±50mm；②高程偏差：±25mm。

另外，根据现实基槽的情况，每条管节的基槽预抬高值在 15～40mm，以匹配管节的预估沉降量。具体的管节固结沉降计算于 6.4 节中阐述。

6.4 管节沉降设计

6.4.1 已沉管节作用力分析

1. 管节沉放后临时情况

当管节在沉放后，内部剪力键浇筑之前，剪力会在隧道内通过 GINA 止水带传播，但是非常微小。所以在此情况下，可以假设沉管隧道管节的受力情况类似一个个相邻但不相连的混凝土梁。此时，沉管管节会承受以下荷载：①沉管隧道管节的混凝土结构；②初始压载混凝土；③防水涂层混凝土保护层；④附加舾装构件；⑤海事土方工程；⑥流体静水压。

2. 管节永久运行情况

在浇筑内部剪力键以及完成管节接头建造之后，沉管管节将会作用类似一串连接的混凝土梁，其中各个连接头允许剪力传导。临时性的构件将会被拆除，并加入以下额外的永久性荷载：①火车铁轨；②机电设备；③火车的活荷载，取火车重量的 50％用于预算沉降。

使用过程中，隧道上方可能出现淤积现象，亦需要考虑在长期荷载中。

3. 意外性荷载

意外性荷载不在正常使用极限状态的考虑范围之内，但却纳入承载力极限状态的考量。例如，设计考虑 GINA 和 OMEGA 止水带，应允许在意外导致接头破损时仍保持其水密性。在此导向下，以下意外性荷载将被考虑：①50kPa 的沉船重量在 30m 的长度中横跨整个隧道；②两条行车隧道孔洞同时遭遇淹水。

4. 综合荷载

综上所述，在沉降评估中所考虑的综合荷载为：

• 临时情况：

（1）临时情况（管节沉放后）＋管节两侧回填土的向下拉力＋隧道占用空间内的荷载＋砂砾基础淤积

• 永久情况：

（2）额外管节自重＋活荷载

（3）额外管节自重＋活荷载＋淤积

• 意外情况：

（4）淹水荷载＋淤积

（5）沉船自重＋淤积

6.4.2　已沉管节沉降分析

1. 弹性沉降

弹性沉降将用土壤的弹性系数和弹性理论已经评估。假设荷载将导致立即发生沉降，并大致用以下方程式进行表述：

$$S_i = \int_a^b \frac{\Delta\sigma_v'}{E}\mathrm{d}x$$

式中　S_i——即时弹性沉降；

　　$\Delta\sigma_v'$——在 x 标高时垂直有效应力的变化；

　　E——在 x 标高时土壤的弹性系数；

　　a——隧道的底部标高；

　　b——石层的标高。

分析模型将会选取在有限元模型中直接使用土壤弹性系数，或者在弹性地基梁模型中使用通过土壤弹性系数而得出的地基反应系数。

2. 固结沉降

在海洋沉积物层和淤积层内的细粒土壤容易受沉降，特别是当垂直压力超过它们的有效先期固结压力时。假设这两层土壤都是一般沉降的状态。所以，它们的有效先期固结压力相当于其现有的有效覆盖压力。

绝大部分现有的在隧址范围内的海洋/人工沉积物将会被疏浚清理。同时，在管节基槽下方的沉积物亦会被过度疏浚清理并重新回填碎石基槽，清理基槽下方的沉积物的深度，将会依据现有的地质钻探报告的结果，在详细剖面设计图中给出。

长期沉降的计算将依据"《港口工程设计手册》第三部分-填海工程设计的指引"中的要求而计算。详细如下：

$$S_c = H \cdot C_c \cdot \log \frac{\sigma'_{vo} + \Delta\sigma'_v}{\sigma'_{vo}}$$

式中　S_c——土壤层的沉降；

C_c——土壤层的压缩系数；

σ'_{vo}——土壤层的现有垂直有效压力；

$\Delta\sigma'_v$——土壤层中额外变化的垂直有效压力。

3. 次固结沉降

根据经典的固结理论和现场的观察发现，细粒的土壤会因为在距离压载下土壤粒子变形而产生蠕滑效应，在主固结完成后继续压缩。与上述长期固结沉降类似，次固结沉降也是依据"《港口工程设计手册》第三部分-填海工程设计的指引"中的要求而计算。详细如下：

$$S_s = H \cdot C_a/(1+e_o) \cdot \log \frac{t_2 - t_0}{t_1 - t_0}$$

式中　S_s——次固结沉降；

C_a——土壤层的次压缩系数；

e_o——初始孔隙比；

t_2——次固结沉降结束时间；

t_1——次固结沉降开始时间；

t_0——次固结沉降计算开始时间。

根据 Albert Yeung 和 Sunny So 于 2001 年发表的"香港地区海洋土壤岩土工程性质"论文中所述，香港地区海域土壤的次压缩系数与压缩系数的比值（C_a/C_c）一般为 0.005～0.015。在隧道沉降分析中，选用 0.01 作为建模之用。

理论上讲，在 120 年的设计使用寿命中，次固结沉降预计将有 17mm。此结果的可靠性有待考虑，更有鉴于隧道的主固结预计仅有 3～4mm。

4. 纵向沉降分析

运用弹性地基梁模型分析隧道管节的纵向沉降。分析的目的包括以下两方面：

1) 预算隧道的纵向沉降轮廓，并帮助决定管节的预先沉降尺度，以及隧道管节所占据空间的隧道沉降预算。

2) 预算各个管节接头的沉降差以及相邻管节之间的旋转差，用以帮助设计管节接头和橡胶止水带。

在管节刚刚沉放完成且并未浇筑剪力键这段的临时情况下，隧道管节在模型中被视为分离的混凝土梁，分别代表每段管节单独放置于基槽之上。在永久情况下，隧道用一条连续的混凝土梁来表示。并用销接头以代表接头内剪力键的存在，接头允许剪力传导，但不可以传导力矩并于 5m 间隔用土弹簧支撑。

土弹簧的强度依据现有地址钻探报告中所表述的推断地质情况所评估，并在地质剖面中表现出来。有鉴于香港地区海域中混杂的淤积物层，完全地分辨并清理基槽之下的黏土和流沙沉积物是不现实的。所以，全部在基槽之下的海洋沉积物土层将被疏浚清理至设计指定标高，并重新回填建造基槽。

同时，亦因为复杂的海洋情况，所有设计时所采用的地质参数都不会选用其数值范围上限，亦会将此情况纳入管节预制和接头建造的预留量。

沿隧址的基础反应系数是通过不同土层的地质参数进行评估的，同时假设 1：2 的截面作用力分布于管节下方。在弹性地基梁模型中，土弹簧用以下公式得出：

$$k_s = K \cdot B \cdot \Delta L$$

式中　k_s——土弹簧硬度；

　　　K——基础反应系数；

　　　B——隧道截面宽度；

　　　ΔL——纵向弹簧间隔。

经计算后录入模型的线性荷载，在表 6-4 中总结。

纵向模型施加荷载总结 表 6-4

情况	荷载分组	线性荷载（kN/m）
沉放后临时情况	隧道范围内的重量	481
	管节两侧回填土向下拉力	490.4
	碎石基槽	142
	临时防波堤*	4413.2
	管节 E11 于 E10 顶寄存*	39.5
永久性情况	额外自重	39.4
	活荷载	30.8
	淤积	288.8
	管节上回填土	2019
意外性情况	沉船	897 在 30m 长度上
	淹水	651.2

* 仅适用于管节 E10 和 E11，于铜锣湾避风塘内的沉放，将在第 7 章描述。

当基槽标高上发挥的有效压力超出现有的有效覆盖压力时，隧道下方的细粒土层容易受到固结效应的影响，所以固结沉降必须被纳入设计范围。将管节基槽标高所受压力沿管节校直，其对比结果如图 6-74 所示。

这里共对比分析了五种情况，分别是：①沉放后的临时情况；②永久情况（无淤积）；③永久情况（有淤积）；④意外情况第一类（沉船和淤积）；⑤意外情况第二类（淹水和淤积）。其中，沉船将被假设位于管节不同的位置并确定其影响范围。通过计算及地质测绘

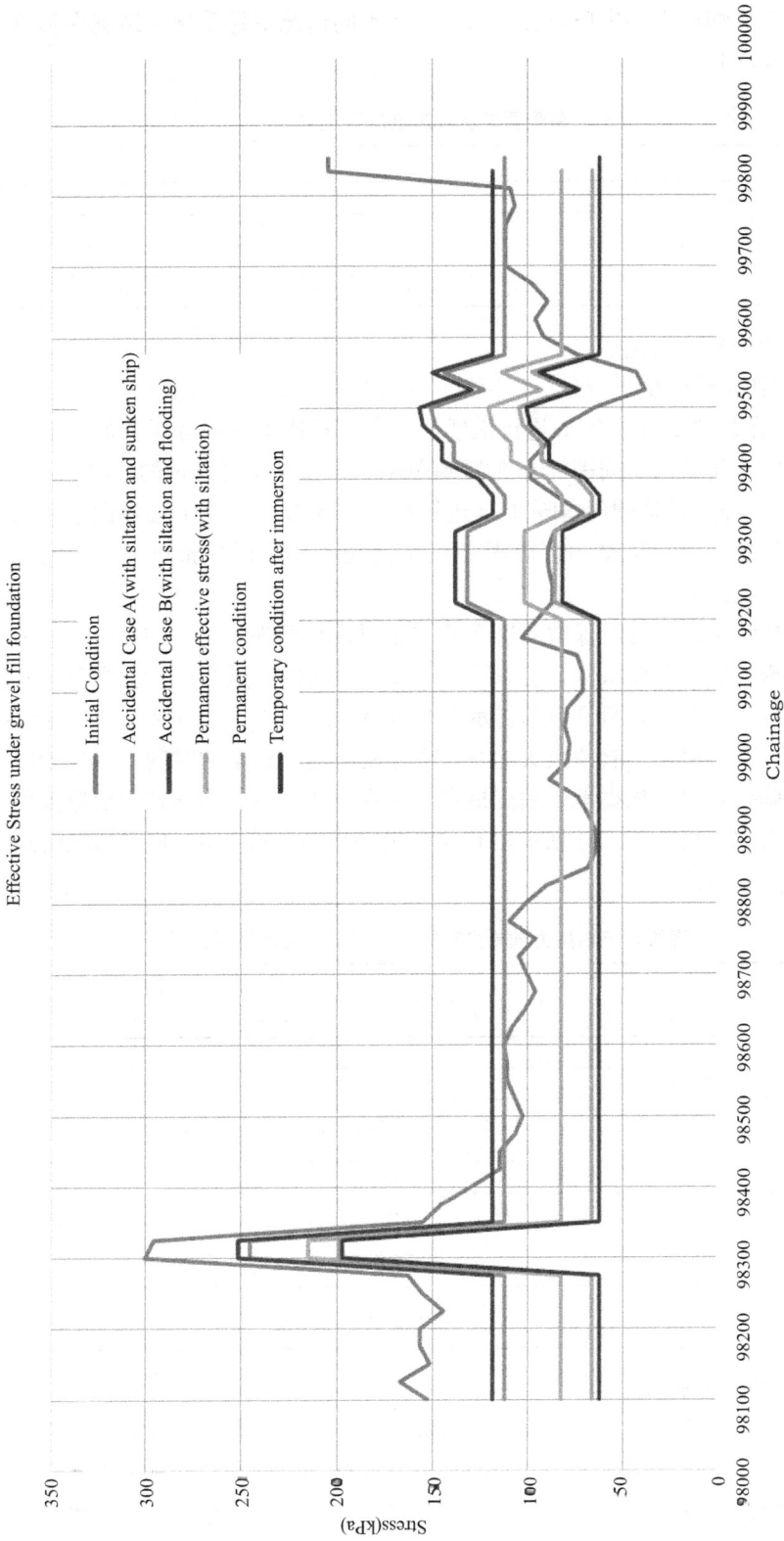

Effective Stress under gravel fill foundation

Initial Condition
Accidental Case A(with siltation and sunken ship)
Accidental Case B(with siltation and flooding)
Permanent effective stress(with siltation)
Permanent condition
Temporary condition after immersion

图6-74　干砌石基槽底部的有效压力

221

中可能的隧道下方细粒土层出现位置相结合,在不同情况下易受到固结沉降影响的隧道管段已显示在表 6-5 中。

易受固结沉降影响的隧道管段 表 6-5

荷载情况	易受影响的管段
永久情况(无淤积)	—
永久情况(有淤积)	99240～99285
意外情况第一类	99090～99135,99240～99310
意外情况第二类	98490～98510,98690～98710,98790～98810,99090～99135,99165～99310

临时情况的分析步骤包括:

1)用弹性弹簧梁模型进行分析,用设计土弹性系数估算土弹簧量。

2)参照土弹簧硬度每隔 25m 进行敏感性检查,对比土壤弹性系数的下限,以发现弱点。被发现的弱点将被用于周围 25m 的隧道范围,以模拟沉降表现的上限。

3)同时,参照土弹簧硬度每隔 25m 进行敏感性检查,对比土壤弹性系数的上限,以发现硬点。被发现的硬点将被用于周围 25m 的隧道范围,以模拟沉降表现的下限,用于测绘完整的管节沉降效果图。

运用此分析结果,设计时保留 GINA 止水带对接头两端沉降差的预留量。为避免在剪力键浇筑前出现超额的残余沉降,将采用分阶段观察的模式进行设计。管节接头位置两侧的沉降数据将被实时监测,直到数据显示残余管节沉降小于预计沉降差 10% 或小于 1mm,并趋于稳定为止。预测每个管节接头的主沉降完成并趋于稳定的时间,需要同时考虑预计接头两侧的沉降差,以及根据地质钻探报告显示管节基槽下方的细粒土层厚度所带来的影响。此预计的时间需要在施工计划中留有预算量并总结于表 6-6。临时情况的隧道沉降剖面图结果在图 6-75 显示。

浇筑管节内剪力键最少等待时间(沉降稳定所需时间) 表 6-6

管节接头	沉降(mm)				总沉降差 (mm)	细粒土层厚度 (m)	最小等待时间 (周)
	接头北端		接头南端				
E1/E2	8.4	E1	7.3	E2	1.1	0	0
E2/E3	19.4	E2	19.3	E3	0.1	4.6	14
E3/E4	33.7	E3	37.4	E4	−3.7	10	41
E4/E5	32.6	E4	31.1	E5	1.5	9	30
E5/E6	2.3	E5	3.4	E6	−1.1	0	0
E6/E7	23.5	E6	21.5	E7	2.0	0	0
E7/E8	30.2	E7	29.5	E8	0.6	3	10
E8/E9	25.2	E8	28.8	E9	−3.6	9	33
E9/E10	20.7	E9	19.6	E10	1.1	0	0
E10/E11	7.5	E10	8.3	E11	−0.8	0	0

5. 永久情况(无淤积)

将管节内浇筑的剪力键及其他永久性结构的自重,再加上原本临时情况下所考虑的荷载,完善隧道的整体沉降剖面图。类似的敏感性检查将会开展。在淤积出现前的永久性情况下的隧道沉降剖面图如图 6-76 所示。这亦是决定管节沉放垂直预留量和隧道在所在空间内所允许沉降量的关键因素。

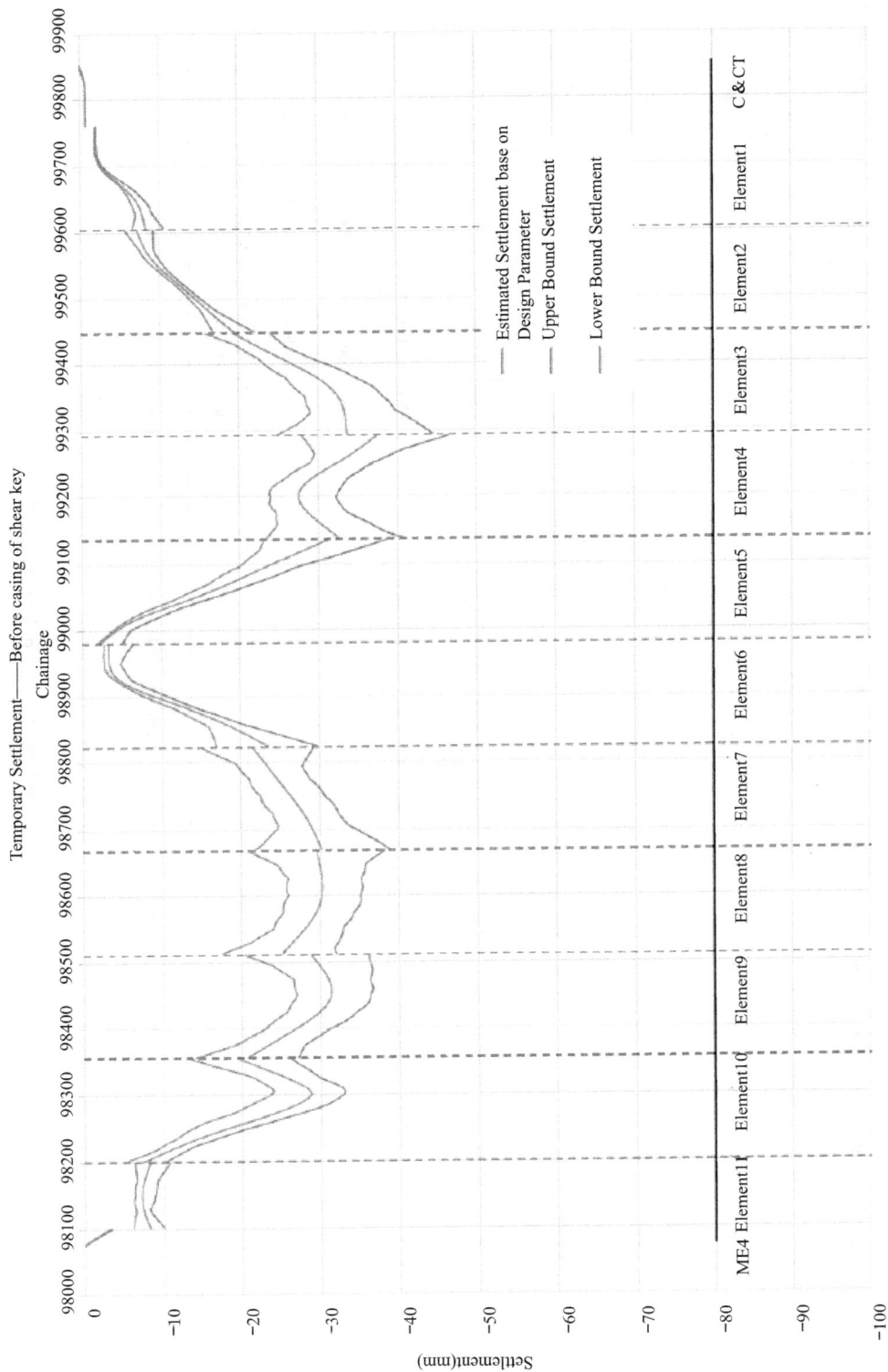

图6-75 临时情况

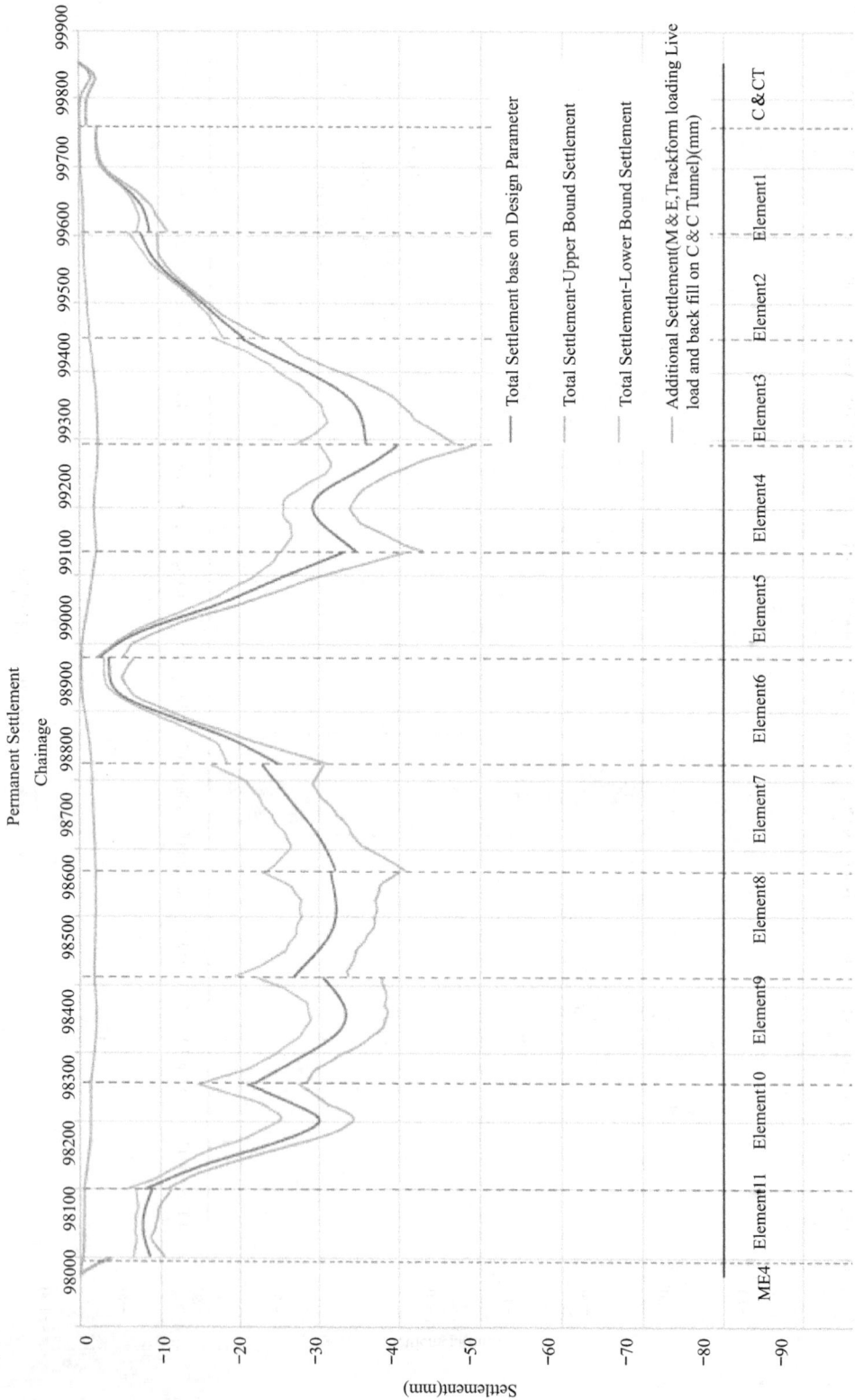

图6-76　永久情况（无淤积）沉降剖面图

6. 永久情况（有淤积）

淤积的情况有可能出现在管节上方，并且有机会仅是小范围的。所以，此情景假设2m厚的淤积覆盖整个沉管隧道范围，作为设计的最坏情况。据现有资料显示，有部分管节下方的土壤容易受到固结沉降的影响，进而在预算纵向沉降的时候需要校准相应的土弹簧硬度参数，以精确地模拟整个沉管隧道的长期固结沉降剖面图。在2m厚淤积情况下的隧道沉降剖面图已显示在图6-77中。这亦是决定淤积所造成的额外沉降在长期看来对隧道内的铁轨造成的影响是否处于可接受的范围，亦或需要额外的缓解措施。分析结果显示，由淤积所造成的额外沉降最大为10.7mm，并且最大沉降差为1：16000。在浇筑剪力键后，根据《香港地区地铁—新工程设计标准手册》的3.4.3.3所订明的标准，预计的长期垂直固结沉降不应超过50mm并且整体隧道剖面图的沉降差不应超过1：1000。所以，在最严重的淤积之下，沉管隧道的设计仍符合沉降要求。

7. 意外情况

根据项目《特别规格明细表》所订明的要求，意外情况的额外荷载包括沉船和隧道淹水等，仅需要在沉管隧道设计的最终极限条件中考虑。而在此沉降分析中，意外情况仅作为管节内接头设计的参照而进行初步分析。管节内接头的详细设计将在第10章讲述。

在意外情况第一类的沉船情景下，最严重的设计情况为额外的沉船荷载施加在永久性情况并且已经存在2m厚淤积的情况之下。同理，在意外情况第二类的隧道淹水情景中，亦是在淤积之上额外增加淹水的荷载。此两项分析的结果分别在图6-78和图6-79中显示。

隧道管节的水密系统需要当管节接头因偏移旋转而出现空隙的情况能维持其功能。

8. 截面沉降分析

采用二维有限元模型进行指定管节桩号的截面沉降分析。截面沉降分析有以下两个目的：

1）与纵向沉降分析的结果互相参考检验；

2）预测在隧道横截面地质环境复杂范围的隧道截面沉降差。

采用Plaxis 2D Ver AE和Ver 2012有限元模型进行截面沉降分析。典型的分析模型如图6-80所示。截面沉降分析将在表6-7所显示的关键桩号进行。

隧道管节用板件原理进行模拟，土层则用Mohr-Coulomb土质模型进行模拟。模型模拟录入了现有土层和回填材料的性质参数，以从本质上更好地模拟现实的情况。最终，对以上5个桩号截面的截面沉降分析结果总结在表6-8中。

分析结果显示出了纵向分析和截面分析之间良好的一致性。以上的截面沉降分析结果与纵向沉降分析永久情况（无淤积）的结果同时表明，截面的沉降差并不显著，并且在5个关键桩号截面的分析中最严重倾斜度仅为1：7000。

9. 预计沉降分析总结

沉管隧道的纵向沉降分析采用弹性弹簧梁模型进行模拟，包括沉放后的即时沉降反应和长期的固结沉降。其通过使用性极限荷载而得出的隧道整体沉降剖面图将是决定管节所需占据空间尺寸和管节沉放预沉降量的关键因素。为保证铁道交通的安全，依照《香港地区地铁—新工程设计标准手册》的3.4.3.3中所订明的有关标准，在管节内剪力键浇筑之后，铁轨下隧道的长期固结沉降数值不可超过50mm，沉降差亦不可超过1：1000的标准。

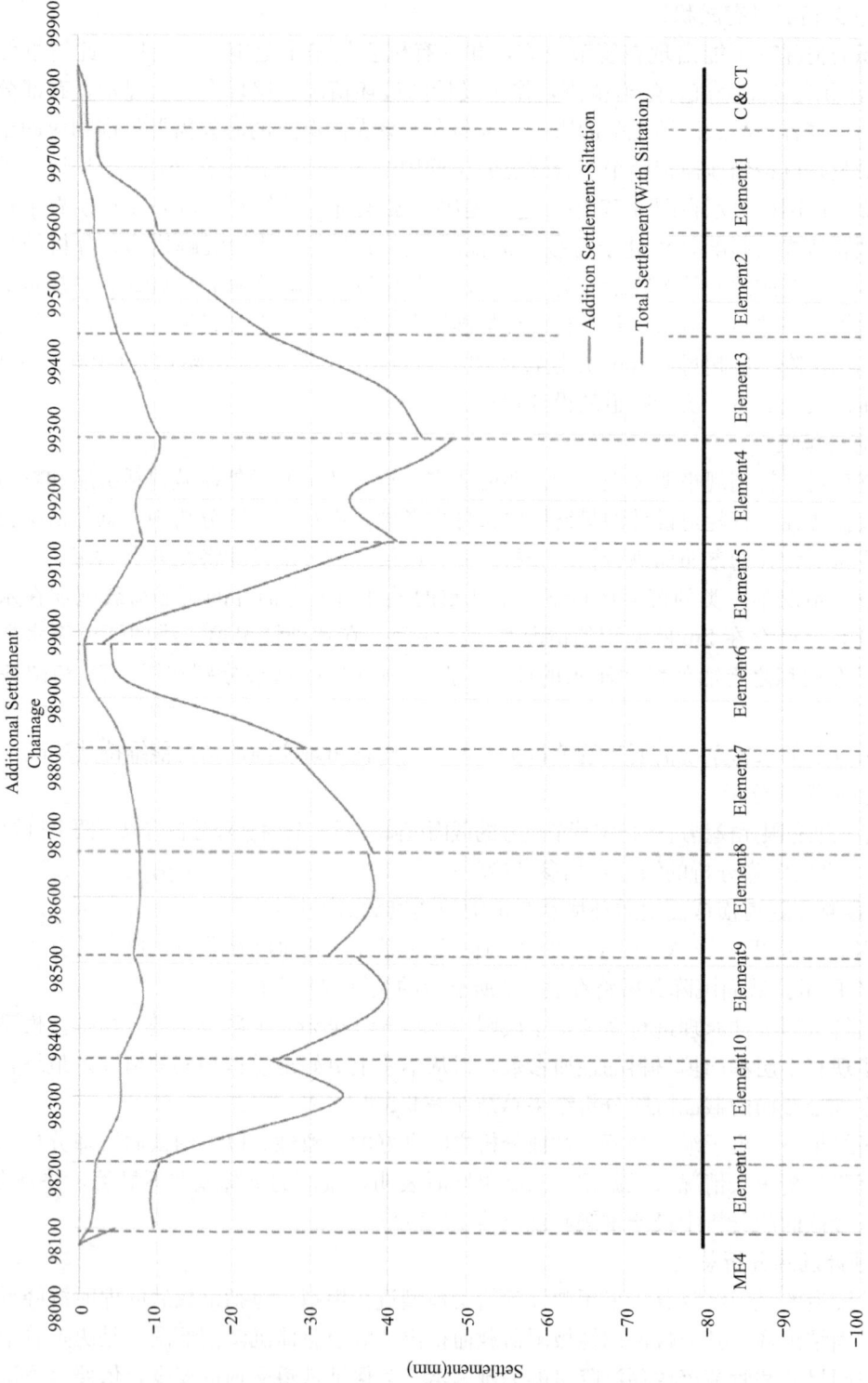

图6-77 永久情况（有淤积）沉降剖面图

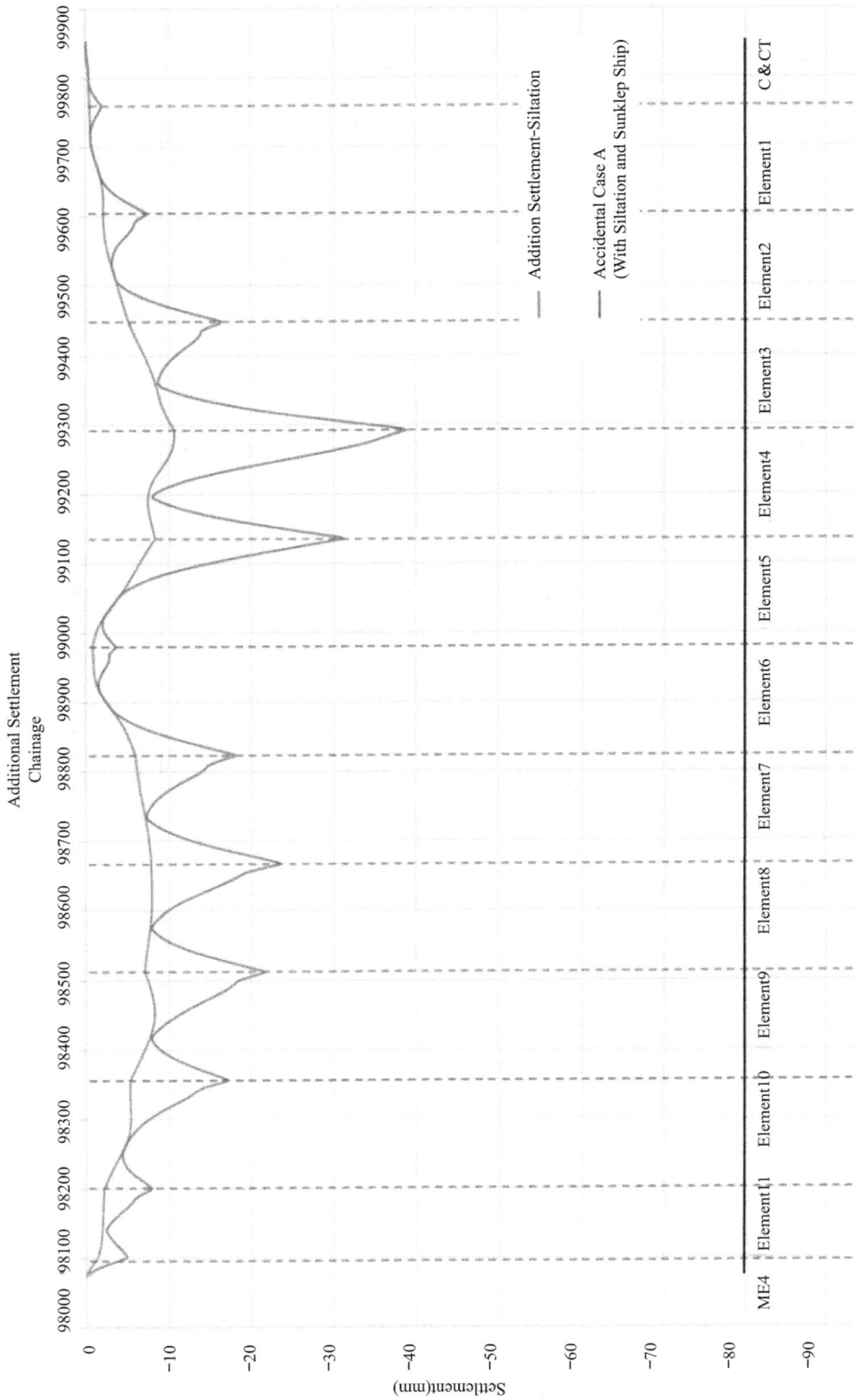

图6-78 意外情况第一类（沉船）

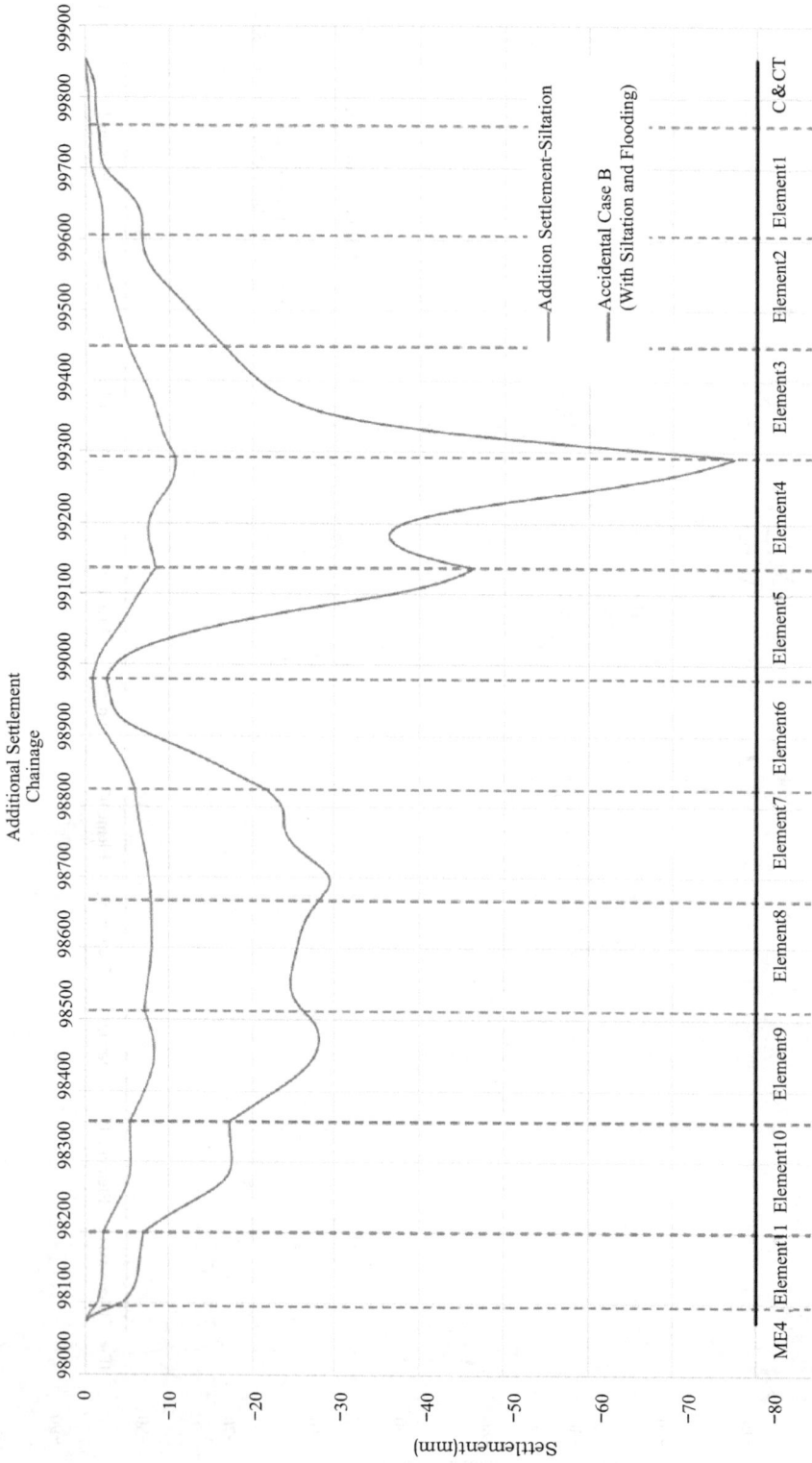

图6-79 意外情况第二类（淹水）

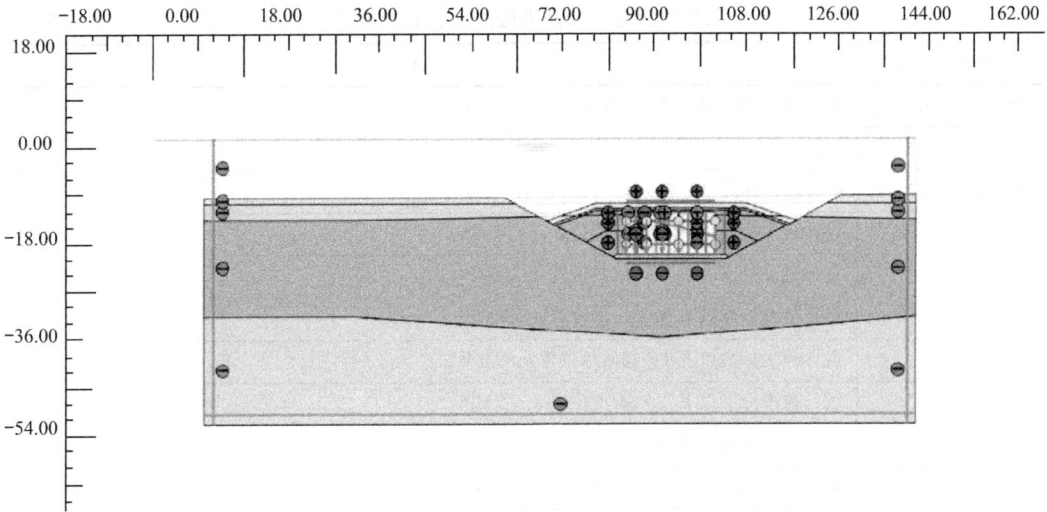

图 6-80　典型截面沉降分析模型

进行截面沉降分析的关键隧道桩号总结　　　　表 6-7

桩号	原因
98＋450	沉管管节基槽下方有深厚的细粒土层
98＋700	沉管管节基槽下方有海洋沉积物层
99＋150	沉管管节基槽下方有深厚的细粒土层，并且石层标高波动明显
99＋250	沉管管节基槽下方有深厚的细粒土层
99＋470	沉管管节基槽下方有最多的软土壤，需要清除并重新回填

截面沉降分析结果总结（mm）　　　　表 6-8

桩号	截面沉降分析结果			纵向沉降分析结果	差距	纵向沉降结果（无纵向硬度）	差距
	西侧	东侧	平均				
98＋450	28.68	26.21	27.45	31.328	−3.878	32.28	−4.83
98＋700	24.01	24.14	24.00	29.015	−5.015	29.70	−5.70
99＋150	27.12	27.77	27.45	31.301	−3.851	34.90	−7.45
99＋250	33.15	33.23	33.19	32.335	0.855	39.68	−6.49
99＋470	19.91	17.89	18.90	17.279	1.621	17.04	1.86

亦同时考虑意外出现的沉船或淹水对隧道造成的影响。额外荷载和可能造成的接头旋转亦在设计的最终极端情景下被纳入考量。二维有限元分析已经用于进行截面分析，以与纵向分析的模拟结果相对比，相互验证。比较结果显示，两个模型模拟结果的一致性符合预期，模拟结果可靠且截面的沉降微小而可忽略。

6.4.3　静力触探试验结果校准

1. 静力触探试验结果介绍

依据设计的要求所需，在维多利亚港隧址范围内，桩号 98＋465 至 99＋570，共实施了 64 个静力触探试验。试验结果概述于表 6-9 中。

维多利亚港隧址静力触探试验结果概述 表6-9

桩号（临近）	编号	描述
98465	61，62	设计疏浚标高以下 2~10m 的位置 q_c<2MPa
98490	59，60	设计疏浚标高以下 2~9m 的位置 q_c<2MPa
98510	57，58	设计疏浚标高以下 2~10m 的位置 q_c<2MPa
98540	55，56	设计疏浚标高以下 2~6m 的位置 q_c<2MPa
98581	53，54	设计疏浚标高以下 2~8m 的位置 q_c<2MPa
98620	51，52	设计疏浚标高以下 2~8m 的位置 q_c<2MPa
98639	49，50	设计疏浚标高以下 1~10m 的位置 q_c<2MPa
98665	48	设计疏浚标高以下 0~9m 的位置 q_c<2MPa
98692	T01	设计疏浚标高以下 0~5m 的位置 q_c<2MPa
98693	47	设计疏浚标高以下 0~8m 的位置 q_c<2MPa
98718	T02	设计疏浚标高以下 0~4m 的位置 q_c<2MPa
98720	46	设计疏浚标高以下 0~7m 的位置 q_c<2MPa
98742	44，45	设计疏浚标高以下 0~6m 的位置 q_c<2MPa
98768	43	设计疏浚标高以下 0~4m 的位置 q_c<2MPa
98780	42	设计疏浚标高以下 0~3m 的位置 q_c<2MPa
98806	40，41	设计疏浚标高以下 0~2m 的位置 q_c<2MPa
98832	38，39	设计疏浚标高以下 0~9m 的位置 q_c<2MPa；完全风化花岗岩层出现在设计疏浚标高 5m 以下
98859	36，37	完全风化花岗岩层出现在设计疏浚标高 5m 以下；疏浚标高 10m 以下遇到坚固土层
98884	34，35	34 号设计疏浚标高以下 0~2m 的位置 q_c<2MPa 并且于 7m 以下遇到坚固土层；35 号于 11m 以下遇到坚固土层，并在 3m 以下发现完全风化花岗岩层
99002	32，33	33 号设计疏浚标高以下 1~2m 的位置 q_c<2MPa 并且 3m 以下遇到坚固土层；32 号于 2m 以下遇到坚固土层，并在疏浚标高下发现完全风化花岗岩层
99023	30，31	31 号设计疏浚标高以下 4~6m 的位置 q_c<2MPa 并且 7m 以下遇到坚固土层；30 号于 4m 以下遇到坚固土层，并在 1m 以下发现完全风化花岗岩层
99047	28，29	与周围钻探结果一致
99071	26，27	设计疏浚标高以下 0~2m 的位置 q_c<2MPa
99094	24，25	24 号设计疏浚标高以下 0~7m 的位置 q_c<2MPa 并且于遇到坚固土层；25 号设计疏浚标高以下 0~12m 位置 q_c<2MPa；5m 下发现完全风化花岗岩层
99119	22，23	22 号设计疏浚标高以下 0~9m 的位置 q_c<2MPa；23 号设计疏浚标高以下 0~5m 的位置 q_c<2MPa
99142	20，21	20 号设计疏浚标高以下 1~10m 的位置 q_c<2MPa；21 号设计疏浚标高以下 2~13m 的位置 q_c<2MPa
99167	18，19	18 号设计疏浚标高以下 0~5m 的位置 q_c<2MPa；19 号设计疏浚标高以下 3~11m 的位置 q_c<2MPa，并在疏浚标高下发现完全风化花岗岩层
99190	16，17	设计疏浚标高以下 0~12m 的位置 q_c<2MPa，并在疏浚标高下 5m 发现完全风化花岗岩层
99213	14，15	14 号设计疏浚标高以下 0 至 17m 的位置 q_c<2MPa；15 号设计疏浚标高以下 2~9m 的位置 q_c<2MPa，并在疏浚标高下 3m 发现完全风化花岗岩层

桩号（临近）	编号	描述
99225	76，77	76 号设计疏浚标高以下 0～17m 的位置 q_c<2MPa；77 号设计疏浚标高以下 2～15m 的位置 q_c<2MPa，并在疏浚标高下 1m 发现完全风化花岗岩层
99237	12，13	设计疏浚标高以下 2～15m 的位置 q_c<2MPa，并在疏浚标高下 7m 发现完全风化花岗岩层
99264	T04	设计疏浚标高以下 0～2m 的位置 q_c<2MPa
99265	11	设计疏浚标高以下 0～10m 的位置 q_c<2MPa
99292	T05	设计疏浚标高以下 1～3m 的位置 q_c<2MPa
99300	T06	设计疏浚标高以下 0～4m 的位置 q_c<2MPa
99327	10	设计疏浚标高以下 0～4m 的位置 q_c<2MPa
99329	T07	设计疏浚标高以下 0～3m 的位置 q_c<2MPa
99353	08，09	08 号设计疏浚标高以下 2～8m 的位置 q_c<2MPa；09 号设计疏浚标高以下 1～3m 的位置 q_c<2MPa
99382	06，07	设计疏浚标高以下 3～5m 的位置 q_c<2MPa
99403	05	设计疏浚标高以下 0～5m 的位置 q_c<2MPa
99406	T08	设计疏浚标高以下 0～7m 的位置 q_c<2MPa
99430	T09	设计疏浚标高以下 0～1m 的位置 q_c<2MPa
99431	04	设计疏浚标高以下 0～4m 的位置 q_c<2MPa，并在疏浚标高下 2m 发现完全风化花岗岩层
99470	03	与周围钻探结果一致
99487	T12	设计疏浚标高以下 0～2m 的位置 q_c<2MPa
99519	02	设计疏浚标高以下 0～2m 的位置 q_c<2MPa，并在疏浚标高下发现完全风化花岗岩层

2. 试验结果对假设情景沉降的影响

1）临时情况（浇筑剪力键之前）

图 6-81 显示了依据现场静力触探试验数据更新后的管节沉降剖面图。结果显示，在管节 E2 和 E3 之间接头部位出现了更大的沉降差。因管节内的剪力键浇筑需要等待沉降趋于稳定，以防止过量的残余沉降差对剪力键造成破坏。通过最新的钻探数据报告获取了管节下方土质的信息，更新了管节沉降稳定所预计的所需时间并列于表 6-10 中。此表需要与表 6-6 相比较，并作出相应安排。

据表 6-10 所示，除接头 E7/8 之外，其余接头的试验结果与初始计算结果大致一致。施工时，管节接头的沉降将被密切监测，直到沉降达到允许的预期残余沉降范围内。

2）永久情况（无淤积）

图 6-82 显示了依据现场静力触探试验数据更新后，在管节使用的永久情况（无淤积）下的管节沉降剖面图。与上述临时情况相比，最大的沉降量分别为 39mm 和 42mm。但同时，此分析结果亦小于之前设计时的模拟结果，分别是 43mm 和 45mm。更多的建议总结在表 6-11 中。

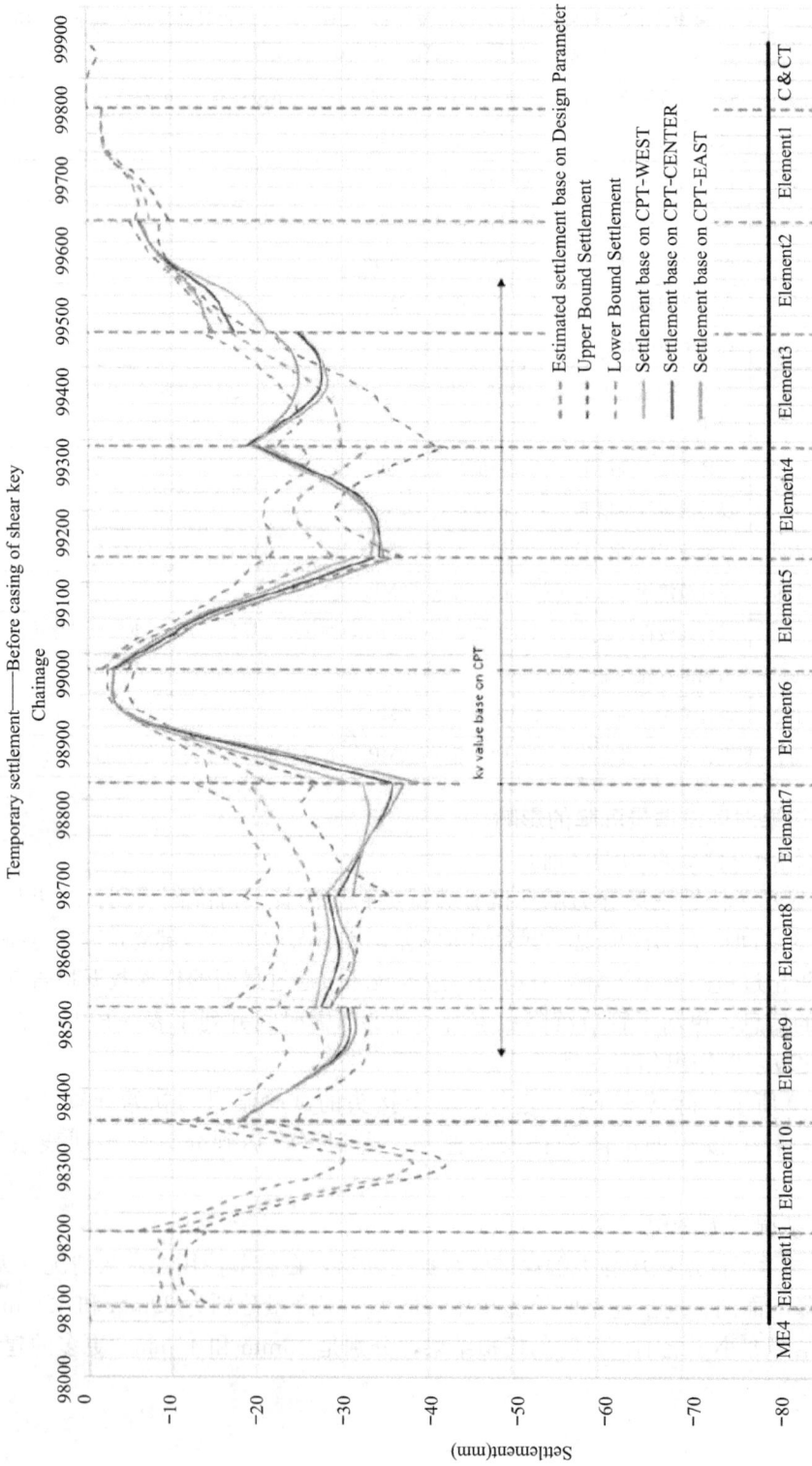

图6-81 临时情况管节沉降剖面图（CPT）

管节接头	最终沉降差（mm）		细粒土层厚度（m）		预计沉降稳定所需时间（周）			
					5mm		1mm	
	表6-6	CPT	表6-6	CPT	表6-6	CPT	表6-6	CPT
E1/2	1.0	N/A	0	N/A	即刻	N/A	即刻	N/A
E2/3	0.1	7.6	0	0	即刻	即刻	即刻	即刻
E3/4	−3.3	1.6	10	10	10	3	26	20
E4/5	1.4	2.2	9	9	6	9	19	22
E5/6	−1.0	0.3	0	0	即刻	即刻	即刻	即刻
E6/7	1.8	1.8	0	0	即刻	即刻	即刻	即刻
E7/8	0.6	2.2	3	10	2	5	3	22
E8/9	−3.2	−3.1	9	10	7	9	21	26
E9/10	3.3	N/A	0	N/A	即刻	N/A	即刻	N/A
E10/11	−1.8	N/A	0	N/A	即刻	N/A	即刻	N/A

预计管节接头残余沉降差小于 5mm/1mm 所需时间　　　　　表 6-10

3）永久情况（有淤积）

图 6-83 显示了依据现场静力触探试验数据更新后，在管节使用的永久情况（有淤积）下的管节沉降剖面图。固结沉降已经根据试验所获得的疏浚标高下方细粒土层及其他各个地质层的厚度，重新进行了估算。

图 6-83 显示了依据静力触探试验所得的土质参数计算而出的，因淤积而引致的最大额外沉降为 11.5mm，并且最大的沉降差为 1∶8000。此结果完全满足《香港地区地铁——新工程设计标准手册》3.4.3.3 中所订明的有关标准。

4）意外情况

图 6-84 和图 6-85 分别显示了依据现场静力触探试验数据更新后，在意外情况包括沉船或淹水时的管节沉降剖面图。

在两种意外情况下，最大的管节接头相对旋转角度已经列于表 6-12 中并与设计时的模拟数值进行对比。同时，还包括了预计的旋转发生所需要的时间。

校准后的最大的相对旋转角度为 0.0748°，而相对于模拟时所得出的 0.0990°有所减小。

3. 试验结果对管节接头设计的影响

为避免剪力键过分受压，应在绝大部分荷载施加后，待残余沉降差降至最小，方可进行剪力键的浇筑。同时，依据表 6-10 所描述的内容，各个管节接头所需的沉降时间并不一定。所以，在沉放后需要保持对管节的密切监测，确保管节沉降趋于稳定后（残余沉降小于 5mm 或 1mm）方可施工。

依据表 6-12 所示，根据静力触探试验后更新数据所得出的管节接头之间的最大相对旋转角度比较之前的初始分析数值略微减小。同样，各个情况的沉降分析亦显示与初始沉降模型分析的结果一致或减弱。所以，静力触探试验的结果不会对管节接头的设计造成影响。

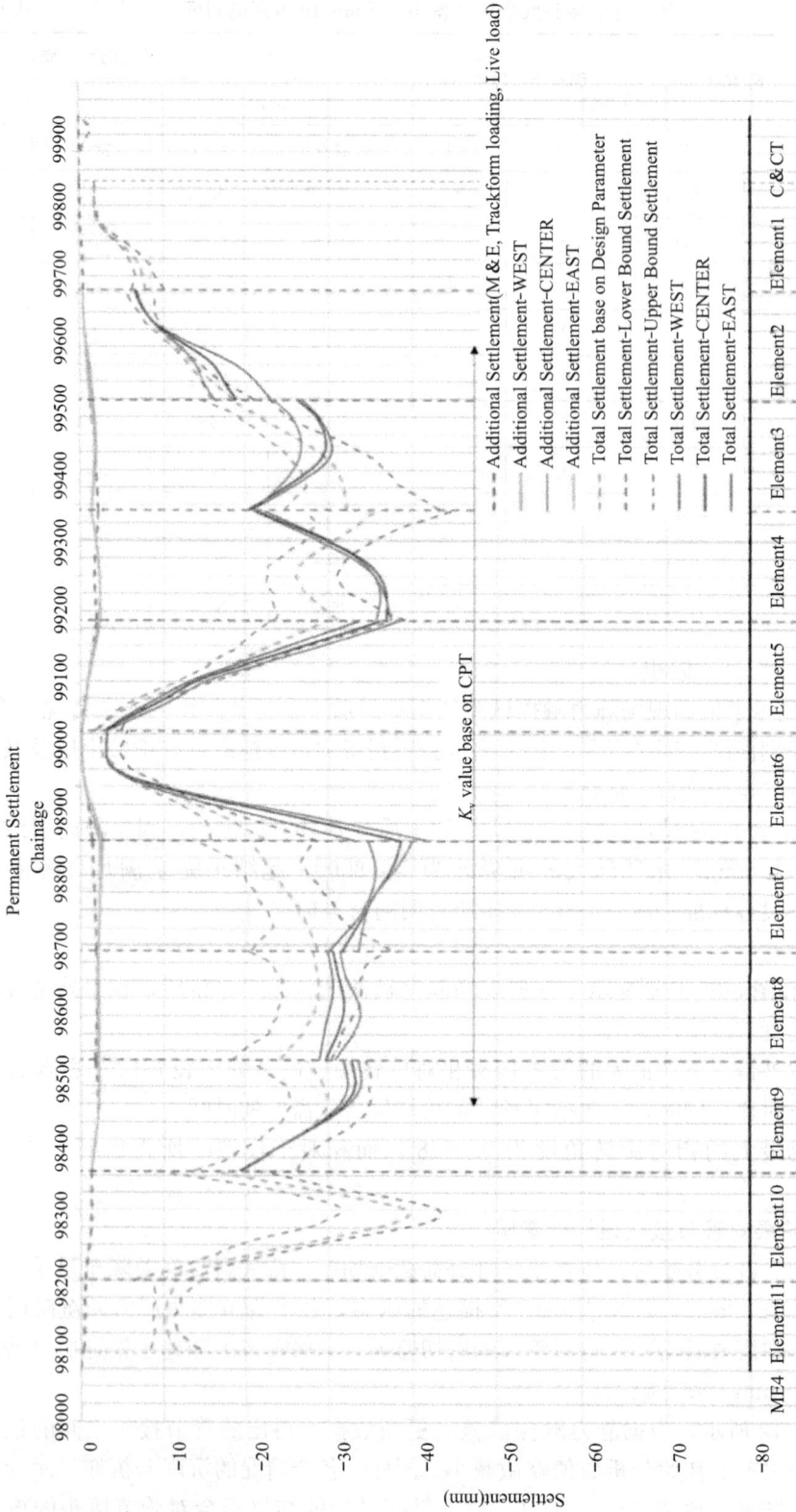

图6-82 永久情况（无淤积）管节沉降剖面图（CPT）

各管节 CPT 纵向沉降剖面图建议　　　　　　　　　　表 6-11

管节	建议
E2	与模拟分析相近，但管节南端沉降幅度略微增加
E3	管节南端沉降减少，北端沉降增加，总体而言减少
E4	管节北端沉降减少，中部沉降增加，总体而言减少
E5	与模拟分析相近
E6	与模拟分析相近，但管节南端沉降幅度增加
E7	整体而言沉降幅度增加，但极值相似
E8	与模拟分析相近，整体沉降较平稳
E9	与模拟分析相近

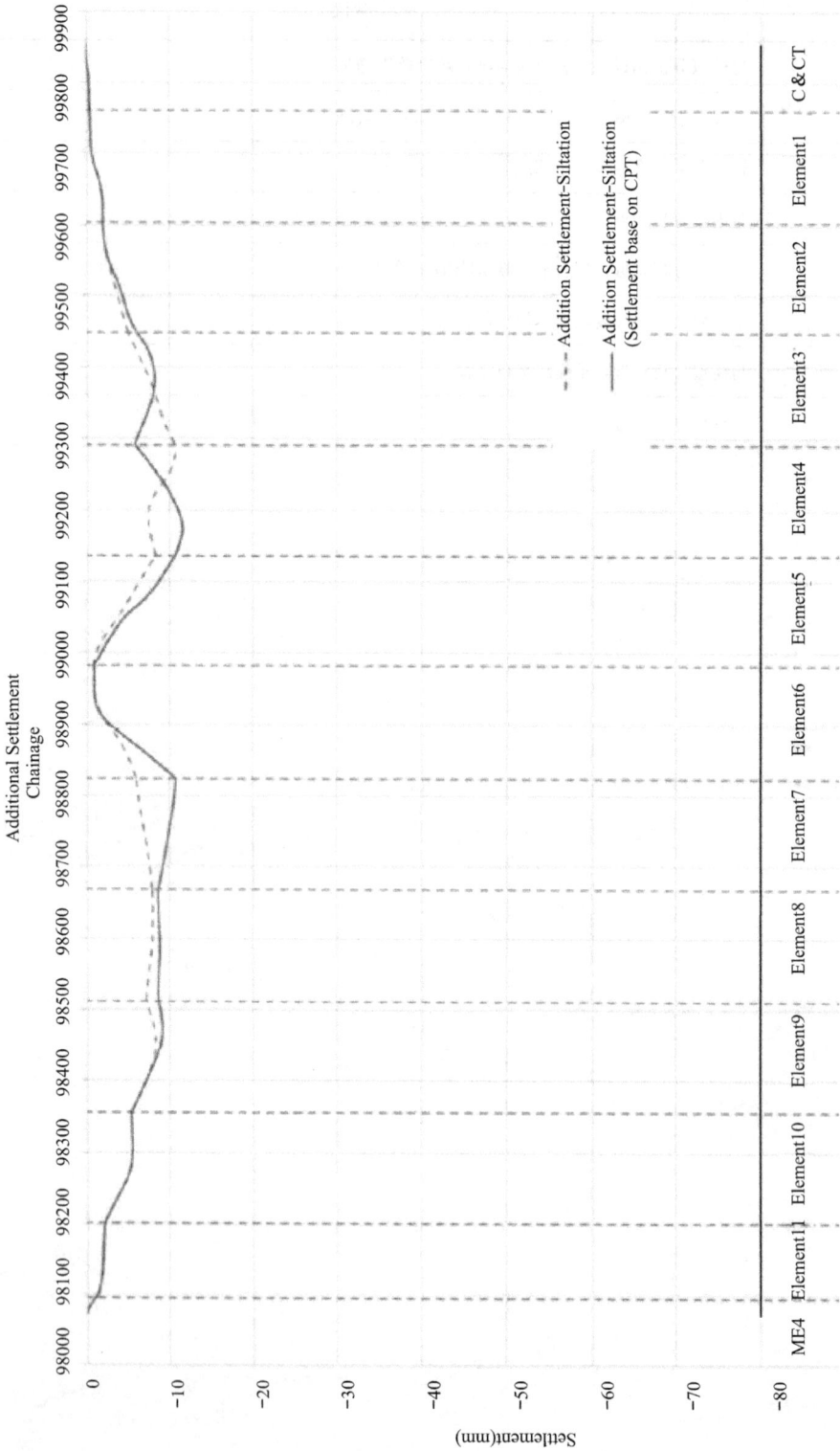

图6-83　永久情况（有淤积）额外管节沉降剖面图（CPT）

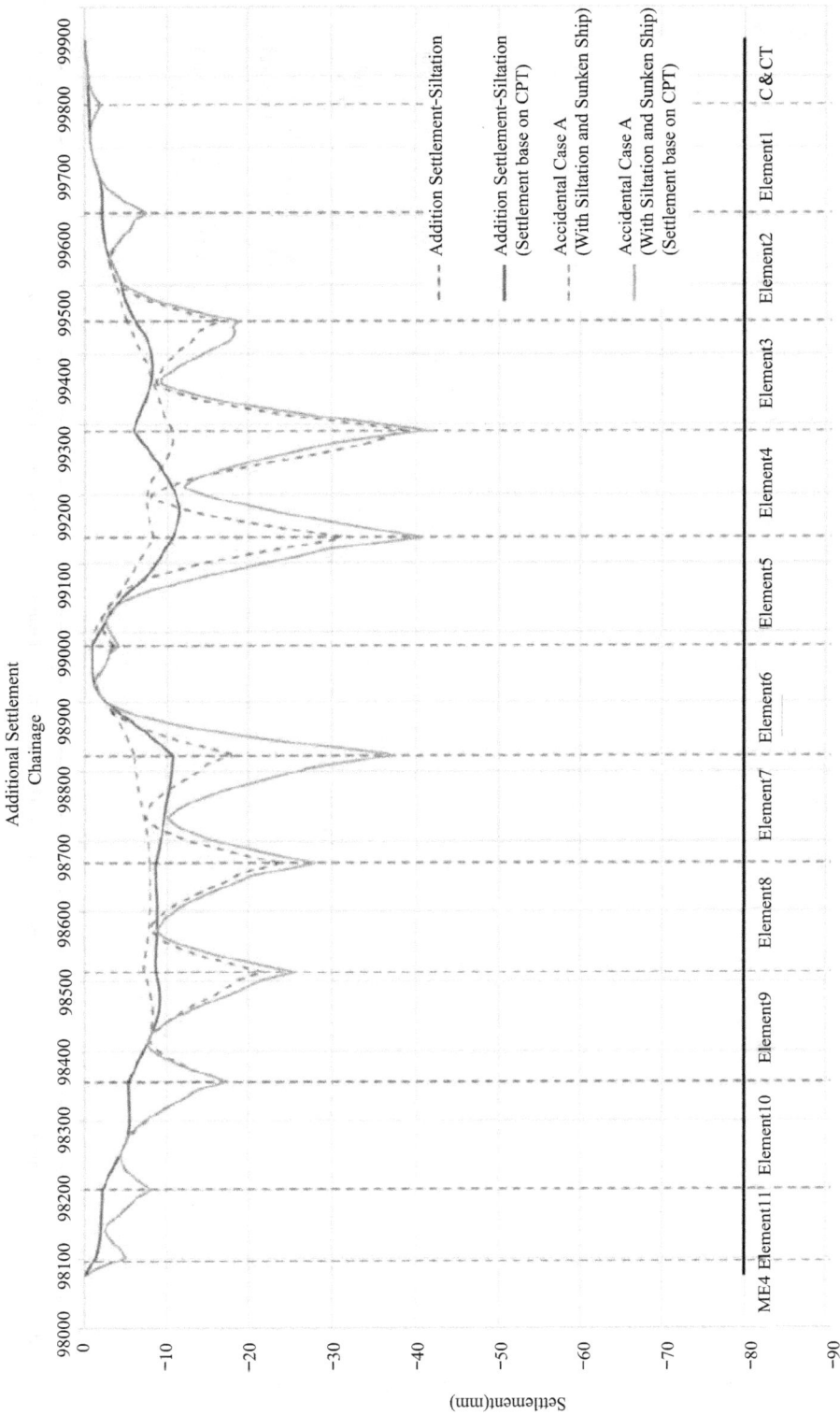

图6-84 意外情况（沉船）额外管节沉降剖面图（CPT）

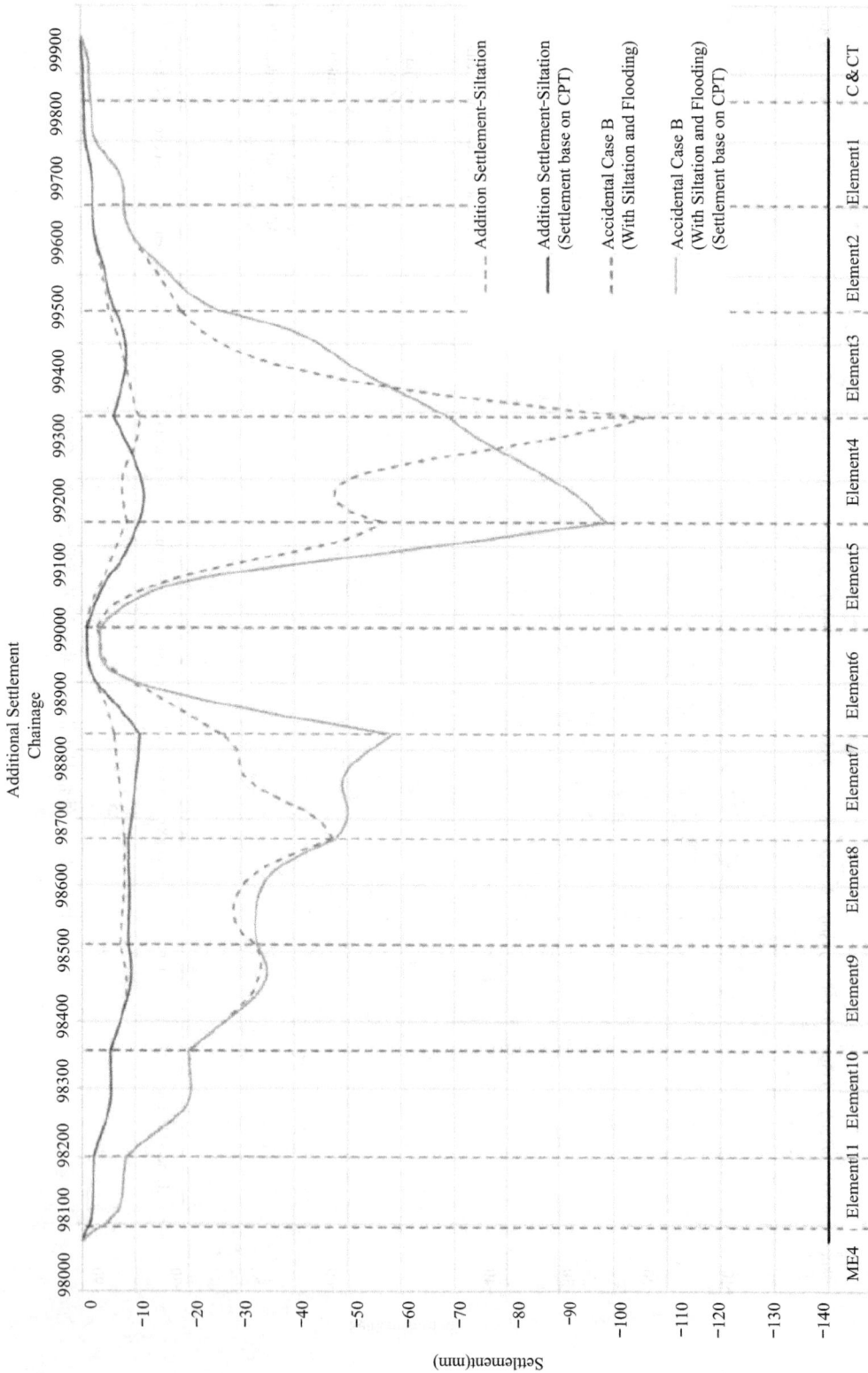

图6-85　意外情况（淹水）额外管节沉降剖面图（CPT）

管节接头意外情况下的相对旋转 表 6-12

管节接头	接头旋转（°）				细粒土层厚度 (m)	95％旋转发生所需时间（周）
	意外一沉船		意外一淹水			
	设计模拟	CPT 试验	设计模拟	CPT 试验		
CCT/E1	0.0058	N/A	0.0023	N/A	N/A	N/A
E1/E2	0.0165	N/A	0.0021	N/A	N/A	N/A
E2/E3	0.0304	0.0331	0.0110	0.0447	0	即刻
E3/E4	0.0623	0.0748	0.0990	0.0227	10	147
E4/E5	0.0587	0.0673	0.0320	0.0581	9	118
E5/E6	0.0083	0.0087	0.0054	0.0076	0	即刻
E6/E7	0.0337	0.0715	0.0210	0.0550	0	即刻
E7/E8	0.0400	0.0460	0.0233	0.0213	10	147
E8/E9	0.0349	0.0426	0.0135	0.0058	10	即刻
E9/E10	0.0293	N/A	0.0091	N/A	N/A	N/A
E10/E11	0.0164	N/A	0.0091	N/A	N/A	N/A
E11/ME4	0.0163	N/A	0.0637	N/A	N/A	N/A

第 7 章　限制条件下避风塘内沉管管节安装

7.1　避风塘内作业基本情况

7.1.1　避风塘内工程概况

香港地区沙中线过海铁路沉管隧道穿过维多利亚港后，与会展站相连接。其中，在铜锣湾区段横穿避风塘防波堤，与中环湾仔绕道工程相交。作业区域如图 7-1 所示。

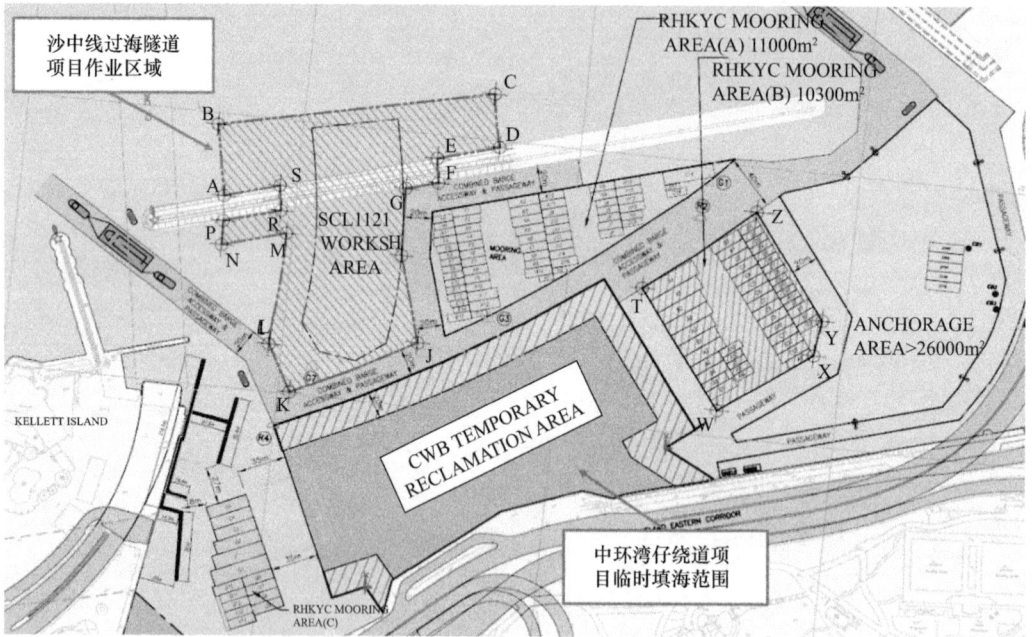

图 7-1　铜锣湾区段位置

铜锣湾避风塘（Causeway Bay Typhoon Shelter）位于香港地区湾仔区铜锣湾，是维多利亚港内主要的避风塘之一。铜锣湾避风塘由西面的奇力岛至东面兴发街对开海面为止。西面的奇力岛是香港地区游艇会会址所在地，避风塘主要为香港地区游艇会供游艇停泊。奇力岛亦是香港地区海底隧道的港岛入口所在地。避风塘东面是港岛东区走廊的起点。

工程所在位于铜锣湾避风塘内，根据合约要求，此位置应摆放管节 E10 及 E11 段于铜锣湾所在区域，设计要求 E10 应跨越避风塘防波堤段，如图 7-2 所示。

图 7-2　铜锣湾避风塘内实景航拍图

7.1.2　避风塘内工程特点

铜锣湾地处交通要位，同时作为著名旅游景点，作业时间及作业空间有很大的限制，具体特点如下：

1）塘内多私家船只，包括香港地区游艇会船只及民众私人船只，工程进行期间应保证铜锣湾避风塘内船只防风、防浪安全。

2）塘内由于塘内空间限制，香港特别行政区政府限制最多只能够同时有 6 只超过 33.4m 长的船只在内作业。

3）避风塘出入口狭窄，香港特别行政区政府要求超过 33.4m 长的船只仅能够由避风塘西口进出。

4）避风塘周围建筑物多，附近包括香港地区游艇会会址、怡和午炮、三角天后庙船、维多利亚公园等著名地标；同时，避风塘内地下有中环湾仔绕道、红磡海底隧道等多条隧道，如图 7-3 所示。中环湾仔绕道与红磡海底隧道和沙中线过海隧道相交于避风塘，构成三条隧道同时存于避风塘内的复杂环境。因诸多重要结构和设施，振动控制要求极高。

5）塘内多其他工程，包括中环湾仔绕道在建工程以及沙中线隧道其他标段的工程，都需要进行海事运输及建造活动，因此本项目作业空间非常有限。如图 7-4 所示。

6）避风塘内帆船活动多，同时铜锣湾避风塘作为欣赏香港地区节日烟花的重要景点，塘内作业时间受限。

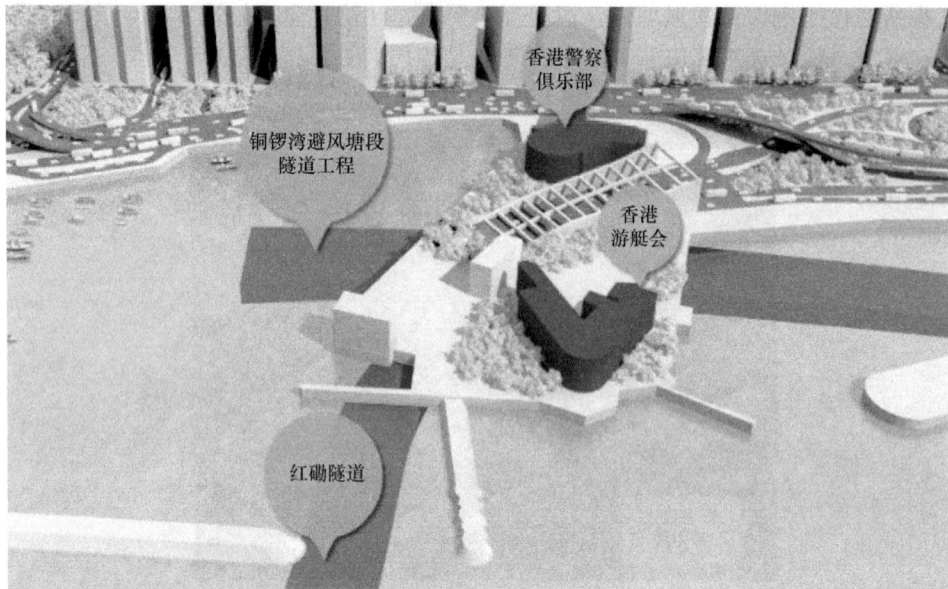

图 7-3　现时避风塘内已有隧道示意图

图 7-4　沙中线过海铁路隧道工程穿越避风塘与会展站相连

7.2　避风塘防波堤拆除与还原方案

7.2.1　铜锣湾避风塘防波堤介绍

　　避风塘是台风侵袭时中小型船只用以抵御烈风和大浪的庇护所，也是平日船只的停泊处及卸货处。铜锣湾避风塘地处海湾，湾口与维多利亚港之间由人造防波堤分隔，用以防止风浪由维多利亚港涌入塘内，保护塘内船只。防波堤两端留有窄口，仅供塘内船只出入。

在沙中线过海铁路隧道建造方案中，E10 和 E11 管节的安装与沉放，都需直穿铜锣湾避风塘防波堤，因此需对防波堤进行临时拆除工作。在不影响防波堤抵御烈风和大浪功效的情况下，需在施工的各个阶段提供相应的替代方案。本项目采用大直径钢管桩建成的临时围堰代替土石防波堤，以维持避风塘的安全性。

原土石防波堤长约 200m，本项目工程涉及土石防波堤约 50m 的拆除及回填，土石防波堤内的土石类型包括：巨砾、碎石填料、细沙填料、风化花岗岩、黏土、混凝土大砖等，如图 7-5 所示。

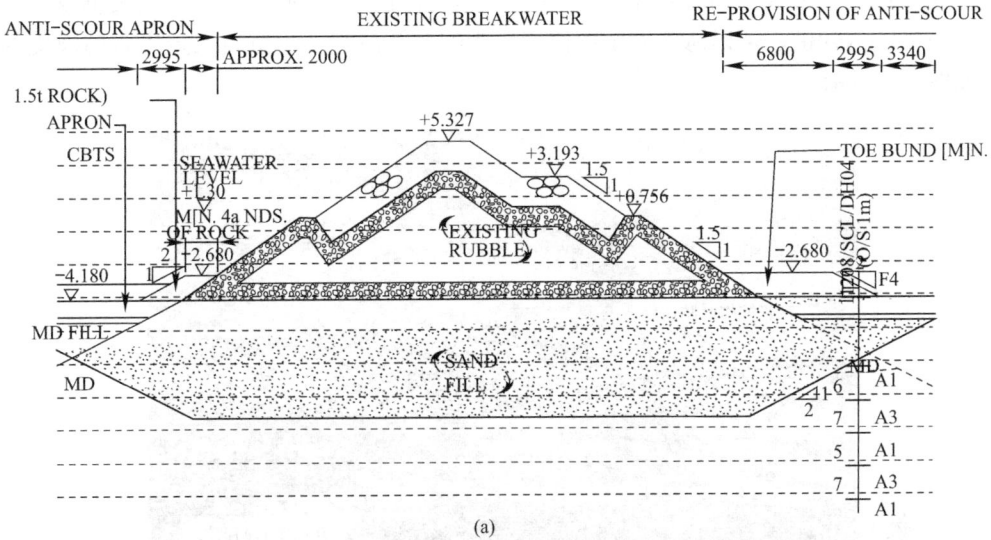

(a)

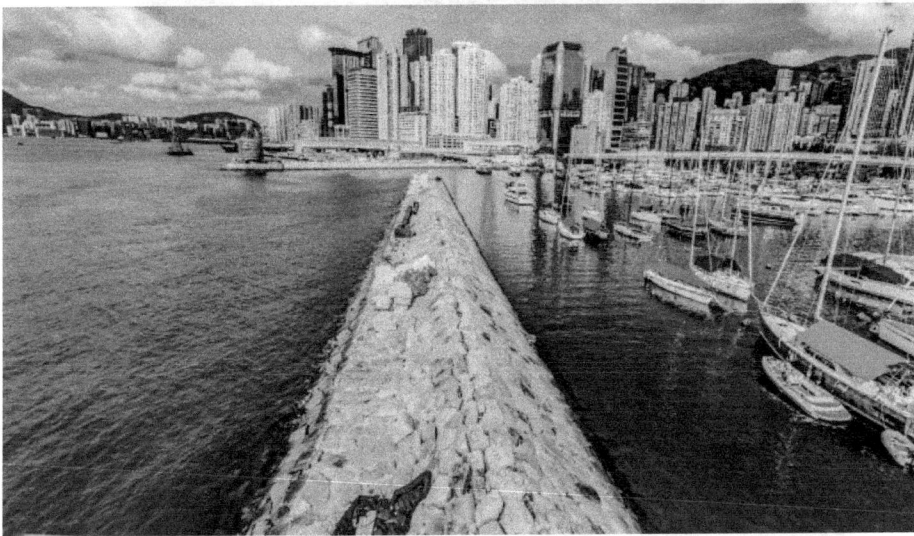

(b)

图 7-5 现有防波堤设计图及实景

(a) 现有防波堤设计图；(b) 实景

7.2.2　避风塘内临时钢管桩代替防波堤施工方案

临时钢管桩围堰的建造是整段沉管隧道在铜锣湾避风塘浮运及安装的重要一环，除了考虑塘内施工期间的安全，也需配合 E10 和 E11 管节的浮运及沉放安装，故整个围堰建造、拆除及还原共分为以下 11 个阶段进行。

本方案是通过先装设临时防波堤，然后再拆除人造防波堤的方法，接着将沉管管节 E10 和 E11 沉放于临时防波堤所围成的袋形空间内。完成沉放后，再还原人造防波堤并拆除临时防波堤，然后再进行 E11 的最后沉放。本方案的具体过程如下：

阶段一：建造钢管桩临时防波堤，开挖土石防波堤。在防波堤外 E10 安装沉放位置施打足够强度的钢管桩，辅以海砖固定两侧，作为临时防波堤，再进行人造土石防波堤的开挖，如图 7-6 所示。

图 7-6　铜锣湾避风塘第一阶段施工

阶段二：拆除防波堤后，进行避风塘内疏浚并施打钢管桩袋形围堰，围堰长约 120m、宽约 50m，可容纳管节 E10 及 E11 进入沉放，如图 7-7 所示。

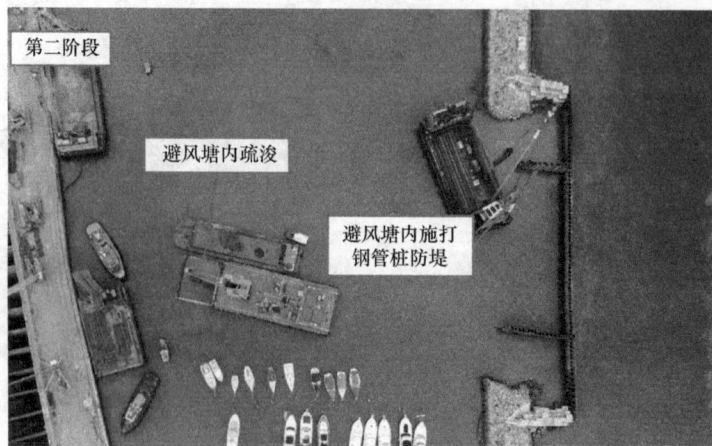

图 7-7　铜锣湾避风塘第二阶段施工

阶段三：完成钢管桩袋形围堰后，在部分地质薄弱地区加强支撑，并在袋形围堰内安装 E10 沉放引导桩，如图 7-8 所示。

图 7-8　铜锣湾避风塘第三阶段施工

阶段四：完成钢管桩袋形围堰，拆除直排钢管桩围堰，容许船只及摊铺机进入（图 7-9）。

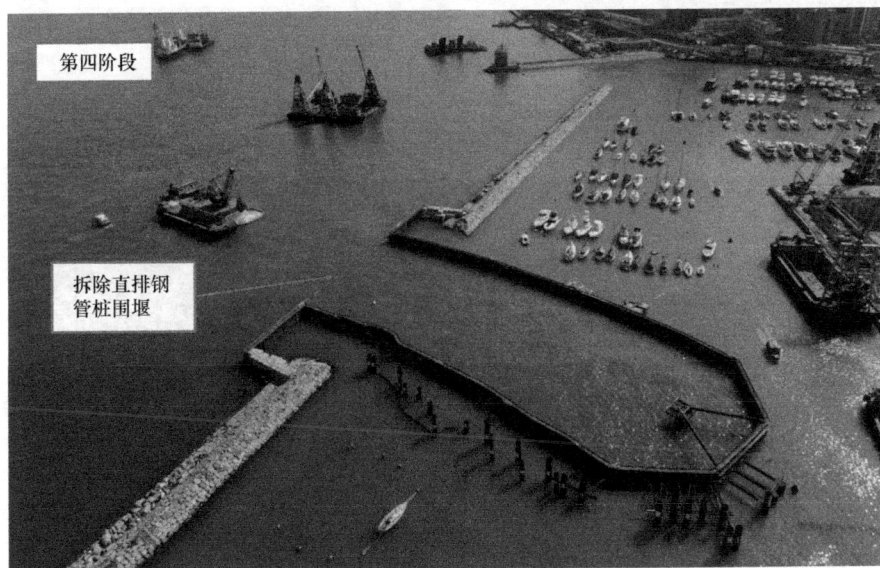

图 7-9　铜锣湾避风塘第四阶段施工

阶段五：船只进入钢管桩袋形围堰，并进行基槽疏浚及基础摊铺工作。在围堰钢桶上设置平台，安装卷扬机（图 7-10）。

阶段六：沉放管节 E10。利用引导桩及围堰上绞拖台沉放管节 E10 至指定位置，并回填固定沉管管节（图 7-11）。

阶段七：临时沉放管节 E11 并寄存在管节 E10 上。同时，在 E11 设计沉放位置开始疏浚工作（图 7-12）。

阶段八：在管节 E10 上原土石防波堤位置铺设海砖墙作为临时防波堤，并开始拆除铜锣湾内袋形围堰（图 7-13）。

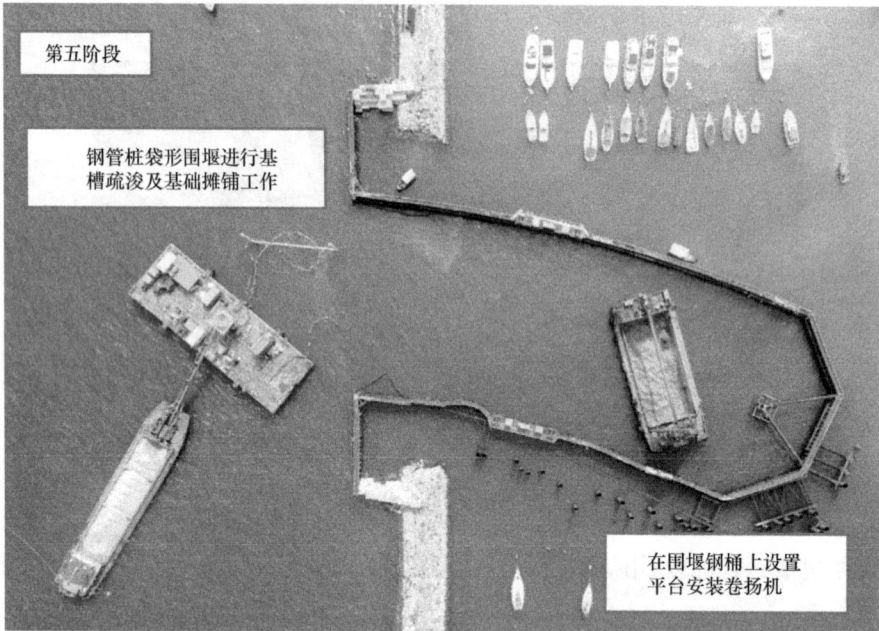

图 7-10　铜锣湾避风塘第五阶段施工

图 7-11　铜锣湾避风塘第六阶段施工

图 7-12　铜锣湾避风塘第七阶段施工

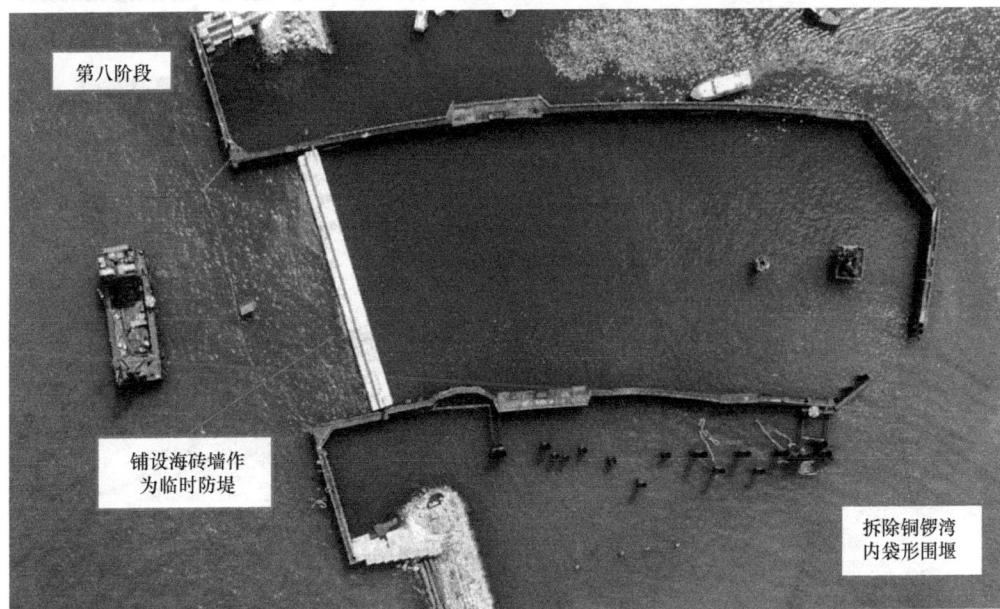

图 7-13　铜锣湾避风塘第八阶段施工

　　阶段九：拆除部分袋形围堰后，起浮管节 E11 并浮运至设计位置进行管节沉放并锁定，沉放完成后继续拆除剩余袋形围堰钢管桩（图 7-14）。

　　阶段十：拆除袋形围堰后，进行管节 E10 及 E11 的管节外防锚层等回填工作（图 7-15）。

　　阶段十一：回填铜锣湾避风塘永久防波堤，并拆除剩余钢管桩及移除海砖，还原防波堤（图 7-16）。

图 7-14　铜锣湾避风塘第九阶段施工

图 7-15　铜锣湾避风塘第十阶段施工

7.2.3　永久防波堤的水流模拟以及相应设计要求

根据《香港地区港口工程设计守则》第一部分的规定，相关海上结构应用 50 年的设计使用寿命，并且可抵御 100 年回归期的极端风暴情况。有鉴于此，相对应的各个设计荷载组合已列于表 7-1。

图 7-16 铜锣湾避风塘第十一阶段施工

设计浪潮及水位组合 表 7-1

荷载情况	浪潮情况与设计水位
极端	• 百年回归期的极端风暴＋10 年回归期的极端水位 • 10 年回归期的极端风暴＋百年回归期的极端水位 • 50 年回归期的极端风暴＋50 年回归期的极端水位 • 百年回归期的极端风暴＋标准低水位
正常	• 三号台风或八号台风最初数小时内的风暴情况＋2 年回归期的最高水位 • 三号台风或八号台风最初数小时内的风暴情况＋标准低水位

根据《香港地区港口工程设计守则》第一部分章节 5.10.3（1）所述，设计的海浪高度和海浪周期等级如表 7-2 所示。亦在参考维多利亚港周边监测站情况，在各个方向吹袭的风中，西风最为强烈，对海浪水位的影响最为显著，故选用西风时的数据作为设计荷载。

预计的正常和极端海浪高度及周期（西风） 表 7-2

情况	年回归期	标准浪高 $H_{1/3}$(m)	周期 $T_{1/3}$(s)	最高浪高 H_{max}(m)
正常	2	1.00	2.8	1.80
极端	10	1.25	3.2	2.25
	50	1.8	3.5	3.24
	100	2.0	3.8	3.6

设计时，通过模型模拟各个情况下研究范围内的水流及海浪变化情况。如图 7-17、图 7-18 所示。

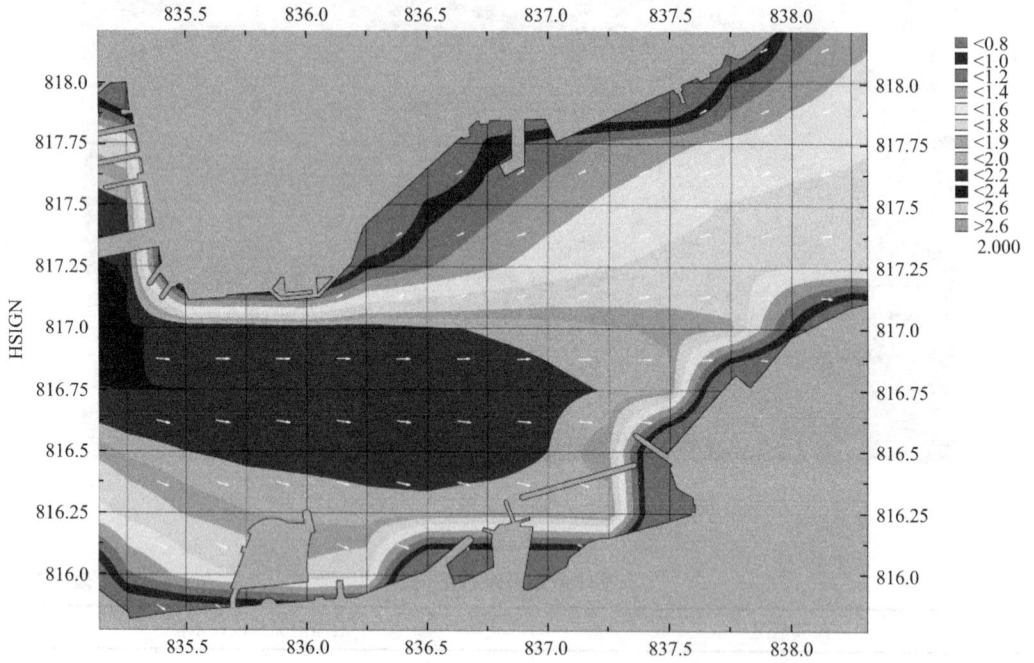

图 7-17　100 年回归期风浪（西风）情况下研究范围内的海浪高度

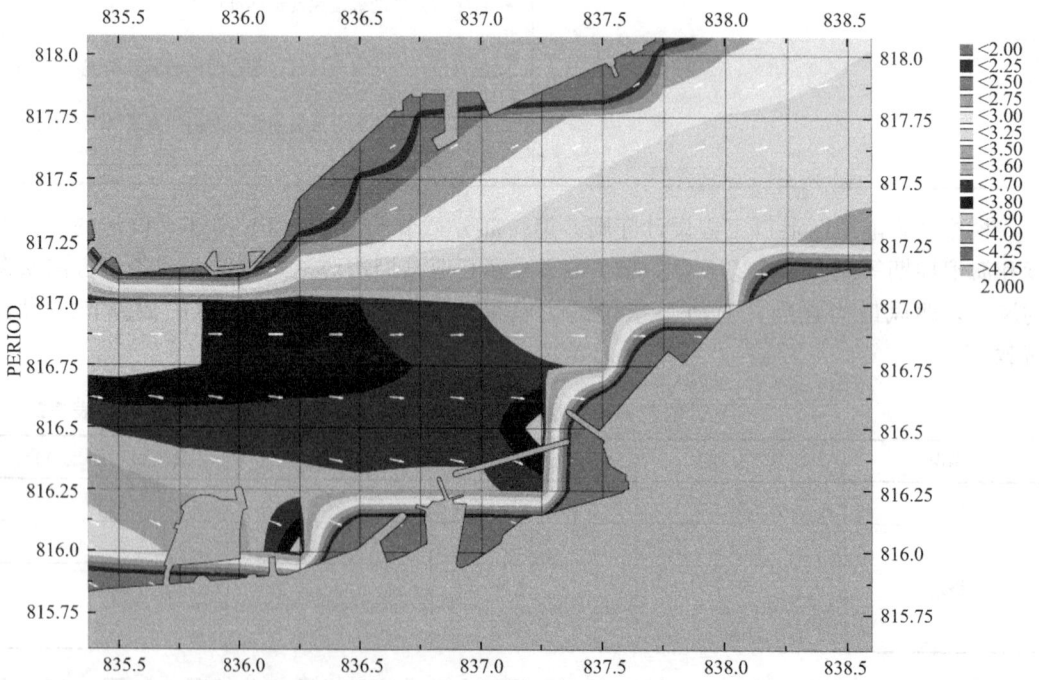

图 7-18　100 年回归期风浪（西风）情况下研究范围内的海浪周期

7.2.4 临时防波堤设计的水流模拟结果及设计参数

1. 设计要求

钢管桩设计为 1.2m 及 1.5m 直径的钢管桩，用 Swan 软件建模，对港口波浪及袋形防波堤内波浪的传播进行模拟。

根据设计要求，防波堤的设计寿命至少为 50 年，采用 100 年回归期保守进行测算。根据《香港地区港口工程设计守则》图则 11，如图 7-20 所示，在使用寿命为 50 年的结构中，大概有 40％的概率出现 100 年回归期的极端情况，如图 7-19 大箭头所指。同时，对于此处预计仅存在小于 2 年的临时防波堤建筑，在设计时亦相当于参考 5 年回归期的极端情况的标准。但为保守计，以及参考周边复杂环境和政府的关注，此防波堤设计仍采用 100 年回归期的极端情况参数作为设计标准。

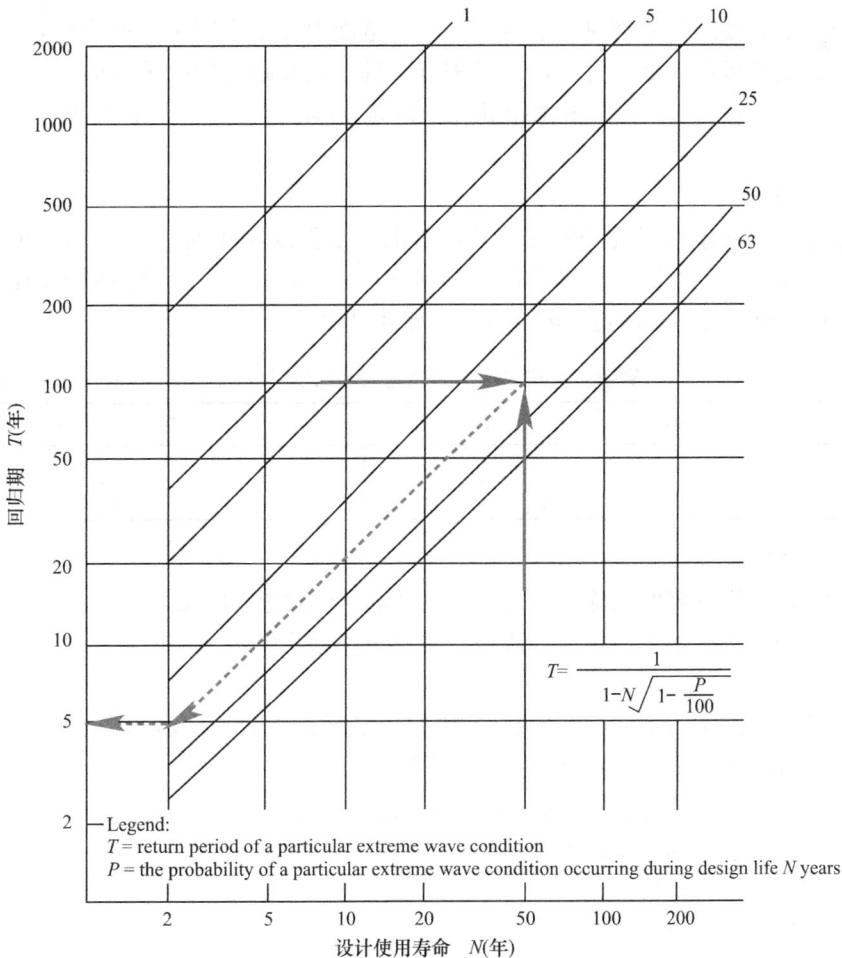

图 7-19 临时防波堤使用寿命及设计要求

2. SWAN 模型建设

建立了 "SWAN" 波传播模型，以覆盖香港地区西部水域和维多利亚港。该模型由三个嵌套的均匀网格 A、B 和 C 组成。网格空间分辨率为：A 网格，500m；B 网格，100m；C 网格，20m。

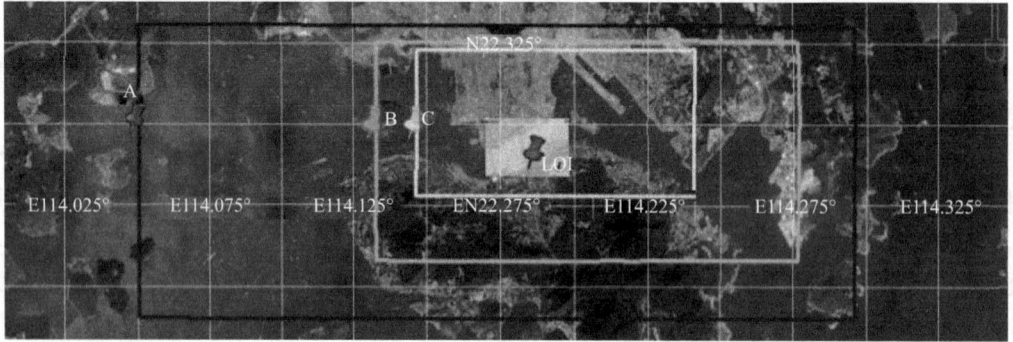

图 7-20　SWAN 模型模拟范围

该模型在静止模式下分别模拟运行了在研究范围内 8 个不同风向的影响，采用 50 年和 100 年回归期的极端情况。另外，已经进行了具有最长距离的西风方向的灵敏度测试，以在研究位置获得最严重的水流和海浪状况。最高分辨率的 C 网格还包括了维多利亚港相关区域的边界和防波堤。

3. 风速及浪高

从香港地区土木拓展工程署的《香港地区港口工程设计守则》中订明的 50 年及 100 年回归期的极端风速：在启德机场东南监测站（1968～1997 年）8 个不同风向的 50 年及 100 年回归期的极端每小时风速（u_{10}，m/s）概述见表 7-3。

启德机场东南监测站风速监测记录（m/s）　　　　表 7-3

风向	北	东北	东	东南	南	西南	西	西北
50 年	22	22	31	28	24	27	23	19
100 年	24	24	34	31	26	30	26	21

4. 水深和水位

维多利亚港的高分辨率水深测量是从海事处电子导航图（ENC）开发的。这些数据补充了数字化航海图。土木工程拓展署认为，50 年回归期水位为 3.4mPD。

5. 模型模拟

SWAN 模型可以用于计算沿海地区和内陆水域的随机、短冠状风波。该模型基于具有源和汇的波动平衡方程。SWAN 模型可以用于以下计算：

1）海浪在时间和空间内的传播，因水流和深度所引致的浅滩效应和折射，以及因水流和变化的水深所引起的频率波动；

2）风力所引致的海浪；

3）三重波和四重波相互作用；

4）浪端的白色泡沫、底部摩擦和因深度引起的断裂；

5）波浪所引致的相关设置；以及对障碍物的透射和反射（镜面反射和漫反射）。

6. 反射系数

如图 7-21 所示，基于维港附近的建筑物结构类型，设置 12 个点。在 SWAN 模型中，根据不同种类的建筑物，设置如表 7-4 所示的反射系数（0.5～0.9），以此来验算海浪的反射。

图 7-21 研究范围内海浪反射相关结构布置图

相关结构反射系数   表 7-4

编号	0	1	2	3	4	5	6	7	8	9	10	11
系数	0.7	0.5	0.9	0.9	0.7	0.7	0.7	0.5	0.9	0.9	0.7	0.7

表 7-5 总结了铜锣湾避风塘入口位置 100 年回归期的计算风速和波浪参数。通过分析显示，亦因为避风塘地理位置的原因，东风（约 50°）和西风（约 278°）时对塘内所造成的海浪影响最大。

100 年回归期各方向风向对避风塘内所造成的海浪影响   表 7-5

风向	风速（m/s）	浪高（m）	浪涌角度（°）	浪周期（s）
北	24.0	1.05	12.7	3.1
东北	24.0	1.07	44.0	3.2
东	**34.0**	**1.29**	**49.2**	**3.7**
东南	31.0	0.89	49.8	3.3
南	26.0	0.62	240.8	2.6
西南	30.0	1.19	271.2	3.5
西	**26.0**	**1.61**	**278.8**	**4.1**
西北	21.0	1.24	283.7	3.6

7. Boussinesq 模型

铜锣湾避风塘临时钢管桩围堰的设计成败主要鉴于此围堰建成后避风塘内的残余风浪影响。这将会显著影响到避风塘内船只的锚碇与系泊，以及沉管隧道施工的进行。Boussinesq 方程能够直接描述海浪波动和水质点的运动，可以充分表现波浪在避风塘内传播过程绕射、反射、底摩擦耗能、波波相互非线性作用等。

本项目采用基于此方程原理由美国海军研发设计的 BOUSS-2D 模型模拟不同情境下的波浪情况。BOUSS-2D 模型常用于海湾和港口地区的波浪状态模拟和海浪穿透性研究。此模型分阶段解析 Boussinesq 方程并实时将研究范围内的周边建筑物所引致的反射波纳入模拟。此模拟的主要目的在于研究各个不同阶段的铜锣湾避风塘（临时钢管桩）防波堤海岸线外与避风塘内船只系泊区域的波浪情况，并做出对比。

此模型的主要控制方程如下：

连续方程：

$$n\frac{\partial \zeta}{\partial t}+\frac{\partial P}{\partial x}+\frac{\partial Q}{\partial y}=0$$

x 向动量方程：

$$n\frac{\partial P}{\partial t}+\frac{\partial}{\partial x}\left(\frac{P^2}{h}\right)+\frac{\partial}{\partial y}\left(\frac{PQ}{h}\right)+\frac{\partial R_{xx}}{\partial x}+\frac{\partial R_{xy}}{\partial x}+F_x n^2 gh\,\frac{\partial \zeta}{\partial x}$$

$$+n^2 P\left[\partial+\beta\,\frac{\sqrt{P^2+Q^2}}{h}\right]+\frac{gP\sqrt{P^2+Q^2}}{h^2 C^2}+n\Psi_1=0$$

y 向动量方程：

$$n\frac{\partial Q}{\partial t}+\frac{\partial}{\partial y}\left(\frac{Q^2}{h}\right)+\frac{\partial}{\partial x}\left(\frac{PQ}{h}\right)+\frac{\partial R_{xx}}{\partial x}+\frac{\partial R_{xy}}{\partial x}+F_y n^2 gh\,\frac{\partial \zeta}{\partial y}$$

$$+n^2 Q\left[\partial+\beta\,\frac{\sqrt{P^2+Q^2}}{h}\right]+\frac{gQ\sqrt{P^2+Q^2}}{h^2 C^2}+n\Psi_2=0$$

上述动量方程中：

$$\psi_1=-\left(B+\frac{1}{3}\right)d^2(P_{xxt}+Q_{xyt})-nBgd^3(\zeta_{xxx}+\zeta_{xyy})$$

$$-dd_x\left(\frac{1}{3}P_{xxt}+\frac{1}{6}Q_{yyt}+nBgd(2\zeta_{xx}+\zeta_{yy})\right)-dd_y\left(\frac{1}{6}Q_{xt}+nBgd\zeta_{xy}\right)$$

$$\psi_2=-\left(B+\frac{1}{3}\right)d^2(P_{xyt}+Q_{yyt})-nBgd^3(\zeta_{yyy}+\zeta_{xxy})$$

$$-dd_y\left(\frac{1}{3}Q_{yt}+\frac{1}{6}P_{xt}+nBgd(2\zeta_{yy}+\zeta_{xx})\right)-dd_x\left(\frac{1}{6}P_{yt}+nBgd\zeta_{xy}\right)$$

$$F_x=-\left(\frac{\partial}{\partial x}\left(v_t\frac{\partial P}{\partial x}\right)+\frac{\partial}{\partial y}\left(v_t\left(\frac{\partial P}{\partial y}+\frac{\partial Q}{\partial x}\right)\right)\right)$$

$$F_y=-\left(\frac{\partial}{\partial y}\left(v_t\frac{\partial Q}{\partial y}\right)+\frac{\partial}{\partial x}\left(v_t\left(\frac{\partial P}{\partial y}+\frac{\partial Q}{\partial x}\right)\right)\right)$$

$$R_{xx}=\frac{\delta}{1-\frac{\delta}{d}}\left(c_x-\frac{P}{d}\right)^2$$

$$R_{xy}=\frac{\delta}{1-\frac{\delta}{d}}\left(c_x-\frac{P}{d}\right)\left(c_y-\frac{Q}{d}\right)$$

$$R_{yy}=\frac{\delta}{1-\frac{\delta}{d}}\left(c_y-\frac{Q}{d}\right)^2$$

式中　ζ——水位，m；

　　　　t——时间，s；

　P、Q——x、y方向通量密度，$m^3/(m \cdot s)$；

R_{xx}、R_{xy}——波动水质点流速的不均匀分布项；

Ψ_1、Ψ_2——Boussinesq分散项；

F_x、F_y——x、y方向的水平压力项；

　h、d——总水深（$d+\zeta$）和静水深，m；

　　　　g——重力加速度，$9.81m/s^2$；

　　　　n——孔隙率；通常$n=1$，在海岸线和水工结构物前，根据海岸线和水工结构物的反射系数进行计算，防波堤和港内护岸等的反射系数都取0.75；

　　　　C——谢才系数，$m^{0.5}/s$；

　　　　α——多孔介质中层流的阻力系数；

　　　　β——多孔隙介质中湍流的阻力系数；

　　　　B——Boussinesq分散参数；

　　　　δ——波浪破碎厚度；

c_x、c_y——破碎波波速的x、y方向分量。

模型模拟的结果如图7-22和图7-23所示，模拟在100年回归期的风荷载情况下分别来自西风与东风对避风塘所造成的影响。根据模拟结果显示，临时钢管桩防波堤效果显著。

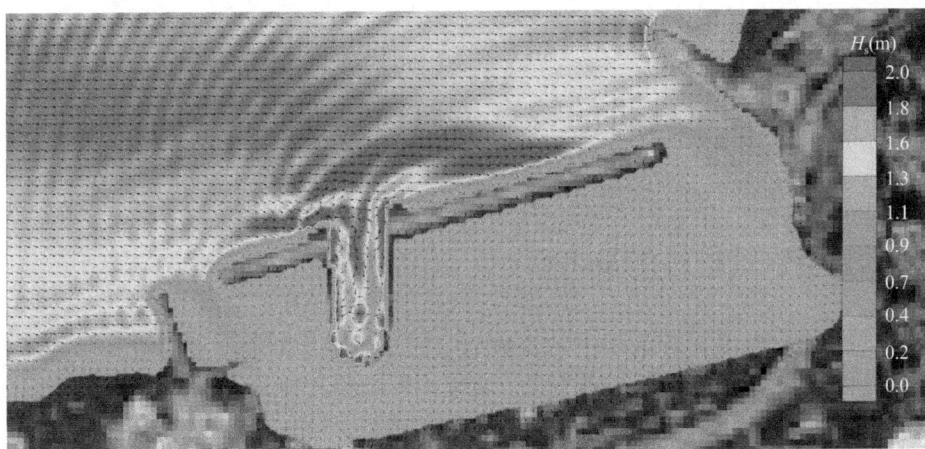

图7-22　西风100年回归期情况下的模拟铜锣湾波浪环境

计算结果显示：

1）西侧风向对袋形钢管桩围堰影响最大；

2）随着反射波和边缘波沿结构移动，凹槽内的指示波也跟随移动；

3）由于入射波和反射波复杂相互作用，凹槽内产生2.65m和2.8m驻波高度（50年回归期和100年回归期），但是驻波的荷载远小于入射波水平方向的荷载。

通过用SWAN软件进行50年及100年回归期的波浪预测，并确定了袋形围堰入口处的临界情况，如表7-5所示的100年回归期极端情况的具体参数。同时，利用bouss-2D模型来研究，得出围堰口及围堰内指示波长最高值，如表7-6所示。

图 7-23　东风 100 年回归期情况下的模拟铜锣湾波浪环境

模拟避风塘海域海浪结果　　　　　　　　　　　　　　　　表 7-6

极端浪高	显著浪高	
	50 年回归期	100 年回归期
避风塘入口	1.45	1.6
避风塘内	1.1	1.3

7.3　海上大直径钢管桩的特点及应用

7.3.1　大直径钢管桩性能及特点

冲击沉桩是陆地地基工程的一个重要施工工艺，在海上围堰作业时也有其独特优势。大直径钢管桩可打入至地下或水下数十米，贯穿泥土的松软层，直至打入硬土，可达到较大承载能力和抵御横向剪力，提供结构支撑，将其负荷转移到具有足够承载能力和适当沉降特性的土或岩石层，可防止土过度沉降。如加上钢板桩配合使用，更可做到防水效能，做到防水围堰。利用冲击沉桩方法，施工便捷、高效、绿色、环保。

海上大直径钢管桩的施工特点有：

1）受力明确，质量有保证。钢管桩多采用整体预制，减少了新旧桩之间的连接，使用钢管桩进行连接，结构受力更加明确，施工质量容易保证，可靠性得到提高。

2）运输方便，使用范围广。在海上作业，钢管桩作业受到的限制比较小，能够承受一定的承载力和水平抗剪强度，在多数地质情况下能够取得较好的效果。

3）桩施工相对灵活性较高，桩体连接方便。桩长可方便地根据需要调节，桩头也容易与上部承台连接。

4）施工扰动小。钢管桩横截面积小，打桩时挤土量小，对桩周土扰动小，对邻近建筑物的影响较低。

7.3.2 工程应用

钢管桩需要考虑支撑负载的性质、地质条件、地下水位高度、海床深度、材料耐久性、结构设计寿命、工程成本、辅助功能、噪声和振动灵敏度及其接近其他建筑结构等因素，在海事工程上有着不同的应用。沙中线海底沉管隧道分别在铜锣湾区段及红磡区段建造围堰。

铜锣湾避风塘的临时防波堤位置采用 335 支直径 1.2m 和 1.5m 的钢管桩，建造袋形围堰，钢管桩不仅承担部分防波堤作用并为牵引沉管隧道提供支撑条件（图 7-24）。

图 7-24 铜锣湾避风塘海上沉桩施工

7.3.3 工艺原理和关键技术

钢管桩通过冲击锤贯入地下，穿透松散泥土，打入坚硬石层，提供较大的承载力及抗击横向剪力。冲击沉桩法施工速度快，贯入能量大，可贯穿进入较深的石层。利用长度较长的钢管桩，可减少焊接接头、节省成本。

关键技术：

1）测量队实时监测钢管桩贯入位置、深度及垂直度，如有偏差需实时修正。

2）施工队要计算钢管桩贯入所需时间及深度，与地质表列出的地层比较，查探是否有不明物体在地层内。

3）施工队监测钢管桩焊接接缝质量，避免接缝在冲击或振荡下断裂。

4）沉降监测系统实时监测邻近建筑结构沉降、移动或地表沉降，根据监测数据进行监控。如发现造成影响要实时采取修正，避免影响邻近结构。

7.4 大直径钢管桩施工工艺

7.4.1 施工工艺流程

地质勘探并确定设计方案→预备工作→海上运输及吊运→沉桩作业→钢管桩焊接及支护→沉降处理→拔桩与水下切割。

7.4.2　勘察环境

　　根据初步设计方案，在敏感地点及现有防波堤处进行勘探。确定施工范围内岩层及海床深度和分层。施工前必须进行地下岩层评估勘探，估计土壤厚度及岩石层深度。预备一份详细的岩层评估勘探布局规划图，再进行评估。完成评估后，制作成一份岩层评估勘探总结报告。通过分析勘探结果，确定海上预打桩位置和所需深度，了解设计意图，针对性地优化详细设计，完善施工计划（图 7-25）。

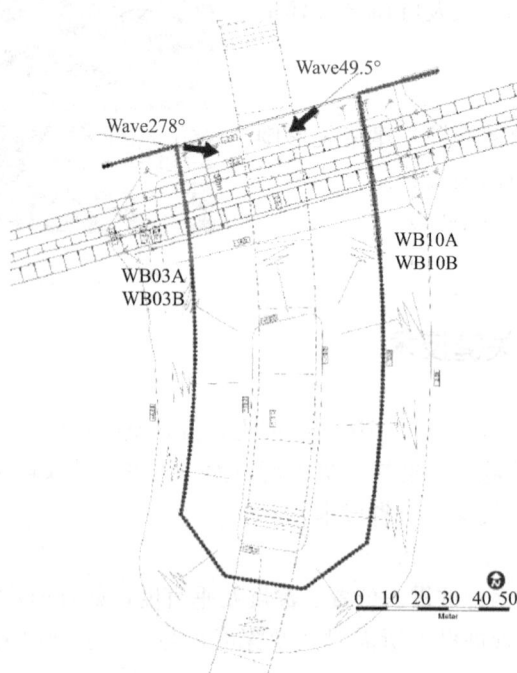

图 7-25　临时钢管桩围堰布置图

7.4.3　预备工作

1. 钢管桩材料测试

　　所有管桩物料送到工地后，必须进行质量测试，包括拉伸强度测试（BS EN 10025-1：2004）以及冲击测试（BS EN10045-1：1990），达到如表 7-7 所示的标准要求。

钢材的强度设计值　　　　　　　　　　　　　　　　　　　　　　表 7-7

钢材	屈服（MPa）	抗拉（MPa）	最少 V 形冲击能量（J）
钢管桩 S355J0H	355	470～630	27
角钢、工字钢 S355J0	345	470～630	27

2. 桩尖选择

　　桩尖分为全封闭式、半封闭式和开口式三种形式，其优劣性如表 7-8 所示。

桩尖形式选择优劣表　　　　　　　　表 7-8

桩尖形式	特点	备注
全封闭式	成桩较难，在黏性土力所受承载力大	一般工程中较少使用，锥形封闭式桩尖用于穿透护岸抛石层
半封闭式	结合全封闭式与开口式的特点	
开口式	施工容易，在黏性土中承载力低过全封闭式，在砂土中承载力不变	实际工程大多采用开口桩

一般多采用开口式桩尖，成桩简单，对桩周扰动性小。

3. 测量准备

如图 7-26 所示，对勘测平面控制网点、水准点和设计图纸进行必要的审核与布置。根据设计图和施工方案的需求，在原有土石防波堤上选择合适的测量控制点。测量沉桩区泥水高程并绘制平面图和断面图，如图 7-27 所示。

图 7-26　陆地控制点选择

在施工过程中，测量需要结合沉桩允许误差，校核各桩是否会相撞；并根据桩位平面布置图，结合工程要求和施工条件布置沉桩顺序。

4. 桩锤选择

选锤需通过地质、桩身结构强度、桩的承载力与锤的性能相互比较，结合现场施工情况确定，见表 7-9。

5. 施工准备

对施工区域有碍下沉的地下管线、水下管线、沉排或抛石等障碍物进行勘查和处理，选用适当的船机设备。施工时，应制定避风措施或恶劣天气应急预案。根据香港地区海事工程安全有关条例，一号台风情况下，所有船只应逐渐停工并做好准备，返回避风塘避险；三号台风或以上时，应停止一切海上建造工程并停留在避风塘内。同时，因此建造工程部分位于铜锣湾避风塘内，所有工程船只均需向有关部门申请入塘作业许可证。工程进行过程中，需要全程维持避风塘内海上交通流畅运行，不可阻塞、暂停交通。

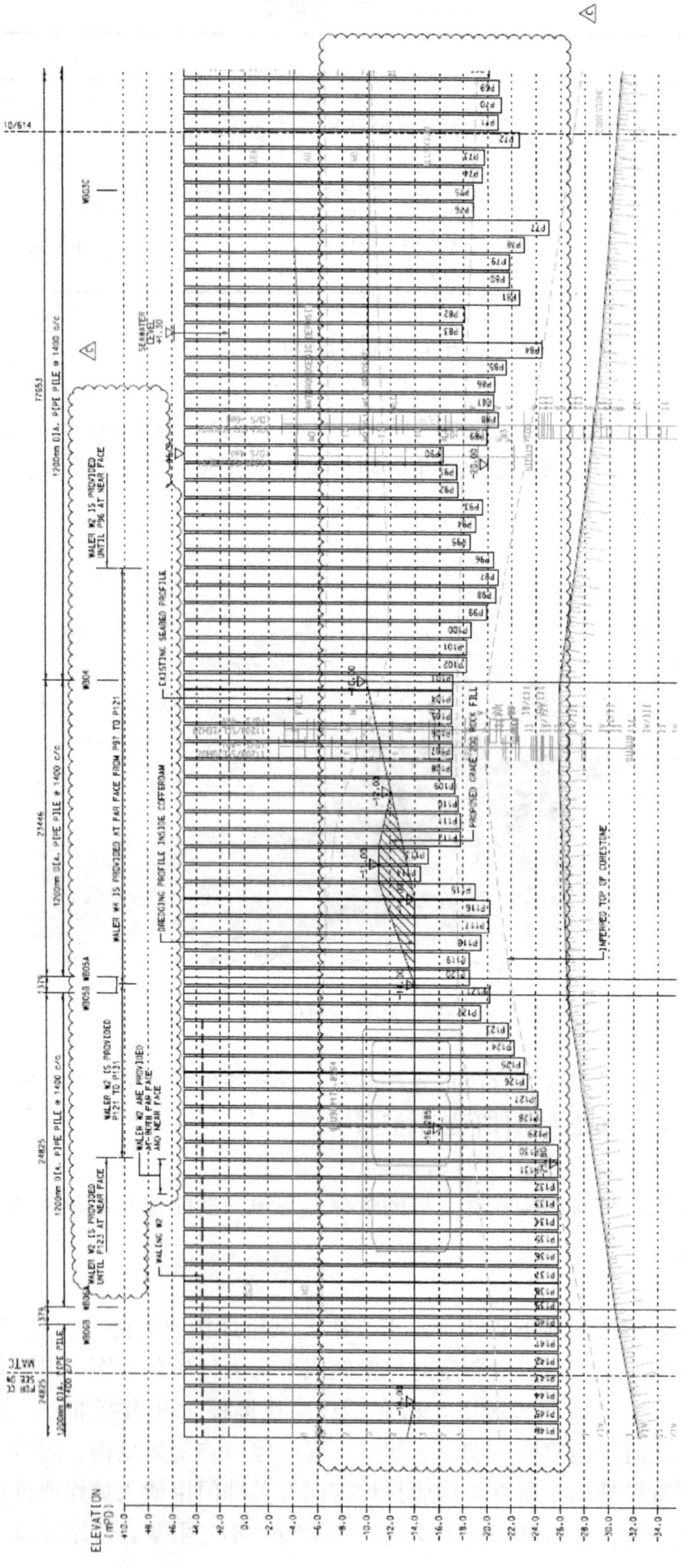

图7-27　钢管桩高程设计分布

选锤参考资料 表 7-9

序号	锤形	适用范围	特点
1	坠锤	适用于沉木桩和断面较小的混凝土桩；重型及特重型龙门锤适用于钢筋混凝土桩；在一般黏土、砂土、含有少量砾石土均可使用	设备简单，使用方便，冲击力大，能随意调整落距，但锤击速度度慢（约6~20次/min），效率低
2	柴油锤	适用于沉木桩和断面较小的混凝土桩；重型及特重型龙门锤适用于钢筋混凝土桩；在一般黏土、砂土、含有少量砾石土均可使用	附有桩架动力等设备，机架轻，移动方便，沉桩快，燃料消耗少，也可以打斜桩，是使用最广的一种，但振动大、噪声大
3	液压锤	适用于沉重的混凝土桩、钢桩；适用于黏性土、砂土、含少量砾石土等	锤击量大，冲击次数多，工作效率高，其冲程可根据不同土质用人工调整，在一定条件下可保证锤对桩的锤击力控制，噪声小，不会污染空气

7.4.4 海上运输及吊运

1. 桩身运输

如图 7-28 所示，所有管桩物料从平面趸送到工地后，会转由起重机驳船运送至施工地点。所有钢管桩在运送期间必须用防滚架或其他固定设置固定好，防止海浪摇晃导致管桩移动或碰撞而造成的损毁。

图 7-28 钢管桩的运输

2. 桩身储存

当钢管桩运抵施工现场后，因管桩数量巨大，大部分管桩需存放在地面。管桩堆存时须设置防滑垫于桩底，为防止滑落，堆放层数不宜高于三层，如图 7-29、图 7-30 所示。

图 7-29 钢管桩的堆放

图 7-30 桩身防滑垫及固定设施

3. 桩身吊运

如图 7-31、图 7-32 所示，大直径钢管桩的移动一般采用两点吊。起吊时，吊绳与桩身水平面夹角不应小于 45°。吊运时应有尾绳，方便吊运员远距离控制管桩方向。另外要注意，如有吊运高度限制或特殊需求情况下，需要横机趸进行特别加长处理。

图 7-31 海上吊运

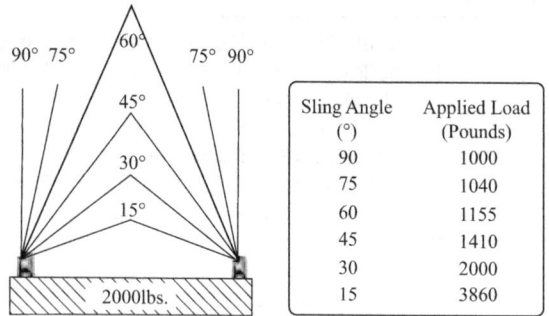

Sling Angle (°)	Applied Load (Pounds)
90	1000
75	1040
60	1155
45	1410
30	2000
15	3860

图 7-32 吊运安全

4. 工作用船

如图 7-33、图 7-34 所示，海上打桩船一般采用横机趸（打桩），配合拖船（行进）及小型舢板（护航）组成小型船队进行施工作业。

图 7-33 横机趸与拖船

图 7-34 打桩架

海上沉桩作业主要是通过打桩工程船实现。打桩工程船主要采用锚缆系统实现移动及定位固定。

打桩工程船打桩架必须有足够高度，并配备吊龙口进行打桩。

同时，水深应满足打桩船舶吃水要求，如不能满足则需要进行水下开挖疏浚。

7.4.5 沉桩作业

1. 作业流程

海上吊运钢管桩→摆至打桩架→通过锚缆系统移动至指定位置→测量定位→吊运打桩锤进行冲击施打→测量复核→重复工作。

2. 沉桩作业顺序选择

首先，确定定位桩的施打。施工顺序的选择在保证能够将所有的桩位都能施打的基础上，还要考虑打桩船舶有一定的吃水与抛锚定位的要求。需要在拟定打桩位置时，同时考虑水位、水深、吊运环境、风、浪的影响。

对于远离岸边的水上沉桩，采用打桩船舶作业。对于临岸的桩，根据施工现场环境，可考虑涨潮退潮、吊龙口的伸距等影响，来决定是否在陆地打桩还是在海上打桩，但并不适用于此围堰建造。

3. 沉桩定位

平面定位前，根据设计的钢管桩位布置图布置好施工基线，计算出基线上控制点和钢管桩连线的方位角。实际控制测量过程中，要选择好控制测量点，如近岸边的控制点或海上已有的测量点。通常，沉桩平面定位通过两三台经纬仪及一台水准仪配合定位。沉桩作业时如果钢管桩有一定坡度，可用打桩架来帮助定位。

桩尖的标高应通过标高控制测量来实现，桩应落在设定的标高上，以保证基桩承载力满足设计要求。海上高程控制在没有参照物的情况下，一般使用岸上水准仪来对桩顶标高进行高程测量，从而控制其相关高程。

4. 沉桩控制

沉桩过程中，要对管桩的偏位、管桩的极限承载力及管桩的裂损进行相关控制。沉桩时为保证偏位控制在允许范围内，可采取以下措施：

1）避开强风、强浪天气，当风、浪、水流超过规定时停止施工。

2）减少因施工活动造成的定位基线走动。控制工作船的船身，及时松紧锚缆，维持打桩架的坡度，防止船只走动。

3）对需要在斜坡上进行沉桩作业的，可以采用削坡和分开跳打的方法，减少对因斜坡影响导致的误差。

另外，桩身在打入或拔出过程中，因冲击所带来的力很大，因此锤击过程中钢管桩的桩身很可能会出现裂缝，甚至桩尖会出现变形。

钢管桩一般采用螺旋形焊接，分段拼接需要在接头内侧加焊衬套，保证接头稳定、稳固。同时，钢管桩入地尾端需要做加厚处理，以保证能更好地传递力和保证沉桩深度。

为避免桩身裂损，需控制打桩应力，在选取锤的过程中应结合实际选择相应的锤。另外，还需要控制总锤击数，通过桩、地质、桩锤力等确定总锤击数范围。为避免产生严重变形，还可以采用跳动打桩的形式处理。

5. 沉桩要点

冲击沉桩的主要施工要求：

1）桩锤必须满足克服沉桩阻力、沉桩速度和质量要求。沉桩的主要设备是具有足够力量的桩锤，以此满足高效率并保持桩身完好。

2）钢管桩的上端应设置吊装孔，吊装孔大小需满足设计值，并距离钢管尾端足够距离。一般吊装孔约6cm，足够塞进并锁紧，距钢管尾端约10cm。

3）沉桩过程中，应随时检测校正桩的垂直度。钢管桩平面定位偏离指定位置应小于75mm。

4）在已沉入的桩位出设置明显标志，夜间应挂警示灯。严禁在已沉入的桩上系缆绳，并防止锚缆碰桩。

7.4.6　钢管桩焊接及支护

钢管桩的预制长度与现场需要不一致的时候，需要对钢管桩进行加长处理，因此必须对钢管桩进行焊接或螺栓连接处理，一般采用焊接处理。

1. 焊接介绍

对于整体的沉桩制作，焊接处理是其中一项重要的工序。焊接后的接口钢材强度必定要高于或等于钢管本身的强度，否则在安装时接口会成为弱点，而使钢管变形或曲折。根据表 7-10 的要求，钢管采用的钢材屈曲强度为 355MPa，所以焊接钢材必须高于 350MPa。而焊接厚度也不能小于本身的钢管厚度，以此形成钢管与焊材一体化。

焊接的强度设计值　　　　　　　　　　　　　　　　　表 7-10

焊接方法	焊接钢材屈服（MPa）	焊接钢材抗拉（MPa）	最少 V 形冲击能量（J）
手工电弧焊	>350	>460	27

2. 钻石屑头焊接

采用钻石屑头焊接：以 813mm 直径钢管桩为例，外径尺寸为 813mm 外径×16mm 厚，而钢管桩底厚度为 818mm 外径×25mm 厚。总共有 5～8 个特制切割钻石屑头焊接于管桩底部。切割钻石屑头用量基于岩层状况判断。钻石屑头有两种类型：C 类及 D 类，主要基于岩层状况使用。另外，钻石屑头安装也分成向内及向外，分别错开排列安装于钢管桩底部。钻石屑头接驳细节如图 7-35、图 7-36 所示。

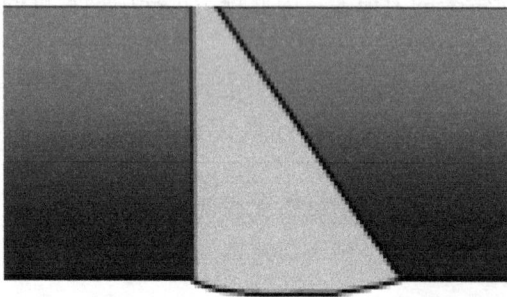

图 7-35　钻石屑头接驳细节

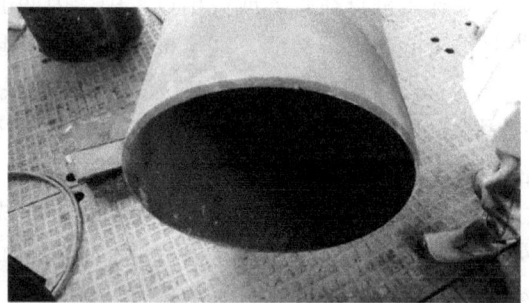

图 7-36　钢管桩桩口

3. 大直径钢管桩焊接驳接

当首节钢管完成安装后，接着安装第二至余下节数（每节约 4～6m 长），接缝用手工电弧焊焊接，焊接为单面焊缝斜边坡口对接，坡口为 45°，焊缝宽度为 1.5～3.0mm，如图 7-35 所示。为方便焊接工作进行，防止因波浪导致船只起伏而对焊接造成的影响，特使用海上吊挂式烧焊平台，让烧焊工作顺利完成，如图 7-37 所示。此平台悬挂于钢管桩上，每次悬挂可对四五只钢管桩进行焊接，如图 7-38 所示。

4. 海上钢管桩支护

如图 7-39、图 7-40 所示，施打钢管桩完成后，需进行支护安装。同时，亦为围堰提供行人通道，方便后续管节的沉放施工。

图 7-37　海上吊挂式烧焊

图 7-38　吊挂式烧焊平台

图 7-39　钢管桩的烧焊

图 7-40　钢管桩的支护

5. 焊接测试

焊接完成后需要对焊接进行相关测试，如图 7-41、图 7-42 所示。

图 7-41　焊接测试一

图 7-42　焊接测试二

6. 海上烧焊要点

手工电弧焊焊接的焊工必须通过焊工资格评定，才可在工地施工。焊工须根据焊接工艺规程和焊接工艺评定记录施工，所有焊缝必须完好无缺，焊接完成后须由具备资格的焊接检验员检查。

7.4.7　沉降与扰动

1. 沉降与扰动

施工过程中打入钢管桩，会对桩周土体或相邻管桩产生很大的挤压扰动。过大的挤压力会造成桩身本身产生裂缝，甚至断裂。另外，挤压应力对管桩周围土体产生的扰动会弱化管桩周围的土力性能，降低桩基承载力。桩距越大，扰动越小。

沉桩会对周围土体产生很高的挤压应力和超空隙水压力，并导致管桩周围土体强度的降低和桩承载力的下降。沉桩结束后，随着时间的增长，桩间土体中产生的空隙水压力会随之消散并产生再固结作用，从而增加有效应力。再固结使得桩间土体下降，从而使得桩身主体下降。

同时，施工前需计划准备邻近建筑物监测点，实时监测邻近其他建筑结构沉降、移动或地表下沉。根据监测数据了解，如发现影响其他结构要实时采取修正，避免影响邻近结构。

2. 沉降及扰动控制措施

以下为不同情况下沉降及扰动控制措施的要点。

1）戒备状态：当发现邻近其他建筑结构沉降、移动或地表下沉达到 38mm，要进行更频繁的监测测量和/或要安装的其他检查点。

2）警报状态：当发现邻近其他建筑结构沉降、移动或地表下沉接近设计值极限达到 60mm，必须对冲击桩基的方法进行审查，以减轻振动或减小地面沉降，避免影响加重。

3）行动状态：当发现邻近其他建筑结构沉降、移动或地表下沉超越设计值极限达到 75mm，须立即停止施工并做出修正方案，避免邻近其他建筑结构进一步沉降、移位或地表下沉。

7.4.8　拔桩与水下切割

1. 拔桩作业

拔桩可采用液压锤吊出，拔桩前应准备相应的围堰设计图、沉桩记录、桩位图及交通路线图，并检修机械设备、拟定施工方案及做好应急计划后方可施工。

拔桩作业要点为：

1）拔桩前应卡紧桩头，起拔线应与桩中心线相重合；

2）钢管桩拔起到可用吊机直接吊起时应停止拔动，并及时吊出。

3）拔桩前应派出护卫艇在工作范围内指挥船只，并指挥无关作业人士离开现场，避免意外发生。

4）钢管桩应逐根试拔，易拔桩应先行拔出。

5）拔桩作业时，应考虑拔桩时间。如果保持在最大负荷条件下，振动 30min 仍不能拔桩，则会有金属疲劳断裂风险，应停止振动并等待，如图 7-43、图 7-44 所示。可考虑将拔邻近桩并振松泥后再拔出，或对管桩口进行加厚处理。如仍然不能拔出，可考虑用水下切割的方法斩筒。

图 7-43 金属疲劳会有断裂风险

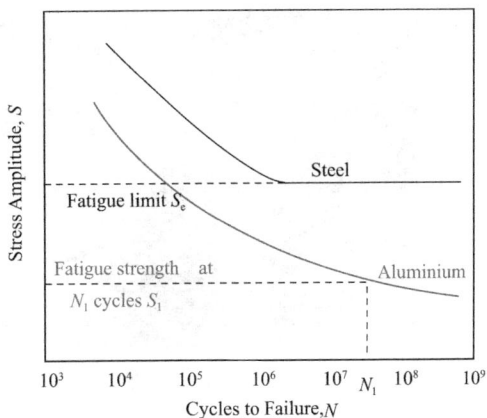

图 7-44 不同金属的疲劳曲线

2. 水下切割

水下切割的优点在于速度快、效率高，如遇到无法拔桩的情况下可以斩筒。在此，比较了水下热切割、爆破切割和机械切割三种方式的优缺点，见表 7-11。其中，水下机械切割方式，采用铣刀、车刀、金刚石线锯或砂轮片对钢管桩进行切割，安全、高效、自动化程度高，切割位置可控，切割位置可深过海平面位置进行切割。但也存在不足之处，它较适合于单一钢管桩类型的水下桩基切割，对互锁钢管桩进行切割则较为不利。水下热切割工艺，采用火焰切割、电弧-氧切割、等离子弧切割工艺，适应性强，但需要潜水员水下作业，工作时间受到较大限制，具有一定的危险性。

水下切割的方法对比　　　　　　　　表 7-11

水下切割方法	施工方法	优点	缺点
水下热切割	采用火焰切割、电弧-氧切割和等离子弧切割等切割方法	适应性强，适合大部分施工环境。施工使用最广泛	需潜水员下水作业，有一定的危险性。对附近结构有一定影响
水下爆炸切割	水下炸药贴在铁桶上进行爆炸切割	施工速度快	爆炸处理，切割面产生不同形状，成本高，精细度低。不普遍采用
水下机械切割	用铣刀、车刀、金刚石线锯或砂轮片切割机	自动化程度高，切割位置可控并可以深入低过海平面位置	不适合互锁钢管桩，只适合单一钢管桩

对于单一类别的大直径钢管桩，可采用水下自动切割机进行切割。切割效果良好且方便、快捷，并不适用于不同直径的钢管桩，见图 7-45、图 7-46。

图 7-45 水下切割机

图 7-46 水下切割机控制设备

水下切割机采用特制砂轮进行切割工作，施工顺序为：如图 7-47、图 7-48 所示，组装切割机→吊运切割机入钢管桩→到达指定高度位置并用桩架固定→开始切割→切割完成→吊运切割机出钢管桩→移除固定桩架→吊走钢管桩。

图 7-47 水下切割的砂轮片

图 7-48 水下切割机固定桩架

水下机械切割要点如下：

1）切桩前，需要洗干净桩内杂物，包括沙、石、泥块等；

2）针对不同厚度、不同材料的管桩，需要使用不同的砂轮片；

3）切桩后需要保持桩身稳定，将切割机吊出后再用吊机将已切割好的钢管桩拔出；

4）转速控制：砂轮片控制转速在 600r/min 左右。

3. 旧桩处理

当切割大直径钢管桩完成后，把已切割钢管桩运回陆上并检查钢管剩余长度，计算切割口深度是否正确。也可作为下一次钢管桩的材料使用，避免浪费。

7.4.9 质量要求

施工前，所有施工设计图纸、施工工序及监察和测试计划必须审批。

焊接工艺规程、焊接工艺评定记录、焊接工资格和焊接材料，必须预先审批。

所有钢管桩须齐备收货单和产品质量证明书。

所有钢管桩必须通过拉伸强度测试（BS EN 10025-1：2004）及冲击测试（BS EN 10045-1：1990）。

所有焊缝完成后，必须由合资格焊接检验员检查及通过焊缝无损检测。包括：100％目测、100％超声波检测和10％磁粉检测。

每支钢管桩柱平面偏差值最大为75mm，垂直偏差值最大为1：80。钢管桩完成后，测量人员发出钢管桩成品图纸。

第8章 闭合接头终端接头施工

8.1 工程介绍

沉管隧道与两端隧道接口段相交的接头通常为岸上接头，岸上接口段通常为明挖隧道施工，典型的终端接头一般方案为与现有隧道之间预留一定距离，采用水下临时密封连接和管内干施工方法完成终端接头。

沙中线南北线沉管隧道 E11-ME4 终端接头位于铜锣湾避风塘内，终端接头连接沉管隧道第 11 节管节及原有的已建造隧道（ME4）相关部分，如图 8-1 所示。其中，ME4 部分已于 2014 年 6 月完成，ME4 部分采用填海回填施工预留了部分地下连续墙，最深施工位置位于水下 18m，给终端接头施工带来了一定困难。因此，终端接头位置孤悬于海中，所以此终端接头的施工技术方法不同于典型的岸基终端接头的施工，需要应用特别的结构形式及施工方案。

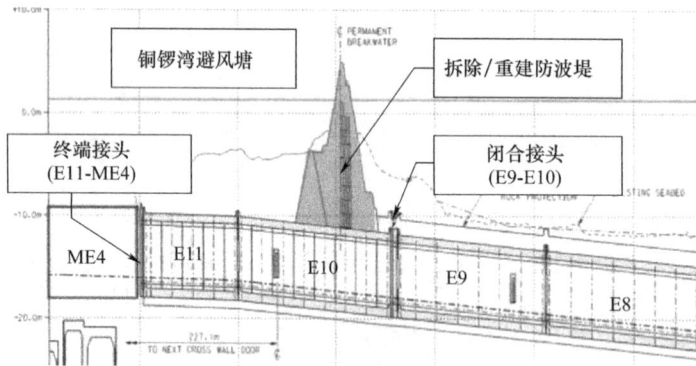

图 8-1 非典型终端接头与典型水下闭合接头位置图

与此同时，除终端接头外，因管节沉放顺序的整体规划，香港地区地铁沙中线过海隧道项目另有一闭合接头，位于维多利亚港与铜锣湾避风塘交界处，连接管节 E10 北端与管节 E9 南端，如图 8-2 所示。此闭合接头与非典型终端接头类似，全部位于水下，最深处位于水下 21m。

在水下接头施工前，为沉管隧道整体性能着想，管节 E11（终端接头）和 E9（闭合接头）已经分别在石澳干坞预制场内进行了干坞内短管节拉合。这是为在水下建造刚性接头之前，预先增加一个柔性管节节头。此两种水下管节接头施工不同于一般江河内的隧道，均有深海施工、海面情况复杂等一系列难点，须分别针对两个管节接头，制定有针对性的特殊技术方案，以完成闭合接头与终端接头的建造。

图 8-2 闭合接头位置图

8.2 典型闭合端接头施工

沙中线南北线沉管隧道项目的典型闭合端接头施工位于管节 E10 与 E9 之间，地理位置恰好处于铜锣湾避风塘与维多利亚港交界处，如图 8-2 所示。闭合接头的形成原因是因为沉管隧道管节沉放次序的整体安排，以及管节设计建造时所预留的沉放空间，而引致隧道管节需要在水下进行连接，贯通为整体。

8.2.1 施工限制及特点

因客观地理环境原因，闭合接头主要有以下限制：

1）施工位置位于维多利亚港内，海上交通繁忙。无任何岸上施工支点，纯粹依赖水下施工。并且，因为维多利亚港的特殊性，亦不可长期泊船作业。

2）深水施工，止水困难且止水效果难以确认。

此处介绍采用"钢板止水"的接头结构安装工艺，主要有以下特点：

1）适用于复杂环境，过程简单、效率高。充分利用预制件及管节预埋件的组合，适用于典型岸基终端接头难以实现或者条件限制较多的工作环境。

2）止水效果好，形成干地作业环境。使用底板、墙身及顶板进行止水施工，止水效果良好，可提供干爽作业环境。

3）环境影响小，与海上回填再开挖建造形成干作业施工相比有明显优势。

8.2.2 施工原理

典型闭合接头需分阶段于水下临时密封连接段和管内干地情景下完成。管节沉放前，将闭合接头下方的碎石基础整平，并安放底部钢封板。在两段管节沉放之后，将底部钢封板用螺杆连接拉起，使得底部钢封板上的橡胶止水带紧贴住两管节底部并收紧螺栓加以固定；然后，在两管节之间安装顶部支撑，管节连接处两侧安装墙身钢封板并收紧固定；接着，安装顶部钢封板并用螺栓固定，三面共四块钢板对接严丝合缝，以达到止水效果。完成封板安装工作后，派遣潜水员下水重新检查钢封板的位置，确定实际情况符合设计要求后，在管节内将最终接头空间里的水抽排出来。在水压作用下，封板的橡胶止水带压缩，从而使得空间水密。最后，打开管节封门，在内部对接头内部的模板进行焊接加固。最终，进行干地作业，完成闭合接头的贯通。

8.2.3　工艺流程及操作要点

前段管节（E10）沉放安装后等待沉降→预留最终接头段基础碎石并整平→放置底部封板→沉放安装管节 E9，拉起底部钢封板→压缩底部钢封板橡胶止水带→固定底部钢封板→安装支撑顶梁→顶梁两端填充无收缩浆料→安装两边两侧钢封板并固定→安装顶板并固定→潜水员对封板位置进行复查→检查实际情况与设计要求差异→预留终端接头段排水→两侧钢封板和顶部钢封板橡胶止水带水压接→潜水员检查水压接情况→打开水密门→搭架焊接→钢筋绑扎和混凝土浇筑。

8.2.4　底部钢封板安装

底部钢封板的安装重点安装步骤如下：

1）管节 E9 和 E10 在建造时预埋钢封板的连接孔位，方便水下螺栓连接。

2）管节 E10 沉放后，根据管节 E10 实时定位及预计的管节 E9 方位，开始进行钢封板预制及迷你 GINA 止水带制造。

3）摊铺平整典型水下闭合接头位置的碎石基础，并将预先将底部钢封板埋于 E10 的第九节段（北端，朝向管节 E9 方向）下方以及预设的闭合接头位置，等待管节 E9 沉放。

4）管节 E9 沉放时，亦需要随时监测管节定位，如若与已沉管节 E10 的轴线有偏差，则需要重新调校。管节 E9 沉放后，潜水员水下测量两侧管节轴线和高程的实际偏差，用以确定底部钢封板上迷你 GINA 橡胶止水带相对于管节的实际位置及检查两侧管节之间空位（闭合接头）的实际尺寸。检查结果需与预计数值相比较，如若差距较大，需要修改两侧预制钢封板及顶部钢封板的尺寸，如图 8-3 所示。

图 8-3　闭合接头建造所采用的两侧钢封板

5）清除底部钢封板上淤泥及杂物，检查 GINA 迷你橡胶止水带；清理两侧管节上底部钢封板及两侧钢封板所覆盖的范围；检查并清理两侧管节封板、侧墙位置螺栓孔。

6）预先吊装两条底部装顶横梁至水下空间。此举是为配合底部钢封板拉起调整位置时，帮助控制稳定接头处两侧的管节。此两条装顶，暂不用水泥浆固定。如图 8-4 所示。

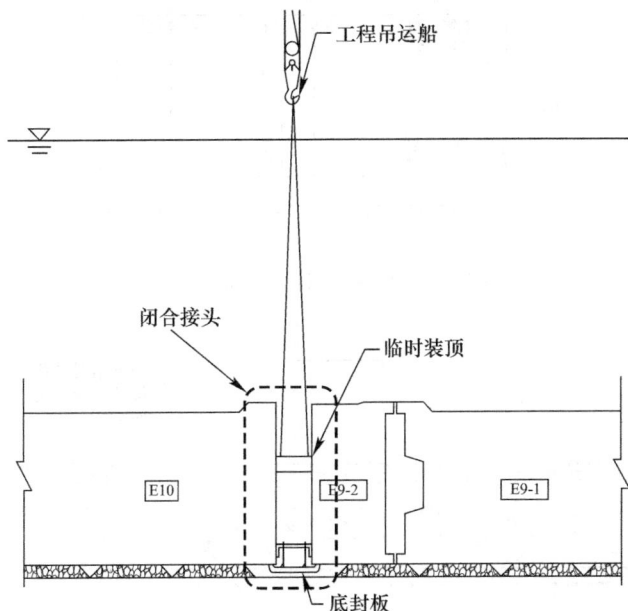

图 8-4　预先吊装临时装顶

7）水下连接底部钢封板并系紧至吊梁和手拉葫芦（图 8-5），将底部钢封板拉起，使其靠紧管节底面；在底部钢封板与吊梁之间安装螺杆，收紧螺杆，使得底部钢封板的质量主要作用于螺杆，完成后拆除手拉葫芦（图 8-6）。

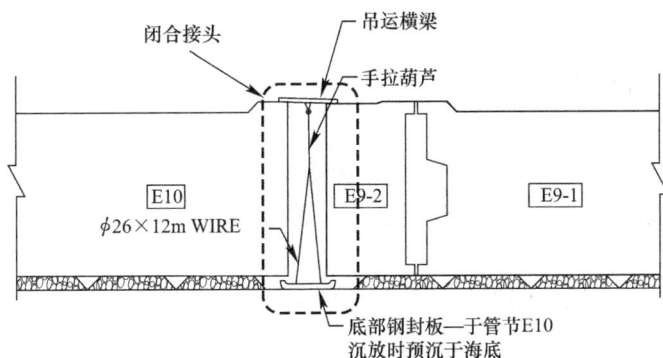

图 8-5　底部钢封板安装剖面示意图

8）底部钢封板与管节底贴紧时，检测底部钢封板上 GINA 橡胶止水带在管节底部的具体位置，是否完全涵盖包括闭合接头底部。若完全覆盖与设计相符合时，均匀地收紧各螺杆上的螺母，使得底部钢封板上的 GINA 橡胶止水带紧贴管节底板，并且止水带受压情况均衡。拉起后，若底部钢封板不能完全包裹闭合接头底面，则需要通过预装的两条装顶，调整底部钢封板的水平位置，直至得到密封止水效果。如图 8-7 所示。

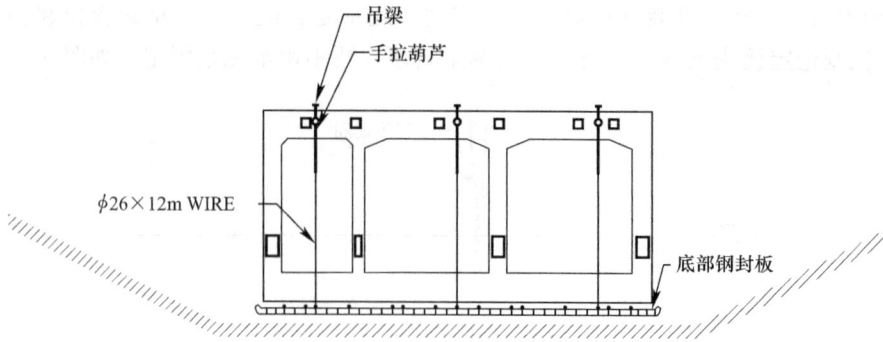

图 8-6　拉起底部钢封板截面示意图

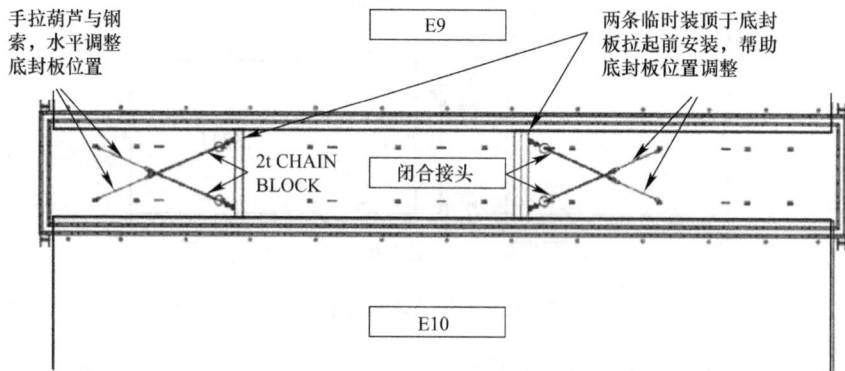

图 8-7　底部钢封板水平调整俯视示意图

9）底部钢封板就位后，在两管节底板之间的支撑座安装剩余 8 条装顶，并在装顶两端填充无收缩浆料。

8.2.5　两侧钢封板安装

如图 8-8 所示，两侧钢封板的安装要点步骤如下：

1）两侧钢封板的尺寸需根据实际闭合接头的大小进行调整，确保两侧钢封板可以覆盖整个接头断面；

2）清理沉放管节头尾两侧为钢封板预留的预埋框架及螺栓孔；

3）吊装两侧钢封板，两侧钢封板需镶嵌于底部钢封板上预设的导向凹槽结构内，以确保两侧钢封板位置安装正确，同时用两侧钢封板的自重压缩底部钢封板上的迷你 GINA 止水带；

4）待两侧钢封板大致定位完成后，用预埋螺栓收紧，使两侧钢封板的迷你 GINA 止水带达到初步密封；

5）如止水带压缩量不足 20mm，则需要额外加装 5 条装顶，给予额外压力；

6）两侧钢封板的位置同样可以调节（图 8-9）。临时装顶上烧焊连接滚轮及吊点，并通过铁链与两侧钢封板上预制的吊点相连接，以进行纵横方向的调整（图 8-10）。

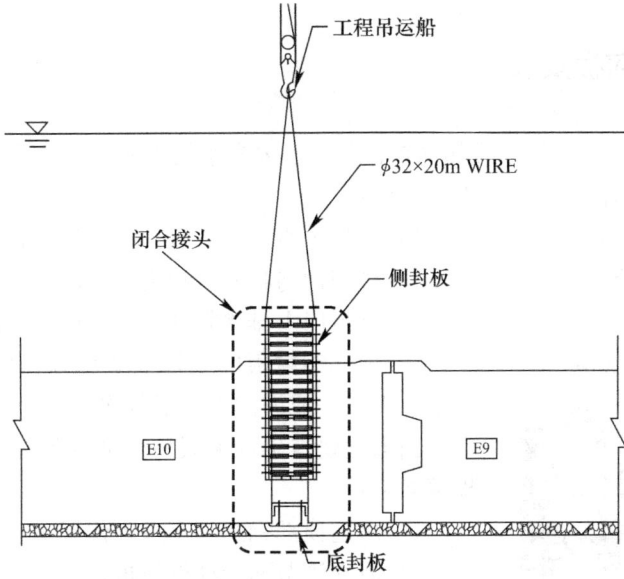

图 8-8 两侧钢封板安装剖面示意图

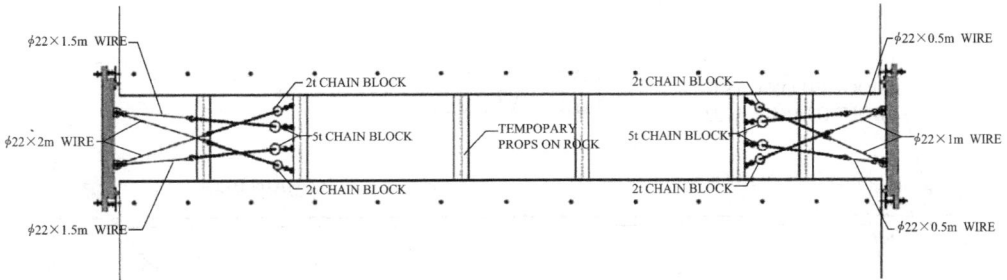

图 8-9 两侧钢封板位置调节系统布置图

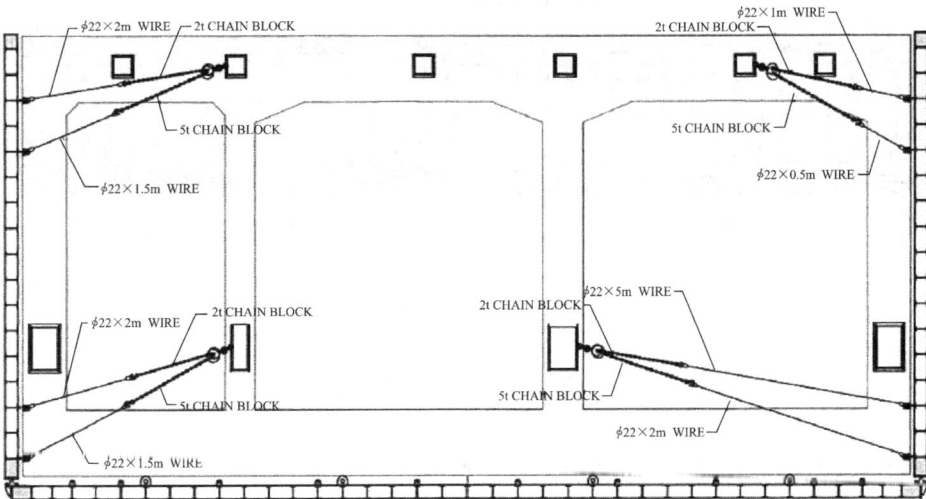

图 8-10 两侧钢封板调节系统截面示意图

8.2.6　顶部钢封板安装

图 8-11　两侧钢封板吊装

见图 8-11～图 8-14。安装顶部钢封板前，需要潜水员进入接头空间内（水中）进行检查，确保：

1）在各个钢封板与管节预埋框架板之间无阻隔；

2）预埋件与临时装顶之间无间隙；

3）端封门上排水管的法兰盖已经移除；

4）顶部钢封板的预埋框架板以及两侧钢封板的顶部干净，无淤泥或海洋生物阻碍连接。

当上述要点确认无误后，进行顶部钢封板安装，安装步骤如下：

1）吊运顶部钢封板至指定位置；

2）清理管节面预埋框架板；

3）管节预埋系缆桩安装吊点用于后续顶部钢封板位置调节；

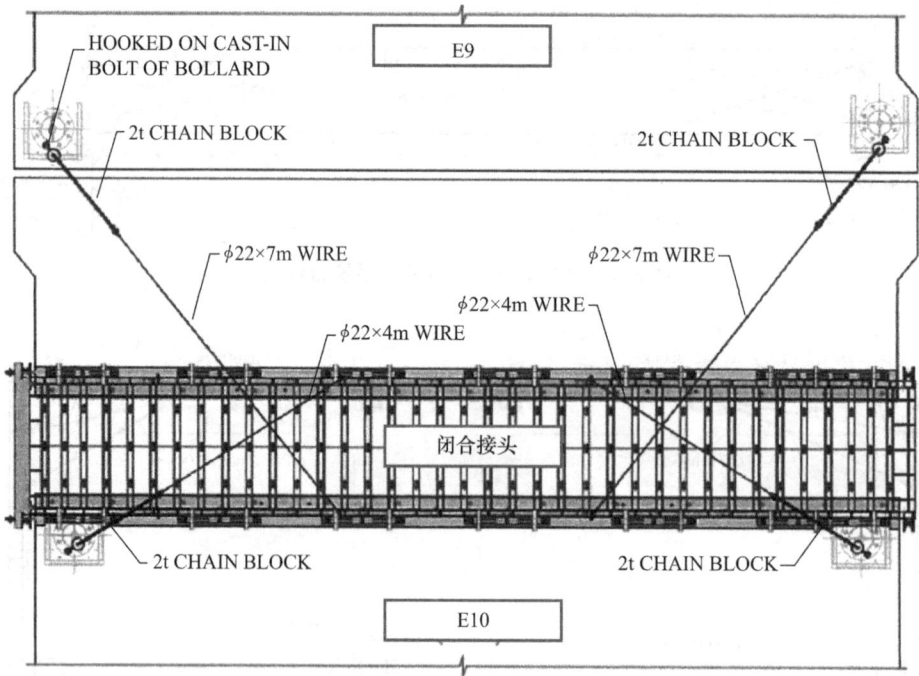

图 8-12　顶部钢封板位置调节布置俯视图

4）打开气门阀，并沉降顶部钢封板；

5）潜水员用铁链连接系缆桩上的吊点与顶部钢封板上预制的吊点，以调节顶部钢封板位置；

276

6）安装顶封板在侧封板和管节顶部的预设位置，用螺栓使得顶封板橡胶止水带紧贴住侧封板及管节顶面；

图 8-13　顶部钢封板安装

图 8-14　顶部钢封板安装水下影像

7）潜水员对所有的封板的位置进行重新检查和测量，确认现场实际情况与设计要求相符合后，利用端封门上的排水阀将闭合接头内的水抽排出来；利用水压，使得封板上的橡胶止水带进一步压缩，确保预留最终段空间水密；

8）当中，顶部钢封板横向 GINA 止水带应贴紧连接侧封板的顶端止水带；

9）潜水员再次检查橡胶止水带被压缩情况，并再次收紧所有螺栓，确认无误后方可准备打开水密门，进入接头内。

8.2.7　打开水密门

安装底部、侧面及顶部封板后，闭合接头内可在干环境下进行混凝土浇筑施工。潜水员对所有封板位置重新检查和测量，并确认钢支撑两端的砂浆具有足够强度后方可排水。排水方案与一般管节接头类似，通过预留管道及管节内的压载装置抽出水密空间内的海水。迷你 GINA 止水带用螺栓压缩的要求值最小为 20mm。排水后，外部水压进一步压缩迷你 GINA 止水带至 30~80mm，以达到水密性要求。排水结束后，安装在封板上的迷你 GINA 橡胶止水带被外界水压完全压缩。

潜水员再次检查橡胶止水带压缩情况，并将所有螺栓重新收紧一遍，确认无误后可打开最终段两端的水密门。切除管节端封门亦需遵循相应技术方案，逐层、逐块地分割切除，确保安全。进入水密门后，首先需要对止水板进行焊接加固处理。

8.2.8　管节内接头施工

排水后，管节内永久性闭合接头的施工主要包括拆除端封门、清除多余混凝土并暴露预埋刚性连接件、捆扎钢筋并浇筑底板、拆除底部 4 条支撑件（装顶）、墙身浇筑、拆除剩余 6 条上方支撑件（装顶），并建造捆扎钢筋脚手架和浇筑顶板混凝土且灌浆。

以上步骤中，除典型的绑扎钢筋浇筑混凝土之外，另有若干注意事项。其中需要注意的是，拆除端封门需按次序切割成块，从下至上分层拆除，防止倾倒。灌浆共分两个阶段：第一次灌浆在顶层混凝土浇筑完成后立即进行，并用第二阶段预留的灌浆管作为观测管；第二阶段灌浆在顶层混凝土浇筑完成一周后进行，此次使用通风管作为观测管。当水泥浆从观测管中溢出时，封闭观测管并保持灌浆，直至压力表显示压力又额外增加 2bar 为止。

8.3　非典型性终端接头施工

8.3.1　技术特点

与闭合接头相比较，终端接头的施工环境亦有类似限制。除海上施工范围控制和深海施工作业限制外，终端接头施工的最大困难在于已建隧道信息不齐（隧道端面刚性连接件位置不清晰）及水下连续墙浇筑情况不明（潜在的连续墙浇筑凹凸不平，需要额外切割，且无足够的水下作业空间）。不同于闭合接头施工，两端管节皆为新建成管节，设计时可以安装配套预埋件辅助连接施工，终端接头的施工则更需要采用灵活、有效的接头处止水方法。

因此，终端接头的止水施工不能完全采用预埋件搭配预制钢封板方案进行，需采用特殊的更具弹性且适用性强的技术方案。

8.3.2　终端接头设计

1. 施工现场条件与难点

ME4 隧道修建完成后，在端口处及两侧留有临时水下连续墙，在端口水下连续墙同 ME4 隧道间设置有临时素混凝土阻推块，其顶部标高为 -16.800mPD；在该阻推块及 ME4 隧道底部设置有永久钢筋混凝土垫块，如图 8-15 所示。端口处临时水下连续墙经过水下切割后顶标高为 -17.400mPD。在铜锣湾避风塘海域范围内，只有一个嵌固于 ME4 隧道侧的临时海上工作台可以使用，ME4 隧道和沉管管节 E11 均无法在施工期间提供合适的通行/运输通道。因此，防水体系的设计需要同时满足结构防水、施工人员进入及施工材料运输的要求。同时，由于终端接头施工位于水下 10～20m，水下测量误差大且操作面有限，施工难度高。并且，为达到良好的止水效果，安装精确度要求高，适用性需求强，无类似工程可参考。

2. 施工总体方案

经反复论证，四面防水结构分别采用如下形式：底部采用水下混凝土楔形防水板，名义厚度为 1.5m，顶面标高为 -16.400mPD，混凝土强度为 C45；竖直两侧采用由内防水钢板、水下混凝土侧墙和外钢板组成的复合"三明治"结构。其中，内防水板为板肋结构，钢板厚度为 12mm，肋工字梁间距 450mm，位于钢板向海面；自激防水胶条安装于钢板面，用于防水。水下混凝土侧墙由楔底板顶至 -9.400mPD，灌注于由外侧钢板同隧道两侧水下连续墙形成的闭合空间。顶部采用半圆拱形加肋钢板结构。拱形直径为 4m，厚度为 12mm。迷你 GINA 止水胶条安装于拱形板底部四边的工字主钢梁下，南北向（隧道纵向）分别位于 ME4 隧道同 E11 管节顶板，东西向（隧道横向）位于防水侧板顶部。拱顶部设置两个直径为 2.4m、厚度为 16mm 的钢圆筒，分别作为物料和人员出入孔，如图 8-16 和图 8-17 所示。

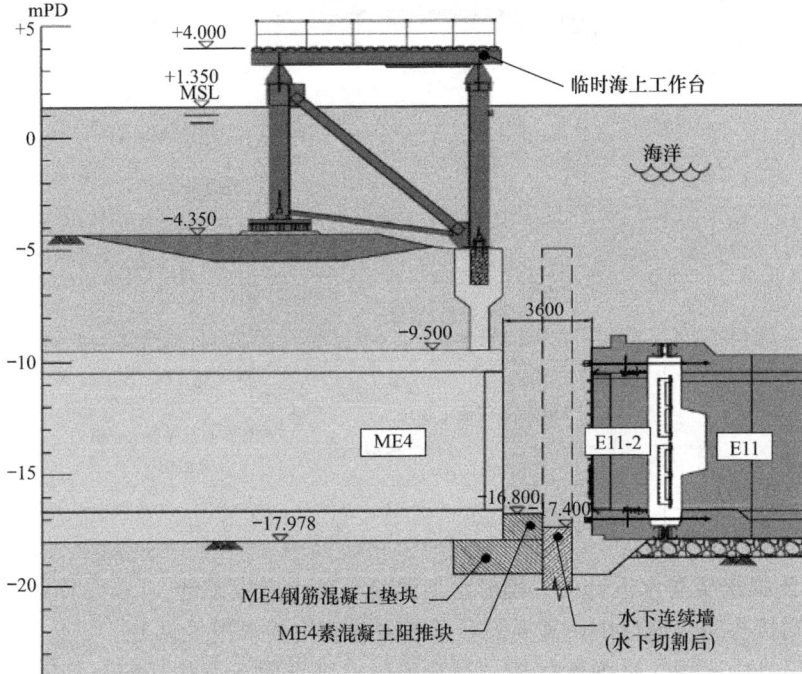

图 8-15 施工条件纵立面图

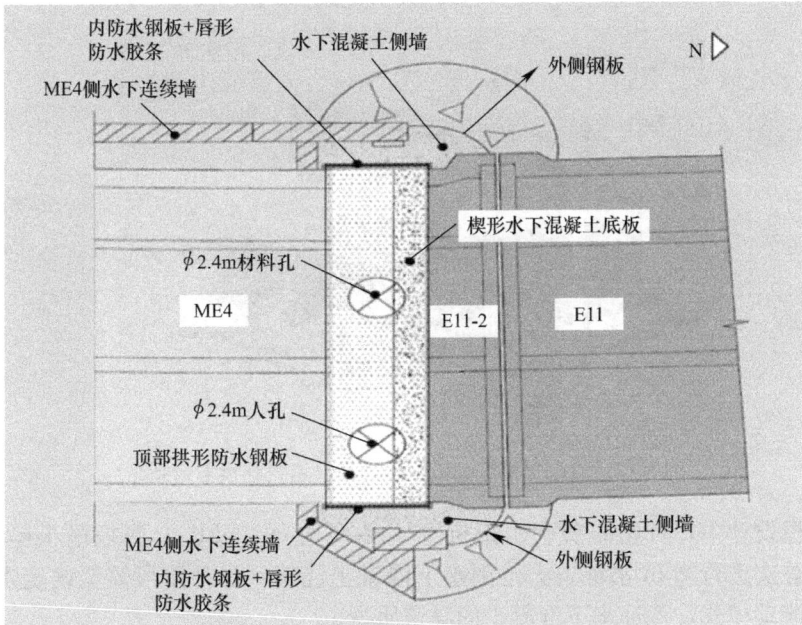

图 8-16 特殊终端接头防水体系布置平面图

为避免终端接头抽水完成后，沉管隧道 E11-2 同 E11 管节间 GINA 止水带受到压力损失，沉管隧道需要设置止推结构在隧道顶板内及墙身靠近底板处设置回顶工字钢梁。同时，在 E11-2 和 E11 之间的顶板、底板及两外墙处设置临时钢剪力键，抵抗抽水后底部水浮力，从而避免在施工期间导致 GINA 止水带受损。

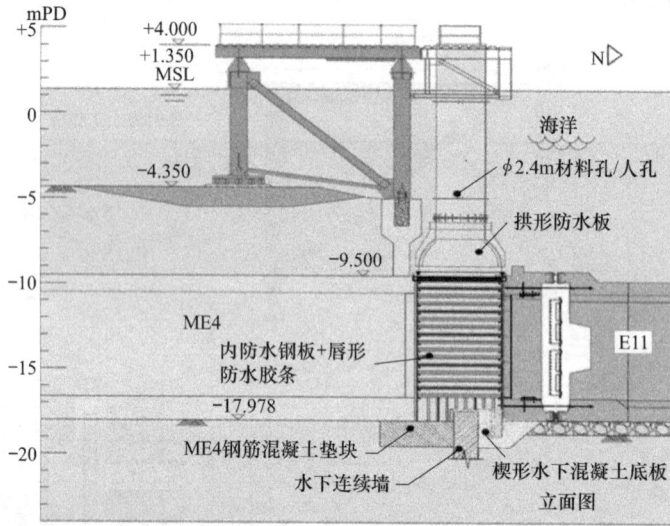

图 8-17　特殊终端接头防水体系布置立面图

3. 特殊终端接头防水设计——楔形水下混凝土防水底板设计

特殊终端接头防水设计中，需要满足承载力和使用要求以及调校、安装要求。本章节在体系结构设计中采用二维弹性分析，局部采用三维有限元分析，配合采用等比例试验，以确保结构整体安全、有效（图 8-18）。

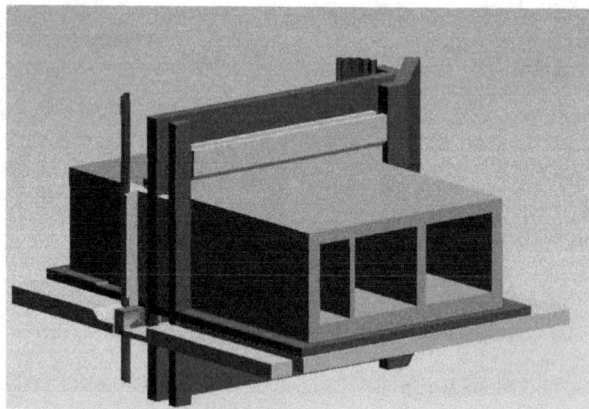

图 8-18　终端接头三维模型设计图（不包括拱形穹顶）

防水底板设计中，首先需要确定抵抗 20m 水压力（200kPa）底板最小厚度。其次，在香港地区首次进行 20m 水深、大范围水下混凝土浇筑，设计阶段需要确定水下混凝土浇筑方法和流动模式，保证水下混凝土的浇筑质量。

楔形混凝土底板设计中，主要设计荷载为水压力，混凝土的设计强度（f_{cu}）为 45MPa。按照相应的混凝土设计规范，水下混凝土设计强度折减系数为 0.8。在竖向水压力作用下，混凝土的最大弯曲拉应力（σ_M）同最大剪切应力（σ_S）的合应力与 $0.8f_{cu}$ 的比值不小 5，从而避免混凝土板出现结构裂缝。在此要求下，确定混凝土板最小厚度为

1.5m，最小楔底宽度为1.5m（图8-19）。同时，在水压力作用下，楔形截面斜边压力水平分力使混凝土底板产生压应力，从而延迟裂缝出现和约束裂缝发展。

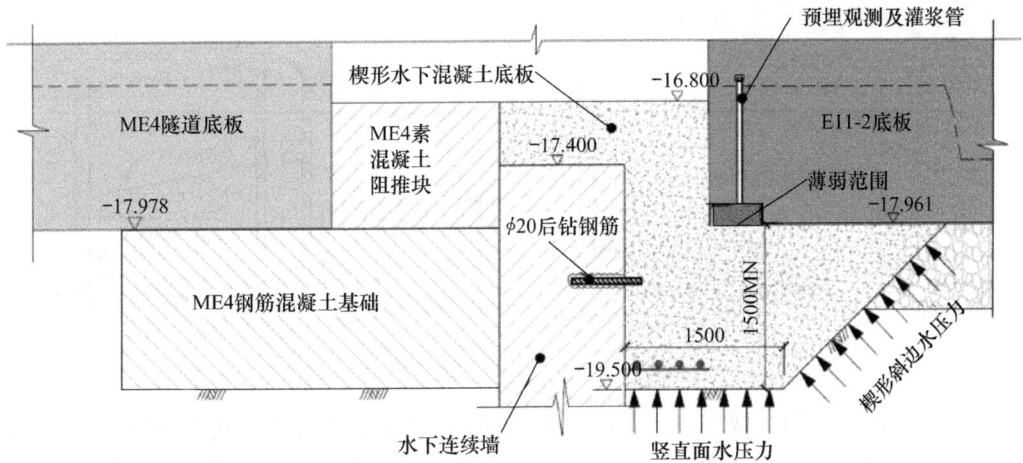

图8-19　楔形水下混凝土底板结构布置图

为了保证混凝土板同现有水下连续墙的连接，不出现整体滑移失效。设计中忽略两者间的摩擦阻力，设置直径为20mm、间距为1.5m的后钻钢筋，提供足够抗滑移连接；另一方面，由于沉管隧道E11-2的底部结构形式，形成浇筑薄弱范围，因此在管节预制时，沿管节横截面预埋观测及灌浆管。当底部混凝土浇筑完成后，打开此预埋观测管。如果出现涌水现象，即证明下部混凝土出现蜂洞，需用该预埋管进行灌浆补偿，达到止水效果。

确定水下混凝土结构尺寸及构造后，对配合比和浇筑方法进行选择。当混凝土在水下浇筑时，容易产生水泥走浆、离析，形成薄弱浇筑面。因此，水下混凝土需要保证良好的工作性能。这里的混凝土配合比主要参数如表8-1所示。其中，高坍落度可以保证混凝土良好的流动性；相对高的水泥含量可以补充混凝土水下浇筑中水泥的损失，微硅灰的微粒子作为分散剂吸附在水泥上，协同所添加的新一代坍落度增强剂，使混凝土的工作性得到增强。高分子聚合物增塑剂可以进一步增强混凝土工作度的保持性，同时添加适量缓凝剂，使混凝土凝结时间延长为24h。

水下混凝土配合比主要参数　　　　　　　　　　　　　表8-1

胶凝材料用量（kg）	水胶比	用水量（kg）	水泥（%）	粉煤灰（%）	微硅灰（%）	流动稠度试验值
450	0.38	152	62	33.3	5	600±50

已有研究表明，水下混凝土浇筑质量同混凝土在水下的流动模式有着密切关系。当混凝土具有较高流动性和粘结性时，混凝土水下流动模式主要为"凸起"式。如图8-20所示，新浇筑的混凝土将已经浇筑的混凝土向侧面推送，形成一系列连续的"凸起"。而且，"凸起"式流动更易于形成相对平滑的浇筑表面，从而得到高质量的水下混凝土。

混凝土浇筑导管的埋置深度，是影响混凝土水下流动性的另一个重要因素。当混凝土浇筑管有较大埋置深度时，水下混凝土更易形成平滑表面和产生较少的水泥浆体，新浇筑的混凝土从下端推动已浇筑的混凝土往上流动（图8-20）。但是，过深的埋置深度也可能使新浇筑混凝土无法推动已浇筑混凝土。因此，需要通过现场试验确定项目所需的浇筑导管埋置深度。

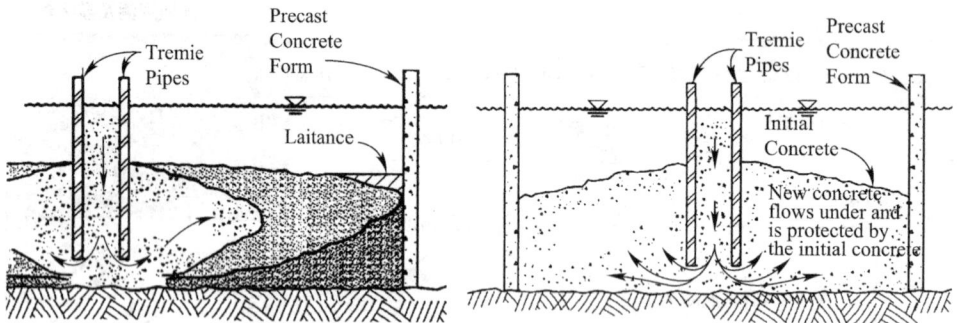

图 8-20 水下混凝土流动模式

　　按照上述原则，结合现场施工条件，本章节采用水下导管浇筑法进行混凝土浇筑。即利用混凝土在自重下的流动性能，在水面工作台通过导管进行混凝土浇筑。传统水下导管系统包括两部分：竖直悬挂于水中的刚性导管和位于导管顶部用于接受混凝土的漏斗。因为现场条件限制，Y 形导管系统首次在深水混凝土水下浇筑中使用。如图 8-21 所示，混凝土漏斗放置在临时工作台上，漏斗和竖直导管由 Y 形导管相连。该 Y 形导管直径为 250mm，固定于临时工作台，不可移动，Y 形节点位于水平面以上。竖直导管直径为 300mm，为可以移动部分，用于混凝土浇筑过程中导管提升。在同 Y 形管相交处，局部切割用于交接。同时，安装有观察孔的三面防水板，焊接后与竖直导管形成整体。混凝土初始浇筑前，在导管内海平面高度处放置聚酯泡沫层。该泡沫层在混凝土重力作用下向下移动，同时和导管内壁紧密相接，从而防止混凝土和海水混合。此方法即为"湿法"浇筑法。

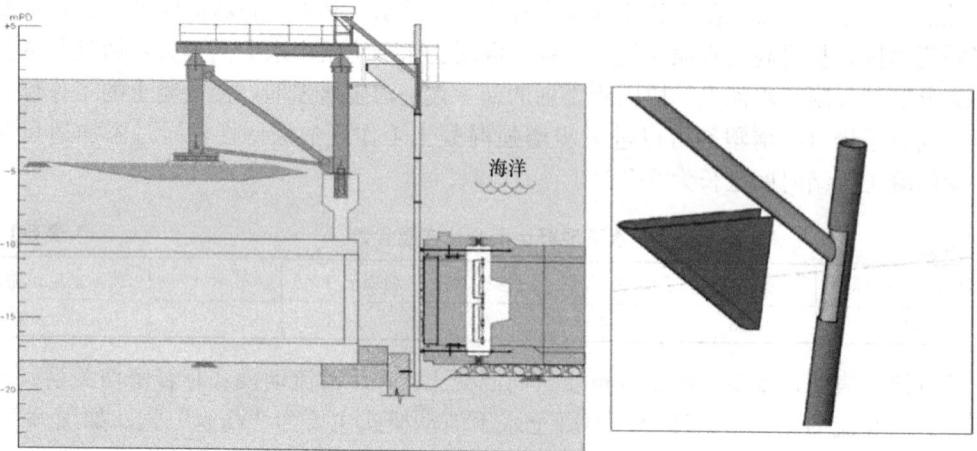

图 8-21 Y 形混凝土浇筑导管体系

　　确定以上各参数及结构后，进行等比例混凝土浇筑试验，最终确定水下混凝土有效流动距离为 4m，竖直混凝土导管埋置深度为 1～1.3m，聚酯泡沫层厚度为 350～400mm。更为重要的是，浇筑混凝土前用 1：3 水泥砂浆进行浇筑，至聚酯泡沫层移动到竖直导管底部，以保证导管内被水泥砂浆填满，随后方可进行混凝土浇筑。

1. 特殊终端接头防水设计—两侧"三明治"防水体系设计

如上所述，特殊终端接头两侧面防水体系为内侧钢防水板（含钢工字肋梁）、水下浇筑混凝土侧墙及外钢板的三明治夹层结构。在底板混凝土浇筑前，内防水钢肋板同外钢板已经安装，并且在底部嵌固于浇筑后的混凝土底板内。侧墙混凝土配合比及浇筑方法同底板一致，在底板浇筑 24h 凝结完成后进行浇筑。外钢板尺寸为 20mm 厚，跨度为 2m，跨中设有竖向支撑钢梁，在底部有 500mm 宽、2400mm 高的泄压口。外钢板一侧固定于 ME4 隧道两侧（东西向）的水下连续墙上，另一侧固定于沉管管节 E11-2 外侧墙。该外钢板的主要作用是限制侧墙混凝土在浇筑过程中的流动距离。实际浇筑的混凝土量同预计浇筑量的差别控制在 5% 以内。内侧防水钢板厚度为 12mm，宽度为 4.1m，高度大致为 7.2m，顶标高同 ME4 隧道和沉管隧道 E11-2 顶板外标高一致。水平肋钢梁截面为 356cm×171cm×57cm 的工字梁，最大间距为 450mm。主要设计荷载为水压力或者混凝土侧压力。因为该内侧钢板同时会作为永久结构混凝土浇筑的支撑模板，所以在设计时钢板变形控制在 1/800 以内。在该防水体系设计中，最重要的部分是在结构体系确定后对防水胶条的选择。

侧墙防水胶条的主要压力来自于混凝土的侧压力，由于采用水下混凝土浇筑技术，该侧压力由下而上缓慢形成，并且具体数值难以估计。因此，一种唇形自激防水胶条用于侧墙防水。该唇形防水胶条在安装螺栓的初始扭力作用下，唇形凸起部分即能进行有效压缩，达到止水效果。

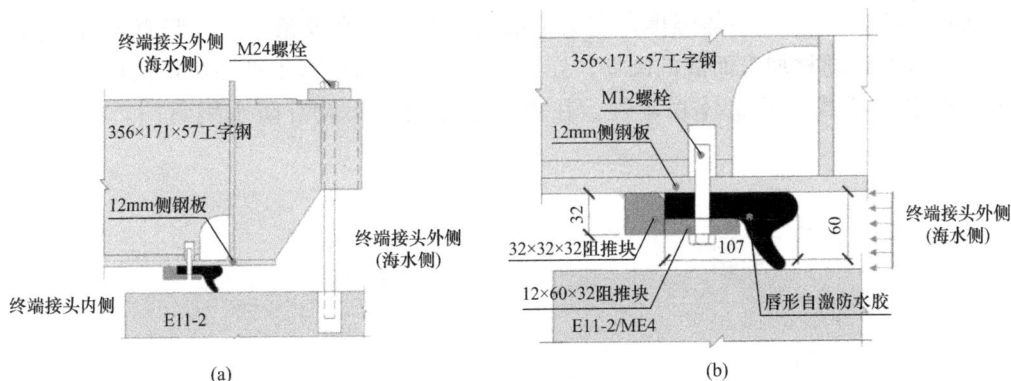

图 8-22 唇形自激防水胶布置图
(a) 剖面布置图；(b) 剖面大样图

如图 8-22 所示，唇形防水胶条用直径为 12mm、间距 450mm 的螺栓连接于侧钢板。肋工字梁端用直径为 24mm、间距 3m 的螺栓和预埋螺孔连接于混凝土管节外墙侧面，该螺栓的设计预压力为 6kN/m。根据唇形自激防水胶的预压力-压缩量关系，如图 8-23 所示，在螺栓预压力作用下，防水胶可压缩 16mm 左右，从而起到防水效果。为了防止防水胶在混凝土侧压力或者水压力的作用下压缩过度，沉管和钢侧板间设置阻推块。当压缩量超过 28mm 时，额外侧压力由阻推块承担。同时，为避免在侧向水压力作用下发生侧移，在防水末端设置 32cm×32cm×32cm 的阻推块。浇筑侧墙混凝土前，防水胶的实际压缩量经检测为 15～20mm。

唇形自激防水胶
TB SA2-107/106

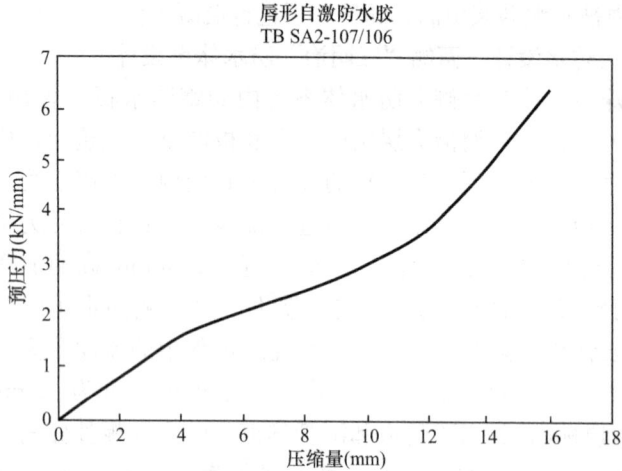

图 8-23 唇形自激防水胶预压力-压缩量关系图

2. 特殊终端接头防水设计—钢拱形防水穹顶体系设计

顶板防水体系由直径为 4m 的半圆拱形屋面和两个直径为 2.4m、高为 11m 的竖直入口组成。拱形屋面由厚度 12mm 的钢卷材加工而成，内部设有厚 12mm、宽 120mm、最大间距为 800mm 的钢肋板，设计中采用 T 形截面。在与两个竖直入口相交处，设置箱形截面环梁和厚 12mm、最小宽度 120mm 及间距 500mm 的外钢肋板。拱底纵向（东西向）设有 305cm×305cm×97cm 的工字主梁，横向（南北向）设有 150cm×150cm×10cm 的方钢筒，以增加整体强度。主梁下端安装迷你防水胶条。两个竖直入口，同样是由 12mm 厚钢卷材加工而成的圆筒。在两圆筒东西方向设有水平和对角拉杆，以提高此方向在水平荷载下的整体稳定性。在拱形屋面两端头设有防水钢封门，如图 8-24 所示。

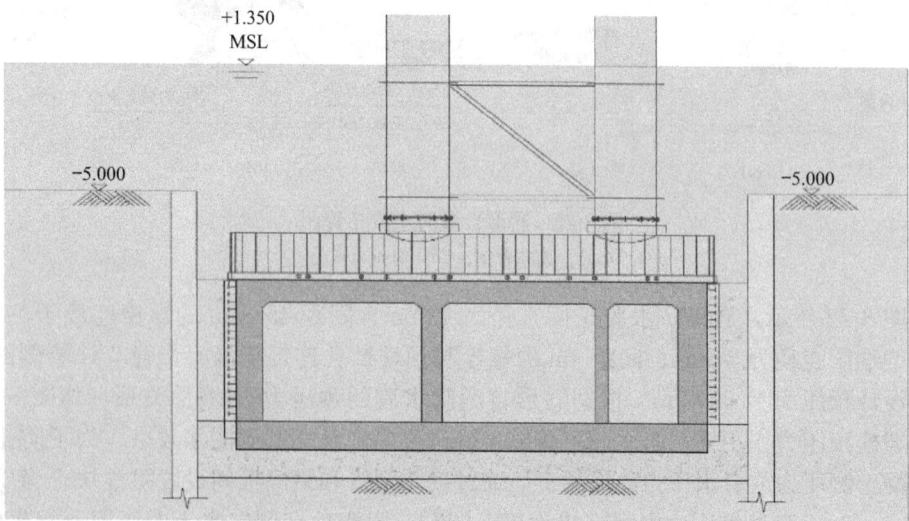

图 8-24 拱形屋顶防水体系纵向立面图（东西向）

结构设计中，主要水平荷载为风荷载、水流和海浪荷载。其中，极端工况的设计浪高为 1.0m，设计周期为 2.8s。结构分纵横两个方向进行结构设计。拱形屋顶纵向（东西向）设置水平及对角拉、压支撑，形成纵向结构框架，水平荷载将在两竖直通道产生轴向拉力和压力（图 8-25）。

箱形截面环梁、间距为 500mm 的内外加劲肋和底部主工字梁形成类刚框架结构，使结构在横向水平力作用下有足够的承载力和满足稳定性要求（图 8-26）。分析中，首先采用二维弹性分析以确定结构构件尺寸；然后，在竖直入口和拱形屋顶交接处用有限元分析，以确定结构应力及变形满足设计要求。ABAQUS 软件用于有限元节点分析，考虑初始加工误差 ±1/1000，有限元模型实体采用 C3D8R 单元划分，壳单元采用 S4R 进行单元格划分，网格划分节点距离控制在 0.15～0.2m 左右，在相交接口处加密到 0.05m。有限元分析的等效应力值应在材料设计强度之内。如图 8-27 所示，最大等效应力约为设计强度的 90%，满足结构设计要求。

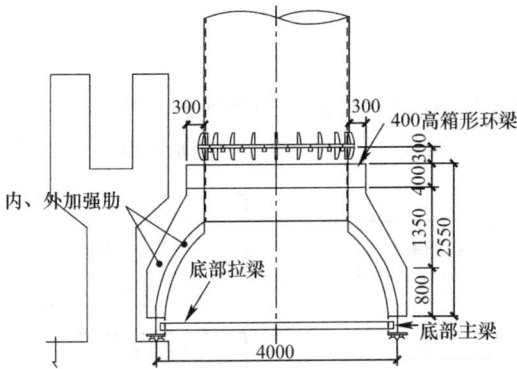

图 8-25　拱形防水穹顶结构横向布置图

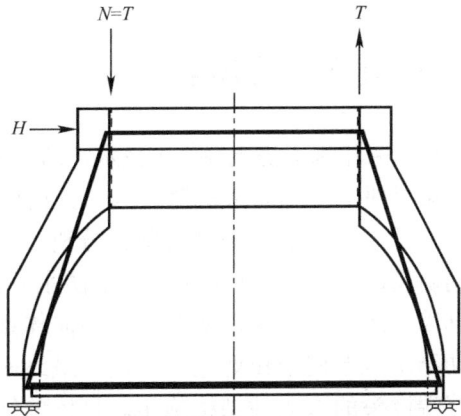

图 8-26　穹顶横向结构分析图

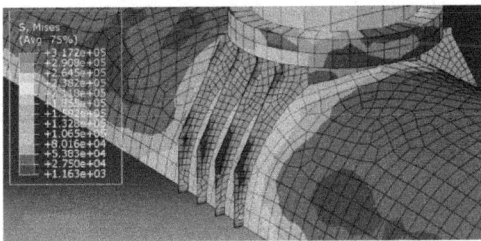

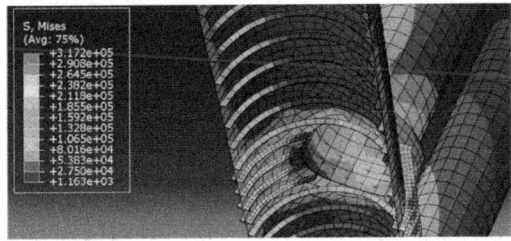

图 8-27　相交节点有限元等效应力分布图

作为支座的底部主梁，除满足承载力要求之外，在极端水平荷载和最小竖向荷载作用下，需始终处于竖直受压状态，从而保证主梁下的迷你止水胶条保持有效的压缩变形，起到止水作用。因作用于迷你止水胶条的有效水压力为 200kN/m，故选用空心截面传统受压止水胶，即胶条的接触压力为水压力的 1.5 倍，从而满足防水要求（图 8-28）。迷你止水胶条在拱形屋面纵向（东西向）放置于 ME4 隧道顶和沉管管节 E11-2 顶部，支撑面的平整度误差需要控制在 ±10mm 以内。

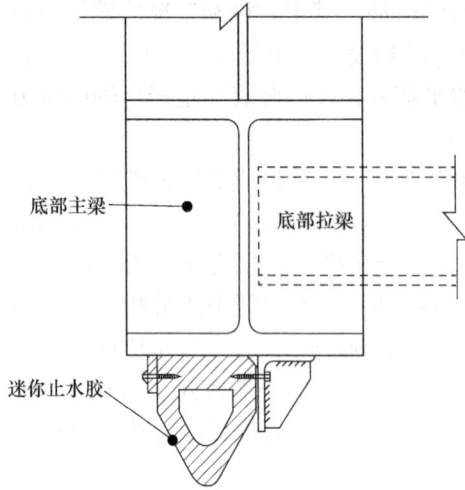

图 8-28　迷你止水胶布置图

8.3.3　施工原理

　　非典型终端接头合拢主要通过管节沉放前准备，沉放后水下止水，最后在干作业环境中完成终端接头永久性混凝土结构施工。管节沉放前，潜水员于水下切割连续墙、放置隔料布并且放置海砖，为管节沉放及后续终端接头建造圈定施工范围，做好准备工作。止水时，结合运用双层钢模板、水下现浇混凝土以及预制穹顶三位一体完成止水施工。止水且排水完成后，在干作业环境下安装装顶并分层完成永久性结构。

8.3.4　施工工艺流程

　　这里采用水下浇筑混凝土技术，结合两侧防水钢板和拱形屋顶形成四面防水结构。同时，设置两个高为 11m 的竖直入口，提供材料运输孔及人孔。拱形屋顶分析采用纵横向结构分析，局部节点采用有限元分析，达到精确设计。同时，侧面采用自激防水胶，顶部采用迷你止水带，配合安装导向体系成功降水，形成干作业施工空间，最终完成终端接头的永久性结构施工。具体的终端接头施工流程如图 8-29 所示。

　　终端接头施工主要分为三个阶段：沉放施工、接头止水及永久接头结构施工。整体的施工位置和截面如图 8-30 所示，通过底部止水、墙身止水及顶部止水三位一体，达到 E11 管节及 ME4 隧道之间空隙"终端接头"的止水效果。同时，通过穹顶

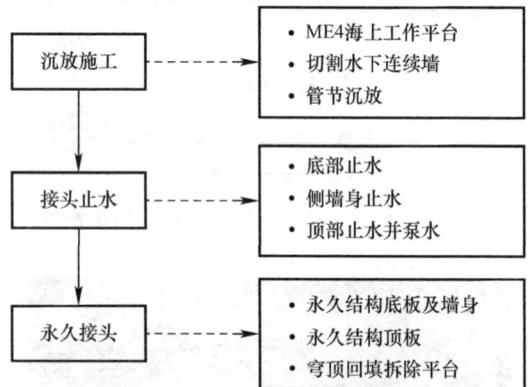

图 8-29　施工工艺流程图

预制件上的物料孔及人孔，保证物料运输及人员出入，以便建造永久性接头结构，连接两端隧道。

　　特殊终端接头的主要施工工序为：首先，安装竖向两侧的内、外侧钢板，螺栓通过预埋于 E11-2 的预埋螺栓连接，并用对拉锁链给唇形防水胶条施加预压力，初步达到止水效果；随后，进行底板混凝土水下浇筑工作；完成 24h 后，进行侧墙混凝土浇筑；然后，进行拱形屋顶防水体系安装，潜水员检查迷你止水胶压缩情况，确认达到预压效果；接着，方可进行终端接头内排水工作；成功排水后，部分切除底板混凝土板到达设计标高，在干燥环境下进行永久混凝土结构建造（图 8-31）。

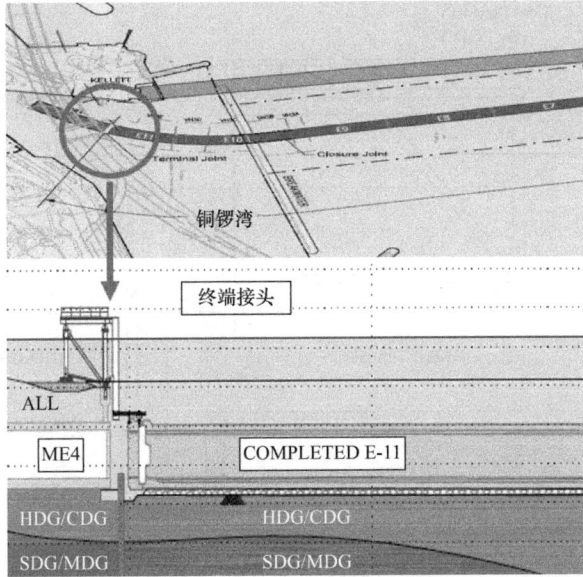

图 8-30　终端接头位置与截面示意图

图 8-31　特殊终端接头降水施工照片

8.3.5　沉放施工

沉放施工阶段涵盖了 E11 管节沉放及其之前的一系列准备工作,主要包括建造海上工作平台、切割水下连续墙、管节沉放及前期准备措施。

1. ME4 海上工作平台

因终端接头位于海中,不靠近陆地或海岸,建造 ME4 平台作为海上施工平台。ME4 施工平台一端支脚安装在 ME4 隧道端口预留 Y 形支座上,如图 8-32 所示。ME4 施工平台具体尺寸为 $21.15\text{m}(L)\times10\text{m}(W)\times8.3\text{m}(H)$,允许活动荷载为 5kPa,船只靠泊荷载为 1500kN。

整个平台结构在岸上预制完成(图 8-33),并吊运至海上指定位置进行安装。摆放至指定位置后,浇筑混凝土固定,混凝土车安置于平面凳上。

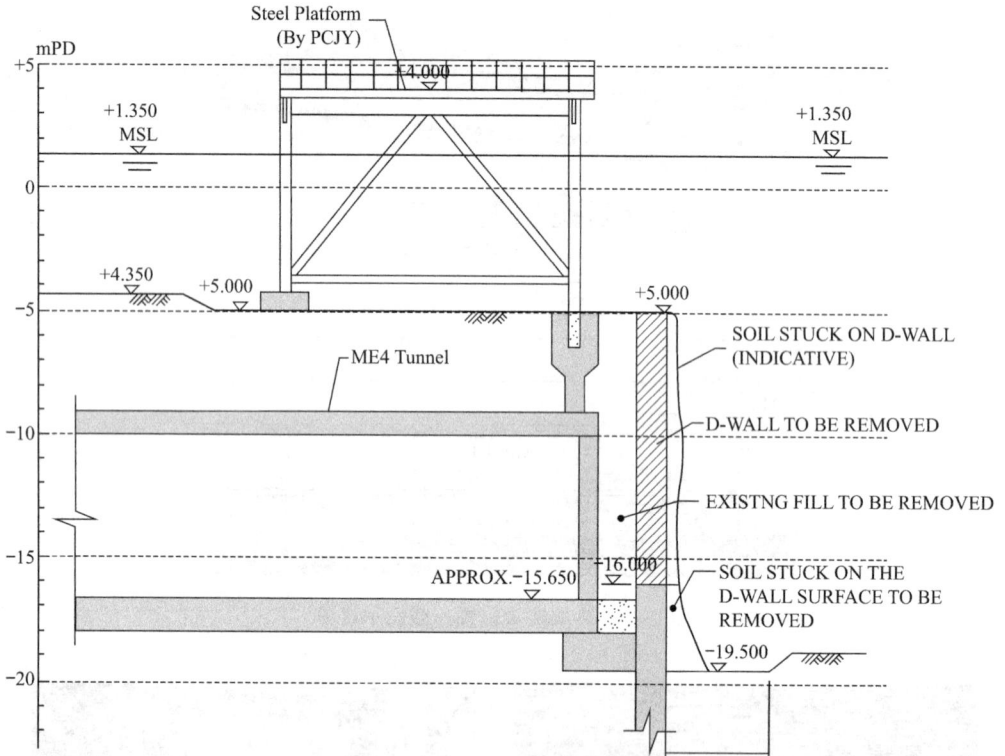

图 8-32　ME4 位置整体截面布置图

图 8-33　ME4 施工平台安装

（a）吊运工作台；（b）混凝土浇筑固定；（c）工作台建造完成

ME4 施工平台安装需注意事项包括：

1）ME4 施工平台摆放位置需压实，或采用铺石的形式提供较为坚实的基层；

2）预先留好相关连接件和孔位；预先摆放沙包，防止漏浆；

3）预先摆放土工布，防止水下混凝土与海泥搅拌而引致的基础效果不如预期；

4）潜水员须做好安放前及混凝土浇筑后的检查工作；

5）混凝土搅拌车在红磡上船，使用平面驳运输至指定位置浇筑；

6）浇筑完混凝土 24h 后再进行平台上的烧焊工序，建造铁板平台及围栏。

2. 深水环境下连续墙切割

水下构筑物切割因环境特殊，传统的热切割工艺均不适用，同时深水环境下水压较大对施工机械及人员安排造成严重影响。这里采用金刚石切割链在液压马达驱动下，沿钻孔环绕切割面快速研磨、隔断切割结构来完成工作。施工时，需先清理结构附近的淤泥，暴露需切割的结构。之后，定位钻孔，带金刚石切割链准备切割。液压泵可以通过油管远程操作，切割操作台可置于海上平台且液压泵转速平稳、易操作，适应复杂切割情况。

3. 清除水下连续墙内外的淤泥及回填物（图 8-34）

连续墙位于约水下 18m 的深水区域，墙内外两侧已被回填物及淤泥包围。正式切割前，需要清理淤泥并完整暴露连续墙体，方便测量及后续施工。清理时，用吹风机接驳一条 8 寸的硬塑料管，用吊机协助吊至指定位置，采用虹吸方法清理现有水下连续墙内的回填物至-16.800m 水平（图 8-35）。若有硬料，如石块或回填的混凝土碎块，则采用抓斗进行移除（图 8-36）。水下连续墙外紧贴墙壁的淤泥，则用抓斗或插锤（图 8-37）清理。

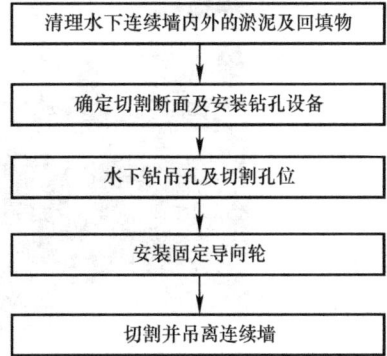

```
清理水下连续墙内外的淤泥及回填物
        ↓
确定切割断面及安装钻孔设备
        ↓
水下钻吊孔及切割孔位
        ↓
安装固定导向轮
        ↓
切割并吊离连续墙
```

图 8-34 施工流程图

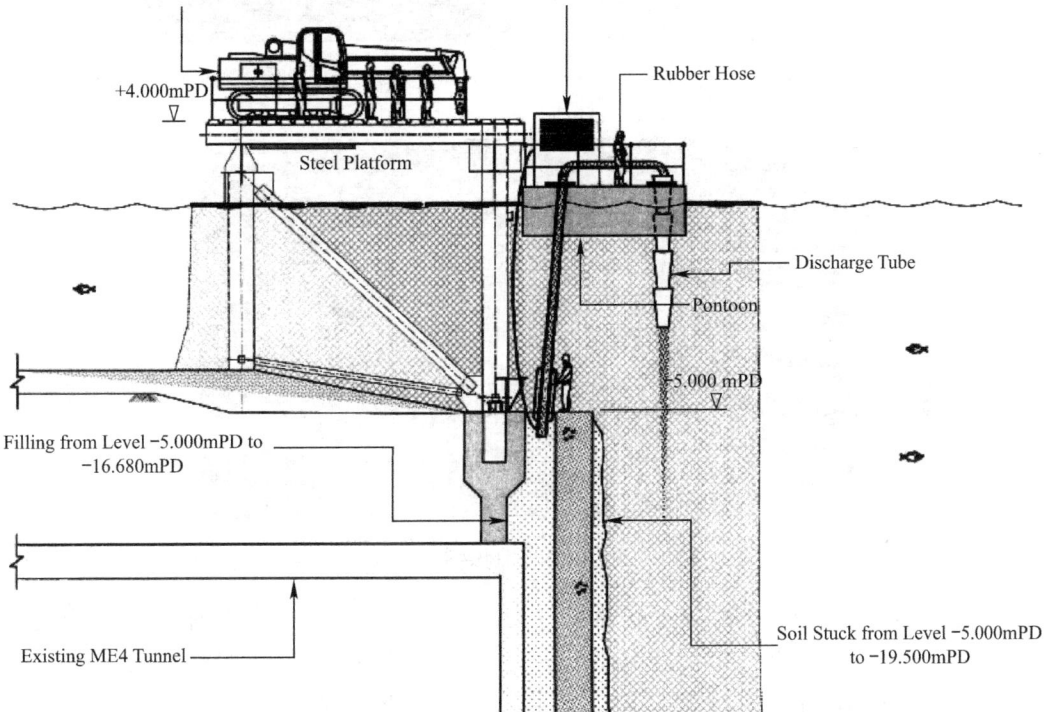

图 8-35 吸出墙内淤泥

清除完成后，潜水员检查连续墙状况，确保墙内外没有松动的沉积物，防止后续施工时有物料跌落，影响潜水员的安全。另外，亦需要经潜水员及测量员配合测量检查，确定水下连续墙的确实位置、深度和形状。

4. 确定切割断面及安装钻孔设备

因连续墙位于空旷海洋环境且深度较深难以正常施工，需沉放预制铝架，悬挂固定于海上工作平台上，潜水员依托铝架完成连续墙拆除吊装孔的定位及钻孔设备的安装。根据需切割的连续墙大小及施工所用吊船的功率，在保证吊运安全的情况下，尽量减少切割

289

次数，确定切割断面。铝架尺寸则完全依据确定的切割断面而定，包含测量定位吊运孔位、定位切割孔位、导向滑轮组定位及设备安装支架等功用（图 8-38）。

图 8-36　抓斗

图 8-37　插锤

图 8-38　预制铝架

　　安装铝架，需用小型履带式起重机于海上工作平台上安装临时铁架作为支撑（图 8-39），并用吊船安装 4 个预制铝架于铁支撑之上，以作水下测量定位并安装钻机所用，如图 8-40 所示。铝架被安置于需要切割拆除的连续墙（平面图如图 8-41 所示，剖面图如图 8-42 所示）前方。考虑到连续墙建造时有超挖现象而造成墙体有不规则凸出部分，为此在安装铝架时特意预留 500mm 的水平空隙，以确保铝架可以正常安装而不会被墙体阻碍。在安装好预制铝架后，需要再次测量铝架的定位，如有偏移则需要校准。

5. 水下吊装孔及切割孔位

　　总共须钻 25 个孔位，其中在 −6mPD 的孔位直径为 150mm，有 15 个，是为了吊起被切割的连续墙块的吊装孔。在 −16mPD 的 100mm 切割孔，共 10 个，为穿切割时所用金刚石绳锯的水平孔位。此 25 个孔位均贯通墙体，断面孔位布置如图 8-41 所示。铝架安装完成后，对应覆盖后的连续墙体切割孔布置位置见图 8-42。整段连续墙分为 8 块进行切割吊离。

<table>
<tr><td>图 8-39　铁架支撑</td><td>图 8-40　铁架支撑及预制铝架</td></tr>
</table>

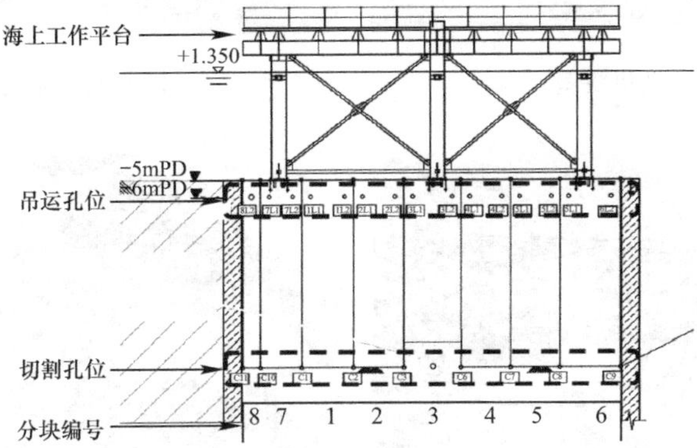

图 8-41　连续墙孔位布置图

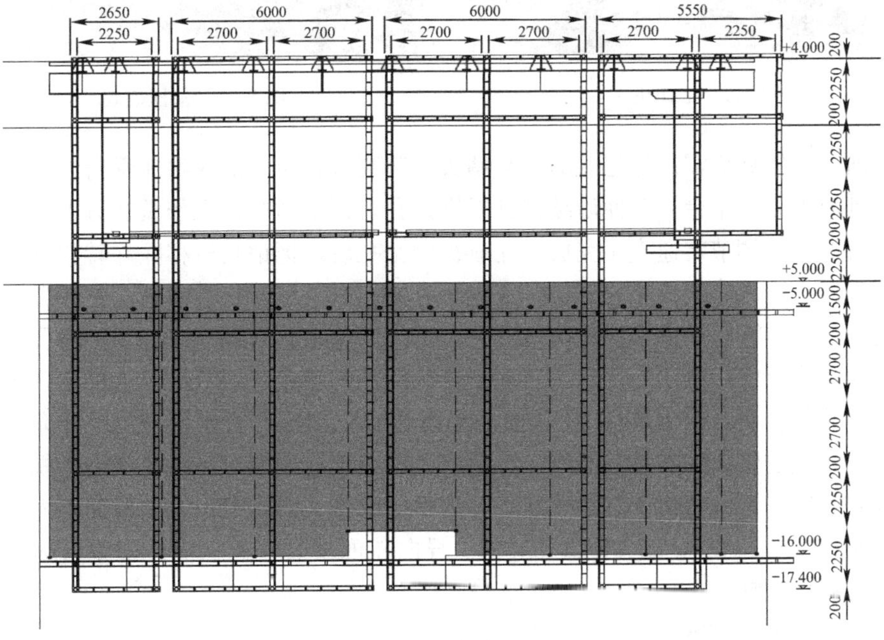

图 8-42　铝架断面图

钻孔前，需要借助铝架的定位来安装钻机。潜水员分别在 -6mPD 及 -16mPD 的深度于铝架上预先设定位置，依次安装机座（图 8-43）、临时固定架（图 8-44）及钻孔机（图 8-45）准备钻孔。

安装钻孔机并连接到临时台上的控制器，利用油压装置（图 8-46）控制水下的钻孔机钻孔。

图 8-43　钻机机座

图 8-44　临时固定架

图 8-45　钻孔机头

图 8-46　油压装置

钻孔前，所用钻头需绑好尼龙绳，与钻头一起穿过孔位。尼龙绳应保持连贯，穿过各个孔位回到海上工作平台，方便后续带领绳锯穿孔。开动钻机，操作员在海上工作平台上的油压装置监控并调节转速直至完成。完成每个钻孔后，把钻孔机移除并转移安装到下个位置。重复以上程序，完成钻孔工作。完成所有钻孔后，移除临时铝架，准备切割。

钻孔完成后，需借助铝架进行定位安装固定导向轮组。后续连续墙切割需要垂直进行方可完整切割出断面，金刚石绳锯的转向需要依赖导向轮组（图 8-47）达成，一组相互垂直布置的滑轮将会引导绳锯进行 90°转向，从而从垂直切割变为水平切割。导向轮的安装需在铝架上预先定位，并在钻孔完毕拆卸钻机之后，于连续墙对应位置额外用螺栓加装垫板。垫板安装完毕后再行用安装滑轮组，并用螺栓收紧。滑轮组布置需延伸到海上工作平台直至控制台（图 8-48），以方便操作转向。导向轮的安装需确保后续金刚石绳锯带链时和使用时的操作顺畅。

6. 切割并吊离连续墙

钻孔结束后，需要检查并清理孔位内及连续墙前后的残留混凝土碎块或淤泥，确保后续的穿链顺利进行。

图 8-47 固定导向轮组

图 8-48 带穿绳锯于导向轮连接至控制台

海上工作平台上装置切割机以进行垂直切割，从－5mPD（连续墙顶部）切割到－16mPD（切割孔位深度），共切 10 次，将整个连续墙切割至 8 小块（具体布置见图 8-49）。其中，单块需进行两次垂直切割。

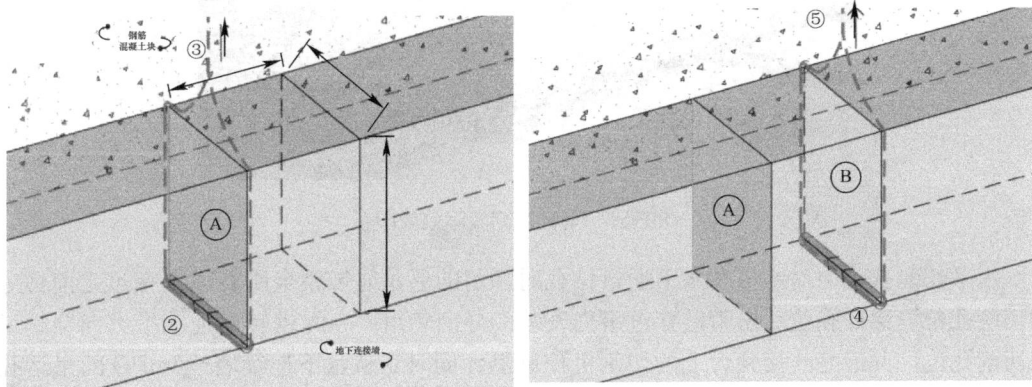

图 8-49 垂直切割示意图

切割时，需要潜水员通过将金刚石绳锯捆绑于之前钻孔时已经预留的尼龙绳之上，在水下带链穿过之前钻好的切割孔位，并连接到台上的切割机控制器。切割链材质为金刚石，直径 8mm。带链后应确保金刚石绳锯运行顺畅，孔位内外无阻塞，防止影响切割方向。除切割路径顺畅外，还需要尽量保持金刚石绳锯绷紧并紧贴至连续墙体，以让切割更平滑、精确地进行。

准备好后开动切割机，操作员在工作平台上监察并调节直至完成。切割速度不宜过快，一般控制在 0.9m²/h。切割前，潜水员需首先离开受影响范围。

每次完成切割后把切割机拆除并转移到下个切割孔位进行安装，并依次完成切割。完成所有垂直切割后移除预制铝架，准备水平切割。

其中，切割第一块墙体时，为方便分离切割墙体，垂直切割采用八字刀法。钻孔时，亦预先钻好斜孔。如图 8-50 所示，垂直切割实际效果如图 8-51 所示。

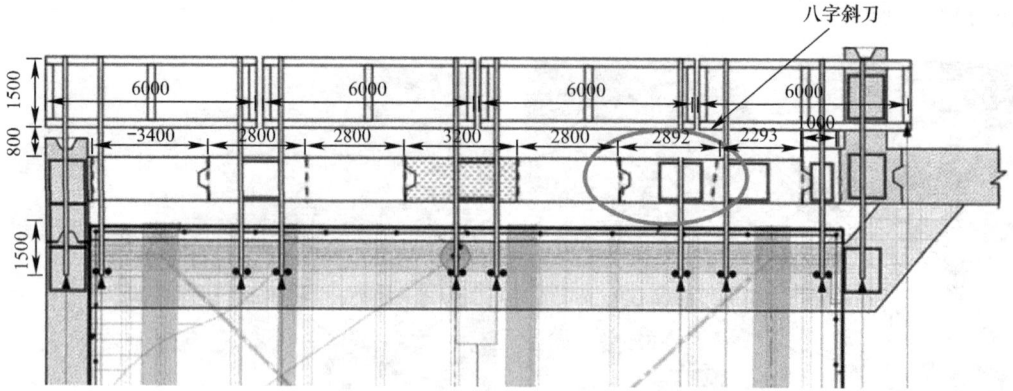

图 8-50　八字斜刀

图 8-51　垂直切割实际效果图

水平切割首先由潜水员在水下通过钻孔时预留的尼龙绳带领金刚石绳锯穿过之前钻好的切割孔位，穿好孔位后再带链穿过事先安装的导向轮组，令绳锯转变为水平方向穿越另一切割孔位，并最终连接到台上的切割机控制器。同时，从水下连续墙-6mPD 的吊运孔中穿过并安装吊运设备准备吊起。吊运装置需合理地绑定整块连续墙，防止倾倒。墙体的分块设计应考虑绳锯的韧性，不应过宽而导致绳锯弯曲不能拉直。切割孔位应考虑因绳锯水平时不能绷紧而导致弯曲所造成的水平切割面凸起问题，做出相对应的预留量空间。绳锯应尽量紧贴墙体绷紧、无空隙，尽可能确保切割时的顺畅和精确，减少失误（图 8-52）。

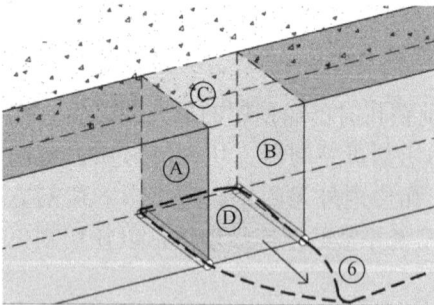

图 8-52　水平切割示意图

进行水平切割时，操作员需根据切割链的情况调整切割速度，防止墙块破碎。同一时间把水下连续墙逐件移除并吊离到工程船上进行物料回收处理（图 8-53）。水平切割的实际效果如图 8-54 所示。

7. 管节沉放

管节沉放前，另有数项水下准备措施需要潜水员进行安装。主要是为管节沉放后终端接头止水工作的准备，其中包括：

294

1）在水下预设 E11 管节底部位置铺设土工织物，包围后续潜在的水下浇筑混凝土的区域。

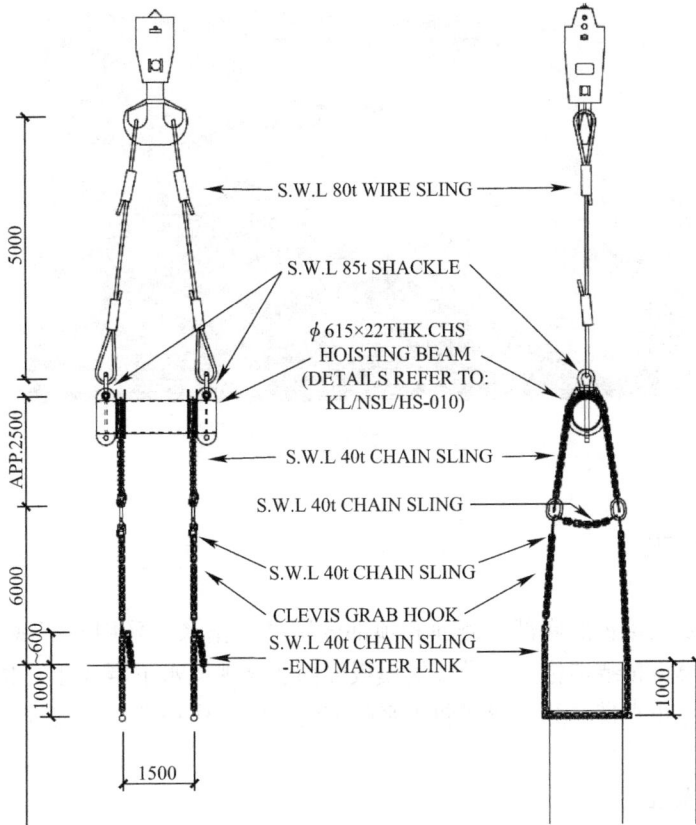

图 8-53 吊运切割墙体吊运布置图

2）放置 2m×2m 预制混凝土海砖至被切割的水下连续墙与 E11 管节之间的空隙，作为后续浇筑止水混凝土时钢模板的支撑；

3）最后，在预设管节 E11 沉放位置底部预埋设灌浆管，帮助后续止水时进行灌浆，填充混凝土内的空隙。

准备工作完成后准备沉放管节，E11 管节使用浮趸吊沉法进行沉放施工。沉放过程中，将主要通过实时监测测量塔上两个棱镜的坐标，计算并显示水下管节的几何状态，指挥沉放操作，如图 8-55 所示。沉放时，浮趸上设置绞车以连接管节。通过逐渐平稳地向管节内水箱进行注水压载，使管节受负浮力而逐渐下沉至预定沉放位置并准备对接。对接结束后，待管节

图 8-54 吊运切割墙体实景图

稳定，测量其在水下的终端坐标位置并完成验收。不同于其他管节，因 E11 管节为项目最后一段管节，需先进行终端接头施工，方可打开端封门与已建 ME4 隧道对接完成。至管

295

节沉放后，所有终端接头施工的前序准备工作已经完成，开始对终端接头进行水下止水施工。

图 8-55　E11 管节沉放

8.3.6　接头止水

接头防水主要在接头的底部、侧面和顶部分别进行止水。采用底部现浇水下混凝土；侧面止水则在侧模板预装迷你止水带，侧模板外部墙身现浇水下混凝土；顶部止水可在穹顶预制件预装迷你止水带；终端形成较干爽的密闭空间工作环境，完成终端接头的永久钢筋混凝土结构施工。

1. 底部止水施工

终端接头位于已建的 ME4 隧道与 E11 之间的未连接位置。由于结构原因，无法在连接前将地下连续墙完全切割完毕，需要形成一个跨墙式的终端接头。并且，地下连续墙外侧凹凸不平以及海中泥沙的沉降，使得底部止水不能完全依靠混凝土自身防水性能进行底部止水或采用典型接头的底部铁板进行止水，须采用特殊方法进行有效的止水工作。

根据前面章节介绍的底部止水方案，已于管节沉放前在水下布置土工织物，防止混凝土浆散逸，同时预留管节喉管配合作业。终端接头采用水下导管浇筑法进行混凝土浇筑，以达到底部止水的目的。受现场环境条件限制，采用 Y 形导管系统。混凝土漏斗放置在临时工作台上，漏斗和竖直导管由 Y 形导管相连。该 Y 形导管直径为 250mm，固定于临时工作台，不可移动，Y 形节点位于水平面以上。竖直导管直径为 300mm，为可移动构件，用于混凝土浇筑过程中的导管升降。在同 Y 形管相交处，局部切割用于交接。同时，安装设有观察孔的三面防水板，焊接后与竖直导管形成整体。混凝土初始浇筑前，在导管内海平面高度处放置聚酯泡沫层。泡沫层在混凝土重力作用下向下移动并和导管内壁紧密接触，有效防止混凝土和海水混合。终端达到浇筑楔形水下混凝土底板，与现有水下连续墙、已建 ME4 钢筋混凝土基础相结合，共同达到底部止水效果。同时，为了保证浇筑的混凝土与现有水下连续墙的有效连接，不因出现整体滑移而失效，设置直径为 20mm、间距为 1.5m 的后钻钢筋，保证抗滑移连接。

除上述步骤之外，在管节预制与沉放前亦需进行以下施工：

1) 在 E11 预制时，在管节内设灌浆管，并在浇筑侧面防水模板之前，对 E11 管节底部进行注浆；

2) E11 沉放前，潜水员在 E11 底部设置 1m×1m×1m 的混凝土砖；

3) 铺设土工织物隔离物料；

4) 地下连续墙与 E11 之间铺设钢网；

5) 地下连续墙与 E11 之间预埋 U 形灌浆管；

6) 地下连续墙－18.500mPD 位置预钻并埋设连接杆。

2. 侧墙身止水施工

完成底部防水后，需进行侧面防水。侧墙身防水主要是在每侧设置内外两件防水模板，内外模板之间通过浇筑防水混凝土进行防水。内防水钢肋板同外钢板需要安装在底部混凝土浇筑前，并且在底部嵌固于浇筑后的混凝土底板内。侧墙混凝土配合比及浇筑方法同底板一致，在底板浇筑混凝土 24h 后再进行浇筑。

3. 内模板施工

1) E11 预制时，预先在 E11 侧墙预埋连接孔，入水到达指定位置后通过潜水员安装螺栓进行固定，如图 8-56 所示。该步骤于管节沉放时即可进行安装。

2) 内模板与 ME4 隧道用锁链拉紧拉实，如图 8-57 所示。

3) 内模板与两侧墙身之间通过迷你止水带相连接，内模板通过扣件连接 ME4 及 E11 顶部墙身，如图 8-58 所示。

4) 内模板底部外侧通过水泥袋进行密封，如图 8-59 所示。

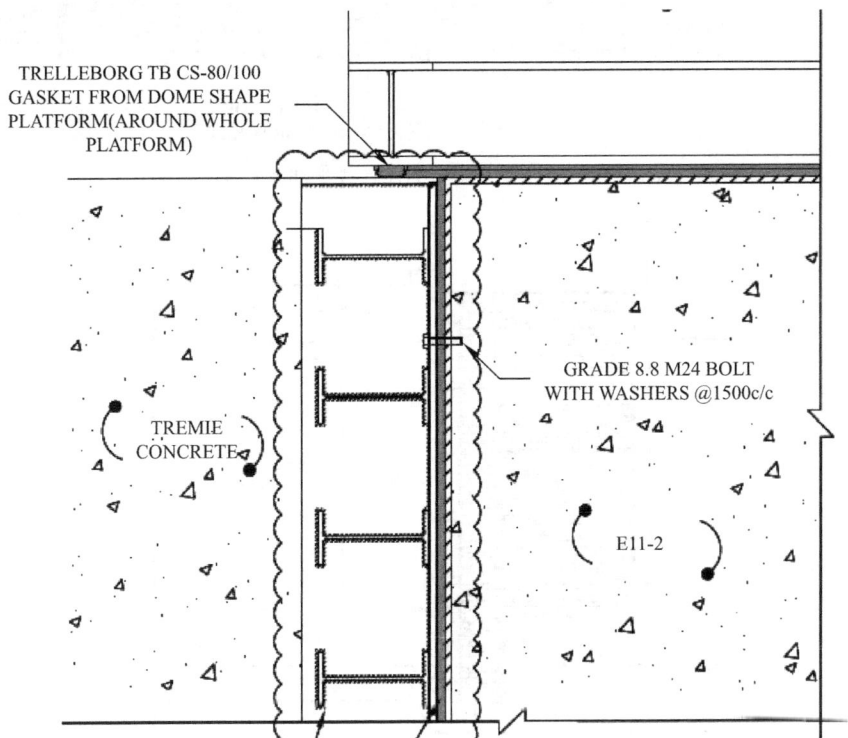

图 8-56　E11 侧模板由预埋螺栓收紧

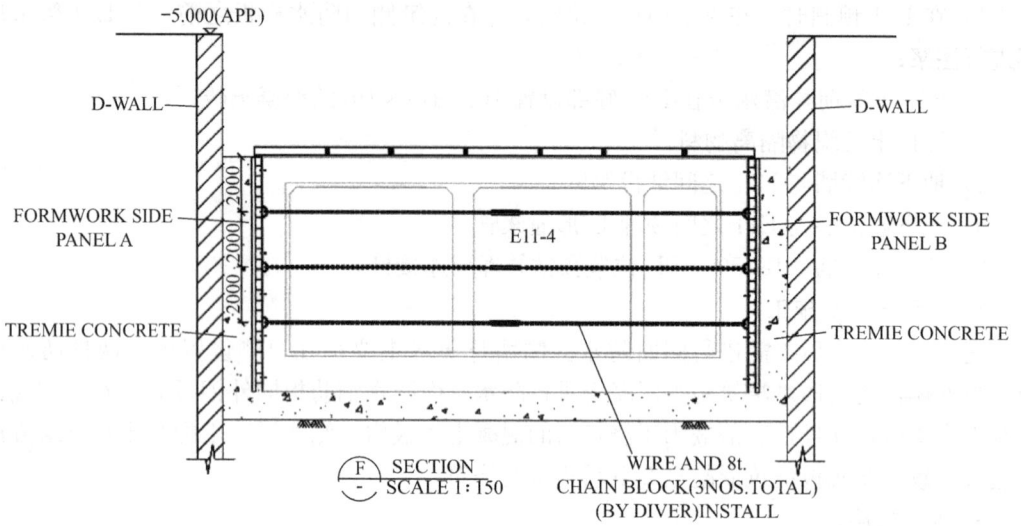

图 8-57　ME4 侧模板之间用锁链拉实

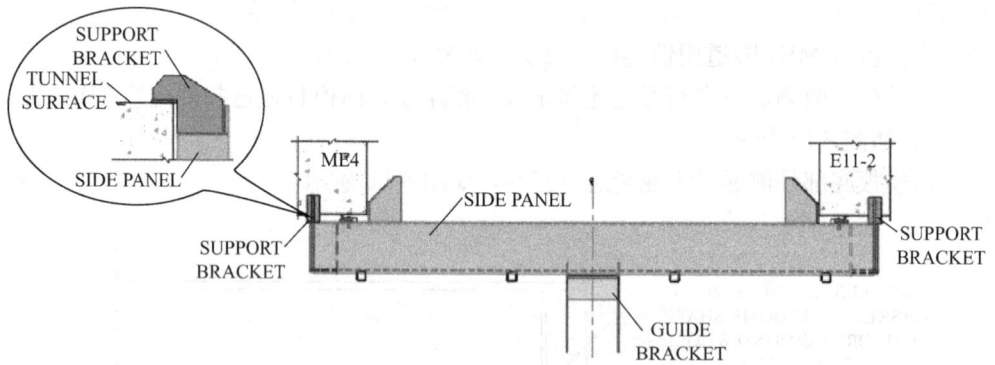

图 8-58　内模板与隧道墙体连接平面布置图

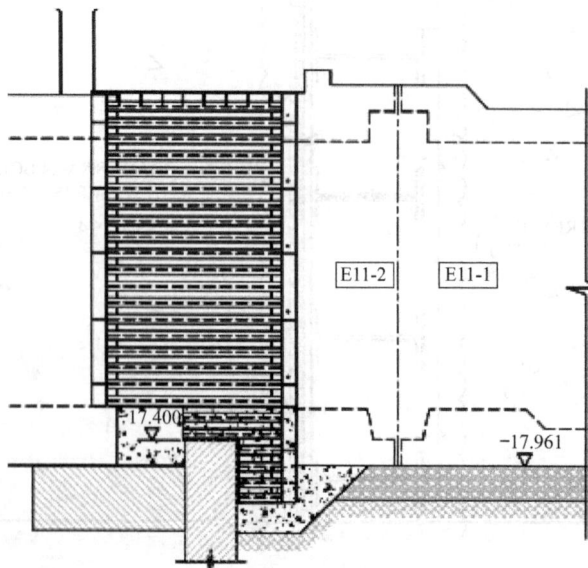

图 8-59　内模板底部外侧密封示意图

4. 外侧支撑板施工

因内模板外侧已有部分连接至已建成的连续墙，内模板外侧设立一阵支撑板即可。

支撑板后面通过混凝土方砖作为支撑，设计支撑板后浇筑混凝土，布置如图 8-60 所示。

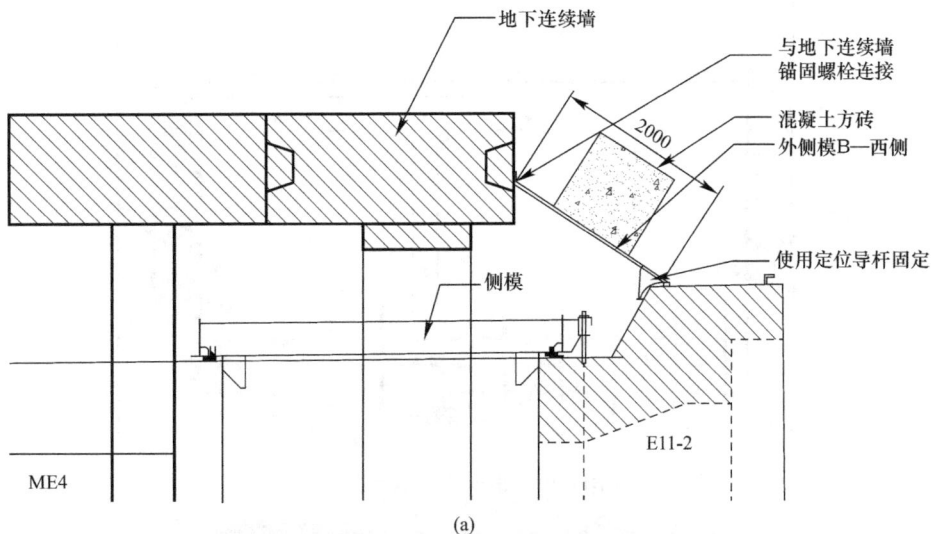

(a)

(b)

图 8-60　外侧支撑板平面设计及三维效果图
(a) 外侧支撑板平面设计；(b) 三维效果图

内外模板安装完毕后，开始浇筑混凝土。水下现浇混凝土分层进行，如图 8-61 所示：

1) 先浇筑底部混凝土至 $-16.3 \mathrm{mPD}$，略微高过管节底并灌浆（于底部止水时进行）；

2) 再对内外模板组成的模具空间内浇筑墙身混凝土，从 $-16.3 \mathrm{mPD}$ 至 $-9 \mathrm{mPD}$。

5. 顶部止水并排水

顶板防水体系由直径为 4.0m 的半圆拱形屋面和两个直径 2.4m、高 11.0m 的竖直通道组成，如图 8-62 所示。两条竖直通道将分别用作人员出入及材料运输。

考虑现场空间有限，同时水下可见度差，设计纵向、横向安装导向体系，以便在水底吊装时能指示明确的位置。如图 8-63 (a) 所示，两侧板顶端中间安装一定倾斜角度的纵向（东西向）导向钢板。吊装中，拱形屋顶首先碰触到导向钢板斜角部分，此时沿斜面下滑，即可达到预设位置。同理，在近防水端封门处各安装一个横向（南北向）导向刚架。

如图 8-63（b）所示，倾斜主导杆 1 首先接触到管节 E11-2 顶部；然后，保持此斜度慢慢继续下沉拱形屋顶，直至竖直导杆 2 触碰管节顶，此时即表示迷你止水胶条底部到达管节 E11-2 顶部。

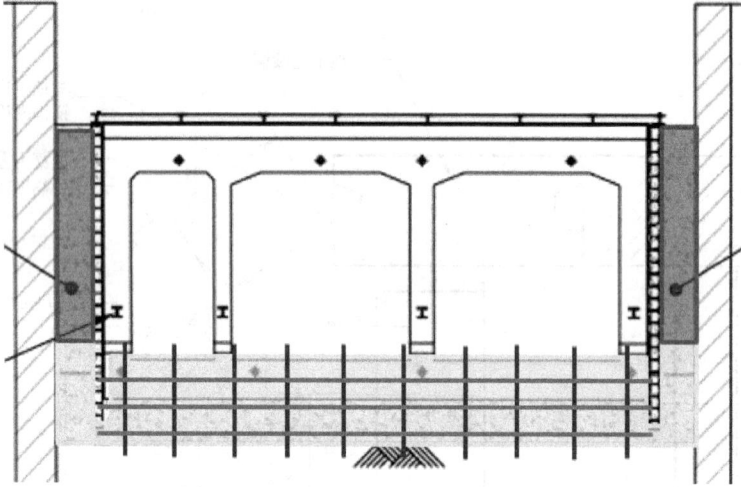

图 8-61　混凝土浇筑层次

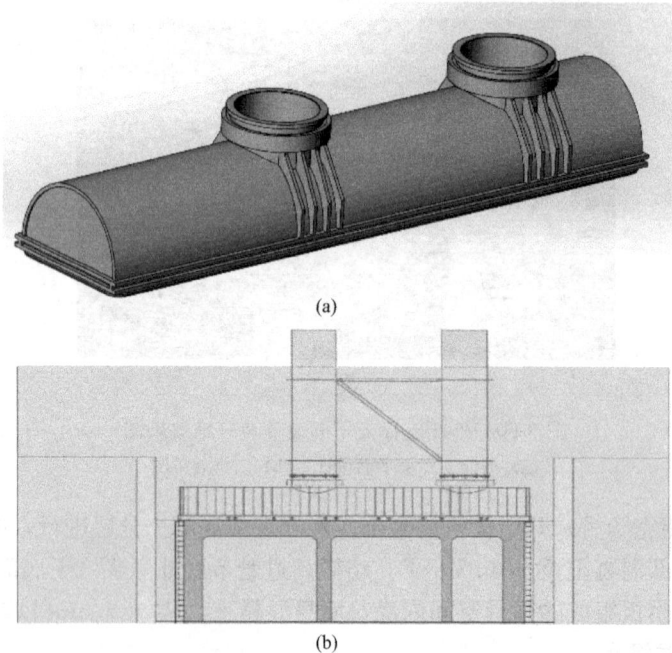

(a)

(b)

图 8-62　穹顶预制件三维示意图和平面设计图

（a）穹顶预制件三维示意图；（b）平面设计图

穹顶止水的原理是通过迷你止水带与侧板相连接，完全隔绝外部。在进行穹顶预制件安装前，需潜水员对接头位置进行检查，穹顶预支件通过导向装置辅助其进行定位及安放。

潜水员的检查要点包括：

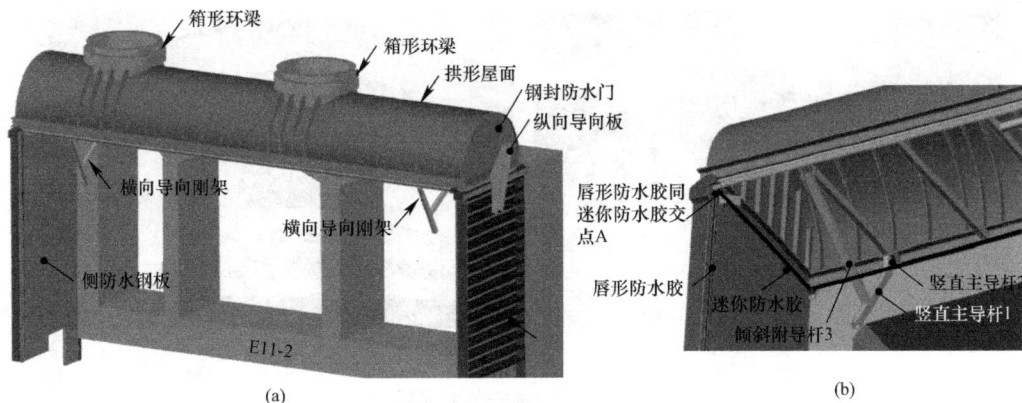

图 8-63　穹顶安装导向体系布置图
(a) 纵向；(b) 横向

1）清理 ME4 隧道与 E11 隧道顶部表面的杂物及淤泥，清理两侧侧封板所覆盖范围。

2）测量侧墙身迷你止水带的位置，并通知工程师修改穹顶预制件的迷你止水带长度及布置，以确保能够完全覆盖并包裹侧墙身的止水带。

安装过程中施工要点如下：

1）在吊运过程中，需保证预制件两侧平衡，如图 8-64 所示；

图 8-64　吊装穹顶预制件

2）完成安装后，需进行灌浆操作和固定；

3）完成安装后，需安装围护平台，防止船只碰撞；

4）穹顶预制件到达指定位置后，需要靠螺栓与沉管管节进行锁定；

5）安装顶部装顶支撑，支撑并固定 E11 与 ME4 相对位置，再次对其相对位置进行测量，确定是否符合穹顶预制件的尺寸，如有可能现场对预制件修改或找平；

6）据计算，迷你止水带需压缩 10mm。

安装完成后，如图 8-65 所示。

抽水前安装顶部装顶，主要是为防止在抽水过程中因内外水压不同，外部高水压向内挤压而造成的管节位移，甚至导致止水失效。此装顶亦将维持，直至建造隧道顶板的永久性结构。

安装装顶时：

1）当预制穹顶安装后，首先由潜水员用膨胀螺栓与水下 ME4 隧道端面安装垫板；

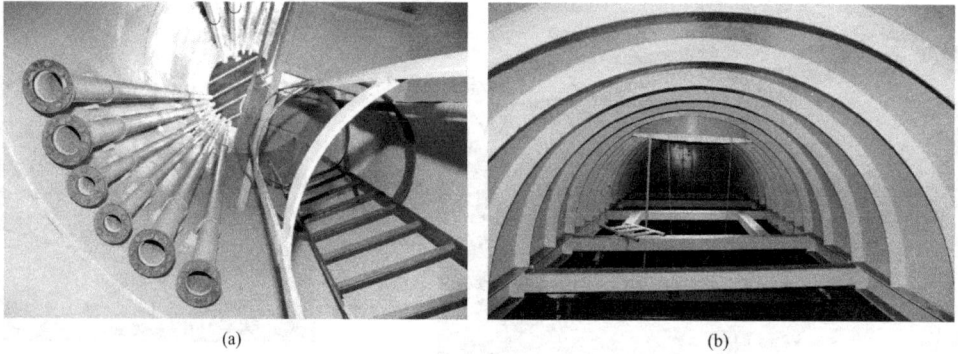

(a)　　　　　　　　　　　　　(b)

图 8-65　穹顶安装完成后

(a) 人孔内；(b) 穹顶中

2）于对应位置在 E11 端面暴露出预埋垫板；

3）横梁装顶上加装临时定位支架，于吊沉时可以帮助横梁悬挂在 ME4 隧道顶；

4）吊沉横梁装顶至指定位置，用螺栓连接至 E11 管节端；

5）于装顶两端进行灌浆，浇筑水泥，连接固定横梁装顶；

6）拆除于第三步时安装的临时定位支架，完成装顶安装（图 8-66）。

(a)　　　　　　　　　　　　　(b)

图 8-66　已安装完成的顶部装顶支撑与防护台安装

(a) 已安装完成的顶部装顶支撑；(b) 防护台安装

穹顶安装完成后（图 8-67），通过穹顶预制件物料孔抽水至抽干。如无法抽干，由潜水员查找漏水位置并安排补漏工作。抽干后，对穹顶预制件进行加固。

8.3.7　永久接头

1. 永久结构底板及墙身

抽水完成后，分块分阶段拆除端封门及预应力组件。为建造永久性结构底板，需首先移除水下原有止水用混凝土至−18mPD（永久结构底）。进入终端接头后，移除混凝土前，为保证接头结构的稳定性，需首先安装底部横梁装顶。装顶通过物料孔吊放至接头底部，用膨胀螺栓连接至两侧隧道端面进行固定，完成安装，如图 8-68 所示。

底部装顶安装完成后，采用切割及钻孔的方式进行混凝土移除作业（图 8-69），并需时刻监控水位情况。E11 管节内预留有 9500m³ 空间。若当移除混凝土时有水涌出，则用此空间蓄水，令工作人员有足够的时间撤离。

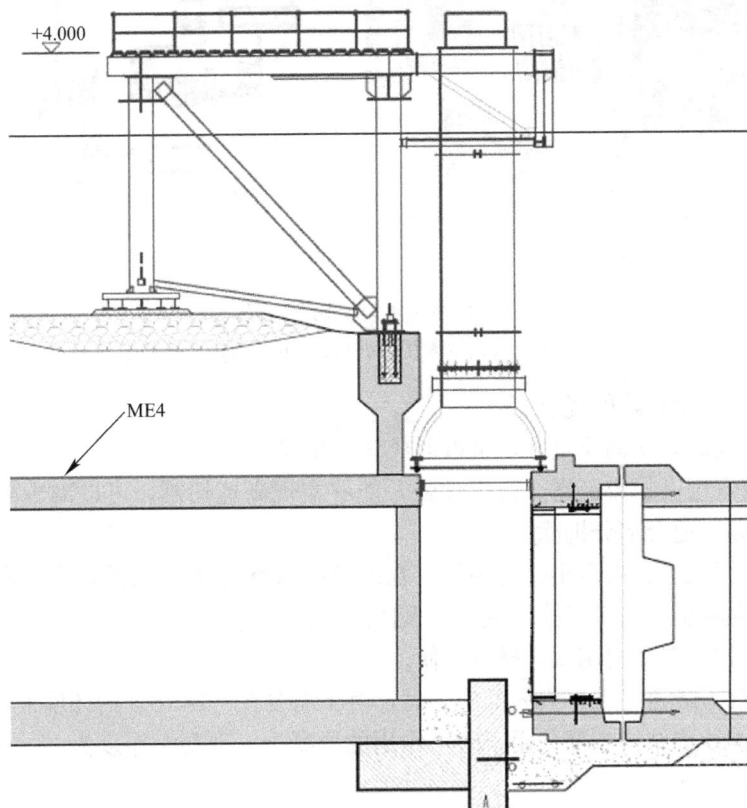

图 8-67　穹顶安装完成后截面图

图 8-68　安装底部横梁装顶

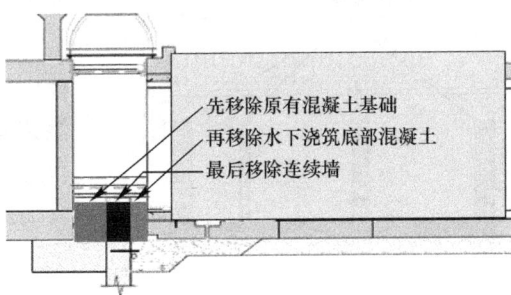

先移除原有混凝土基础
再移除水下浇筑底部混凝土
最后移除连续墙

图 8-69　移除原有混凝土

　　整个混凝土移除施工将采用超高压水射流切割，利用高压、高能量水流，配合不同磨削材料，达到将混凝土切割的目的。原理为通过超高压加压器，将水压升高至 70～1000MPa，形成高能量水流。当水流通过特制喷嘴后，产生一两倍声速的高速水射流。当水射流产生的压力超过混凝土强度时，可以切削混凝土，配合不同磨料，可切割特定形状。纯水射流可以作为单纯的水射流，以纯水作为切割能量载体，也可以添加磨料颗粒作为磨料水射流，磨料颗粒为硅砂、氧化铝、石榴石等，如图 8-70 所示。

(a)

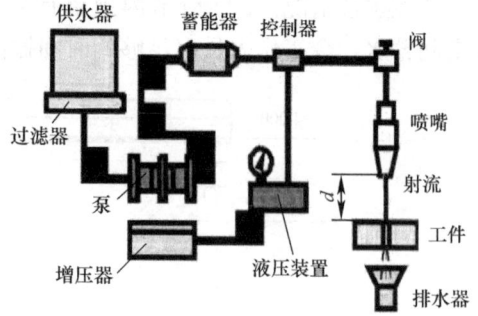
(b)

图 8-70　超高压水射流切割机及设备

(a) 超高压水射流切割机；(b) 设备

高压水射流切割拆除的优点有：

1）加工精度高，切割质量好，可以形成任意弧线。

2）水射流密度高、流速高、稳定性强，能够实现高速切割，可以减少对周围混凝土结构强度的损坏，适合部分拆除。

3）环保、无灰尘、噪声小、无污染，在终端接头环境下可以做到遥控操作，避免了传统的人手打混凝土或钻机穿孔，减少对人体的危害。

4）设备维护简单，费用低，操作方便。

在沙中线沉管隧道终端接头内部施工时，由于需要在−18MPa 的环境下切除掉终端接头内部的地下连续墙结构和部分用于防水作用的混凝土，混凝土厚度为 30mm，在切割过程中需要注意：

1）清理内部混凝土时，须安装好中部及底层支撑；

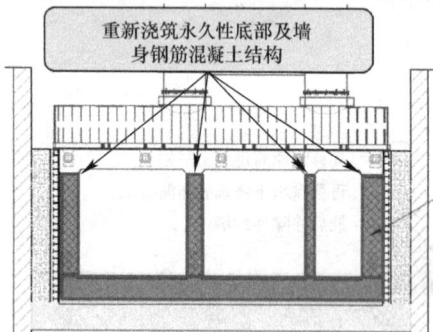

图 8-71　建造永久性底部及墙身结构

2）超高压清除混凝土采用遥控操作，须与作业人员隔离。

移除原有混凝土基础后，重新浇筑完成永久性底部及墙身钢筋混凝土结构，如图 8-71 所示。浇筑完底部永久性混凝土后，需要拆除底部装顶，再继续向上建造永久性墙身结构。

2. 永久结构顶板

永久性顶部结构的建造与墙身和底板类似。

1）首先，安装脚手架，方便工人于隧道顶部施工。

2）拆除临时顶部临时装顶，空出顶部结构空间。

3）在管节表面寻找并露出所有预埋刚性连接件。

4）安置钢筋及墙内预埋件，包括防水层和预埋灌浆管。

5）浇筑混凝土。混凝土泵车将位于海上工作平台上，如图 8-72 所示。

6）混凝土验收完成后清理表面并涂抹防水材料油漆，完成接头混凝土结构。

7）远程混凝土浇筑工序将在第 10 章管节内部接头建造中论述。

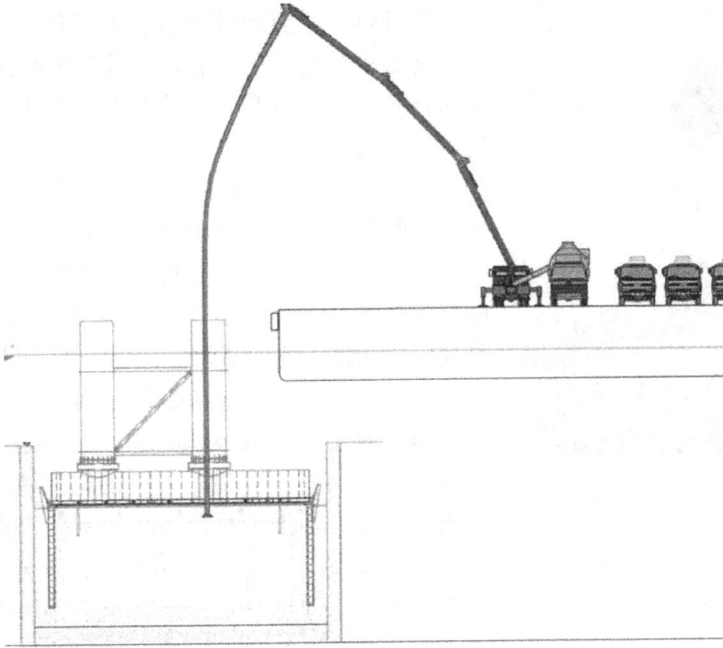

图 8-72 浇筑顶部混凝土结构

3. 穹顶回填拆除平台

终端接头的全部永久性钢筋混凝土结构已经施工完毕，准备进行收尾工序。收尾工序包括以下：

1）浇筑防护性混凝土层

在接头结构及防水层施工完成后，拆除预制穹顶及其人孔物料孔前，需要在穹顶内为终端接头部分浇筑至少 75mm 厚的防护性混凝土层（图 8-73）。该防护性混凝土层是为了保证基槽回填时终端接头结构及防水层不受影响。

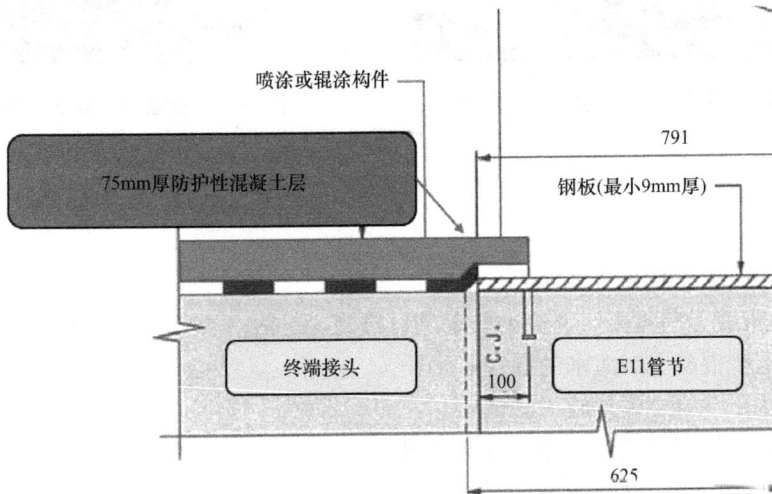

图 8-73 防护性混凝土层

图 8-74　移除预制拱形穹顶

2）移除海上工作平台及预制穹顶

终端接头施工完成后，可及时拆除工作平台及预制穹顶。如图 8-74 所示，安排吊船至工作平台前，固定好吊扣吊索至平台上。潜水员下水，解除全部固定的螺栓连接。首先，移除海上工作平台，并运至岸上等待回收处理。返回预制穹顶处后，由潜水员下水固定吊扣吊索并解除穹顶与管节间的螺栓连接。吊离移除穹顶及人孔和物料孔并运至岸边，等待回收处理。至此，终端接头施工结束。

3）拆除 ME4 现有混凝土端封门

当非典型终端接头建造施工完成后，需要拆除 ME4 端封墙，连通隧道，为后续施工做准备。整个混凝土墙被分为若干小块，逐块切割打碎进行拆除。拆除时先于下方切割出一个可供行人通过的通道，以方便工作人员穿行并安装支撑装备，防止混凝土墙在拆除时出现意外（图 8-75）。之后，使用升降台从上至下逐块拆除混凝土端封墙（图 8-76）。拆除完成后，则需要再行浇筑通风管与上行管道之间的最后一仓永久性混凝土墙，以完成整个隧道的永久性混凝土结构建造。

图 8-75　拆除现有 ME4 混凝土端封墙

图 8-76　拆除剩余混凝土墙

8.3.8　质量控制

1. 底部及侧墙身止水

水下浇筑混凝土前需要对混凝土质量进行检测，包括：

1）尽量减少混凝土与海水的混合；

2）进行水下混凝土模拟施工测试；

3）预先评估混凝土最差状态及凝结时间。

水下混凝土浇筑导管应符合以下要求：

1）导管内壁应光滑、圆顺且不得漏水；

2）使用前应试拼、试压，试压的压力应为孔底静水压力的 1.5 倍；

3）导管轴线偏差不宜超过孔深的 0.5%，且不宜大于 10cm；

4）导管采用法兰盘接头宜加锥形活套；采用螺栓形接头时，必须有防松脱装置；

5）使用的隔水球应有良好的隔水性能，并应保证顺利排出；

6）开始灌注混凝土时，导管底部至孔底的距离应为 300～500cm；导管首次埋入混凝土灌注面以下不少于 1m；灌注过程中，导管埋入混凝土深度宜为 2～6m；

7）灌注水下混凝土施工必须连续并应控制提拔导管速度，严禁将导管提出混凝土灌注面。灌注过程中的故障应记录备案。

2. 顶部止水

穹顶预制前，需要对水底进行全面测量及勘察。沉放前潜水员需检查和清理接触面，保持接触面平整。

预制穹顶沉放安装应符合图 8-77 中的步骤。除安装导向轴之外，仍需注意沉放时避免触碰现有 ME4 海上工作平台的底部基础连接。应先远离基础，待沉放深度低过 Y 形基础接头时，再缓慢靠近至指定位置，避免碰撞。

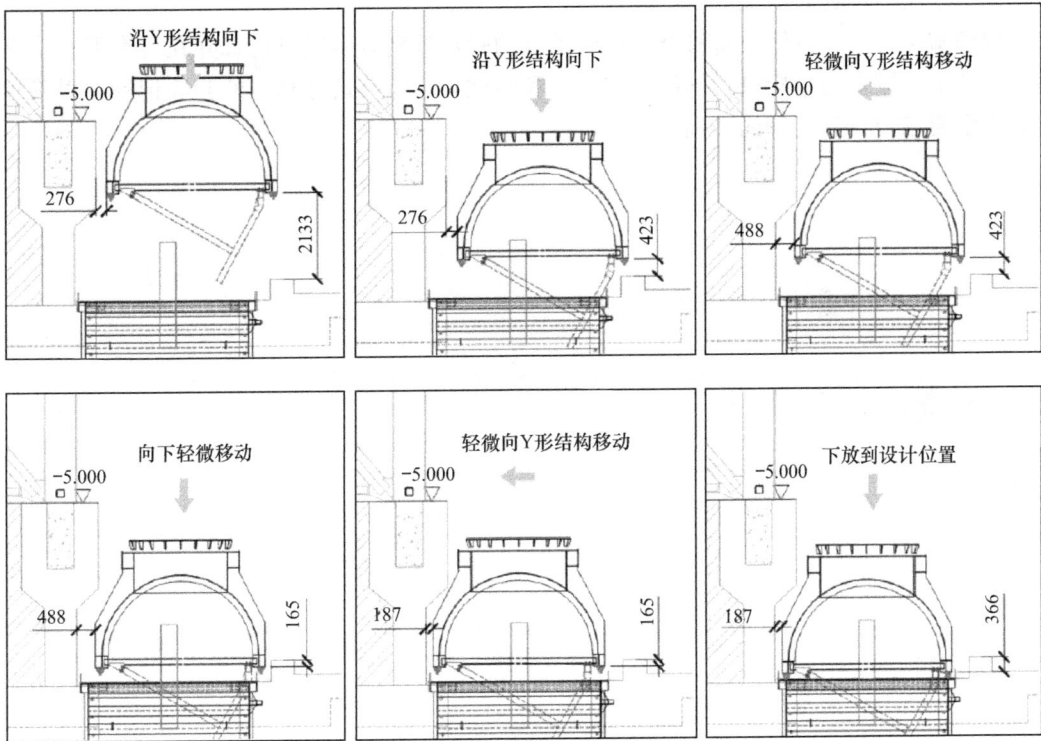

图 8-77　穹顶沉放安装

3. 水下切割连续墙

水下施工须注意以下技术要求：

1）依照规定因减压需要，在 20m 水深（最深工作深度）时，潜水员的工作时间最多不能超过 48min。

2）淤泥清除后，需整体测量水下连续墙，检查是否有墙身表面凹凸不平的现象发生。预制铝架应留有预留量，防止出现因墙体凸出而不能安装支架的情况。

　　3）如果有墙体凸出情况发生，需要再次测量确定凸出体积，测算混凝土墙段的质量，确保切割后的吊运顺利、安全地进行。

　　4）安装临时铝架后需要进行测量，确保位置正确。

　　5）安装钻孔机后要进行水下测量，确保钻孔设置在预计位置（$x\text{-}y$ 坐标）。

　　6）钻孔机安装应保持机身不动，确保位置准确。

　　7）带链穿孔前需仔细检查并清理孔位，以防阻塞，妨碍切割的进行。

　　8）切割器具必须严格检查，防止杂物堵塞，以影响切割效率。

　　9）每次施工完毕，必须立即用清水冲洗机械和配件，检查磨损情况。如有损坏零件，应及时更换。

　　水下测量。沉管终端接头安装需全部在水下完成。切割完成前，工程效果不能直观地被肉眼所见。施工前应由潜水员尽可能详细地掌握水下连续墙的实际情况，以便制定合理的施工方案，确定切割位置及深度。同时，在每一步施工环节（安装临时架、安装钻机、钻孔及切割等）进行中及完成后，需要不定时地安排潜水员，在安全的情况下随时下水，掌握水下连续墙的最新情况。

　　现场施工要求。具体质量检查应按照批准的验收计划分阶段进行，并在批准下一步之前，以各个关键点为指标进行确认。在检查和测试后，应存留好相应的验收记录，以确保符合规定要求及今后记录的查询。

第 9 章　沉管管节隧道内部施工

9.1　沉管隧道接头内部施工简介

沉管隧道工程在沉管管节完成水下沉放和对接之后，沉管管节的每个接头均需要在沉管内部进行接头处理施工。沉管隧道由于其结构特点和水下特殊位置需要，管节间的接头需同时具备水密性、柔韧性及一定的耐火能力。一般的管节接头内部施工包括 OMEGA 橡胶止水带的安装、剪力键的浇筑及接头耐火/防火处理。

香港地区地铁沙中线过海隧道项目沉管隧道共长 1.67km，分 11 段管节。其中，共有 11 个管节内接头需要建造，如图 9-1 所示。

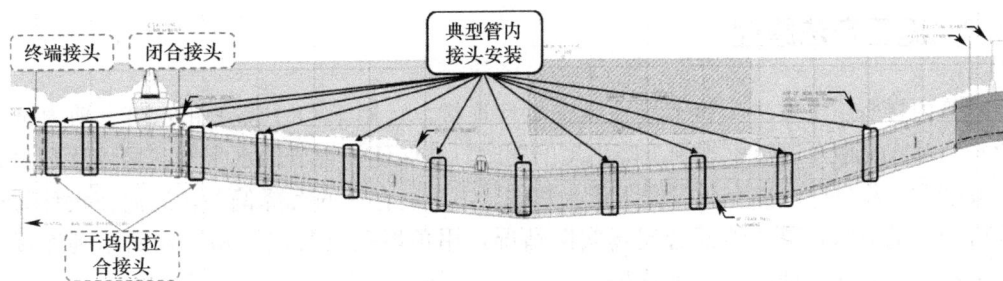

图 9-1　香港地区地铁沙中线过海隧道标段沉管隧道横面布置图

9.1.1　工程目的及设计条件

管节内接头施工的主要目的除了完成接头段的隧道混凝土结构施工，为后续轨道铺设提供场地之外，更具有其他功能性目的。为应对地基基槽的潜在沉降问题，以及客观的预制场场地大小限制和沉管隧址沉放条件等综合原因，沉管隧道需分为若干的管节分别沉放，长度一般为 100～200m。为连接贯通管节，沉放完成后需在管节内进行接头处理和功能性施工。接头施工主要是为接头增添以下几个功能：

1）管节接头应具有可靠的水密性，以保证管节运作时的防水性。

2）管节接头应具备一定程度的韧性或柔性，以对抗潜在的位移和沉降。

3）管节接头应具有一定的耐火性，以防止隧道内遭受火灾时，火焰的高温损坏 OMEGA 和 GINA 橡胶止水带，导致更严重的损失及破坏。

为保障上述所描述功能性构件的顺利安装，各管节接头设计时，规划的构件种类宜少且尽量尺寸一致。各部件的设计应简洁、作用明确，设计时应给接头中的各个构件营造可行甚至充裕的施工条件。并且，应尽可能做到在运营时仍可以对构件进行检查，方便出现问题时寻找症结。此外，因接头位的钢筋混凝土是在现场（水下）浇筑，施工质量和安全应予以特别重视。

9.1.2　施工方法特点

为满足沉管隧道的使用需求，并预防在建造时或使用中所可能遇到的潜在问题，沉管隧道管节内接头的施工方案采用相应构件并需具备以下几个特点：

1）稳定性

管节采用柔性接头安装方法，分别浇筑垂直和水平剪力键，提高管节柔韧性，以应对隧道使用中潜在的不均匀沉降问题和地震。

2）耐火性

沉管底部、墙身及顶板均有防火设计。安装防火顶棚，满足隧道的耐火标准。

3）水密性

同时，使用 OMEGA 止水带为管节的第二层水密保护措施，采用剪力键确保管节纵横方向位移的稳定性。

9.1.3　施工方法原理

此管内接头施工方法为管节接头制造柔性连接，运用了 OMEGA 止水带、剪力键和防火板。其在克服了管节不规则沉降隐患的同时，亦保证了管节的水密性、柔韧性和耐火性。安装此三组件时，亦充分考虑了接头两端管节可能存在的沉降偏差，进而在设计时选用柔性连接的方法，灵活地配合现场实际情况，用预埋孔位及螺栓相配合而达到连接效果。此接头方法在保证质量的前提下，充分考虑了隧道在使用中可能出现的潜在问题，而提前将质量隐患消灭于未然。

9.2　OMEGA 止水带

香港地区地铁沙中线过海隧道项目选择 Trelleborg Ridderkerk 公司作为 GINA 和 OMEGA 止水带的供应商，同时项目团队负责提供沉管管节接头的防水设计方案。

9.2.1　OMEGA 止水带的选择标准

选用的 OMEGA 止水带材料需在规范要求的范围内，应满足以下要求：

1）维持最大的水压力；

2）吸收、化解 GINA 止水带所引致的位移；

3）在任何已经订明的隧道变形或在承受最大水压的情况下，使管节保持水密性和连接性；

4）120 年的使用寿命；

5）满足项目的设计要求。

9.2.2 OMEGA 止水带的设计

确定管节接头开口处 OMEGA 止水带的水密性能时，需要检查实际水压。管节接头基于沉管隧道的沉放安装情况及管节接头外 GINA 止水带的平均受压情况设计。

综合各方条件，拟选用 OS400-100 材料型号的橡胶止水带，初始未受压厚度为 40mm。计算过程中，采用并录入的重要数据包括：止水带膨胀波半径 $R_0=105$mm、接头处轴向间隙 100mm、轴向移动 60mm、横向移动 25mm、垂直移动 50mm、抗张强度 145N/mm，内部受压力 0.32N/mm^2 且采用 2.5 的安全系数。经计算，此材料的止水带满足设计需求，其中变形后弦长为 275.7mm，小于初始弧长的 329.9mm；可承受压力为 0.36N/mm$^2 > 0.32$N/mm^2，并且可承受拉力 58N/mm，亦大于 52N/mm（预计所受压力），如图 9-2 所示。

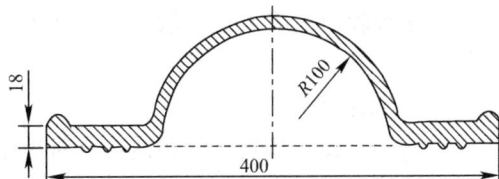

图 9-2 OMEGA 止水带 OS400-100

9.2.3 OMEGA 止水带的存放

大部分硫化橡胶产品在存放时非常容易受到损伤，甚至最终导致无法修复。所以，在储存时需要多方面考虑，选择合适的储存地点。

1）存放温度

地点的温度一般不应高于 25℃，最好能低于 15℃。当温度超过 25℃时，过高的温度所产生的热量将加速橡胶内化学物质的反应，甚至导致橡胶材料的情况恶化。温度越高，橡胶止水带的可储存最大时间则越短，具体参数如表 9-1 所示。

OMEGA 止水带的储存温度条件   表 9-1

温度（℃）	最大可储存时间	储存地点情况
<15	大于 1 年	无阳光直射且不会受到外界拉力；全程被密封包裹
15~25	小于 1 年	
25~35	小于 6 个月	
35~40	小于 4 个月	

如需要储存超出上述可储存时间，需安排供应商对储存地点进行进一步实地考察，确认储存效果。

与此相比，低温储存并不会对硫化橡胶产品产生永久性的损伤，但会使橡胶更加僵硬，不够柔软。如必须要在低温环境下进行储存，需要注意避免在低温环境下移动或搬运橡胶而对其造成刚性损伤。同时，应禁止在低于 -20℃ 的环境中搬运橡胶，因为此时橡胶已经十分脆弱。

2）光线

硫化橡胶避免被阳光或被有强烈紫外线的人造光线直射。

3）氧气

在允许的情况下，硫化橡胶产品应避免与流通的空气接触，应被包裹存放于空气稀薄的容器中或使用其他合适的储存方法。

4）变形

硫化橡胶产品应尽可能地存放在空间较为宽敞的地点，避免橡胶受到拉扯、挤压或其他变形。如果不可避免地受到外力影响，则需尽可能将影响降至最低，避免导致橡胶产品的永久性损伤。

5）液体接触

硫化橡胶产品应避免与液体或其他半固体材料接触，特别是具有腐蚀性或强溶解性的液体。

6）金属接触

一部分金属，特别是铜和镁，会对硫化橡胶产品造成伤害。所以，不应直接存放在可接触到这些金属的地方。但亦可以进行保护隔离，达到合适储存的条件，例如采用塑料包裹。

7）清理

储存时，需要及时、认真地清理硫化橡胶产品。用肥皂及清水冲洗是最好、最无伤害的一种方法。严格禁止使用有腐蚀性的溶液、尖锐硬物或其他诸如三氯乙烯、四氯化碳类的溶剂。清洗最好使用柔软的毛刷，在需要的情况下可以用空气枪，用压缩空气清除附着的泥土和灰尘。

8）搬运

如上所述，在−20℃或以下的情况时不允许搬运止水带。同时，如需要吊运或搬运，尽可能使用尼龙绳或其他类似柔软材料，防止割伤橡胶止水带。

9.3　管节内接头施工工艺流程

沉管隧道管节内接头安装的目的是为在管节沉放至隧址后，对管节内部进行最终的功能性补全建设，使每段管节连接成一个整体，更为整条沉管隧道提供更强的水密性、稳定性和耐火性。

如图 9-3 所示，管内接头安装是在相邻的两段管节之间的柔性接头处进行施工。施工主要顺序为：准备阶段→安装 OMEGA 止水带→安装压板及止水带接驳→剪力键浇筑→防火板安装。安装效果如图 9-4、图 9-5 所示。

9.4　准备阶段

准备阶段是为后续的施工打好基础。包括施工器械安排，物资的运输与存放，OME-GA 止水带参数及检查，压板预埋件处理，以及切除钢封门。

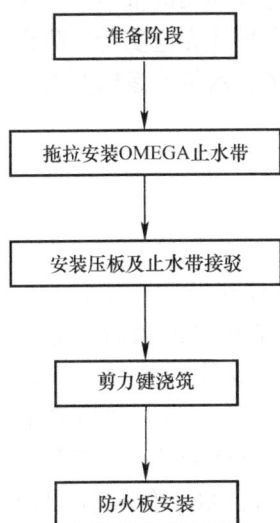

图 9-3 管节内接头施工
工艺流程图

图 9-4 管内接头安装实景

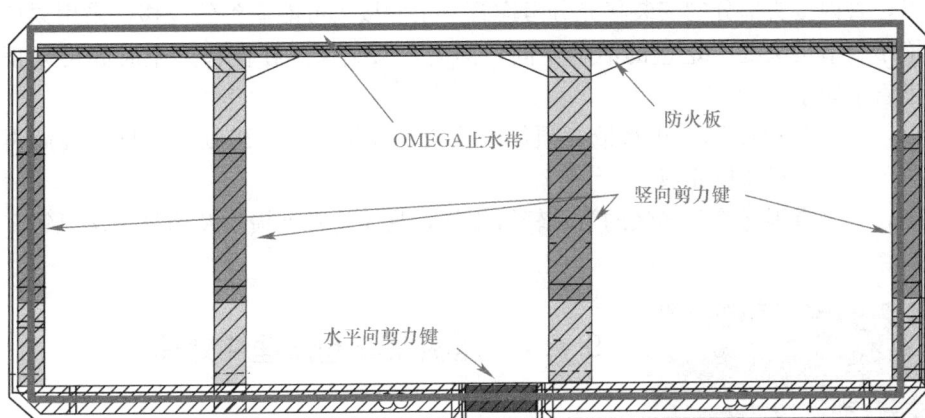

图 9-5 管内接头安装截面图

9.4.1 施工器械安排

安装 OMEGA 止水带将在沉管内部进行，而因沉管已经沉放入海，施工器械的安排将会受到限制。管节地面出入口的位置有塔式起重机，帮助物料运输至管节入口。管节内，将使用叉车运输物料至施工接头。同时，因 OMEGA 止水带需沿整个管节接头内部布置，管节底面距离顶板的高度约为 6.5m，所以需要使用升降工作平台在接头处施工。

9.4.2 物资的存放与运输

OMEGA 止水带的存放应参考 GINA 止水带。存放及运输时应避免止水带扭曲，或受力导致变形。同时，亦应避免接触有机溶液或油脂等会对橡胶表面造成损伤的液体。运输前，应用木箱包装吊运点，避免因直接吊运而导致止水带损伤；多点吊运亦应实行，防止包装木箱变形损坏；同时，检查木箱状况，预防被钢钉等尖锐物损坏止水带。运输时需要采取合适的固定措施，防止止水带掉落。

9.4.3 OMEGA 止水带参数及检查

OMEGA 止水带是高纤维橡胶用模具制造而成，产品具有强韧性和极高的品质。O-MEGA 止水带作为管节接头处的第二层防水止水带，同样也是管节止水的最后一道屏障。本项目所采用的 OMEGA 止水带为 Trelleborg "OS400-100" 型号，意为 400mm 宽，其中弧度半径为 100mm。长度根据管节实际情况而定，长为 47～49m，每段管节不可随意替换。止水带密度为 8.8kg/m，邵氏硬度值为 63，最大承受拉力 18.6MPa，延展性阈值为 484%，并且常温情况下 168h 防水性测试结果显示止水带体积仅增加 0.4%。

沉管隧道接头是整条隧道最薄弱的部位，也是隧道适应变形和防水的关键点。虽然沉管隧道结构本身能够达到运行 120 年的要求，但是接头部位的 OMEGA 止水带却容易损坏。所以，管内接头部分的安装将充分考虑管节柔性接头可能遇到的位移，采用柔性安装技术，给予管节接头处一定量的活动空间；同时，又确保其在位移产生时亦可以正常运作，保证管节防水。

所以，安装前 OMEGA 止水带必须仔细检查，确保质量；否则，一旦安装后再行修补将十分困难，甚至难以完成。

同时，亦会有因运输而导致的常见轻微损伤，具体的常见损伤及修复方法见第 7 章的质量控制。

图 9-6 压板预埋螺栓孔位及
管节底部处理

9.4.4 压板及其他预埋件处理

开始安装 OMEGA 止水带前，需要预先处理预埋压板。压板是在 OMEGA 止水带两边，压紧密封止水带而设。压板及螺栓已经在管节预制时预埋安装完成。经过管节浮运沉放后，需要对压板及其预埋件进行处理养护。

压板上的现有螺栓需要用冲击扳手取下。同时，拆除压板中预埋气孔的封口，压缩空气进入检测通气孔是否有任何阻塞。所有拆下的螺栓孔需要仔细用清水清理、通顺、试扭螺栓、喷砂，并且涂上防锈釉。做好安装的准备工作。

同时，亦需要对预埋于端面内的角钢、刚性连接件及其他预埋钢构件进行类似处理，清理上釉并准备使用，如图 9-6 所示。

9.4.5　切除钢封门

为进行管内接头安装工作，需要切割清除两节管节之间的临时钢封门。清除钢封门时应注意，因钢封门体积、质量巨大，所以需在安全的情况下切割至小块并分块运走，回收处理。

在香港地区地铁沙中线项目中，依据沉管内环境及内部可布置的器械，综合决定每次最大切割的钢封门板块不应超过 3m×0.5m 大小，质量约为 142kg。切割时应先烧出两个悬吊孔，并用铁链将待切割小块悬吊至钢封门次梁上，防止意外跌落。每块切割完成后，将缓慢降至地面并运回后方管节（近岸方向）回收处理。切割应遵循从下至上的原则进行。

9.5　OMEGA 橡胶止水带安装

OMEGA 止水带需要分别安装于管节接头处。OMEGA 止水带的安装是为给沉管隧道的水密性能加上双层保障，在 GINA 止水带渗水的情况下亦可保证隧道管节的水密性。安装 OMEGA 止水带主要用电动绞车拖拉止水带沿导向滚轮绕行管节截面安装。

此方法的特点在于用柔性连接方法安装 OMEGA 止水带，效果是水密性好，紧密贴于管节面。并且安装适应性强，对接头两侧管节标高要求低。

9.5.1　安装导向滚轮组

如图 9-7 所示，沿管节接头内壁，每 2m 中至中安装辅助导向滚轮组。滚轮组安装见图 9-8，滚轮支撑将安装在现有压板螺栓孔中。

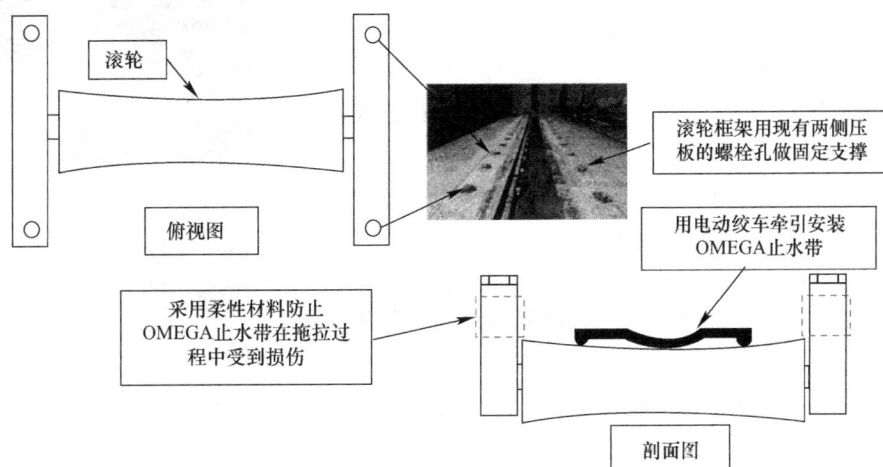

图 9-7　导向滚轮示意图

图 9-8 导向滚轮应用

9.5.2 拖拉 OMEGA 止水带

拖拉安装 OMEGA 止水带，首先需要安装电动绞车。类似上述导向滚轮组的安装，电动绞车亦是用现有压板螺栓孔固定，如图 9-9 所示。电动绞车安装在管节底部。

安装完电动绞车后，连接钢丝绳至绞车。钢丝绳需涂抹聚氯乙烯（PVC）涂料，使钢丝绳更加柔软、灵活；亦同时防止钢丝绳割裂，损坏止水带。之后，需用特制钢钳钳住，固定 OMEGA 止水带的前端并固定至钢丝绳上。特制钢钳如图 9-10 所示。

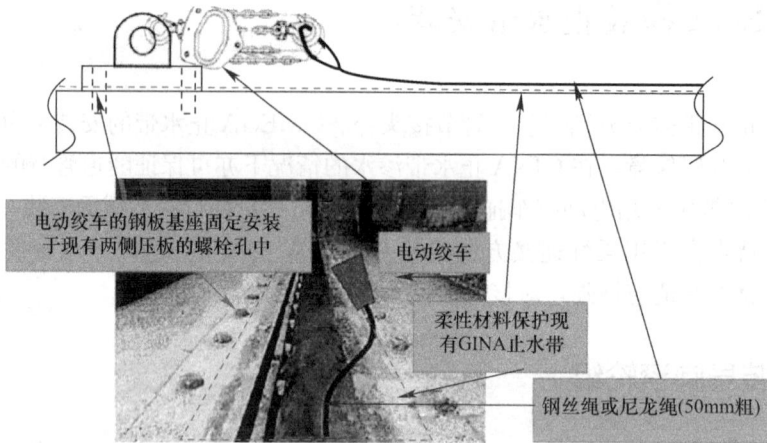

图 9-9 电动绞车布置图

完整拖拉安装 OMEGA 止水带的布置图如图 9-11 所示。

安装时的要点如下：

1）应始终保持同一方向，由下至上再到下拖拉止水带绕行管节截面。

2）拖拉时应保持缓慢的速度，并且在钢钳穿过导向滚轮时密切注意，防止止水带受压破损。

3）拖拉时，亦需要随时在两边临时加固压紧止水带。

4）拖拉至管节顶部时，操作人员需要乘坐升降工作平台至上方作业。

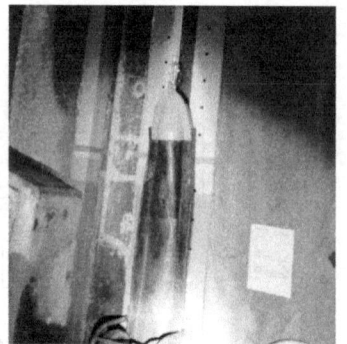

图 9-10 特制钢钳牵引止水带

5）OMEGA 止水带的长度是根据管节预制的测量结果而确定的，因此每一管节接头的 OMEGA 止水带不允许更换位置。

6）当拖拉安装完毕压紧后，如长度刚好，可以准备安装压板。

7）如有多余长度，则需检查安装是否已经到位，可能仍有空隙需要拉紧。

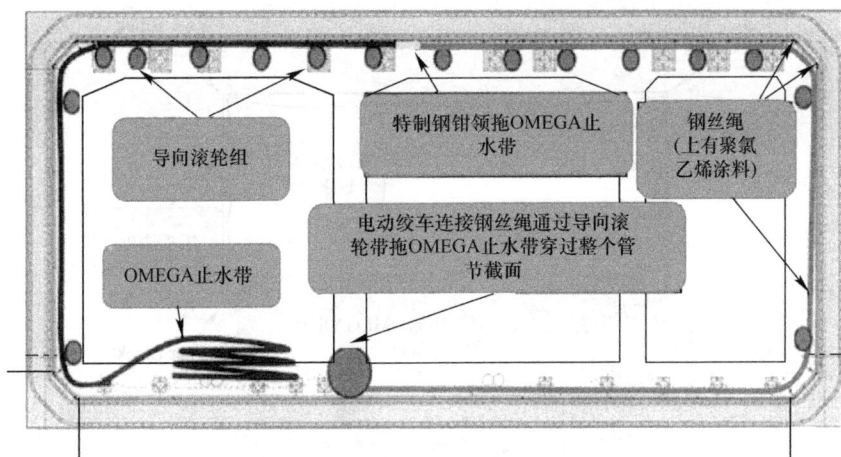

图 9-11 拖拉安装 OMEGA 止水带布置

9.5.3 压板安装

当 OMEGA 止水带绕管节接头一圈后，要用压板（图 9-12a、b）压紧拉直并固定，确保止水带与管节间无缝隙。压板则是将预制的钢板通过螺栓，将止水带压紧在止水带两旁的预埋螺栓孔位置。

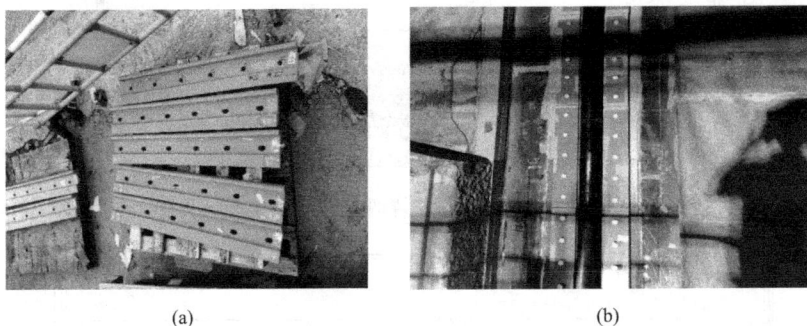

(a) (b)

图 9-12 压板安装
(a) 压板待安装；(b) 墙身压板安装

当管节拉直绷紧，压板安装完成且检查止水带无间隙、密封性合格后，就可以进行止水带的硫化接驳工作，使一条止水带首尾相连成为一个整体，对管节的水密性进行增强。

安装压板前需要进行检查清洗，确保所有压板油漆情况完好。同时，检查压板螺栓孔的情况，防止因预埋件偏差或管节不均匀沉降而导致的间隙超标或错位现象。按上述准备步骤所描述准备好全部螺栓及螺栓孔后，开始安装压板。安装压板应首先固定转角位置，如图 9-13 所示。

其次，在每边的中点安装压板，并持续在剩下暴露部分的中点安装，直至压板固定整个 OMEGA 止水带，如图 9-14 所示。

当上方及墙壁两侧 OMEGA 止水带固定安装暂时完成后，放松下方的止水带，如图 9-15 所示，准备进行止水带硫化接驳。下方的压板将在接驳完成后再行安装。

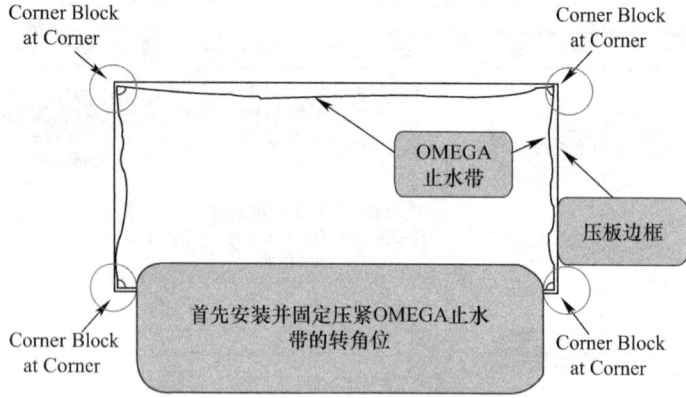

图 9-13　固定 OMEGA 止水带于转角位

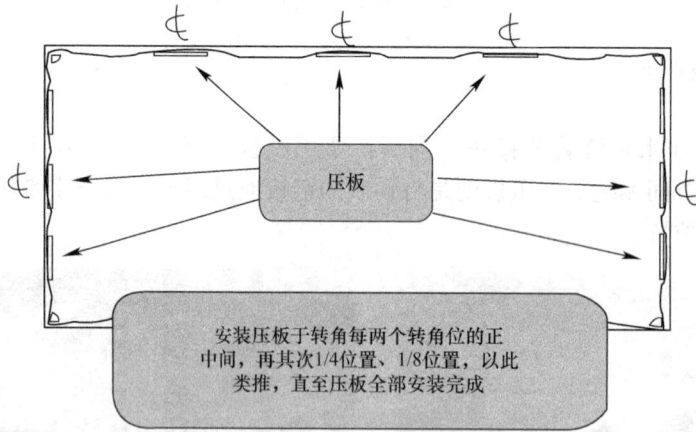

图 9-14　安装墙身压板

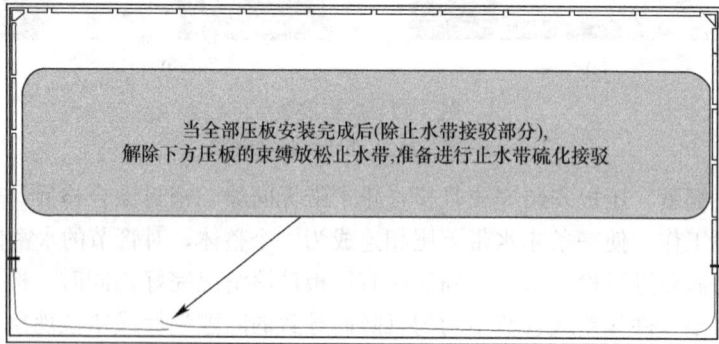

图 9-15　放松底部准备硫化接驳

　　安装顶部压板时，因压板自身质量，用人工托举压板安装较为危险且难以完成，故再次利用拖拉 OMEGA 止水带时制造使用的吊装导向滚轮组帮助安装顶部压板，如图 9-16 所示。工人首先用螺栓临时固定吊装滚轮组于将要安装的压板两旁的压板位置；之后，通过滚轮输送待安装压板至指定位置并帮助承托；最后，工人立于升降台上，对压板用螺栓收紧固定。

压板的安装不需要止水带两侧管节标高相同。因采用柔性连接方法，有限的沉降差不会对接头的水密性产生影响。用压板压紧止水带，控制 OMEGA 止水带与管节间的空隙。如图 9-17 所示。

图 9-16　吊装导向滚轮组

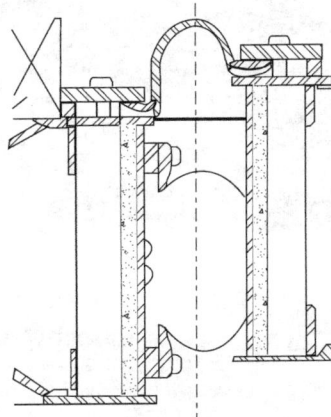

图 9-17　管节两端有沉降差时安装示意图

9.5.4　硫化接驳

如图 9-18 所示，硫化接驳是安装 OMEGA 止水带最重要的一个步骤。接驳的好坏直接关系整个止水带的质量。接驳操作须由供应商派专业人士进行事前指导及接驳作业。硫化接驳作业主要分为下面 5 个步骤：

1）在止水带两端做好硫化接头的准备工作；

2）在接头处涂抹特质胶水材料，并辅以可溶解网状结构；

3）反复缠紧至要求程度，并将准备好的 OMEGA 止水带接头处放置于模具内；

4）通电并加热模具 3～4h；

5）到规定时间后停止加热，等待模具自然冷却，拆除模具并清除多余橡胶。

如图 9-19 所示，接驳完成后，将于接驳位安装剩余压板（图 9-20）。全部压板安装完

(a)　　　　　　　　　　　　　　　　　　　(b)

图 9-18　硫化接驳 OMEGA 止水带（一）

（a）准备打磨 200mm 长的接驳部分；（b）将两端待接驳部分涂抹胶水

(c)

(d)

(e)

(f)

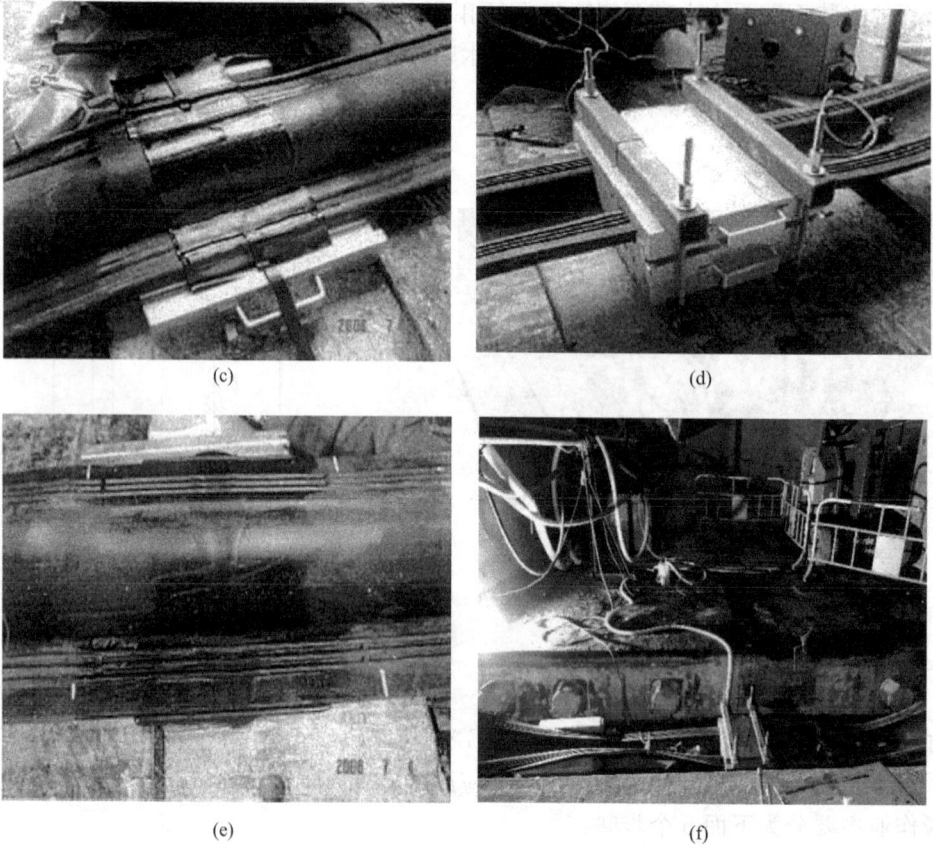

图 9-18　硫化接驳 OMEGA 止水带（二）

（c）将止水带两端放入模具并加入橡胶和纤维；（d）闭合模具通电加热 3～4h；

（e）打开模具并清除多余橡胶；（f）硫化接驳实景相片（模具加热中）

GINA 止水带

OMEGA 止水带

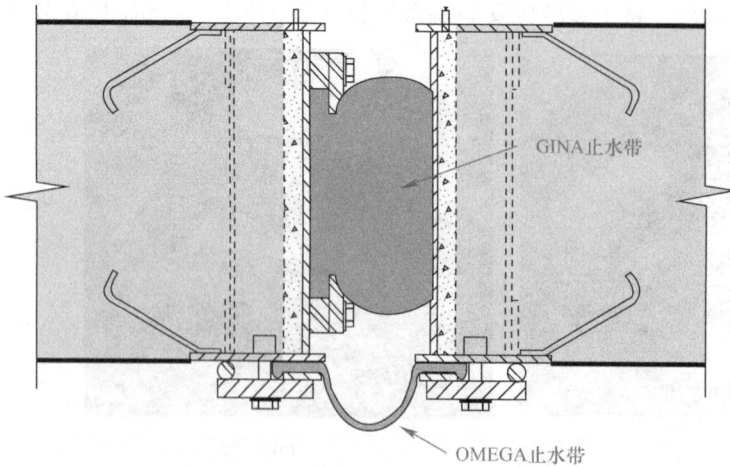

图 9-19　OMEGA 止水带截面图

图 9-20　OMEGA 止水带及
压板安装完成后

成后，需进行水密性测试验收。测试包括：扭力检验和气压检验，相关细节将在 9.8 节的质量检测中再行描述。

9.6 剪力键浇筑

如图 9-21 所示，剪力键共分两类，分别为水平向剪力键及竖向剪力键。此两类剪力键分别对应垂直及水平两方向的应力或位移。沉放前，竖向剪力键暂用钢架代替；沉放后，剪力键浇筑需先行清理预留的剪力键位置，打磨端面混凝土并暴露预埋的刚性连接件。布置并扎紧钢筋，再行分层、分次序浇筑混凝土。

此法建造剪力键的特点在于给予剪力键活动的空间，为隧道使用时潜在的位移提供防护机制。使管内接头柔性化，柔韧性更强，更能在水下多变的环境下保护管节接头位置，不使隧道因剪力而破损漏水。

同时，考虑管节沉降的原因，依据第 6 章管节沉降分析所描述，剪力键应等待管节的初始固结沉降大致完成（残余沉降＜10%）后方可开始进行。所以，要等待管节上方回填土回填完成，并且全程保持对管节沉降的监测。捆扎钢筋前，另需预先完成排水管及其余管道的接驳工作。

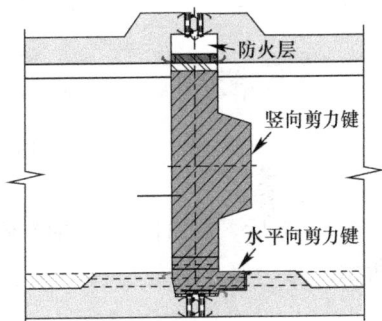

图 9-21 管内接头剪力键及防火层截面示意图

图 9-22 水平向剪力键浇筑时 OMEGA 止水带保护层

9.6.1 水平剪力键浇筑

安装 OMEGA 止水带后，开始进行管节接头的剪力键浇筑施工。首先，需要浇筑底部水平向剪力键。而水平剪力键是为隧道提供抵抗地震的作用。浇筑的主要次序如下：

1）清理管节接头处，并暴露预埋的刚性连接件；

2）重新对预埋端封门角铁和压板等构件打磨上釉，进行保养护理；

3）于 OMEGA 止水带两旁安装混凝土墩当作永久性模具的支撑，并在次端放置脱胶泡沫片；

4）安装 OMEGA 止水带防护层，如图 9-22 所示，亦是混凝土浇筑时的底面模板；

5）于近次端安装单边模板，先浇筑图 9-23 右侧近次端位混凝土，安装并保护排水管；

6）分别安装底部及顶部配筋至指定位置，用刚性连接件连接；

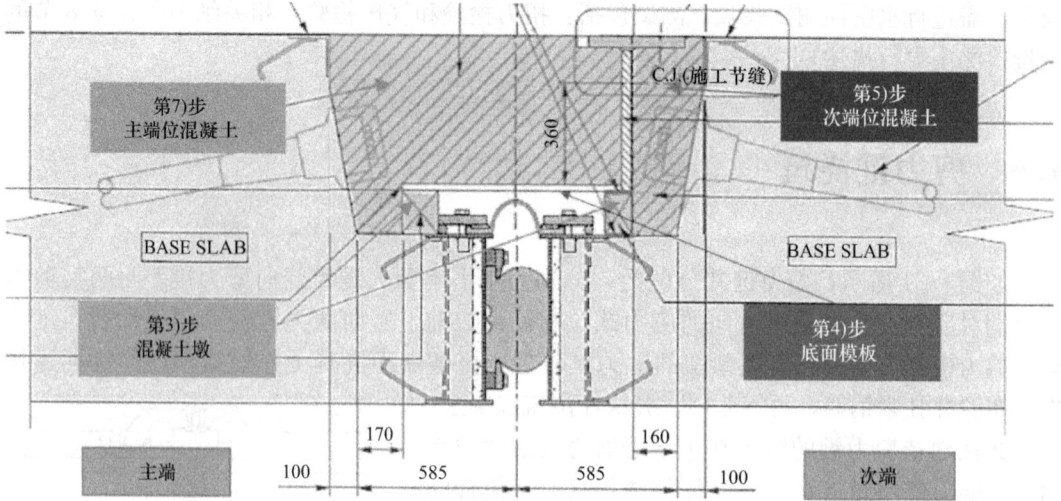

图 9-23　水平向剪力键结构截面图

7）最后，浇筑图 9-23 中左侧上下位置的混凝土，形成的剪力键结构水平面如图 9-24 所示。

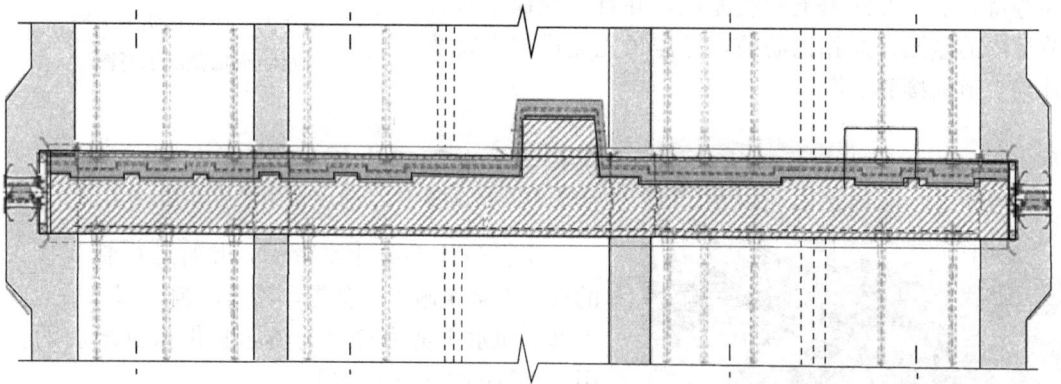

图 9-24　水平向剪力键结构平面图

9.6.2　竖向剪力键浇筑

墙身浇筑竖向剪力键的要点与底板水平向剪力键类似：

1）对剪力键位墙体及钢板进行打磨上釉，见图 9-25。

2）定位并暴露预埋刚性连接件，见图 9-26。

3）根据图 9-27 所示安装扎紧钢筋至对应刚性连接件，其设计如图 9-28 所示。

4）分层浇筑混凝土，完工后如图 9-29 所示。

图 9-25　上釉保护　　　　　　图 9-26　暴露连接件　　　　　　图 9-27　钢筋捆扎

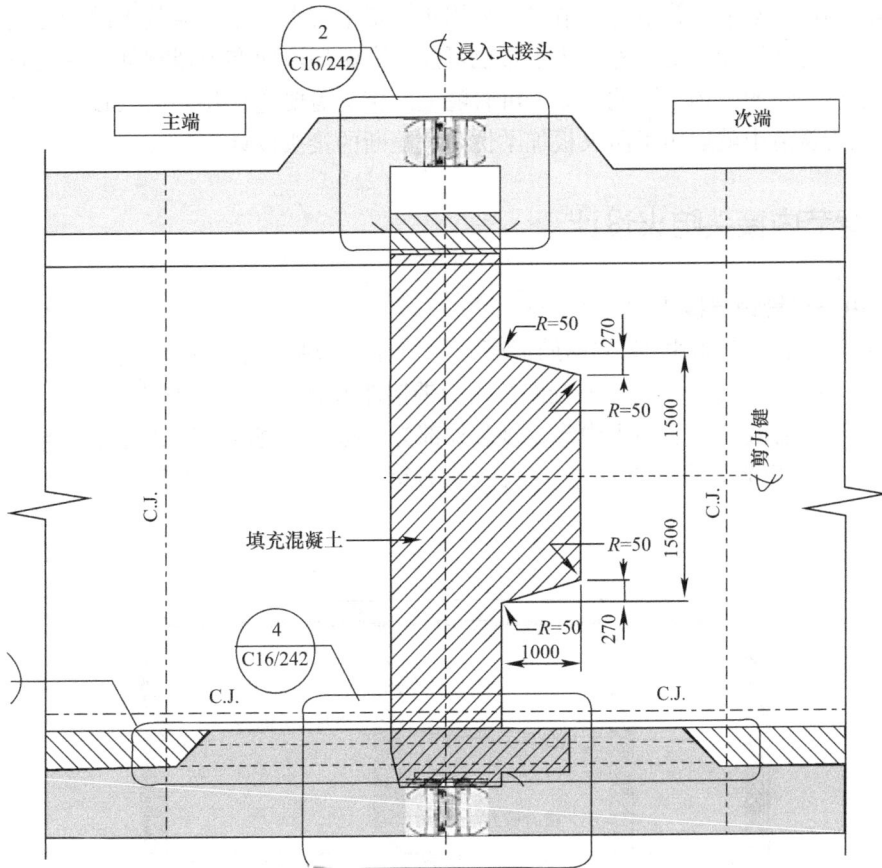

图 9-28　剪力键浇筑设计图

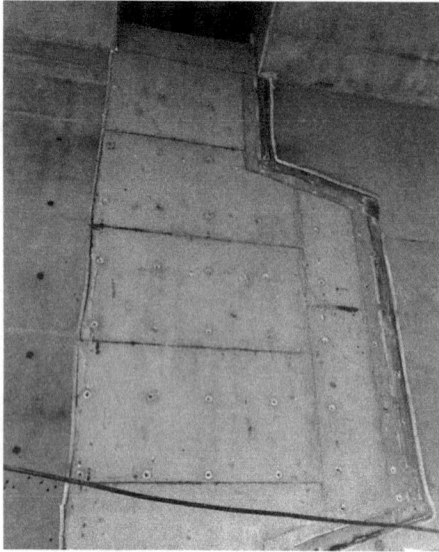

图 9-29　剪力键浇筑完成

9.7　管节接头耐火处理

9.7.1　耐火设计要求

沙中线过海铁路隧道是香港地区现阶段耐久性及防火设计要求最严格的海底沉管隧道。一般隧道的耐火极限要求是 2h，而香港地区沙中线沉管隧道按照 ISO 834 和 BS 476：Parts 20-27 设计，需要满足 4h 耐火极限要求。在沙中线过海铁路隧道中，对沉管隧道结构中顶部混凝土采用添加聚丙烯纤维（Polypropylene Fiber），以满足结构耐火性能要求。但沉管隧道的特殊性在于，沉管主体结构埋于水下，管节与管节之间采用止水带来防水。除了混凝土结构在高温环境下可能会产生力学性能的变化外，止水带也可能因高温环境而变形或损坏，失去止水作用而引起隧道进一步的破坏。因此，对于沉管隧道的接头需要进行特别防火设计处理，如港珠澳大桥沉管隧道中就运用了防火板加柔性防火隔断的接头设计。

9.7.2　管节内接头防火设计

1. 沙中线沉管管节接头

沙中线过海铁路隧道由 11 节钢筋混凝土管节在海床基槽上对接而成。单节管节标准长度 156m、宽 18m、高 8m，管节端部接头为带钢性剪力键设计。如图 9-30（a）、（b）所示，为沙中线沉管隧道管节接头构造，接头外部为起防水关键的 GINA 止水带与 OMEGA 止水带，管节与管节间靠横向和竖向刚性剪力键连接，防火层位于端头顶部、防水层内侧。

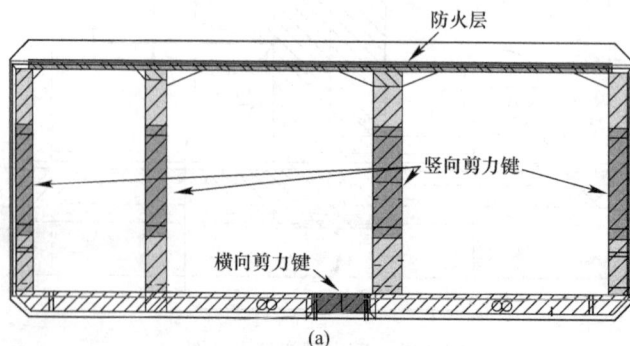

图 9-30　管节接头构造（一）

（a）管节接头横断面图

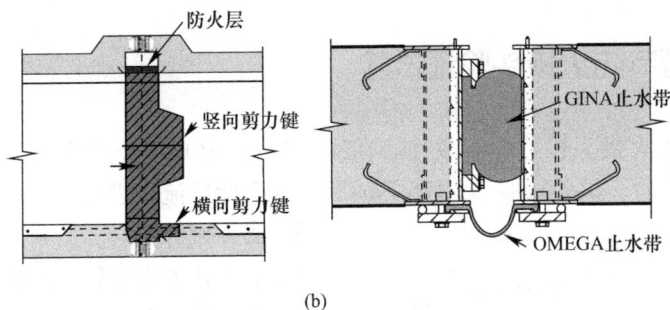

(b)

图 9-30 管节接头构造（二）

（b）管节接头防火层与止水层

由于 GINA 橡胶止水带与 OMEGA 止水带对使用温度有严格限制，因此在 4h 耐火极限时间内，防火接头需要保证火灾情况下，止水带一侧的温度控制在正常使用温度。根据本书采用的止水带正常工作温度要求，背火面升温不能超过 140℃。一旦超过工作范围，两种构件有可能将因高温变形或破坏而失去工作性能，防水能力骤减。

2. 防火接头设计

根据沙中线沉管隧道的特点以及标准要求，经过分析和研究提出了以下具有自主知识产权的沉管隧道接头防火设计构造。顶板隧道管节接口处防火接头构造设计如图 9-31 所示，采用顶、底双层防火板及中间一层 120mm 防火棉的"三明治"结构，顶层防火板与防火棉之间留有空气夹层。防火板与接头间通过自攻螺钉连接，各部件缝隙利用密封剂填充。

考虑到管节接头在运营期间可能会产生的张合变形，防火接头设计中预留了可变形的空间，以应对接头运营期间大于 5cm 的横向和纵向张合变化，保证在接头发生张开时也能够起到应有的防火作用。通过这样一层的防火层设计，实现对内部橡胶止水带的保护。

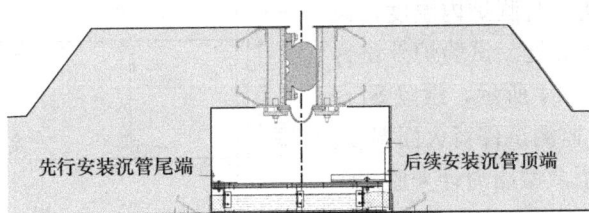

图 9-31 管节防火接头设计

3. 防火材料选用

防火材料选用如表 9-2 所示，防火板选用 DuraSteel 生产的 9.5mm 厚防火板，防火棉采用 PROMATECT-H 生产的 40mm 厚防火棉，防火密封剂采用 Hilti 生产的 CP601S 型防火密封剂，所有材料均满足 4h 耐火极限要求。

防火材料选用表　　　　　　　　　　　　　表 9-2

	防火板	防火棉	防火密封剂
品牌	DuraSteel	PROMATECT-H	Hilti CP601S
规格	9.5mm 厚	40mm 厚	—
密度（kg/m³）	2210	870	1300
导热系数［W/(m·K)］	0.129	0.175	—

9.7.3　沉管管节防火接头验证试验

为验证接头防火接头构造的有效性，在香港地区 HOKLAS 认证的 RED 公司试验室进行了足尺模型试验。试验按照 BS 476 Part22：1987 标准流程进行。

图 9-32　足尺试验预制件

1. 试件设计

试件采用足尺模型，试件构造同实际结构完全一样（图 9-32），试件尺寸为 1300mm×4800mm×237mm。试件由 4 块 1300mm×1200mm×237mm 的防火预制件通过槽钢连接而成，每块防火预制件为 4 层结构，顶面和底面各布置 3 层 9.5mm 厚防火板，中间填充 3 层 40mm 厚防火棉，防火棉与顶部防火板之间留有空气夹层。4 块防火板预制件之间通过槽钢连接成为整体，槽钢尺寸 180mm×75mm×2mm，强度等级 S275。各部件之间采用螺栓连接，并在试件及试验炉各连接空隙采用密封剂填充。实际加工完成后的防火预制件如图 9-32 所示，试件储存、安装和测试环境保持在 21～36℃，湿度保持 55%～88%。

2. 测点布置

为监测试验过程中试验炉与试件背火面温度变化，于试验炉与试件背火面各布置温度传感器，温度传感器选用 K 型热电偶。试验炉内温度测点布置如图 9-33 所示，设置 F1～F9 共 9 个热电偶，监测炉内温度，设置位置在离试件 100mm 处。试验炉外试件背火面测点布置如图 9-34 所示，设置 S1～S11 共 11 个热电偶，监测试件背火面温度。同时，在炉内设置一个微型压力计来监测炉内压强变化，以排除炉内压强变化的影响。并且，为监测试验过程中试件变形，于试件中间位置布置三个位移计，如图 9-35 所示。另外，离试件背火面 1m 处布置一辐射计，以监测试件背火面辐射能的变化。

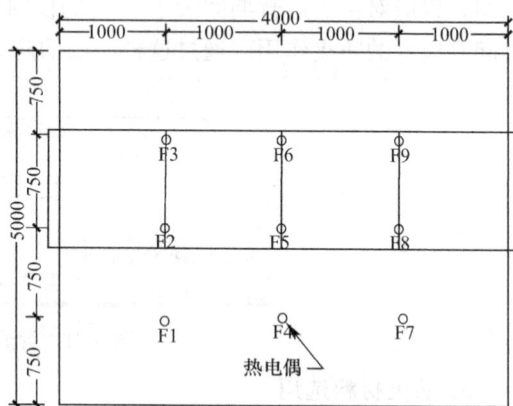

图 9-33　试验炉热电偶布置

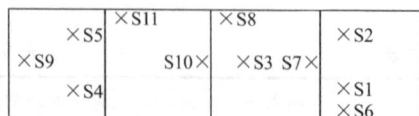

图 9-34　试件背火面热电偶布置

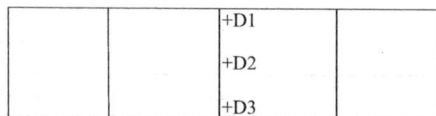

图 9-35　试件位移测点布置

3. 升温曲线

试验采用的升温曲线为 BS 476 Part 20 标准升温曲，通过热电偶测得炉内实际温度与标准升温曲线对比如图 9-36 所示。可以看到，试验炉实际升温曲线与标准升温曲线吻合较好，平均温度在 180min 左右达到 1100℃，在 240min 时达到 1150℃，炉内最高温在 160min 内达到 1200℃，在 240min 时达到 1250℃。

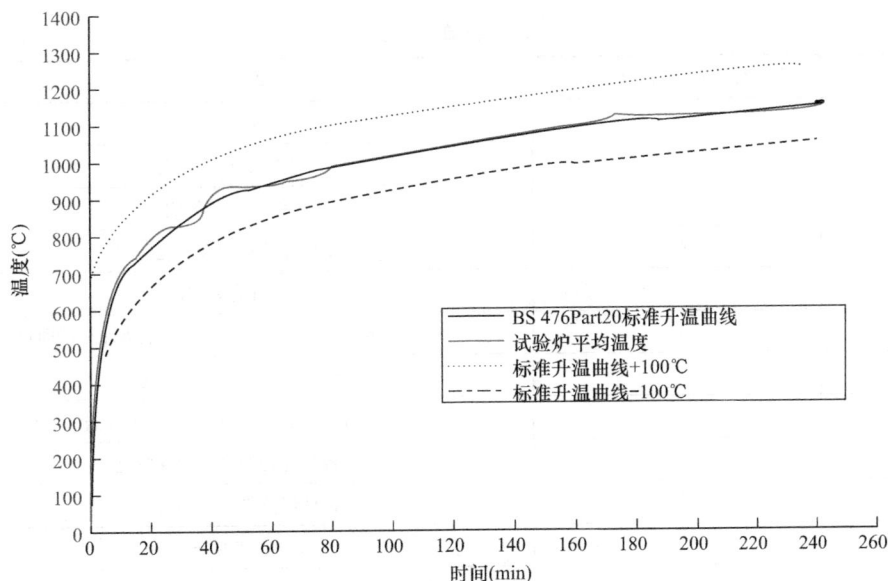

图 9-36 升温曲线

9.7.4 试验结果分析

1. 试验现象

整个试验从开始到终止一共进行 242min，试验过程中试验炉内压强变化保持±20Pa 以内，试验过程中试验现象记录如表 9-3 所示，试验开始时与结束时试件背火面的现象如图 9-37 所示。

图 9-37 试验后试件背火面变化

根据试验现象记录，试验 51min 时，烟气首先在接缝处溢出；在 63min 时，试件侧底面连接位置有火焰冒出，表明接缝处有破碎，但试件背火面未见火焰；在 72min 时，可以观察到接缝处密封剂开始变色；在 179min 时，背火面密封剂开始变黑炭化，但直到试验结束，密封剂仍可以起到良好的隔火效果，如图 9-37 所示。在试验结束时，试件背火面并未见到明显火焰和烟气，表明在 4h 受火时间里试件保持较好的完整性。

试验现象记录表

表 9-3

时间（min）	受火面（E）/背火面（U）	观察记录
00	—	开始试验
07	E	试件未见明显变化
17	E	接缝处密封剂变黑
30	U	试件保持稳定性和完整性
51	U	试件有烟漏出
56	U	在试件中心 S3 位置放置棉垫，绝热性测试通过
60	U	试件保持稳定性和完整性
63	E	试件与试验炉连接位置发现火焰
72	E	板接缝处的密封剂变白色
90	U	试件保持稳定性和完整性
115	U	观察到有明显变形
117	U	在试件表面 S1 位置放置棉垫，绝热性测试通过
120	U	试件保持稳定性和完整性
150	U	试件保持稳定性和完整性
177	U	防火板开始从试件表面松开
179	U	在试件表面 S1 热电偶位置放置棉垫，绝热性测试通过，接缝处的密封剂变黑色
180	U	试件保持稳定性和完整性
210	U	试件保持完整状态和隔火性能
234	U	在试件表面 S7 位置放置棉垫，绝热性测试通过
240	U	试件保持稳定性和完整性
242	U	试验结束

试件开始明显变形发生在 115min，但背火面防火板并没有明显变化，因此主要是受火面防火板受热变形增大影响；在 177min 时，背火面防火板表面可以看到明显的松动，高温引起顶部防火板变形增大。通过 3 个位移测点测得试件表面竖向位移随时间变化如图 9-38 所示。在 4h 内，试件挠度变化较为稳定，不存在突增过程。试验结束时刻测得试件中心位置最大挠度为 44mm，挠度板宽比为 1/29，试件未丧失稳定性。

在 56min、117min、179min 时，分别于试件背火面放置棉垫进行绝热性测试。整个试验过程棉垫并未燃烧，证明试件绝热性能良好。

试验结束受火面破坏形态如图 9-39 所示，可以看到在受火后，试件最底层防火板在高温下发生爆裂。爆裂位置为中间槽钢位置，主要由于此位置防火板不直接与防火棉接触，温度较其他位置高，但试件整体未完全破坏，保持较好的整体性。

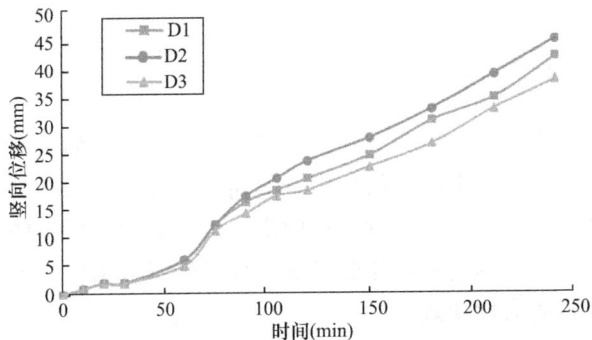

图 9-38 试件测点竖向位移随时间变化曲线

图 9-39 试件受火面破坏形态

2. 试件背火面升温

试验过程中，背火面测点升温平均值与最大值随时间变化曲线如图 9-40 所示，整个过程中最大升温值为试验终止时刻的 S10 测点，其升温 128℃。在 4h 耐火时限内，试件背火面最大升温始终未超过 130℃。满足止水带升温限值 140℃的要求，说明设计的防火节点可以保证止水带在 4h 耐火时间内正常工作。

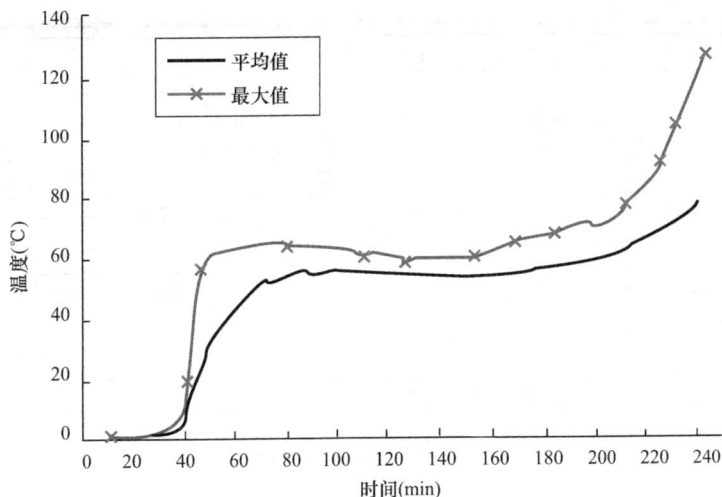

图 9-40 试件背火面测点平均升温及最大升温曲线

从背火面升温变化趋势看，背火面升温可以分为四个阶段：阶段一（0～40min），试件背火面温度整体变化不大，试件起到很好绝热效果；阶段二（40～50min），试件背火面迅速升温；阶段三（50～180min），试件背火面温度进入稳定段，整体温度变化不大；阶段四（180～240min），试件温度继续上升，但趋势较阶段二缓慢。试件背火面整体升温较为平稳，说明该防火构造可以有效控制背火面升温。

9.7.5 防火板安装特点

装配式防火板材相较于防火涂料有以下优势：

1）工程预制生产，尺寸标准，外形美观；

2）机械作业，安装简单；

3）更换便利，维修性好；

4）质量保证，技术成熟。

在选定使用防火顶棚的前提下，同时考虑管节使用中潜在的不均匀沉降情况。如采用刚性连接，则会在相邻管节不均匀沉降时对接头产出巨大的压力，进而造成接头结构断裂崩溃。所以，防火顶棚的设计亦在两端加入了多层钢板通过螺栓固定，但亦有预留可控的富余活动量；同时，防火棉亦被提前压缩塞入两端空隙，如此确保就算两端管节错位拉扯接头，柔性安装的防火板亦可以应对而保持耐火性功效。

9.7.6　防火/耐火设施安装

防火/耐火设施的安装主要有 5 个步骤，如图 9-41 所示：

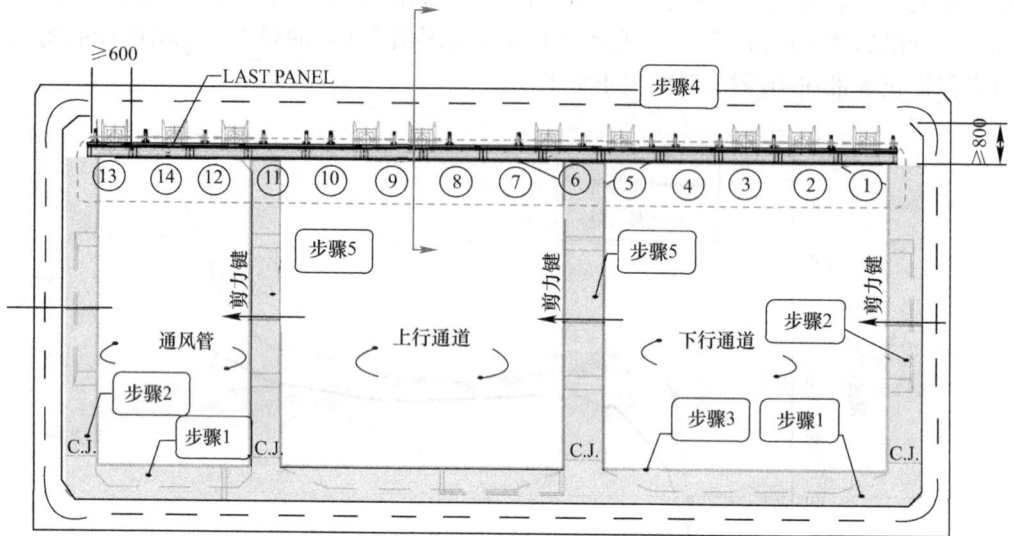

图 9-41　管节内防火设计截面图

1）在底部混凝土板块之间的缝隙进行填充，如浇筑水泥；

2）为外墙浇筑墙身及剪力键的混凝土结构；

3）为底板及墙身铺设安装隔热板材；

4）安装顶棚防火板（详情见图 9-42 和图 9-43）；

5）浇筑内部墙身及剪力键混凝土结构。

其中，步骤 4）安装顶棚防火板，共有 7 个细节步骤，如图 9-42 和图 9-43 所示：

（1）在主次端分别安装承重角钢支架及悬挂梁并固定；

（2）用自攻螺钉安装固定上部盖板至悬挂梁和支架；

（3）根据图 9-41 所标识的次序（1～14），逐块安装预制顶棚防火板；

（4）用螺栓或自攻螺钉连接加固顶棚防火板两端；

（5）在两端安装防火棉；

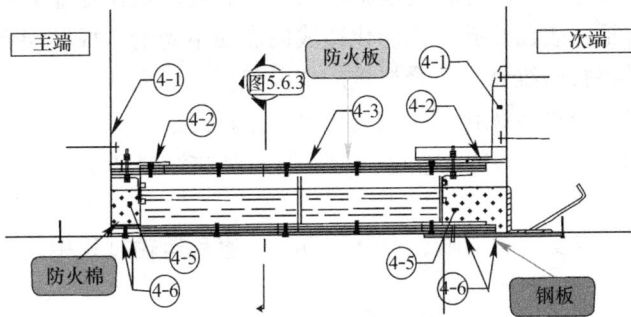

图 9-42　防火顶棚安装截面图

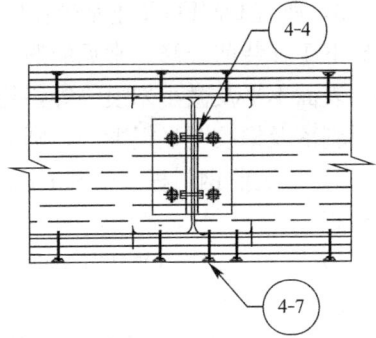

图 9-43　防火顶棚安装俯视图

（6）安装下方盖板；

（7）用自攻螺钉安装固定底部盖板至悬挂梁和支架。

9.8　质量检测

9.8.1　扭力测试

在 OMEGA 止水带安装时，对 10％的压板固定螺栓施行扭力测试（图 9-44），确保螺栓已收紧。根据设计确定，要求的扭力强度为 525kN。

图 9-44　扭力测试进行中

9.8.2　气压测试

通过预埋通气管进行气压检测，检查止水带是否有漏气情况发生。如有，则根据供应商的处理意见再次收紧漏气处板夹螺栓或实行其他推荐处理方案。止水带内部的气压需在 10min 内保持至少 90％不跌落，方算合格；反之，则证明 OMEGA 止水带存在缝隙。

9.8.3　施工注意事项

1）施工前，所有施工设计图纸、施工工序及监察和测试计划必须审批。

2）所有 OMEGA 止水带在安装前均需要进行验收检验，如发现瑕疵，须在专业人员指导下于安装前维修。常见的瑕疵包括：表面小孔、因硫化造成的表面不光滑、橡胶层剥落、表面不平及微小划痕等等，均需要打磨维修。其余严重的情况包括：明显凹痕、纤维材料剥落及橡胶明显损毁等，则需要重新进行硫化受影响的止水带重新铸造。

3）安装前钢封板（Collar Plate）及板夹（Clamping Bar）的防腐蚀涂料情况亦需进行检查。

4）运输、吊运 OMEGA 止水带时需要制定清晰、安全的方法，避免运输过程中造成损伤。

5）所有板夹上的螺栓均需要施行扭力测试，以确保板夹安装正确，对止水带施加的压力达到设计要求。

6）止水带安装完成后，整体需要进行空气测试，以确保止水带的水密性。每个管节接头处的起始气压已经根据实际水下深度得出，空气测试的通过标准为在 10min 后接头处的气压不低于 90％的起始气压。

9.8.4 OMEGA 止水带的检查及修复

检查 OMEGA 止水带，其中分为轻微损伤和严重损伤。轻微损伤主要由运输或搬运中的擦碰所引起，并不影响止水带功效。例如，图 9-45 所示的四种情况。

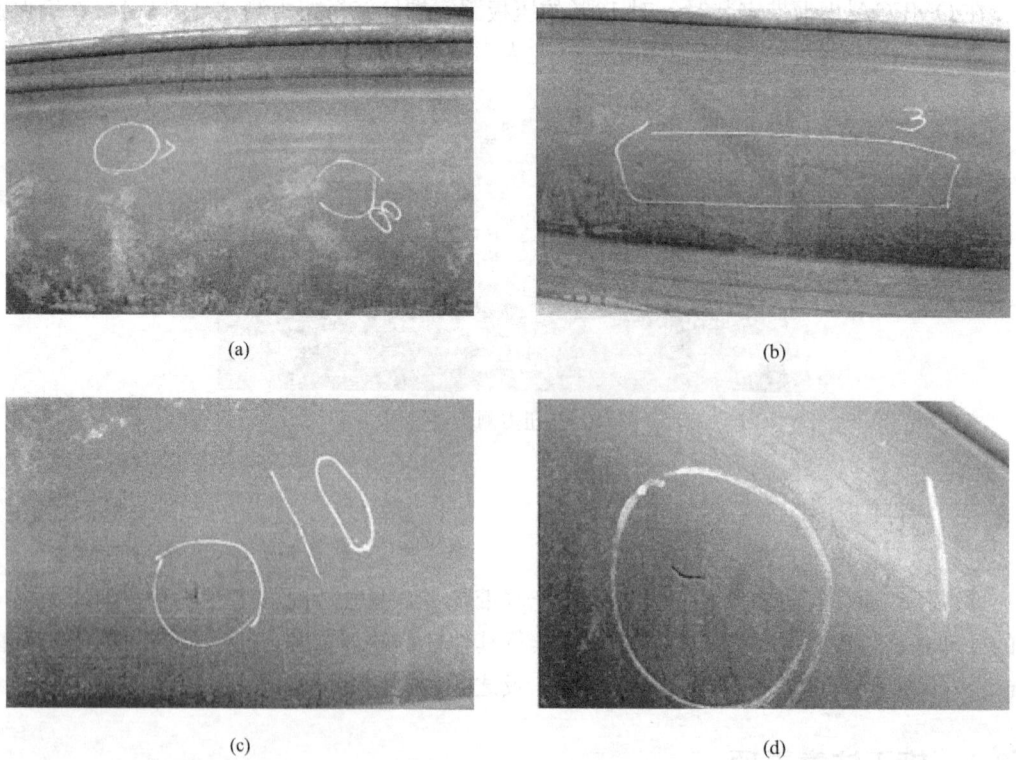

(a)　　　　　　　　　　(b)

(c)　　　　　　　　　　(d)

图 9-45　轻微损伤
(a) 小洞；(b) 硫化效果；(c) 橡胶剥落；(d) 划痕

同时，亦有因生产过程而引致的严重损伤。例如，图 9-46 所示的三种情况。

(a)

(b)

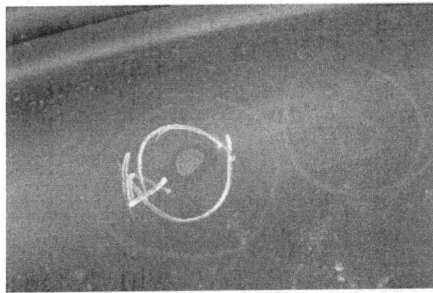

(c)

图 9-46　严重损伤
（a）闪蒸橡胶；（b）凹痕；（c）纤维暴露

发生上述情况时，需要采取合适的维修措施。具体的维修措施应咨询供应商方面的专家确认。但一般而言，对于轻微损伤和严重损伤将分别采取以下措施，如图 9-47 所示。

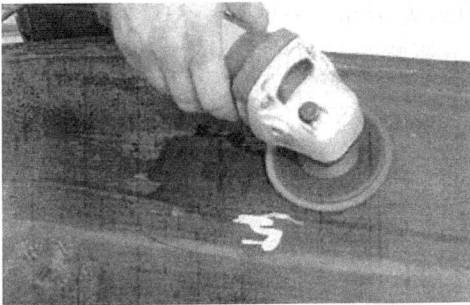

(a)

(b)

图 9-47　对应维修措施
（a）磨砂去痕（轻微损伤）；（b）硫化接驳（严重损伤）

第 10 章　沉管隧道全自动位移监测设计及应用

10.1　工程概况

10.1.1　工程概况

香港地区沙中线（南北线）过海铁路隧道项目由现有东铁线红磡站向南延长，由海底穿过维多利亚港湾到达香港地区岛铜锣湾及湾仔附近，最后以金钟为终点站，形成南北走廊。该隧道分别在里程 U99+760 处与红磡明挖隧道以及在里程 U98+096.60 处与铜锣湾避风塘内的已建隧道相连。工程靠近红磡绕道高架桥及红磡海底隧道。红磡海底隧道是连接港岛与九龙嘴主要干道，红磡绕道高架桥为连接红磡及尖沙嘴主要车行道，均交通繁忙，必须确保两者在施工期间的安全使用。

10.1.2　红磡过海隧道概况

红磡过海隧道（Cross-Harbour Tunnel）为全长约 1.8km 的过海公路隧道，连接九龙红磡同香港地区岛的铜锣湾，是香港地区现时最为繁忙的过海隧道。此隧道位于沙中线沉管隧道西侧，距疏浚基槽放坡顶部的最小距离为 48m，平均距离为 70m 左右。由此，红磡过海隧道全段位于沙中线沉管隧道 100m 影响半径范围内。为了及时发现在建隧道对红磡过海隧道的潜在影响，全自动位移实时监测系统沿红磡过海隧道全段进行布置（图 10-1）。

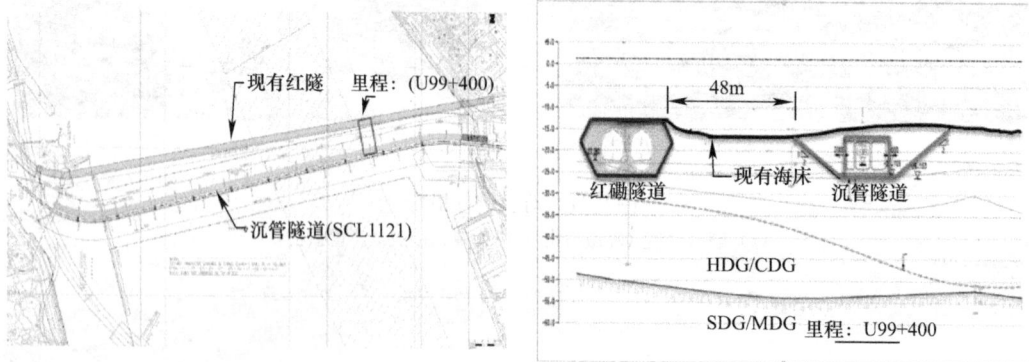

图 10-1　红磡过海隧道与沙中线沉管隧道平面图及剖面图

10. 1. 3 全自动位移监测系统

全自动位移监测系统已经广泛运用于建筑物、隧道、路轨等位移的高精度，24h 不间断地实时自动监测。如图 10-2 所示，监测系统主要由以下六部分组成：自动全站仪、基准点、测量点、数据处理器、数据存储器和实时监测分析软件。全自动位移监测系统的工作程序如下：

1）自动全站仪通过安装于稳定区域的基准点棱镜，自动测量出观测点的距离和角度并将数据传输至数据处理器；

2）微型电脑通过分析及计算，把所得测量数据转化为监测分析软件可识别的数字及图形文件并传输给服务器；

3）服务器按照要求把相应结果传输到客户端；观测点位移超出安全数值时，服务器将按照预先设置时间间隔要求自动发出报警信息；

4）同时，客户可以通过所安装软件进行实时的数据察看。

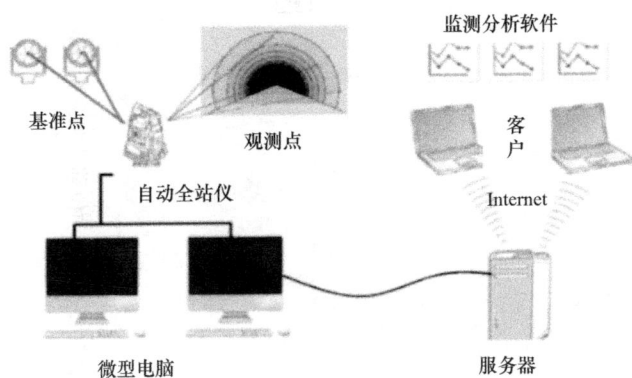

图 10-2 全自动位移监测系统组成

目前，该自动监测系统在香港地区主要用于隧道局部（如入口处）位移监测。沿隧道纵向全长的位移监测中，现有香港地区最长监测距离为 300m（西港岛线地铁项目）。相比较之下，红磡过海隧道需要监测距离约为 1.8km，且基准点只可设置于隧道南北两岸。为了得到稳定、可靠的测量数据，对整个监测系统的设计安装及计算提出较高要求。本书将从以下两部分进行介绍：全自动位移监测系统初始分析及设计和全自动位移监测系统优化分析及设计。

10. 2 全自动位移监测系统初始分析及设计

用于红磡过海隧道的全自动位移监测系统由以下三部分组成：

1）置于铜锣湾侧的基准点及共享观测点；

2）沿隧道全长（由里程 CH08＋12 到里程 CH28＋16）布置的自动全站仪器及测量点组成；

3）置于红磡侧的基准点及共享观测点。该系统组成示意图如图 10-3 所示。

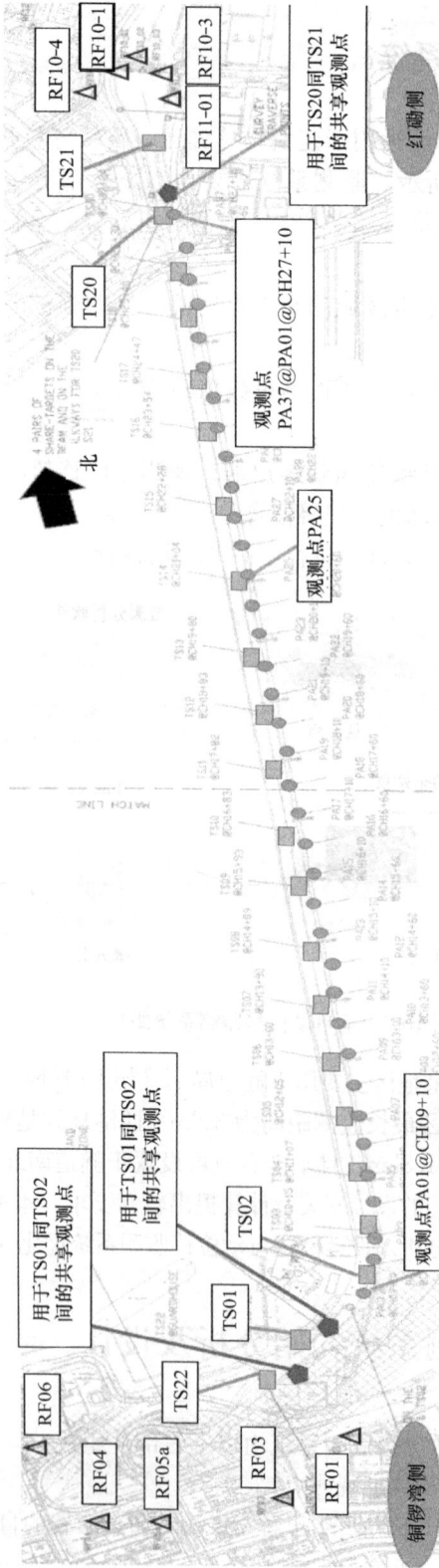

图10-3　全自动位移监测系统布置

10.2.1 全自位移监测初始阶段系统布置

本项目自动全站仪采用莱卡 TM50，其测角精度为 $1''$，测距精度为 $\pm0.6\text{mm}+1\text{ppm}$。总共 22 个自动全站仪用于此项目，其中 20 个自动全站仪（TS01~TS20）由里程 CH08+12 始沿隧道全长安装于南侧通道，相距距离为 90~120m，覆盖半径不大于 200m，根据现场实际情况确定隧道内自动全站仪的实际里程。另一自动全站仪（T22）安装于铜锣湾警卫室，同时于红磡入口处横梁安装编号为 T21 的自动全站仪。

基于红磡过海隧道的实际情况，基准测量点设置于铜锣湾侧和红磡侧。红磡侧，分别安装于红隧收费广场天桥柱、红隧行政楼屋顶及香港地区理工大学教学楼屋顶；铜锣湾侧，安装于谢斐路及邻近告士打道的建筑屋顶。基准点的坐标由人工测量确定。

光学棱镜观测点安装于此过海隧道南向通道，由铜锣湾侧（里程 CH09+10）至红磡侧（里程 CH27+10）共安装 37 组观测点，距离为 50m 或 25m。每组观测点包括四对棱镜，每对棱镜分别面向南、北两方向，安装于隧道两侧墙体上端及下侧人行道靠近墙体处，如图 10-4 所示。

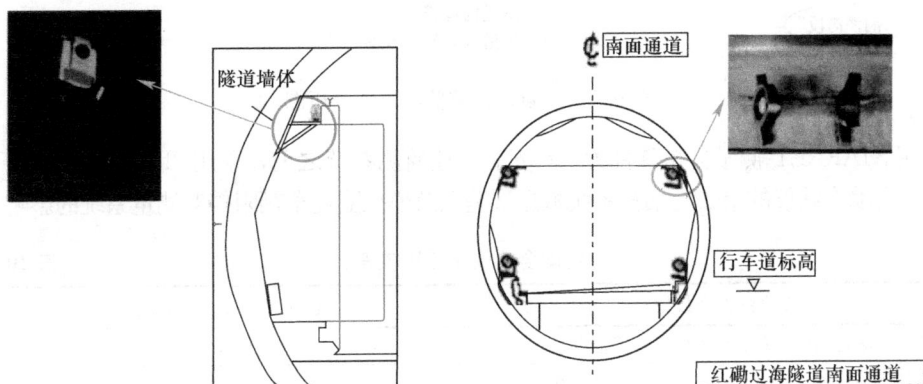

图 10-4　自动全站仪安装图及棱镜观测点安装图

共享观测点用于自动全站仪之间的连接，由一对近距离光学棱镜组成。在铜锣湾侧，6 对共享观测点安装于隧道出口处横梁上，用于连接 TS01 和 TS22；4 对安装于隧道 C0033 墙体表面，用于连接 TS01 和 TS02。红磡侧，4 对共享观测点安装于隧道 C1079 及 D1095 墙体处，用于连接 TS20 和 TS21。

10.2.2 全自位移监测系统布初步数据分析

如图 10-5 所示，不同于传统网络组成，稳定的基准点只能安装于隧道两端的近岸建筑物处，因此共享观测点用于自动全站仪之间的连接，从而形成贯穿隧道全长的观测计算线路。在铜锣湾侧及红磡侧基准点坐标确定以后，位于两侧的自动全站仪 TS22 和 T21 依据相应基准点计算自身及邻近共享观测点坐标，并由共享观测点分别计算确定两侧隧道入口处自动全站仪 TS01 和 TS20 坐标。隧道内部，所有光学观测棱镜都作为共享观测点以连接隧道沿线自动全站仪。据此，每个里程的自动全站仪坐标可以确定，继而所有观测点坐标可以计算。为减小误差，隧道段头的共享观测点设计为南北向一对光学棱镜，在每个安装截面上不少于两对。由于共享观测点距离相近并安装于同一建筑物上，因此可以假设两相近共享观测点间的运动幅值和方向相同。相应地在计算矩阵中，两共享观测点间的设计参数是固定的，主要包括测量角度和水平、竖直测距。这些参数由人工测量确定的观测点安装坐标计算而得，并在此后的网络计算矩阵中固定不变。计算系统采用试误法，根据自动全站仪设置的误差范围，反复计算最终得到每个观测点的位移值。因为自动全站仪不是全部位于相对固定的建造物上，所以在每次计算循环中都会重新计算其坐标，单次循环计算需时 30min，满足实时报数间隔要求。

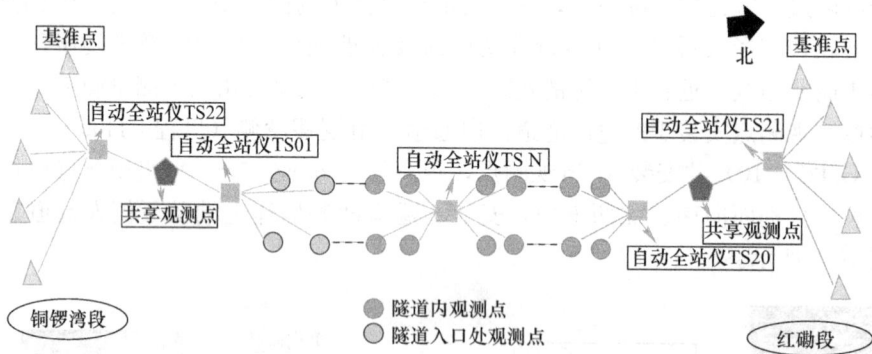

图 10-5　全自动位移监测系统分析图

采用 STARNET 测量分析软件为，在安装上述监测系统之前，采用 3D 数据模拟分析用于比较确定自动全站仪的个数、估算系统数据误差以及模拟隧道车辆阻挡对测量系统的影响。

自动全站仪精度比较表

表 10-1

自动全站仪个数	测量精确度（东向位移）
11 位于隧道内＋1 位于铜锣湾侧隧道警卫室	±13.4mm
15 位于隧道内＋1 位于铜锣湾侧隧道警卫室	±9.4mm
21 位于隧道内＋1 位于铜锣湾侧隧道警卫室	±7.3mm
25 位于隧道内＋1 位于铜锣湾侧隧道警卫室	±7mm

此分析对自动全站仪个数为 11、15、21 和 25 四种布置进行数据比较。由表 10-1 的比较结果可知，由 22 个自动全站仪组成的测量系统所能达到的精度为±7.3mm，相比包含 12 个自动全站仪系统所能达到的±13.4mm 的测量精度有明显提高，却与包含 26 个自动全站仪系统的测量精度相差不大，因此，最终采用 22 个自动全站仪。

此数据分析中，考虑由设备和测量网络产生的系统误差。由此，假设自动全站仪测量角精度为 1 弧秒，测距精度为 0.6mm＋1ppm，自动全站仪及基准点间的覆盖半径为 200m。由分析结果可知（图 10-6），最大的误差发生在隧道中部东向位移值（面向沙中线沉管隧道施工侧位移）。

由于红磡过海隧道经常发生塞车情况，因此与自动全站仪成对角布置的观测点极可能被遮挡，从而减少测量网络可用数据，导致测量网络稳定性及精确度降低。为模拟上述情况，假设所有位于自动全站仪对角分布的观测点均不可测量，得到东向位移测量误差为±8.3mm，而北向及竖向位移没有明显影响。据此，初步证明测量系统在理论上的可行性。

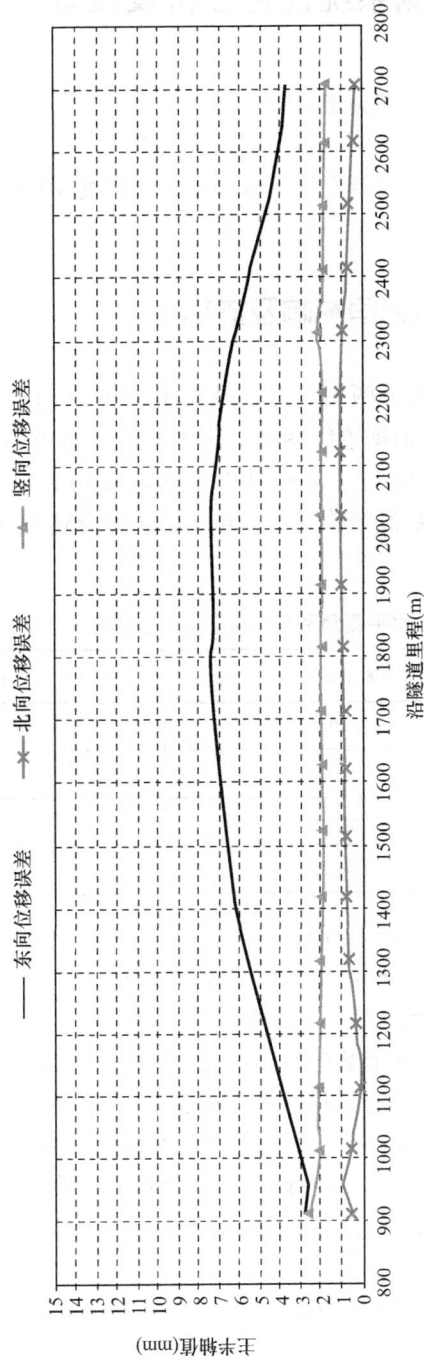

图10-6 半主轴误差椭圆值对比图

10.3　全自动位移监测系统优化分析及设计

在自动位移监测系统基准数据测量期间，北向及竖直向位于稳定，东向位移数据却起伏较大，系统呈现不稳定性，隧道中部东向位移幅值多次超过第三级警戒数值，位移监测网络需要进行优化。本节从位移监测系统布置调整和固定光学棱镜观测点选择两方面阐述优化过程。

10.3.1　自动全站仪水平测角影响及措施

从 10.2 节的分析可知，隧道两侧入口处及岸上段的自动全站仪坐标对整个系统读数的稳定和可靠性至关重要。根据连续两周对水平测量角标准差分析发现，隧道入口和岸上段的自动全站仪有较高的偏差。如表 10-2 所示，在距离自动全站仪 50m 处，由测角误差引起的东向位移标准差值最大为 3.5mm，分别由隧道入口两端的自动全站仪算得。

水平测角及东向位移标准差比较　　　　　　　　　　　　　　　　表 10-2

自动全站编号	水平测角标准差（gon）	相距 50m 处相应东向位移标准差（mm）
TS22（铜锣湾侧隧道警卫室）	±0.0022	1.7
TS01（铜锣湾侧隧道入口）	±0.0045	3.5
TS20（红磡侧隧道入口）	±0.0045	3.5
TS21（红磡侧隧道岸上侧）	±0.0020	1.6

据此，首次优化方案如下（图 10-7）：

1）在铜锣湾侧 TS01 与 T02 间新增自动全站仪 TS23，并在其间增加 10 组共享观测点；其中，在 TS23 下安装一个 360°光学棱镜；

2）分别在铜锣湾及红磡侧新增基准点，以减少两侧岸上自动全站仪读数误差；

3）在隧道纵向，于已经安装的观测点里程间增加 87 个光学棱镜作为共享观测点。

比较 2016 年 9 月 9 号和 2016 年 10 月 9 号相同时间段（凌晨 12 时至次日中午 12 时）数据，在同一里程 CH20＋10 上隧道位移随时间变化趋势一致，幅值变化明显。由最初录得±20mm 优化至＋10/－9mm，与预估区间值接近，优化效果明显。

10.3.2　固定端部观测点法的使用

如图 10-8 所示，由首次优化连续两个月的数据显示，铜锣湾侧和隧道中部数据稳定，95％置信区间东向位移中位值幅值为 9mm。然而，在靠近红磡侧里程为 CH26＋10 左右产生畸变(图 10-9)。这主要因为红磡段地势条件限制，无法新增自动全站仪和共享观测点，从而导致长期优化效果不理想。

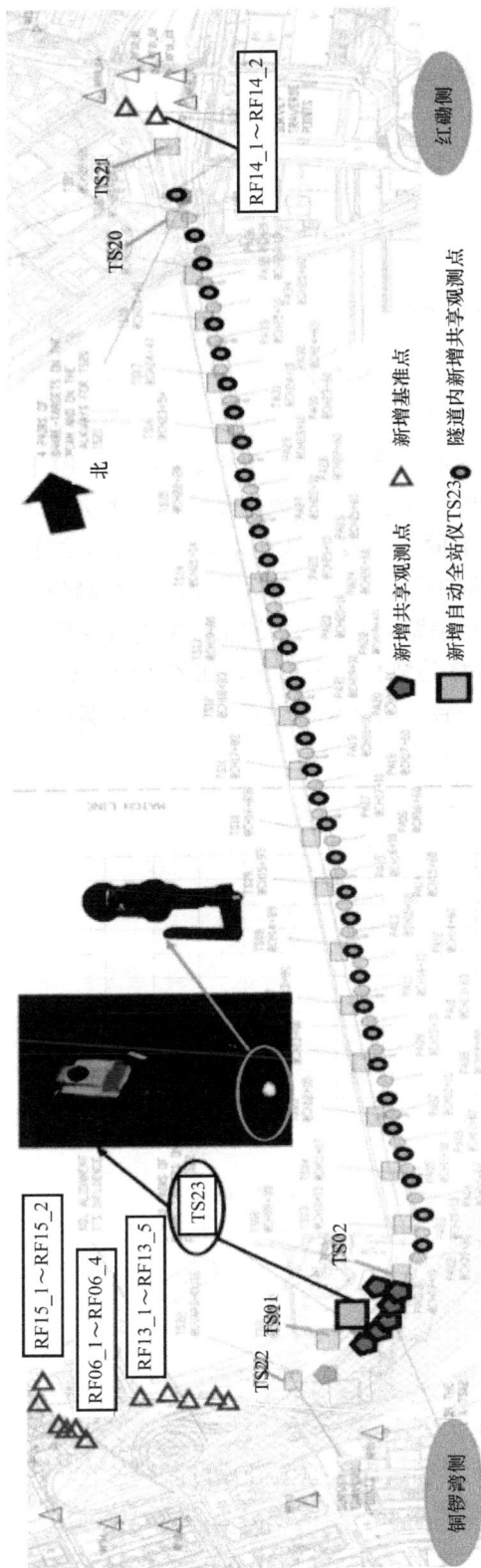

图10-7　全自动位移监测系统优化方案

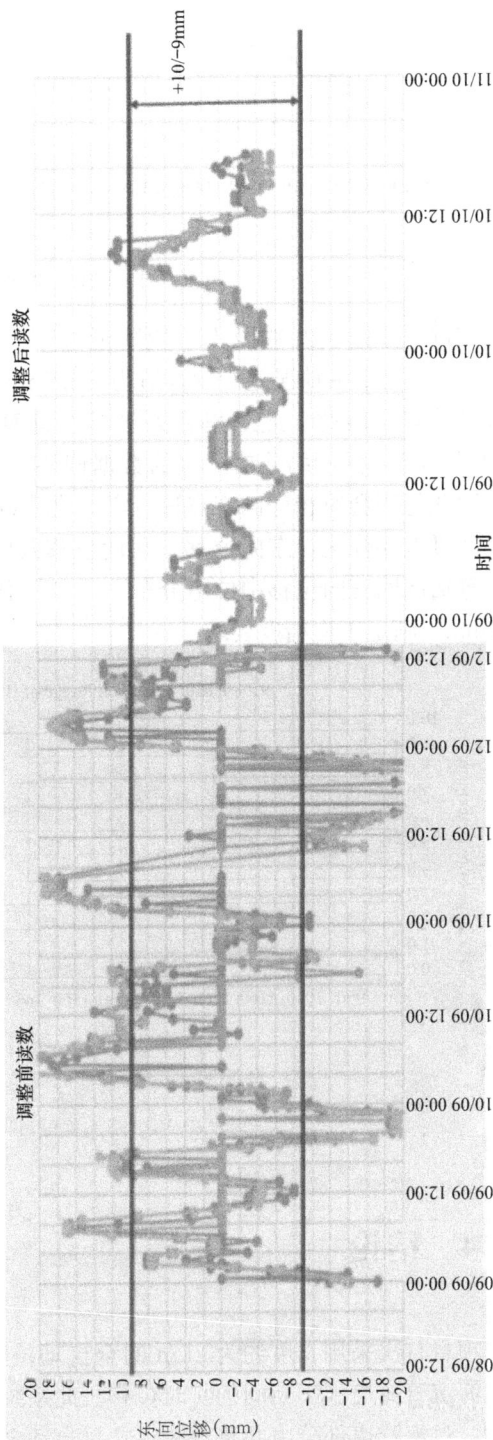

新增基准点
隧道内新增共享观测点
新增共享观测点
新增自动全站仪TS23

红磡侧

铜锣湾侧

北

MATCH LINE

RF14_1～RF14_2
TS21
TS20
RF15_1～RF15_2
RF06_1～RF06_4
RF13_1～RF13_5
TS23
TS02
TS01
TS22

图10-8　优化前后读数比较

调整后读数

调整前读数

+10/-9mm

东向位移（mm）

时间

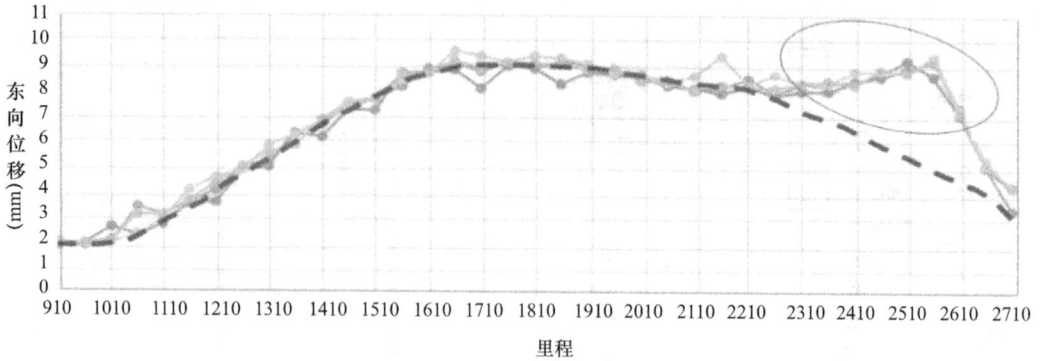

图 10-9　优化前后读数比较

在进一步比较红磡段入口段附近共享观测点发现，位于 CH26＋85、CH27＋10 和 CH27＋85 处半主轴误差椭圆幅值为±3.5mm，且两个月连续实时数据显示东向坐标稳定无移动趋势。因此，此三里程处坐标在计算矩阵中固定不变，从而消除了自动全站仪 TS19 和 TS20 间网络连接产生的数据偏差。此方法的重点是必须确保固定的位移趋势稳定，因此每周会对相应固定点进行实时位移数据进行追踪，并用人工测量数据进行复核。

经过上述优化，东向位移、北向位移及竖向位移趋势稳定、可靠，如图 10-10 所示，95％置信区间三向位移中位值分布同初步数值分析一致。隧道中段里程 CH16＋60 处幅值为 9mm，满足工程精度要求。

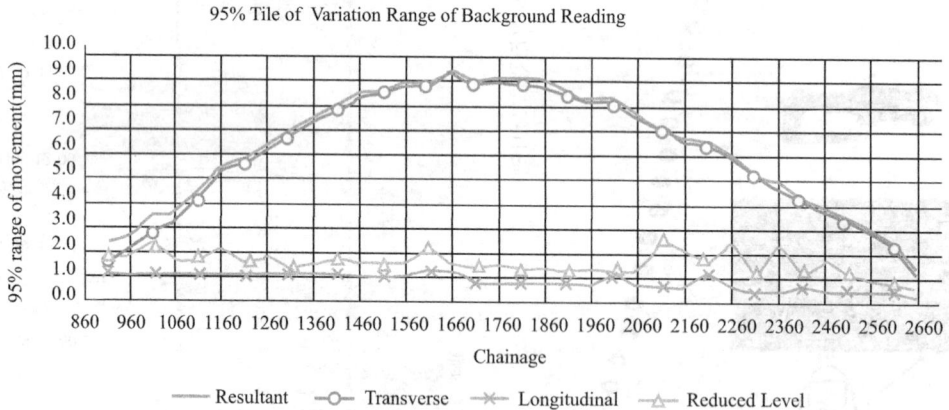

图 10-10　95％置信区间三向位移中位数值图

10.4　结论

项目首次采用长度约为 2km 的全自动位移检查系统，用于监测红磡过海隧道在沙中线过海沉管隧道施工期间的实时位移。此系统基准观测点安装于铜锣湾及红磡两侧陆地建筑物，过海隧道部分由共享观测点连接自动全站仪，考虑汽车遮挡等因素，确定共享观测点和自动全站仪个数。在优化阶段，采用固定观测点方法，最终系统误差达到设计要求。